成为公民

Le sacre du citoyen

法国普选史

Histoire du suffrage universel en France

〔法〕皮埃尔·罗桑瓦龙 著

吕一民 译

文汇出版社

新经典文化股份有限公司
www.readinglife.com
出 品

目录

导言:平等的革命 / 1
  一人一票 / 1
  旧与新 / 9

第一编 革命的时刻 / 23
  公民的三种历史 / 24

第一章 包容的绝对必要 / 25
  有产公民模式 / 25
  政治平等与社会的形式 / 32
  公民权的确立 / 43
  国民自卫军与士兵公民 / 58

第二章 自主的个人 / 66
  政治的主体 / 66
  依附的形象 / 71
  两个世界之间的家仆 / 76

　　　　　妇女：在自然与社会之间 / 84

第三章　多数与理性 / 95
　　　　　法国式的政治理性主义 / 95
　　　　　模棱两可的公共意志的革命 / 103
　　　　　理性、美德与才能 / 112

第二编　经验的汇编 / 119

第一章　没有民主的公民身份 / 121
　　　　　两级投票 / 121
　　　　　波拿巴主义模式 / 128

第二章　能力合格的秩序 / 136
　　　　　自由派的净化 / 136
　　　　　正统派的反常 / 144
　　　　　不可能的能力合格公民 / 152

第三章　乌托邦的共和国 / 165
　　　　　蛮族、贱民与无产者 / 165
　　　　　选举改革运动 / 175
　　　　　社会统一的圣事 / 188

第三编　巩固的时代 / 197

第一章　最后发言权 / 199
　　　　　反动的时代 / 199

　　　　斯芬克斯与威胁 / 205
　　　　怀旧的目录 / 210
　　　　顺从的时代 / 216
　　　　最后发言权 / 222

第二章　民主的教育 / 228
　　　　信仰与任务 / 228
　　　　民主的教育 / 238
　　　　改造人民的头脑 / 249
　　　　社会主义者的模棱两可 / 257

第三章　普遍化的成果 / 263
　　　　妇女—个人的出现 / 263
　　　　绝对的个人 / 276
　　　　公民权的界限 / 283

结论　一种奇特的普遍主义 / 298

注释 / 306

译后记 / 396

导言：平等的革命

一人一票

一人一票。这一简单的等式以显而易见的力量给我们留下了深刻印象。选票箱面前的平等，对于我们而言，是民主首要的条件、平等最基本的形式、权利最无可争辩的基础。当今没有人打算去怀疑普遍选举的依据。诚然，人们有时还对其行使的界限犹豫不决，例如，就把地方的投票权赋予移民的时机展开争论时即是如此。当投票方式是按照它所产生"好的代表"的能力来评价时，人们亦会对其实施的方式进行自问。但是，政治平等的原则毋庸置疑。所有的个人，不管他是谁，均在政治决定和使政权具有合法性当中发挥同样的作用，这一点对我们来说已成为一种不争的事实，一种在社会生活中近乎是自然天成的已知条件。虽然妇女的投票仅在半个世纪前才开始[*]，但它在我们的头脑中已经是一种极为遥远、让人异常淡

---

[*] 这里指的是法国的情况。虽然法国男子早在1848年就获得了普选权，但法国妇女却迟至1944年才获得和男子一样的普选权。1944年4月21日，为了在已获得解放的市镇中选举，时驻阿尔及尔的以戴高乐为首的法国临时政府在其颁布的关于政权组织的一项法令中正式规定：给予妇女与男子一样的选举权与被选举权。——中译注

漠的历史。它把我们带回到了对我们来说好像是某种近代社会中的史前时代、几乎无法理解的时期。此后普遍选举是整个政治制度不可或缺的基石。它甚至到了这样的程度，以至于极权制度或军事独裁亦不敢公开地拒斥它。它们几乎始终选择维持它，而不是禁止它。如果它们暂停了普遍选举，它们会急急忙忙地一再宣称其准备恢复人们更自由和更真实的表达，强调该项措施的临时性。

这种一致认同实为非常晚近的事情。在19世纪前半期（仅以这一时期为例），普选原则远非如此不言自明。自由派精英把它视为一种通过迷恋多数来颠覆政治的威胁。保守派分子担心它会导致一场大的社会动乱。社会主义者怀疑群众的自主能力会因为劳动而变得迟钝、因为宗教而受到束缚。共和派经常认为它仅是烧炭党人的信仰。由此，对把选举权扩大到所有个人的政治上的良机和哲学上的有效性进行考问，在漫长的年代里曾经如同政治辩论一样处于精神生活的中心。普选问题实际上是19世纪的重大问题。社会的幻想、精神上的困惑和政治上的梦想，正是以普选为凝聚点的。它把所有对近代民主的含义和形式的考问联系在了一起，这些问题有：民事权利与政治权利的关系、合法性与权力的关系、自由与参与的关系、平等与能力的关系。如果说民主同时是一种社会制度（人民的权力）和一种宗教（庆祝一种虚构的平等者的社会），那么它在普选观念中发现了它双重的母体、双重性的表达场所、意义的集中点。

研究普遍选举的历史，在于探究其把一种价值观的历史——即平等价值观的历史——重叠到一种制度史上的问题，在于探索其极为精细的内核。为此，应当恢复已被遗忘的辩论的活力，复苏叩问的力量。强烈的幻想、累积的困惑以及曾撼动了19世纪的种种隐隐约约的否定力量，从内部重新接上了种种论据和要求，而对抗即是围绕着这些论据和要求出现的。如果不事先努力地理解其研究中可能产生的烦人的问题，就不可能有普选史。我们将会本能地、错误地去推断它们，因为我们已经使政治平等的观念变得内在、平凡和健全。在不需要为此成为马克思主义者的情况下，我们将隐含地把它视作一种简单的形式上的性质（un simple quality formelle），后者既没有触及社会平衡的实质，又没有触及它最重要的限定。人们无法从这种普遍化出发来理解普选史。相反，应当很好地认识政治平等观念在18—19世纪的社会表象中引发的巨大思想决裂的重要性。

与一些不错的作者懒洋洋地反复唠叨的情况相反，投票权并不仅仅是一种人们可将其与被认为是更真实的经济或社会平等概念对立起来的形式上的自由（权），就像对民事平等一样。与之相反，政治平等在远离一切先前已充当了西方社会中平等价值观之基础的自由主义或基督教的表象的情况下，建立了一种新型的人际关系。不存在这样的情况：一方面是将伴随自由民主的飞跃发展而得到肯定的民事平等与政治平等，另一方面是作为社会主义特征的社会平等。相反，非常特定的正是政治平等，而且它与以前被包含在个体范畴内的平等的表象形成了对照。让我们极为简洁地提及以下现象：就像政治平等观念与最初的自由主义世界无关一样，它亦与基督教世界无关。它在17世纪出现的新自由秩序的内部引起了一场革命。

实际上，自由主义在很大程度上是从基督教世界派生出来的。假如不从他们为思考和建立近代的自由而进行的准神学性质的工作出发，就不可能理解霍布斯、洛克或之前的法国加尔文派教徒。民事平等，如同其在我们现代社会初期被提出来一样，是从承认在上帝面前每个人拥有平等的尊严，并且在上帝眼里，拯救是特有的事情中直接派生出来的。社会平等出自同样的基础。它只是通过肯定一种社会债务的存在以及每个人对社会的债权，延伸了消极的民事平等。如果人们以此种方式来理解的话，权利—自由与权利—债权就并非真的有所不同。此外，从一开始，它们就没有被强制性地扎根于对个人的肯定之中。它们也在一种有机的社会表象中具有意义。这是因为所有的人——尽管处境各不相同，但都是一个以团结一致的义务和经济平等为先决条件的共同体的成员。基督教的力量和独创性，曾经重新构成了社会团体的观念，即通过赋予它一个唯一的圣父,把它理解为一个亲友统一体,把它设想为一个不排斥任何人的全体,让其成为一种改变、扩大与革新继承下来的社会形式的集体存在。民事平等与经济平等,来自一种对同等的尊严以及对彼此独立的团体成员予以保护的同等需要的相同理解。但是,伊索克拉底式(isocratie)的观念则绝对与这种权利的基础无关。

政治平等标志着最终进入由个人组成的世界。它产生了一种只能进不能退的状态。它通过与传统的政治团体观完全决裂,肯定了一种人与人之间地位相等的社会类型。它只能在一种原子论的(atomistique)和抽象的社会形成观的框架中表现出来。换言之,只有在那种与完全适应社会等级或分化组织的平等形式相抵触的激进个人主义观点中,政治平等才是可以想象的。它利用了一种个人主义,这种个人主义标志着与基督教个人主义的明确决裂。若借用路易·杜蒙的范畴,它涉及的是教父的"出世的个人主义"或加尔文的"入世的个人主义"。[1] 政治平等比较和取消了使人与人之间更自然地存在区别的东西:知识与权力。最人为也最典范的正是平等的形式。要理解它,既不能在分配正义(la justice distributive)的范畴内,也不能在交换正义(la justice commutative)的范畴内。普遍选举是一种人与人之间平等的圣事。它以一种兼具脆弱和迫切迹象的方式,在人与人之间的关系中实施了一场革命。符号与现实、用手指明的道路与已经存在的平等是分不开的。因而普遍选举的实施,并非仅仅构成转变中的一个具有决定性象征意义的阶段:从消极服从被人羡慕的权威走向社会关系的自行确立。它更多地代表着通向和进入一个新的政治时代,这一时代改变了一切对社会关系的原有的理解,开启了人类历史上某种闻所未闻的以及几乎是"丑闻的"(词源上的含义)事物,即一种平等社会出现的可能性。在这种社会中,社会联系既不是劳动分工的结果,也不是社会分工的结果,更不是事先存在的一种集体信仰的结果。这是一个就其本质而言超越了等级化世界的商业秩序的社会,一个以平等为首要整合条件的社会。肯定每个人都具有一种重要性,超过了简单地宣称尊严权、安全权以及对同一团体成员的赡养权。针对一名不安的政论家在1871年提出的问题:"像审查清扫大街者的投票一样去审查罗斯柴尔德或梯也尔之类的人的投票有道理吗?"[2]克雷孟梭回答道:"普选原则不允许任何折中。它把同样的权利赋予了学者和无知的人;它是根据天赋权利赋予他们的。"[3]普遍选举就这样把社会想象纳入了一种新的视域:人与人之间那种同时是无形的和根本性的相等的视域。正是那种在某种程度上是"纯粹的"权利,而不是一种用于保护或归属的权利,彻底站在了准则的确定和社会关系的构建一边。换句话说,这不是那种(例如通过确定个人自主权或通过组织私人与公共之间的分离)构成主体的权利,也不是保护个人、某个团体的成员的权利。选举权产生社会本身:正是个人之间的相等构成了社会关系。这是一种建设性的权利。在这一意义上,普遍选举最深刻地完成了西方世界的世俗化运动,伴随着它实现了与社会有机体最终和完全的分离,真正地开启了个人的时代。表面的革命难道纯粹是"形式上"的吗?带有失望意味和经常被提出的批评,应当严格对待。当代的重大革命当然是"形式民主"的革命,它让人在不安与怀旧的光晕后面,隐隐约约看到了一种前所未闻的社会形式的神秘形象。

如果人们思考一下自由制度和民主制度的历史,那么普选制度似乎只占有一种中间的位置,甚至是第二位的。在一篇因其类型学上的便利方法——社会科学很轻易地将其上升为认识的手段——而成名的文章中,T.H.马歇尔[4]区分了公民身份的三个阶段和三种实现形式:在18世纪是肯定民事权利(自由国家的建立),在19世纪是获得政治权利(承认普遍选举),在20世纪是组织社会权利(福利国家的建立)。这一概括对于英国和美国的情况而言显然有充分理由,但它在涉及德国(在德国,福利国家某种程度要先于普遍选举和自由国家的出现)或法国(在法国,这三个环节实际上在革命时期是同时发生的)时则远非如此。但是,它的缺陷尤其在于拘泥于一种狭隘地限定在制度方面的编年史——在此必须要调动起具有哲学性质的好奇心。区别是根本性的。让我们以福利国家为例。如果人们把19世纪80年代裨斯麦的改革搁在一边，那么在欧洲福利国家是在20世纪才确立的。但是，福利国家的原则——公共救助的权利——很长时期以来就已被接受和承认。自18世纪以来，人们通过承认贫困问题的准宪法本质接受了"权利—债权"观念。原则和它的制度化之间的差距，在此仅仅是从社会史（为了分配而展开的阶级冲突）或组织技术（例如，采用保险程序有利于对社会风险的管理）的角度加以理解的。法国在1848年的普遍选举制度很大程度上是超前于生活态度的：对选举权的理性批评将在数十年中追循着它的引入。这一差距原因何在呢？它取决于投票权的扩大引起的革命激进性。在一个漫长的时期当中，从所发生的一切看，就好像只能把普遍选举的存在归因于历史的偶然。人们是把它作为一种尚未在哲学上获得合理性的事实来接受的。

冒着似乎是不合常情的危险，人们甚至可能坚持认为，普选观念在现代性中引入了一种比社会主义观念深刻得多的决裂。当然，它对社会主义——非常明显地被定义为一种重新分配的社会——的抵制曾经极为强烈，在一个多世纪里构建了政治与社会生活的框架。但是，这主要是一种受到牵连的阶级之间的对立。它首先并未涉及对减少不平等的公开的哲学或道德上的拒斥。社会主义的敌对者们始终把批评更多地对准各种不适合的手段，而不是对准各种目的的性质。[5]另一方面，人们可能极为简单地确认，在经济上平等的社会乌托邦早在政治平等观念出现之前就已经被提出来。例如，无须追溯到柏拉图，我们就能看到无数像摩莱里那样的18世纪的乌托邦主义者，以极大的勇气设想着把财产社会化，并消除财产方面的差距，尽管他们一刻都未曾思考过所有的人皆有可能在政治决定中具有同样的重要性。相反，社会主义毫无困难地被纳入了基督教的平等思想之中。在19世纪30年代之初，像比歇、谢韦、皮埃尔·勒鲁这样的先驱者，从基督教的世界出发思考未来的国家。一如基督教，社会主义与其说更多地想要建立一个平等者的社会，毋宁说是想要建立一个兄弟般的共同体。社会主义的设想仍然秘密地被拴定在一种怀旧的、和谐的共同秩序观之中。虽然所设想的形式各不一样，傅立叶、蒲鲁东或马克思都曾梦想通过神秘的"原始社会主义"来重现一种未堕落的人类的自然组织形式。新的社会对它来说，只是资本主义将加速衰落前的一个世界的再生与转变。社会主义，如同它在19世纪曾被提出的那样，从未建立在与团体社会根本决裂的观念之上。一切均与之相反。此外，教会为此长期以来在文化上更多地与普遍选举包含的绝对个人主义，而不是与社会主义要求的苛刻的平分相对立。6 在历史参照的另一端，古代的民主观同样与普遍选举没有关系。在罗马或雅典，公民在被赋予适当政治权利之前，是一个法定的共同体的成员。7 在近代民主当中，平等者的国家不再被建立在那种被承认和接受的最初的社会划分之中，在此种社会划分里，本体相类似论者通过事实本身与他们贵族阶级的同类区别了开来。近代平等社会反倒是建立在社会组织没有限制、没有中止的相等之上的。它在某种程度上通过不承认除了构成本国人与外国人的区别之外的其他区别，使平等的观念在一个完全密集、绝对封闭的社会空间中"产生饱和"。

普选史以个人的出现和平等的实现的历史编织了它的结构。它为此处在了近代社会创建进程的中心。正是有了它以及围绕着它，平等者的社会最初的草图才得以被勾勒出来。因而，不可能把这一历史引向恭恭敬敬地庆祝一种征服的各个阶段，在这些阶段当中，进步和真理的力量一步一步地战胜了反动的力量和强大的偏见。同样，也不可能把选举权与选举程序混在同一个整体之中。"普遍选举"的表述的确有些含糊，因为它可能不加区别地被用于一种权利和程序。虽然这两种东西有时可能会互相交叉——例如在19世纪末即是如此，当时那些不再能够阻止普遍选举原则的人力求通过试着玩弄选举形式来限制普遍选举的意义——但它们并不具有同样的性质。人们不可能用同样的标准去衡量名单投票、比例代表制或选举人秘密写票室的历史与投票权的历史。我们想集中思考的乃是这唯一的后者。这不仅因为从哲学上看它更处于中心,而且还因为它继续在暗暗地纠缠着当今世界。虽然政治平等的问题开启了近代政治史,它同时亦继续在构成一个谜,并且继续在指明有待完成的任务。虽然投票权已经永久确立,且已经被作为显而易见的事实,但作为其基础的诸多原则还在无休止地考问着我们的实践、动摇着我们的信念。

  从我们继承的显而易见的事实出发去复述普选史,会导致掏空构成其奥秘的东西,会导致它去除其所有哲学上的密度,从而成为一种纯粹的社会史。有一种撰写观念史或制度史的方式,它与应用于政治领域的相当陈旧的"战役史"的概念几乎毫无差别。对峙力量的性质并不相同,但对甚至在进入冲突之前即预先被清晰地辨识与构成的党派或世界的表象之间的种种冲突的看法却是一样的。这是在追溯已往的历史,这种历史始终根据现在的变化、以终点为出发点来撰写,从不关注作为经验的种种事件。与之相反,我们想遵循的方法,则仅仅以"从内部"理解其支配着人们的行动和想象的种种信念、摸索或盲目为目标。要求读者思索的政治史在此发现了它有别于传统的政治史、观念史或表象史的特殊性。我们宁愿更关注重要作者或议会演说家的工作,而不是沉默和受苦民众的事情,这是不是说我们是以此来排斥社会史的方法呢?当然不是。但是,社会史的资料唯有在被重新定位于和纳入一种更概念化的历史之中才有意义,这种更概念化的历史并未简化为对重要作者的分析,即便后者往往构成了一条优先通向其所处时代的政治文化的通道。社会史与概念史之间的关系,有如平常时期与革命时期之间保持的关系。进步力量与反动力量、民众与精英、下层人士与掌权者、利益的冲击与偏见之间的冲突,在某种程度上构成了历史的日常,这种日常不断地通过一系列服从与统治、自由与压迫的形象轮回和重复着。但是,这种日常只有在被重新定位于制度与思想方式的转变之中才具有特殊的意义。不然的话,时代错位会持久地预示着深入干扰判断的危险。政治思想史企图"用一条链子系住两端",力求持久地抓住人类斗争及其世界的表象的交叉点，它请人们把政治理解为开展社会工作的场所。在此，对象与方法是不可分离的。所以，它没有涉及研究一种普通的"观念史"，而是更多地去理解这些条件，把行动反映在自身当中的范畴就是在这些条件之中酝酿形成和转化的；更多地去分析这些问题是如何形成的，是如何通过勾勒可能性的框架、划定对立体系和拒绝类型的界限来贯通社会的关系的。政治史，实际上不应当被理解为一种线性的发展，在这种发展中，为了引向一种历史的目的，比如隆重实行的民主或有组织的自由，征服与失败一个接一个地出现。在某种意义上，不存在政治的"黑格尔式的历史"。这种类型的研究方法并非仅仅被那些可能显示为某种对方法限制的事物所要求，它也是与政治本质相一致的，这种政治本质存在于具有哲理性的事物和事件性的事物当中，存在于概念上的社会研究当中，存在于通过把旧事物从新事物中分离去创造未来的一种持久的企图当中。研究普选史，就是试图部分解开关于近代民主的建立时期的这团乱麻。[8]

旧与新

如果说普选史沿着19世纪展开，那么它的开端定在何处为宜呢？是把投票权赋予所有年满21岁男子的1848年3月5日的法令，还是1840年春天共和派发动的首次明确围绕着选举改革主题展开的大动员？是大革命时期的辩论和制度，抑或更远地追溯到与三级会议的召集或古代市镇自由的组织、古代民众对统治者的确认，甚至是教会中的选举有关的选举实践？反过来，又有什么样的界标宜于用来标明这一历史的结束呢？是1852年选举权在拿破仑三世通过1850年5月3日居心不良的法律恢复有限制的政治权利之后不再重新受到非难，还是最终保证了独立投票的秘密投票室的设立？是1944年临时政府把选举权扩大到妇女，或甚至要到1974年投票年龄降至18岁？

在此，没有涉及一种通过历史学家的判断而作出的习惯选择，它绝对地划定了普选史的主题的界限。因为在这个问题中,内容与形式是与出发点和终点分不开的。在展开研究之初先验地选择一个开端,会很快在普选问题中去除一部分它具有的不可捉摸的事物。界标位置的不确定,倒有点儿便于让人从思考出发。也许,肯定出发点的概念本身会使人一时忘记,历史中并不始终存在根本性的事件,更多的是一种政治和思想状况的形成,它常常会增加不确定性,诱发新的冲突,带来新的疑问。为理解这些状况和找到一条某种属于"旧事物"的东西与某种属于"新事物"的东西之间的分界线,除了暗中摸索外,并无别的途径。研究普选史,首先是钻进一个问题之中,以便从内部从事相关工作,而不是去发现一种人们叙述其发展与达到成熟的神秘的、最初的民主萌芽(除非是描述一种平庸的投票权的制度史)。它更多地涉及进入某个问题之中,而不是先验地确定一个出发点。那么首要问题是什么呢?它是尝试着在"人民的选举—主权"的领域内部去描述骤变和分化的程度,以便在人们为更好地分析其中的材料而打碎果核的意义上将其弄成碎块。与一种平淡无奇的思想史相反,冒险也意味着扩大对政治平等的思考,直至在一幅雅典时代以来民主观念演变的巨大画面中将其稀释。

首先要注意的是:选举的存在和对人民主权的肯定并没有自动导致对我们所认识的个人—选民的认可。人们实际上直觉地感受到的选举的事实,与聚集在兰斯大教堂前广场上的民众在一个新的君主出现之际被要求呼喊"国王万岁",与它涉及在数名候选人当中自由地选择,意义是不同的。同意和选择并非属于同一范畴的行动。此外,两者中的每一种形态均可能发生显著变化。另一方面,当人民主权由卢梭所肯定或当它被经院神学家们所祈求时,显然不具有同样的内涵。进入政治平等的历史,应当首先尽力加以减少的,正是这些最初的含糊不清。首当其冲的是人民主权的观念。在它的领域之外,不存在可以想象的个人—选民,而且它在选举权的表达方面是一种必要的"哲学"条件。人们看到,从16世纪起,在宗教战争和对专制主义进行抵制的背景下,它围绕着以下三类引人注目的人得到了肯定:加尔文派教徒、在宗教战争期间与王权对立的新教作家、揭露马扎然的投石党人。接着,在17世纪末期,则是与专制主义对垒的新教论战者。某些经典书籍很好地概述了这种人民面对王权,要求获得种种权利的运动的各个阶段。它们分别是:由迪普莱西-莫奈著的《为反抗暴君的自由辩护》(1581)[9];克洛德·若利的《实际准则的汇编与设立国王的重要性》(1652)[10];由朱里厄发表的《主教致在巴比伦的奴役下呻吟的法国信徒的信》(1686—1689)[11]。让我们简单地看一下它们把我们引向何处。

《为反抗暴君的自由辩护》无疑在圣巴托罗缪大屠杀之后发表的政治小册子中最具有影响力。人们在从中发现服从王权的学说的同时,亦从中首次发现了契约理论的提出与人民主权学说的表达。[12]作者在小册子中首创了一系列的提法,这些提法随后将在大量的小册子中被重复。例如,人们可在里面读到:"没有国王,人民可以照样生活,但我们将无法想象一个没有人民的国王。"[13]或者还有:"人民永远不会死亡,然而国王却在一个接着一个地离开人世。因为如同持续不断的水流赋予江河一种永恒的持久性,生与死的循环使人民变得不朽。"[14]迪普莱西-莫奈在整本小册子中清清楚楚地说出:国王"并非法律的支配者",并且他的尊严仅仅是一种职务和一种服务的记号。[15]同样的主题和同样的提法后来在福隆德运动爆发之际,在大量发表于1648年至1652年间的讽刺马扎然之流的短文中被重复。[16]克洛德·若利的书则把相关论据进行了体系化的处理。他写道:"国王仅仅是为了人民而造就的。因为一直以来,只有过没有国王的人民,而从没有过没有人民的国王。"[17]在17世纪末,朱里厄最终把这种批评延伸到卢梭直接宣布的言词之中。他并不满足于像他的前辈一样,肯定人民主权以及君主与人民之间必须存在一种双边条约。[18]他径直走向了肯定这种主权的最终特征。他这样写道:"在某些社会中,应当存在一种权威,它无需理由使其行为有效;而这种权威只存在于人民之中。"[19]要在对传统王权的批判方面走得更远并非易事。

但难道我们不是同样与这些不同的作者一起迈向《社会契约论》的世界了吗？政治观念史的漫长传统已经把它保持了下来，好像其前后联系是显而易见似的。自19世纪前半期以来，历史学家们已经提出民主观念和民主制度古已有之，力图为普遍选举这一具有威胁性的新生事物的出现驱邪。夏尔·拉比特在1841年出版了《论神圣联盟的宣教士身上的民主》，基佐在1851年编写了讲义《欧洲代议制政府的起源史》；奥古斯坦·梯叶里在1853年出版了《论第三等级的形成和发展史》。大多数政治观念史的教科书随之亦反复强调好像有一条共同的线从《为反抗暴君的自由辩护》引向《社会契约论》，以便使我们已经简略地引述过的作者成为卢梭的先驱。1876年，人们甚至看到时任政府总理的杜福尔在议会讲坛上引证朱里厄的话，以便为作为吁请人民的最终裁决形式的解散权辩护。

不管是在加尔文派教徒还是在朱里厄身上，我们的确看到了一种可能显得极为现代的政治语言。然而，无论如何激进，他们仍然还处于一个尚未给公民-选民的形象留下一席之地的世界之中。在他们身上，对人民主权的涉及更多的是政治上的，而不是哲学上的。这是一种其含义是对王室特权予以限制的主权—认可（une souveraineté-autorisation）。它丝毫没有纳入自治政府、民治政府的视角。这是一个与卢梭的社会自行确立不同的视域。近代的公民身份观念尚未出现。此外，朱里厄明确地区别了主权的源头及其行使问题。他写道："取决于单独个人的主权之行使，如同其在源头甚至其首要主体中一样，并不妨碍主权存在于人民之中。"[20] 在朱里厄身上，主权的概念是消极的，而不是积极的。它主要履行批评的职责：揭露专制主义、宗教上的不宽容以及王权的滥用。与卢梭相反，他没有把契约设想为社会现象的创造者。人民与国王之间的契约，只具有被添加到上帝、国王和人民之间的最初的契约含义。社会仍然被理解为是一种固有和自然的整体性、一种先于君主的存在。

一如若利或加尔文派教徒，朱里厄实际上继续处在一种传统的、经院式政治观的框架之中。虽然他有时会依仗洛克，但他的整个精神世界仍然是托马斯·阿奎那式的。[21]朱里厄以一种托马斯主义和亚里士多德式的语言说道:"人民的拯救,乃是最终的法则。"对他来说,具有决定性的是对公共利益的参照,而决不是对个人应拥有各种政治权利的观念的参照。至高无上的人民的概念,乃扎根于整个中世纪的政治神学传统之中。正是这些旧的内容,从16世纪末开始被重新激活。对于托马斯·阿奎那,即便权力的观念来自上帝,政治制度仍归属于人法。当上帝指定的立法者不在时,立法权力属于整个人群或该人群的代表。一个世纪之后,帕多瓦的马西尔在其《和平的捍卫者》中通过提出一种最早的、全面的世俗政治的理论,使这一观点得到了主题上的深化。但是,当他认为"人民或全体公民是法律之首要和特定的动力因"时[22],与其说他预言了卢梭,不如说他延续了亚里士多德。由此,区别近代的人民主权概念与旧的人民主权概念是必要的。在第一种情况中,它显然是连接在自治原则之上的,而自治原则会合乎逻辑地通向投票权的问题。在第二种情况中,人民主权的概念主要与反抗暴君权利的主题连接在一起。这一问题成为中世纪晚期政治思想的中心问题。[23]托马斯·阿奎那、热尔松、奥雷默、纪尧姆·多克昂、帕多瓦的马西尔把暴君视作彻底负面的、拥有至高无上的权力的形象。虽然他们满足于据此得出反抗暴君和废黜暴君是天经地义的结论,但另一些作者,如索尔兹伯里的约翰却走得更远,直至为诛戮暴君者辩护。[24]加尔文派教徒被包含在这种思考的框架之中。他们继续以极为中世纪的方式把暴君界定为一种"溢出的权力",并且重复了篡位的暴君和事实上的暴君之间的区别。关于反抗权的论战占据了《为反抗暴君的自由辩护》的一半篇幅,并构成了加尔文的得力助手西奥多·德·贝扎的名著——《论市政官的权利》(1575)的整个内容。[25]在这一文献中,对绝对权力的揭露极具双重性。它所具有的腔调往往更多的是贵族式的,而非民主式的。虽然朱里厄在某些方面可以被视为最接近于卢梭者,但人们看到,同一时期另一部批判专制主义的重要经典——《受奴役的法国的叹息》的不知名的作者却指责路易十四模糊了等级之间的区别。他写道:"在现在的政体中,人民就是一切。人们不再知道何谓资格、区别、功绩和出身。王室的权威被提高到这样的程度,使得一切区别消失殆尽,所有的智慧均被吸收。因为在君主所放任的这种拔高中,所有人都只不过是其脚下的尘埃。"[26] 这些作者们在抨击专制主义的同时,深切惋惜等级的平等化。他们对那种井井有条的封建君主制的神秘形象重新抱有指望。他们并未勾勒出一个平等的个人社会的形象。在奥特芒的《法兰克-高卢》这一加尔文派文献的重要文本当中,可取代暴君权力的唯一方法是"使我们腐坏的国家如同不和谐的音乐回归到我们祖先时代形成的那种美妙的、古老的和谐之中"。[27] 奥特芒在其他情况下,通过有力地捍卫古代习俗的多元化而成为统一的罗马法的顽强反抗者。他的观点说到底是那种认为"中世纪的结构是合理的"观点。[28] 一个世纪之后,整个路易十四政府的反对者们在布朗维里埃或圣西门公爵身上重新发现了类似的腔调。[29] 与奥特芒一样,圣西门公爵在古代秩序的消失中看到了专制主义的根源。他说道:"此种篡权与平等的恶疾,吸引和混淆了所有的财产和所有的条件。"[30] 在他看来,其治疗手段亦完全与之相对称:"因而,(方法)就是消灭这种可怕的混乱,或在法国人当中恢复君主制所依赖的各种各样的等级。"[31]

对权力的自由批判,是在那种有待于恢复的过去秩序的名义下,而不是在那种有待到来的革命的名义下形成的。[32] 诚如德尼·李舍正确概括的那样:"创造自由思想的并不是民主,而是贵族阶级。"[33] 此外,这些专制主义的猛烈抨击者涉及的人民仍旧以传统的方式被理解为社会结构的重述要点。他们是以人民-社会团体的观点,而不是以人民-个人的集合的观点来思考的。[34] 对于"何谓人民的概念所指的意思"这一问题,《为反抗暴君的自由辩护》的作者告知:"我清楚地看到人们在此将对我提出异议。那么你们说是什么呢?难道应当是整个群氓——那种有着一百万颗脑袋、焦躁不安并乱哄哄地赶去命令处在他们上面的人的兽类吗?在不受约束的群氓那里会有什么策略呢?会有什么充分考虑到相关事物的建议和谨慎呢?当我们说到全体人民时,我们用它来指称那些通过民众而手中拥有权力的人,即那些低于国王以及人民委派的,或以某种方式安排的作为帝国的救助以及国王的监督者和代表全体人民的行政官员。"[35]

这一精神世界双重地外在于民主的个人主义世界:不管是从政治主体的概念(其为人民—团体,而非个人)的角度来看,还是从人民主权的含义(其为同意,而非自治)的角度来看均是如此。被嫁接到这一世界的"代表"和"选举"的使用,同样诉诸一种政治上的旧方法。例如,在奥特芒身上,选举程序与君主制的起源联系在一起,当时国王被假设为取得了骑士或市政官员,或组成王国的各个等级的赞同。他对专制主义的批判视角显然依旧是一种复辟的视角。加尔文派教徒政治思想的古代特征也同样存在于它们始终被纳入到中世纪混合政府的视野里的事实当中,好的君主制被理解为是那种把借自人民政府的原则和贵族的因素掺和到其运行之中的君主制。民主的个人主义世界与人们可能将其定性为"古老的"自由主义世界绝对是有区别的。

因为同样的词语与同样的主题似乎构成了对加尔文派教徒和对19世纪共和派的共同指涉,历史学家要经历的巨大风险是年代不符。即便我们谈到了人民主权或选举君主制,现时的普遍选举观念在16或17世纪也并不存在。年代不符是一种名副其实的对概念卑躬屈膝的结果。但是,它不仅仅发源于心不在焉或头脑中的懒惰,其主要依赖的是把政治史简化为社会史的持久愿望。对自由与压迫的千年史(这种历史的上下文是唯一的,但术语则不然)的简单看法,会使1848年的二月革命党人与斯巴达克斯、近代无产者与过去的奴隶、公民—选民与中世纪市镇的居民连接起来的同一种战斗发生改变。

类似的旧与新之间的混淆同样出现在选举当中。法国人自然并非等到1789年或1848年才开始指定首领或负责人。作为指定方式和使某种宗教或世俗权威合法化的方式的选举程序非常古老。且不说罗马时代高卢的全国代表大会,[36]人们可能尤其会想到教会中的主教和修道院院长的选举，以及过去对国王的选举。但是，难道因此就认为它涉及近代选举程序的最初开端了吗？产生于 19 世纪的整个政治传统，通过在早期政治或宗教制度史中寻求各种近代要求的证据已经肯定了这一点。例如，只要想到皮埃尔·勒鲁极具代表性的著作《论基督教的民主起源》[37] 就足够了。不过，即便对古代教会或政治选举进行极为简单的审视，也足以明白它们与当代个人主义—民主的世界毫不相干。

首先让我们看一下教会选举的情况。自基督教初期以来，教父和主教会议已经表明，其选举方法是最适合于指定主教和修道院院长，甚至是用来委派低级教职的传教者的方法。根据极为多变的形式，这种推选原则被严格地保留，一直到教会有俸圣职法导致其事实上被废除，弗朗索瓦一世与莱昂十世之间的 1516 年教务协议确认了主教由国王任命和由教皇授职。[38] 但是，这种推选完全不同于我们当今的"选举"。该术语首先在选举参与者的数量和资格方面丝毫没有明确含义。推选更多地意味着"选择"，而不是严格意义上的"选举"。甚至当人民被召集而来时，是以团体的身份，而不是作为个人的并列来的。此外，计算票数的观念尚不为人所知。[39] 主教的选举是"当着人民的面"，一致通过并以欢呼来进行的。人民的作用在于对某位候选人的高位予以认同和证实，而不是在该词的现代意义上去指定一名代表。人群的作用主要是呼喊："好啊！好啊！合适！公正！"这一事实可以说明：在这种类型的推选中，人民没有任何方式来表明其不赞同或弃权，而是只存在于表示赞同的词语（即"好啊！"）中。[40] 由于选举团体自身的狭隘，宗教领域中修道院院长的选举当然要形式化得多：票数是要统计的，介绍的程序亦有严格的组织，等等。但是，它们保留了某种古老的特征。一致通过的原则仍然是首要规则；为使共同体显示一种统一的面貌，少数派由反对转为赞成则是符合惯例的。此外，多数派的概念本身并不清晰。例如，人们还不太能够分辨理性（sanior pars）与多数（major pars）的观念，[41] 这表明数目还从未被视为选择中的决定性因素，相关人物不同范畴的资格则被认为是最根本的（在宗教等级史中，直至1545—1563年的三十人会议，无条件的多数原则才与秘密投票一起得到承认）。不管其技术形态如何，中世纪的宗教推选绝不能被分析为一种用来表达集体意志的程序。它仅仅从属于上帝的意志，因为人们认为只有上帝才在真正地进行选择。[42] 反过来，被指定的人也绝没有作为相关集体的代表的地位。符合教规的选举并没有设立权威，并没有把任何权力赋予当选者自身。它是一种人们希望通过圣灵"获得灵感的"，也就是说公正地与人们的意志和舆论分开的纯粹的指定。

那么，古代对君主的选举，难道就更接近近代选举程序、就预见了卢梭式的公意的行使了吗？在此，人们也应当提防年代不符的危险。人们当然已经看到，在17世纪，胡格诺派借助选举君主制理论来批判王权滥用。奥特芒的《法兰克-高卢》在这一主题尚未成为真正的老一套之前，已经力求提出对于它的全面阐述。但是，这一理论难道具有坚实基础吗？没有一位近代历史学家会谈到至少从卡佩王朝起的法国君主制的选举特征，[43] 当不能被确切地理解为一种选举代表大会为推选国王而被召集时，王公评议会相反地在最初的世系，尤其是在卡洛林王朝时起了一种举足轻重的作用。推选的环节，如同它很晚地继续存在于国王加冕的仪式当中一样，严格意义上只是加冕前不久举行的一种简单的程序。它的参与者限于出席仪式者和与之关系密切的民众。人们很难设想当宣布的时刻到来时，在该仪式上会没有人喊"国王万岁"！[44]

对决定古代市镇自由的选举程序所作的迅速的审视，也清楚地显示出其与近代的投票少有相同之处。选举的观念在此更多地退回到了对一种地方自治的肯定、对与传统领主权决裂的关注，而不是一种人民自治的哲学。甚至在通过选举任命市镇官员最为流行的法国南部，它亦几乎从未涉及真正具有人民性的选举。市镇组织往往仍与行会世界连接在一起，并通过显贵的主导地位为不同的等级打上记号。[45] 农村中的居民共同体代表大会的功能，乍一看可能显得更具"民主性",但它无论是从社会学角度还是从技术角度来看,都包含在一个古代世界中。[46]

从推选到选举,从人民—团体到人民—个人,从主权—认可到自治政府,从针对某个被指定者的集体认可到对某个候选人的个人的、深思熟虑的选择,凡此种种,两者相去甚远。选举权的概念,的确只有在存在着对人民主权的承认以及采用选举程序来指定代表时才是可以想象的。但是,在这些相同的词语背后,得到的是并不诉诸相同的政治和社会世界的现实。因而,这更表明应当动手撰写普选史,在这种历史之中,个人—选民的形象开始真正地出现。

人们是如何从消极的人民主权转向近代的个人—选民的呢?普选史就是在对这一问题的回答中展开的。这是一种双重转变的历史,即一方面是从简单的认可转向自治政府,另一方面是从人民—团体转向自主的个人。这是一种在以下意义上,即它处于伴随着现代性出现的世俗化(政治和社会的自行确立)与主体化(作为社会关系之有机范畴的个人的出现)这一双重运动中心的颇为典型的历史。在普选史中,人们直接看到了下述种种导致冲突的现代性问题:理性与主体性、平等与能力、归属与主权、自由主义与民主。

分析此种转向并非易事。人们可以看到,它在17世纪以及18世纪之初的自然权利理论家身上尚未完成。格劳秀斯和普芬道夫通过把自然权利和神学分开,清楚地显示了一种决裂。虽然他们对政治世俗化予以理论化,但他们满足于提出世俗权威是一种人类的机构(un établissement humain),而近代主权的个人—选民的主体概念对于他们还极为陌生。格劳秀斯继续以否定的方式思考主权,并且尤其从一种反抗权利中认出了人民。此外,他始终处于由加尔文派教徒所制订的双重契约理论框架之中。他在这一点上仍然更多地接近于加尔文派教徒,而不是卢梭。这种决裂也同样没有在17世纪末大多数英国共和派分子身上再现。例如,阿尔杰农·锡德尼始终排斥人民政府。对于他来说,关键性的概念仍然是"赞同"。锡德尼虽然在某种程度上要更加左倾,但他甚至比洛克更为传统。[47]决定性的推动力实际上只有真正地承认个人具有中心地位的社会形象时才被引发。如果说普芬道夫已经写出"在每一个像种子一样的个人当中，可以说存在着至高无上的权力"，[48]那么只是在洛克身上转折才得以实现。实际上，在洛克那里，对权力的限制很显然是建基在捍卫个人的主体权利之上的。而在加尔文派教徒身上，与亚里士多德和经院哲学的传统一样，权利仍以客观的方式被理解为个人或事物与外部秩序的相一致，它具有其固有的整体性，并独立于人们的意志之外。

对于洛克来说，政府只是为了保护个人的权利和保障他们自由权的行使而设立的。政治权力仍旧从属于个人的幸福。这正是赞同或信任的概念在洛克身上压倒了契约概念的原因。但是，由于他接受了主体性的政治观本身，赞同和代表的诸种形式在他身上不知不觉地改变了性质。积极主体和消极主体之间的区别有所减弱，或不管怎样有越来越不明显的趋势。虽然洛克并未始终以至高无上的公民—选民的观点来进行思考，但他至少使它的出现成为可能。从洛克开始，自由主义和民主之间的关系变得公开化。个人权利概念的二元性逐步暴露出以新观点来提升政治的地位。这些权利实际上倾向于在近代政治中取得一种双重的维度。一方面，它们通过勾勒私人与公共之间的清晰界线，通过保证每个人都在内心深处拥有裁判权、财产的安全、行动的支配权，以传统的方式确定权力对个人的影响力的限度：它们构成了个人的自主和自由。但在另一方面，它们同样倾向于认为个人有充分理由对同一种权力施加控制：它们于是确定了一种确立和调整主权的模式。这两者之间的转变在洛克那里尚未完成。洛克依旧敌视人民主权观念，并且采用了一种基本上是否定性的权利国家——即作为权利保护者的国家的定义。但是，由之产生的政治主体化，使这种对个人权利的理解的扩大变得可能和可以想象。因而，伴随着洛克的，与其说是在人们从一种参照系转向另一种参照系意义上进行的一种过渡，不如说是一块正被开垦的荒地、一个开始在研究的问题。在漫长的时期里，公民—选民的形象，将经过一连串新旧之间的模棱两可和变化,再重叠到权利主体的个人形象之上,公民一词的两种含义亦逐渐地趋向融合。

普选史始于对这一变化的分析。首先看到的是,它在法国和英国是以极为不同的方式实现的。这两个国家体现了两种向政治现代性过渡的几乎是纯粹的理想类型。在英国,个人—选民的出现是通过传统政治代表制度的逐渐改变实现的。有产公民的形象在代表财产和领地的旧世界与个人社会之间提供了一种方便的过渡。自15世纪初以来,参与下院议员的任命是与一种财产标准联系在一起的。出于公共秩序的原因,并且也由于固定于代表程序性质本身的理由,1430年法案只对拥有至少40先令(该数目在当时颇为可观,它把选举人限定在仅有数万人)财产的土地持有人的选举权予以承认。但是,被代表的是财产或地位,而不是个人。这种代表类型的含义和形态在17世纪遭到了有力的撼动。1642年形成的国王与议会的冲突在现存框架之中无法找到解决方法。由此,扩大一种更具个人主义色彩的代表制(如果可以这样说的话)就显得必不可少。这正是著名的1649年5月1日的《人民公约》《五朔节协定》以及1647年10月的《普特尼辩论》所要表达的。在这些文献中,平均主义观点得到了表达。正是通过有产公民概念的扩展,在当时形成了对代表制度进行改革的要求。《人民公约》希望实施纳税人的选举,而平等派通过使个人自主的范畴(自主的个人是自身拥有财产的个人)成为投票权的标准,亲近的是男性公民选举权的观念。有产公民与个人之间的界限当时是难以觉察的。这一点在布莱克斯通发表于18世纪中叶的《英国法律评论》中将依旧极为明显。正是以这种方式,选举权将通过1832年、1867年和1884年的三项改革法案被扩大。功利主义的确有助于一种更具个人主义色彩的政治建构观,为了集体利益能合适地得到明确表达,每个个体均需要缴纳税金。但是,尤其是通过保守党所赞同的更好地代表利益这一符合传统政治观念的目标,英国踏着小步缓慢地通向了普遍选举。经过有产公民的种种变化,人们由此以几个世纪的时间从一种有选择性的领地代表制转向了一种普遍的个人代表制。

与之相反，在法国，近代公民则是经历了一种巨大的断裂后突然出现的。即便有产公民在18世纪充当了一个参照环节，它在法国大革命期间也没有成为真正用来思考公民身份的模式。后者应该是一种在当时实施的全面、平等地获得公民身份的模式，是对王权的集体认同，显得像是一种消除无法忍受的统治的唯一手段。通过与1789年显示出来的巨大的社会整合与社会承认的要求相结合，它实际上极为迅速地使选举权普遍化。个人的政治平等，同时是推翻专制主义的符合逻辑的条件，以及确认摧毁特权的、团体的世界的一种社会学上的要求。法国一下子就进入了普遍选举，民主自革命之初就作为实现自由社会的根本条件使人接受。但是，这一切并非一帆风顺地在进行。在至高无上的个人为占据政治领域突然出现的同时，启蒙时代理性主义的政治文化的实质实际上继续存在，后者在有能力的政府的创立中看到了进步与真正自由的条件。大革命没能化解法兰西民主这种最初的、根本的矛盾。因此，19世纪与波拿巴一起寻求一种缺乏民主的公民身份的途径，与立宪君主制的自由派一起寻求一种有能力的自由主义的表达形式，接着，又与1848年的人们一起寻求乌托邦共和国的实现。这种急迫的、崎岖不平的历史，使承认政治权利的早熟同一种理性政府的理想的完形（la prégnance）混合，由此，法国的普选史表现出了一种特殊的哲学趣味。构成这一历史的种种矛盾与引导它的种种力量，激励着人们去深刻思索政治平等，也就是近代公民身份的含义。

第一编　革命的时刻

公民的三种历史

1789年，公民的形象处于事件与表象的革命中心。对于18世纪的改革家而言，它更多属于过去，而不是未来——人们会想起《爱弥尔》开篇时带给人们的失望："这两个词：祖国与公民，不得不在现代语言中被删除。"词与物突然重新获得了一种非同寻常的密度。公民的这一新生让人并不容易理解。一切都交织在1789年：旧事物在新事物中的撞击、对过去的仇恨与对未来的急不可待、源源而来的事件与把这些事件控制在进程之中的困难、传统的沉重与创造新世界的果敢。于是，有三种记录为构建公民身份而重叠在了一起。

首先是社会史的记录。源于对特权仇视的平等革命，它与为给人民加冕而集体重新占有国王的主权结合在了一起。通过与一切旧有的有产公民理论决裂，选举权近乎机械而突然地被理解为一种自然权利。本编的第一章"包容的绝对必要"描述了曾推动这种选举权普遍化的条件和论战，以及力求涵盖国籍概念的公民身份概念。被排除在选举之外的人，实际上仅仅是外国人，或那些处在社会关系边缘、徘徊在国民之外的人。在此种社会舞台上展现的是最为重要的相关内容。

但是，这种以建立一个平等者的社会为目标的公民身份的革命，从人类学角度来看，在某种程度上是受到限制的：普遍性顺应了为把被视为是依附者的人与公民共同体分开而设定的家庭内部的或家庭空间的界限。第二章"自主的个人"分析了围绕自然与社会、家庭与国家、自由与依附之间的界限展开的问题。在此公民的历史与作为独立、负责的主体的近代个人的历史密不可分，公民身份的普遍化是依照独立、负责的主体的出现来衡量的。

第三章"多数与理性"最终探讨了以下条件，即在1789年获得广泛承认的政治参与观，与作为启蒙思想家（对他们来说，政治只有建立在理性之上才有意义）理性主义遗产的精英主义的参与，这两者之间的矛盾被表现和利用，以及舆论与意志的重大影响被抛置在拟古主义的黑暗之中。这三种历史，即社会的、人类学的和认识论的历史，为勾画出大革命期间的公民形象而互相融合、互相交叉。

第一章 包容的绝对必要

有产公民模式

　　1791年宪法赋予近450万人选举权,而根据当时的估算,法国人口为2600万,因此,投票权是有限制的。但是,如果人们把这一选民的数目与达到投票年龄的男性人口——有600万男子年满25岁——进行对比的话,那么这种限制就显得颇有节制。就投票权的行使所规定的条件看,等于使成年男子中大约三分之一的人被排除出投票者的行列,这种排除是宪法就行使积极公民权利所规定的七项条件[1]综合造成的结果。这些限制与25年后实行纳税选举的君主政体*设立的限制并不属于相同的范畴。在1814年和1845年,选民的人数实际上仅分别为72000人和241000人。同样的"纳税选举的"修饰语可能难以用于这两种情况,因为由1791年宪法规定的行使投票权的条件与由1814年和1830年的宪章制定的相关条件之间相距甚远。然而,从实践角度来看,有一种条件可能与1791年就存在的(取得选举权的)纳税额性质相同,即便1791年时纳税额的限制作用远远小于复辟王朝时期或七月王朝时期。而在考虑到选民的数目时,1791年的选举制度似乎又与后者大相径庭。鉴于19世纪40年代的这种差别,某些共和派人士毫不犹豫地以"几乎是普遍的选举"来描述由制宪议会规定的选举制度。这一既令人惊奇同时又揭示出不少东西的表述,说明了为一种模棱两可的制度定性的困难,这种

---

* 这种君主政体在法国实行的时间是1815—1848年。——中译注

制度从数量方面来看近乎普遍选举，而从法律观点来看则又处在纳税选举的边缘。

然而，从原则方面来看，政治平等在1789年以一种显而易见的力量被人接受。《人权和公民权利宣言》第六条暗暗地认可了它。（"法律是公共意志的表现。所有公民都有权利亲自或者委托他们的代表参与制定法律。"）它在许多方面显得与民事平等不可分离，好像它只是民事平等的延伸，甚至是其自然的补充。这种政治平等观念的突然出现并不易于理解。与民事平等相反，它不是一种植根于18世纪之中的要求。没有一位启蒙思想家要求所有人都有选举权。即便卢梭把公共权力看作是表达全体社会成员的公意，近代的普遍选举观念也并未在他身上出现。它实际上在陈情书中亦暂付阙如。在18世纪80年代，当争取改革省级议会的运动出现时，其参照模式是有产公民的模式，而丝毫不是个人—公民的模式。

在18世纪，有产公民实际上构成了政治权利方面确定的模式和几乎是自然的参照。在《百科全书》中，霍尔巴赫写道："正是财产造就了公民；凡在国家中拥有财产者，不管特定的公约赋予他何种身份，皆会关注国家的利益。正是作为有产者，正是因为他的占有，他才要求有发言权，或要求有选出自己的代表的权利。"[2] 霍尔巴赫仅仅是使他的同时代人想起历史上明显的事实，即政治代表制度的税收起源。虽然代表会议以讨论捐税和使君主知道国家的财源和力量为目标，但它们仅仅涉及直接相关的问题。然而人们可能会从法律的角度问道，为什么是有产公民，而不仅仅是"纳税者"（contributaire）公民呢？关于这一问题的答案存在于重农学派的学说当中。对于重农学派而言，土地是财富唯一的依据，捐税的正常基础只可能是领地。重农主义者们由此把和17世纪末以来的所有经济学家共同的对消费税的批评与他们自己的财富的形成观结合起来，以便把土地所有者设立为与中央的政治、经济不可分离的形象。遵循其经济学理论，他们认为唯有土地所有者才有交纳捐税的义务。他们在经济学方法上表现出来的陈旧过时的特征不应当掩盖以下的事实，即其在当时就社会学角度而言属于革新者。由所有土地所有者缴纳捐税，标志着与认为免除赋税是和承认等级和特权联系在一起的这样一种社会观的决裂。重农学派的经济学理论暗含着一种名副其实的革命：它以一种由其在财富的形成过程中的地位所确定的阶级区分取代旧的等级区别。

重农学派的经济学理论同样为其充当了思考国民问题时的支撑点。他们以由经济因素所决定的社会参与的观念去对抗建立在融合（作为团体的成员）基础之上的传统的隶属准则。对于他们而言，国家的成员是那些以生产参与到致富社会当中的人。因为农业是唯一有价值的创造性活动，对于重农学派土地所有者来说是社会利益赖以构成的中心。在18世纪的法国经济学家看来，非农业的种种职业是以某种方式外在于国家的。在这一点上，勒特罗斯纳在其《论社会利益》中思考这一问题的方式尤其令人信服。通过界定一种具有自给自足倾向的经济理想，他从其财富的领土分析出发，对国家的内部与外部之间的关系作了全新的界定。关于商人，他写道："对外贸易的代理商，不管是哪一类，构成了一个在诸民族间广泛流动的特殊阶级。由于其职业特性本身及其财富的使用，这一阶级是世界性的。它在其希望获得利益的任何地方进行财富的组合，并不会专属于任何一个特定的民族。"[3] 工人怎么样呢？他们大多是"外国人在我们这里供养的寄膳宿者，而当这些人构成耗费巨大的人口时，外国人可能在第一时间任由他们缺衣少食"。[4] 手工业者如何呢？"他们构成了这样一个阶级，这一阶级由于其工作的性质以及对其资本的使用，并不取决于它所居住的领土，他们只把工资作为家产，而这些工资对绝大多数人来说，是由国家支付的。"[5] 手工工厂的厂主又如何呢？"他们是在民族之中，但却不属于民族。他们可以把自己的产业和资本转到别的地方，他们并不是名副其实的纳税人……他们始终知道给财富避税，并向来只是让别人来借他们的钱。"[6] 对于重农主义者，社会参与是通过与领土的关系来调节的。与土地的有形联系、住所的必要的持久性，这两者是民族真正融合的保证。由此出现了他们所称的"城市魔鬼"(l'esprit de ville)的批评。他们指控城市通过破坏经济、增加腐化因素、厚待游手好闲等方式摧毁了内部的社会。从18世纪60年代起,有大量文献在详述这些主题。

在18世纪70年代末得到加强的省级议会改革运动处于一种被重农学派的观念所支配的思想背景当中,而在这些观念里面,税收改革与对公民身份新的承认的设计是同时产生的。勒特罗斯纳在1779年,即在由审理间接税案件的最高法院首次提出召集全国三级会议的要求四年之后,出版了《论省级行政机构与税收的改革》。[7] 几个月之前,内克已经屈服于周遭弥漫的压力,同意以试验的名义在贝里创设一个省级议会。[8] 至少对半数成员有着财产资格的要求:旧的等级逻辑首次被重新提出来讨论。勒特罗斯纳的改革计划首先谋求建立重农主义者们梦寐以求的单一的土地税。但是,他的措施中最令人感兴趣之处在于,他为实施这种税收改革以及更广泛地参与制定一项重大的公共工程纲领而提出的代表制度。他想到了一种金字塔形的选举制度,该制度包含了市镇、地区和省级的议会,而居于塔尖的是一个全国性的大议会。不管财产规模如何,只有土地所有者才能充当选举人。"其他的公民阶级,"他写道,"只需要考虑完全免除他们的财产和劳动的赋税。"[9] 这也预示着,西耶斯将在十年后制定积极公民与消极公民之间的区别。

杜尔哥的改革措施来自同样的分析。在他眼里,只有土地所有者是合法的选举人。他写道:"唯有那些拥有不动产的人才真正属于某个堂区或村庄。其余的人均是日工,他们只拥有短暂居住的住所。"[10] 他继续写道:把所有者与国家不可消除地联系在一起的土地所有权,构成了"名副其实的公民权"。[11] 杜尔哥的观点使我们得以理解到这一有产公民的观念在当时一点也不保守,而是恰恰相反。在与内穆尔的杜邦合著的《关于市政当局的回忆》中,杜尔哥很好地显示了建立在所有权基础上的代表制概念的革新特征,并批评了旧的三级会议的组织形态。他解释道,在这样一种基础之上组织起来的市政议会,"既不会引起等级划分方面令人不快的事情,也不会受到这类事情的影响……根据公民可能对国家具有的实际作用,以及根据他们通过财产不可抹杀地在领土上占有的地位来对公民进行划分,从而使得国家仅成为一个单一的团体"。[12]

勒特罗斯纳或杜尔哥的有产公民与原有的代表制的概念产生了决裂:它以抛弃对等级和团体的参照产生了社会学意义上的决裂。(并以接受为建立代表制而设定的客观标准实现了政治上的决裂。杜尔哥在其《关于市政当局的回忆》中写道:"社会中的人的权利并非建立在他们的历史之上,而是建立在他们的'造化'之上"。)然而,人们离个人—公民的到来还相去甚远。作为个人—公民特征的政治权利的三原则,即平等性、个体性与普遍性尚未被清楚地提出。个体性的原则在一些仍旧模棱两可的术语中被确认。虽然重农主义者和杜尔哥在洛克之后实际上在所有权中看到了个人权利的基础,然而他们还没有把所有权构想为个人的一种简单属性,这一属性使人得到了延伸,并同时赋予他人性。在他们眼中,这种属性还具有一种固有的稳定,它自身是代表制的支柱。人们在杜尔哥那里发现了这一点,即在《关于市政当局的回忆》中以比较他们的财产为基础区分出"整数公民"(le citoyen entier)与"分数公民"(le citoyen fractionnaire)(前者是定义明确的公民,他们是那些拥有年均纯收入为600锂[livre]地产的人。达不到这一门槛的地产业主可以为支配选票而几个人聚在一起)。换句话说,由于其仅仅有助于把权利赋予被假定为对政治权利的行使至关重要的具有特定资格(如对公共事物怀有兴趣、拥有智慧,等等)的个人,所有权并没有降落在地产业主之中。它在本质上仍然是一种可代表的对象。对于杜尔哥而言,个人能够被代表的同样还是领地。这并非英国式的财产的议会代表制,但它同样也不是有产的个人的代表制。从他这一方面来看,平等的原则尤其被消极地包含在里面。当孔多塞以"通过这种方式,代表制可能会以任何国家从未有过的方式变得公平得多"[13]一语评论杜尔哥的方案时,他尤其标明了其与某个世界的区别的意思,在这个世界里,被代表的权利完全被习俗、特权或行政决定以多变的方式变得特殊化。面对一人多选票制（如果某人拥有好几处地产，而每处地产均赋予他一项代表权，他就可能拥有好几票）的模棱两可的态度，表明 18 世纪的改革家们认可了这种在代表制方面的平等问题上还极不确切的特点。

有产公民丝毫没有被纳入普遍主义的视野。对于杜尔哥及其他同时代的人而言，它属于一个特殊的社会阶级。杜尔哥对美国人予以指责，因为他认为美国人的公民身份概念具有模糊不清的特征。他在其著名的致普赖斯医生的信中写道："我没有看到人们已经注意到了巨大的差别，这一差别是建立在两种阶级的人——即土地所有者阶级与非土地所有者阶级之间本性上的唯一差别；人们也未注意到自身利益以及由此产生的不同权利。"[14] 在此，应当避免通过把洛克式的财产观念投射到有产公民概念上而产生误解。[15] 18 世纪的有产公民并不是具有其人格的有产个人，他平淡无奇地代表着有产者（土地所有者或资本所有者，其根据是人们作为依据的关于财富的经济学理论）。然而，甚至在被限定于土地所有者的政治加冕礼当中，由经济学家所敞开的视野，仍然保留着已经极具创新性的方面。人们应当避免一切年代错误来理解霍尔巴赫、勒特罗斯纳、魁奈或杜尔哥根据个人意愿指称的有产公民的形象。我们只有在避免使用令人想起巴尔扎克笔下的靠年金生活者或马克思笔下的资本家的形象去套有产公民时，才能领会有产公民。如果他们确实构成了一个阶级，有产者并非仅仅有别于民众，他们首先是与特权者和居官者的世界互相对抗的。人们在 1787 年初很清楚地看到这一点，当时卡隆向显贵会议提交了一份模仿杜尔哥提出的省级议会模式的方案。显贵们热烈赞成设立议会的方案，但使劲地拒斥纯粹的财产代表制原则，并要求享受特权者在每个议会中均能拥有半数席位。在卡隆被免职之后，1787 年 6 月的敕令意味深长地采纳了这些关于省级议会选举的反提案。[16]

要想衡量有产公民在何种程度上构成了那些将成为大革命的行动者的人对政治权利进行思考的天然境界，只须参考那些在孔多塞或西耶斯这样的人物的思想形成时期问世的文本就足够了。孔多塞在其《关于谷物贸易的思考》（1776）中这样解释说，土地所有者比其余人更关注国家，因为他们无法离开，他们希望在良好的法律下被统治。所以，应当"通过把他们视为比其余人更加名副其实的公民"[17]，在政治的法则中厚待他们。实际上，不同阶级对社会普遍幸福的兴趣是与他们变换祖国的便利成反比的。1788年，在其《论省级议会的构成与作用》中，孔多塞始终赞同这种重农主义的方法。他这样写道："既然一个国家是一片由边界围起来的领土，人们应当把（土地的）所有者看作是唯一名副其实的公民。"[18]在大革命爆发前的几年里，人们仅仅看到他不再把土地所有权作为唯一的参照。例如，他的第二封《一个纽黑文的资产者的信》认同"房屋的所有人，在此通过使资本依附于领土，似乎把自己看作是一片更大领地的所有者，不管是对于利益还是对于社会状态均是如此"。[19]西耶斯从他这一方面也作了修改，以使有产阶级的概念具有现代风格。1775年，他撰写了《就其政治与道德体系致经济学家们的信》[20]。在这些信中，他批评了由重农主义者制定的财富理论，并继亚当·斯密之后认为，正是处于不同表现当中的劳动构成了财富。这种经济学的视野使他得以把有产公民的概念扩大为股东公民（le citoyen actionnaire）的概念。积极公民，即拥有投票权的公民，对他来说是"社会大企业的真正股东"[21]。这类公民以其劳动，尤其是通过以交纳捐税的方式对西耶斯所称的"公共机构"的运转提供捐助而成为股东。西耶斯的股东公民赖以建立的社会参与的哲学，仍然接近于以重农主义者的有产公民为特征的哲学，但是，已经迈出了面向具有个人主义特征的代表方法的一步。

1789年初，在《权利宣言》当中，孔多塞始终把成为有产者的事实视为行使公民权的天然条件之一。[22]而西耶斯亦一度认为，唯有有产者才能代表一个堂区的居民。然而，在1789年10月关于行使投票权的条件的大论战中，这一参照理由似乎突然消失了。人们的确可以听到内穆尔的杜邦复述了杜尔哥与魁奈的主张。他说道:"行政事务涉及所有权、对穷人的救助,等等。只有有产者对此怀有兴趣,而如果人们只有插手他们自己事务的权利,且如果只有当他是有产者时才有属于他的事务,那么只有有产者能够充当选举人。那些没有财产的人还不属于社会。"[23] 但是,这一观点从总体上看已不被大多数人所认同。甚至那些在 1780 年把有产公民当作政治哲学不可逾越的境域的人,亦在 1789 年开始颂扬个人—公民。[24]

政治平等与社会的形式

把有产公民观引向承认个人—选民政治平等的政治、思想转向并不易于分析。它实际上涉及一个极为复杂的进程,在这一进程中,事件的推进力、新观念的力量以及各种传统的影响错综复杂地交织在一起。然而,人们可以清楚地分离出两种在发动这样一场革命方面起着必不可少作用的因素:其一是实现君主制的主权向人民主权转移的各种条件,其二是在 1789 年已为人接受的建立在社会分工基础上的新的代表制。

1789 年 1 月 24 日颁布的召开三级会议的条例已经引发了这种转向,并以某种方式预测到了它。它处于传统的行会主义代表制与近代个人主义代表制的接合点上。虽然它通过其规定的组织形式(以团体为单位来出席会议),以及通过它启动的进程(简单地提交陈情书)的目标本身完全与三级会议的传统联系在一起,但它毕竟采纳了一种非常开放的选民资格的概念。条例第 25 条实际上规定了参与堂区或社团会议的四项限制性极弱的条件:生为法国人或已经取得了法国国籍;至少年满 25 周岁;有居住场所;已被记入纳税人的名册。很少有人因最后一项条件被排除在外。大部分没有缴纳人头税(la taille)或人口税(la capitation)的人实际上是被列入纳税人名册的,其中还包括家仆、贫民与残疾人。[25] 因而,在被记入纳税人名册的标准中,没有任何关于纳税选举的不可明说的想法。[26] 这一尺度的精神——与居住方面的尺度相结合——纯粹是避免多重投票。选举当然是分成二级甚至是三级的。堂区的大会推举出出席拜宜裁判区（bailliage）*大会的代表，拜宜裁判区自己负责选出参加全国三级会议的代表。但是，其原则正是几乎没有限制的个人选举原则。米什莱为此颂扬了1789年4月的选举。他写道："人们曾见过小的共和制社会让其所有成员享有参政权利，但从未见过任何像法国这样巨大的王国或帝国如此做过。这是新的事物，它不仅在我们法国的编年史上，甚至在整个世界编年史上也都是新的……看到一度被人认为微不足道、如此沉默的全体人民一下子有了发言权，是多么奇特、令人惊讶的伟大场面啊！"[27]根据米什莱的估算，此项选举中实际上有近500万法国人投了票。这一数字是巨大的，即便它受到了保证金的约束（1月24日的条例和4月的选举历史仍然有待于书写[28]）。路易·勃朗将在其《法国大革命史》中写道："这不是直接的普遍选举，但毕竟是普遍选举。"[29]

果真能在这次选举中看到民主的个人主义的首次确认吗？对于这一问题的回答并不简单。虽然1月24日的条例事实上没有对参与堂区大会作出限制，但它实际上没有把作为主权表达方式的任何东西纳入选举权的视野之中。例如，还是没有使用"投票权"的表述。堂区或行会大会以另外的方式进行慎重考虑，但人们从未履行明确的个体化的投票程序。人们与承认独立自主的个人−选民还相距甚远。被召集的大会实际上没有实行任何主权的行动，它们所做的只是转交陈情书，以及任命一位由强制性的委托书所要求的代表。人们可以说，它显示出来的正是一种前政治和前民主的平等形式。[30]它还与接受等级代表制相邻。在1788年夏天至1789年春天之间，三级会议的前景一点儿都不像第一个具有更为激进的措施的阶段那样令人惧怕。在它身上，对专制主义的批评和对实现让国王与其人民面对面在一起的君主制的展望，以不可分离的方式交织在一起。这

---

* 此系古代代表国王或领主执法的大法官（bailli音译为"拜宜"）的管辖区。——中译注

也是对参与大会的平等权利予以承认的表现。它与其说是对个人政治权利的肯定，毋宁说是象征性地重申君主制的理想本质的方式：直接的统治权力来自国民的同意。

然而，在这一模棱两可中，有某种基本的东西在闪现：一种新的社会联系方式的体验。在1789年春天的各省三级会议上，国民变得明显可见。从那以后，问题不再是取得某些资格，以参与某种选举的进程，或行使某种管理权力（这正是杜尔哥和重农主义者们在谈到有产公民时所想要的）。其关键是显示一种集体的同一性。在这种背景下显示出来的政治平等的形式，仅仅表明了一种社会归属的事实。1789年1月30日，米拉波在普罗旺斯三级会议上所做的著名演讲，非常清楚地把这种平等的方式与构建国民的理由联系在一起。他说道："代表们的集合是国民……所以，这一领域的首要原则是，代表应当是个体的：既然所有人都应当被代表，那么在国民中就不应存在任何既不是选举者又不是被选举者的个人。我知道某些民族通过把选举权赋予有产者来限制这种原则，但这已经是迈向政治不平等的一大步。"[31] 此处涉及的与其说是对有产公民理论的否定，不如说是回避了这一问题。参与选举大会说明了一种社会身份——民族成员的身份。它没有被视作一种政治权力。革命运动所诉诸的公民身份观念首先并未复兴那种民主制的理论。它主要依赖的是社会学的观点，并实现一种与专制主义世界完全决裂的社会形式。建立在契约与平等之上的公民身份的关系，与旧的依附性世界是对立的。1789年的人们不仅仅抛弃了团体社会，也希望与新生的个人主义和显示革命前法国特征的过度特权组成的奇异混合物决裂。[32] 为了很好地理解巨大的革命转向的意义，就应当认识到那些革命者最厌恶的东西。1789年的人们既想把个人从团体社会强加的刻板中解救出来，又希望以一种新的集体存在——国民，来取代个人的依附关系与个人和统治者之间的关照组成的混合物，这种混合物是君主政体出于税收的动机而促成的。公民身份的观念把这种大革命所要显示的愿望与否定的混合连接在了一起。

同时，在1789年出现的新的"公民身份的文化"彻底改变了人们在关于省级议会改革的讨论中赋予代表程序的含义。其目标是聚集国民，赋予国民一种声音和一种代表形式，而不再是如同省级议会选举曾表现出来的那样去选定管理者。公民身份革命的最初媒介存在于这类在以下两种"平等"之间发生的转移当中：第一种平等是身份的平等（个人—人民），它体现出了全国三级会议的组织的特征，第二种平等则是被赋予新的受宪法支配的法国个人—选民的政治权力的平等。一个已聚集起来的民族在1789年春天的形象实际上继续为人所接受，尽管政治参与在事实上已改变了含义，而公民此后亦体现了主权。[33] 公民身份象征方面的维度从此将不再能够与它的技术维度相分离，权利与职责在进行投票时实际上变得不可分离。在1789年被肯定的政治平等，以某种纯粹的方式，从对民事平等的新的承认中派生出来。1789年春天的种种大会实际上只是诉诸政治权力的市民社会的集会。这一市民社会将在1789年突然变成政治社会。正是作为集体主体的人民，而不是个人的相加在表示主权。有一种集体进入主权在远离有产公民的个人主义目的的情况下进行着。政治平等在法国的突然出现正是从专制主义的体验出发的，它并非作为有产公民模式发展的结果。

公共权力的集体恢复是通过肯定公民身份的平等而表现出来，因此，它首先产生于旧事物在新事物中的颠覆。这种颠覆通过有产公民概念把向18世纪敞开的古典自由主义的视野放进了圆括弧。法国式的政治平等既在有产公民的形象之内，又在有产公民的形象之外。说其在有产公民的形象之内，是因为它在集体分享君主制的主权观念中发现了源泉：与英国的经验不同，它和存在于从个人需要出发对政治权力之本质重新界定当中一样，其亦存在于两种主体，即国王与人民[34]之间的权力转移的活动之中。说其在有产公民的形象之外，乃是因为它适应个人—公民，即它本身被认为是独立于一切经济或社会限定的抽象的民族成员。

个人—公民的到来同样来自社会表现当中的一种决裂。对政治平等的承认，只有通过对社会划分之认识的深层变化的存在才变得可能。让我们非常简单地谈谈这一问题：要为了人民的利益恢复独立自主的权力，就得把人民理解为社会整体的形象，简言之，它应当与国民同一。这在 18 世纪并不是显而易见的。"人民"的表述本身在当时颇具两重性，即在一种客观的政治含义（人民—国民、全体社会成员）和一种贬义的社会学含义（人民—群氓、愚昧和盲目的民众）之间游移不定。[35] 在最好的情况当中，人民通过把原始暴行与隐秘的道德财富的插曲式的表示结合起来，通过以相同的理由去骚扰和打乱其他世界的野蛮人，构成了一种人类学之谜。[36] 例如，若库尔在《百科全书》中通过注解承认了他的困惑："人民，阳性名词。它是难以界定的集体名词，因为人们在不同的地方、不同的时间，并根据事件的性质赋予它不同的含义。"尤其是在提及古代的时候，人民的概念是在被肯定的情况下使用的。科瓦耶修道院院长、梅里埃和卢梭因为把人民设想为全体人口而在当时相对孤立。18 世纪的大部分哲学家具有的研究方法，更多的是人类学或文化的，而不是政治的甚至是社会的（科瓦耶指出：人民是"国民的普遍等级，其仅仅与显赫人物和贵族的等级相对"）。即便他们有时考虑到了未来改变面貌的可能性，但也几乎都把当时的人民与令人害怕的贱民或被最直接的激情所驱使的愚民等同起来。狄德罗在《百科全书》的"民众"条中写道："你们要当心民众在推理与哲学方面的判断，民众的声音在此时是恶意、愚蠢、无情、不理智和偏见的声音……民众是愚昧与迟钝的。"雷蒂夫·德·布雷多纳从自身的立场出发把民众描绘为"一种丧失了眼睛、耳朵、鉴赏力和情感的巨大动物，它只通过触觉来生存，而人们只能通过这种第五感来引导它；这是人们可随心所欲地加以说服的一大批个人；后者只具有别人的意愿；他们只按照别人要其所想的那样去想，并不管这样想对自己有利还是不利"。[37] "人民"几乎更多地与自然范畴而不是社会范畴联系在一起，最终体现为社会的一种根本的相异性。拉布律耶尔毫不犹豫地把它与"易受惊的动物"加以对照，伏尔泰在其《哲学通信》中把人民说成是由"在人之下的动物、人们与土地一起买进卖出的牲畜种类"组成的,而马里沃将其与"波涛汹涌的大海"相类比,并将其视为"一种名副其实的机器"。人民—群氓由此在人类的限度内占据着一种模棱两可的位置。了解专制主义的发展过程,并渴望实现一个权利国家的哲学家们还是同样地把人民想象成一种人类出现以前的种类,想象成一种仍然存在于自然状态之中,并被本能与需要所驱使的群体。人民与精英之间的差距由此不仅仅是文化上的,甚至是经济上的,对于精英们而言,人民属于人类学的范畴。政治平等观念在这种背景当中甚至是不可想象的。公民身份的出现首先必须以对这种社会区分的认识的变化作为前提条件。这种变动是如何发生的呢?西耶斯可充当理解这一过程的导线。他从1770年初到1789年的所有思考实际上都表明了他所处时代在这一问题上的偏见与困惑。

就某一方面来看,西耶斯与精英们在人民问题上的看法是相同的。例如,他在18世纪80年代的一份手稿的注释中写道:"在献身于艰苦劳动、为别人带来快乐以及其受苦的躯体很少得到精神上的支持并充满需要的不幸者当中,在这个没有自由、道德沦丧,只拥有很少会取得成功的双手和一个灵魂被吸食的巨大的两足工具的群体中……果真存在着你们所称的人吗?人们认为,唯有有教养的人才能够进入社会。"[38] 不到十年,他又反过来雄辩地赞颂"人民—国民"这一社会整体的辉煌形象。对特权的仇恨说明了此种演变。他着手进行了破坏性的工作,这一工作通向的是对社会的认识的真正革命。在1789年,把特权者称为具有象征性的社会敌人搞乱了先前的社会表象。对特权的根本拒斥,以及使西耶斯的作品具有巨大影响的对特权的根本拒斥的理论化,在当时概括了革命运动的本质:它以近乎机械的方式把人民重新整合在社会当中,第三等级一下子构成了一个粘合在一起、渴望成为一切,并面对羞辱的等级的整体。

1789年秋天,所有人都共同致力于使社会统一具有基本价值。人们希望互相接近,并摧毁旧有的分界线。塔尔热议员很好地表达了这种普遍情感。他当时解释道:"正是在统一之中,它们,即各种区别应当被取消。并不是通过把人们分开,而是通过迫使人们相互热爱,人们杀死了贵族,并成为了公民……"他继续说道,"如果我们没有这一目标,我们在国家的再生方面的努力将毫无结果。愿所有的人:军人、教士、律师、商人、耕种者,都摒弃偏见,仅仅充当公民。"[39] 对社会联系的认识在1789年发生了转变。对特权者的世界的粗暴拒斥,彻底重新划定了社会制度的界限。特权者成了被排斥在外的人,并象征着社会的外部。西耶斯在其《论特权》中写道:"特权者竟然确确实实自视为另一类人。"[40] 几个月之后,在《什么是第三等级?》中,他通过倒置延伸了这一观点。他写道:"特权者只能因其公民资格而被人代表;但是在他们身上这一资格已被破坏,他们丧失了公民责任感,他们敌视共同权利。"[41] 由此,新的社会联系通过排除贵族加以定义。[42] 某些人甚至还将特权者与外国人同等看待。我们不妨引用萨拉维尔的话作为例子。他写道:"最值得尊重的等级是构成国民的第三等级。它与其他等级毫无共同之处:社会契约已被其他等级的人取消,后者亦不再是公民。正是第三等级的意愿构成了法律。而主权就存在于第三等级的身上。其他人甚至没有投票权。他们应当遵守第三等级的法律,就像处于居留期的外国人要遵守其所处国家的法律一样。"[43]《人民的卫兵》简明扼要地概括道:"既然他们想跟我们分开,那么我们亦将与他们分开。"[44] 第三等级和国民在这种排除特权者的运动中被重新定义。人们可以这么说,在1789年,社会外部交换了场地。人们在那一年把特权者视为人们以前所惧怕的群氓;视为一种绝对不一样的存在。后者被抛回到自然(界)的蒙昧当中,被剥夺了公民权利,被驱逐出界限之外。于是,特权者由于被叠加到内部敌人和外国人的形象之中而承受和概括了整个社会外部。

虽然人民完全的重新合并由于同时发生的把贵族排除在外而变得容易,但这丝毫不意味着原有的对群氓的成见就消失殆尽。不过,它们至少因对社会联系的一种新的全面认识而被抑制、相对化和抵消。自18世纪70年代至80年代以来,西耶斯从另一方面寻求了没有被排斥在外者的社会区分方法，以便试着把平等的视野与存在条件方面的差别的事实协调起来。正是出于这一理由，他与他所处的时代一起，对古代社会进行了思索。这种思考在他身上并非用一种相反的模式与商业社会进行对抗，即像卢梭所做的那样，以美德和节俭对抗以经济价值为目标。它更多以试着去形容近代社会分工的特性为目的。西耶斯在这种思考中顺着休谟和斯密的思路来批评古代公民的理想。虽然他首先认为作为基础的社会构成的现实要素暗含的条件是脱离现实的，并由此以代议制政府反对卢梭宣扬的直接民主制模式，但他的分析点并不在此。他的主要论点在于指出在古代的共和政体中，唯有奴隶和自由人之间的根本区别才使得强烈的政治参与变得可能。通过复述休谟的经典论证，[45] 他强调，某些人的不受约束是以另一些人的奴颜婢膝为代价的。他在一份手稿的注解中解释说："在古代的共和政体中，政府首先不可能具有代表性：1. 因为它们属于不大的疆域；2.（这是最好的理由）因为其公民只是那些完全或很大程度上不受约束的居民，余下的人是奴隶或对社会行动冷漠的人。"[46] 古代社会建立在社会职责的划分之上，这种划分遵循的是人类的概念的界限。奴隶们不在人类之列，他们仍然在社会关系之外。[47]

然而，近代的平等不可能被西耶斯理解为对所有区分的绝对否定，即便就其本质而言，它与支配古代社会的划分形式相对立。虽然平等与自由在对人权的承认中找到了一个共同的抛锚点，但在西耶斯看来，人们实际上不可能使古代的公民形象变得具有普遍性。他在 18 世纪 80 年代写道："设想人类的普遍利益是徒劳无益的。人类将始终分成因教育和工作的差别而本质上不同的两部分。"[48] 但是，这种划分不再具有奴隶－自由人的鸿沟所具有的排斥含义。因为这种划分首先是可变动的。不过，更主要的原因是它被纳入了新的视野，即劳动分工的视野之中。"我不愿把我的人们分成斯巴达人和希洛人*，而是将其分成公民和劳动伙伴。"[49] 这种方法概括了西耶斯在进行的

---

* 希洛人，系斯巴达的国有奴隶。——中译注

迁移的意义。对于他来说,人与人之间的区别由此成为纯粹是职责方面的区别,而且它表现出了有利于整个集体的优势。在这种从经济角度对社会进行的理解之中,西耶斯赋予作为进步之媒介的劳动分工的作用一种特别的重要性。它的新颖之处是把经济范畴中的劳动分工与政治范畴中的代表制靠在了一起。西耶斯写道:"任务的划分仅仅是特定意愿当中的代表范畴的一部分。被人代表是公民社会繁荣昌盛的唯一源泉。"[50]

西耶斯由此以极为独特的方式,把近代的政府行为引入劳动分工的体系之中。这一观点不断地被他吸收到他所写的一连串与经济相关的读本之中,并将始终在他那里得到强有力的肯定。他在1789年的《观察》中解释道:"理智或至少是经验告诉人们:你若是懂得限定你的工作,你就更能在你的工作中取得成功。通过把你所有的精力都用在整个有用的工作当中的某一部分,你将以最少的艰辛和最少的费用获得最大的成果。工作的区分、财富的积累以及人的技艺的完善,均来自这一点。这种区别对所有社会成员具有共同的好处,它如同属于各种生产性工作一样,亦属于政治工作。共同的利益、社会状态的改善本身,大声地命令我们使治理成为一种特殊的职业。"[51] 由此,他把政府界定为委托的权力,后者在其实践上与其他职业所进行的工作并无区别。例如,他在1775年的《致经济学家们的信》中解释道:"政治的与公共的工作"——这一表述本身就颇具意义——是共同带来收益的,这一点与商人、赶车人、从事有用的科学的公民或教育家的工作别无二致。"代表"与"专业化"的概念最终融合到了西耶斯的这种具有经济学色彩的研究方法之中。如果"代表"意味着为了另一个人的行动,那么一个人人在里面从事着某项特定任务的世界,实际上成了一个被普遍代表的社会。这正是西耶斯于共和三年在一句激动人心的名言中所要解释的:"在社会状态中,人人皆是代表,无论是在私人范畴还是公共范畴到处存在。它如同自由主义和政治的进步一样,是生产性与商业性的实业之母。我还要说的是,它与社会生活的实质本身混同在了一起。"[52] 就从经济角度来理解政治而言,人们已难以走得更远。

西耶斯在18世纪70年代构建并发展为民事权利与政治权利的区别的公民与劳动伙伴之间的对立,远离了自由人–奴隶这一幽灵般的区分。它一边完全使人民重新回到社会之中,一边使之与政治领域分开。当时,它的对立在很大程度上是与有产公民和普通人民之间的划分交叉的。当他在1789年首次使用"积极公民"与"消极公民"的词语时,他的思想在这一点上已有了很多演变。虽然他继续从劳动分工的概念出发思考政治领域,但事件的推动力引导他对社会划分采取了另一种看法。自1789年始,可以说他在从政治角度研究国民和从经济角度理解政治之间几乎无所适从。例如,他在1789年9月7日就国王的否决权发表的演说中指出:"欧洲的各个民族与古代的民族很少有相像之处。其与我们相关的仅仅是商业、农业、制造业、等等。致富的愿望似乎是使所有欧洲国家成为巨大的工场:人们更多考虑的是生产和消费,而不是幸福……因而我们被迫在绝大部分人当中只看到劳动机器。不过,你们不能够拒绝把公民的资格以及公民责任感的权利赋予这批没受过教育、只知专心致志于苦役的民众。既然他们都应当像你们那样遵守法律,那么他们也都应当像你们那样共同致力于制定法律。这一竞争应当是平等的。"[53]这一发展以一种特别暴露的方式显示了从1789年到1791年就投票权展开的整个讨论所隐含的紧张。在这一文本中实际上交叠着两种格调:其一为政治参与的格调,其二为社会整合的格调。以公民为一方,以劳动伙伴为另一方,两种形象被简单地并列在一起,但它们之间却没有建立起来任何联系。西耶斯先是通过解述休谟和斯密来赞颂经济社会,然后再借用卢梭的术语来肯定政治平等原则。这是奇异的共处。西耶斯同时引证与他完全对立的《国富论》的作者和日内瓦的哲学家的事实,使人得以理解可称为"1789年的模棱两可"的或许是最重要的一个方面。

在1770年和1789年间,这种模棱两可的内部本身所大大改变的,正是对社会问题领域和政治问题领域之间的分界线的认识。在

18世纪70年代，它是建立在个人之间的社会身份的差别（对于他们的学识、他们的能力、他们的利益而言）之上的。在大革命期间正在进行的平等运动通向了不再使人接受的被认为是纯天赋的区别。[54] 由于这一原因，公民的品质有着被赋予所有成年男子的趋势。公民身份的这种普遍化趋势标志着与有产公民理论决裂。但是，把所有的人整合到它所显示的社会整体之中的必要性还遭遇到了顽强的心理障碍，一部分人似乎在社会角度和文化角度对此显得颇为冷漠，不管怎么说，他们还难以被整合到新的、平等的人的共同体之中。西耶斯在1789年秋天清楚地表达了他在这一点上的困惑。他问道："难道可以把乞丐、想要流浪的人或无家可归的人当作公民吗？"[55] 正是为了解决这一矛盾，他着手区别了积极公民与消极公民。如果每个个体皆是平等的公民乃是首要的事实，那么在他看来，同样有必要在这种最初的相等内部进行划分。然而对于西耶斯来说，积极—消极的划分同样具有一种完全不同于在古代社会把公民与其他人区分开来的性质。他解释道："在古代人那儿，奴役状态以某种方式净化了各个自由的阶级。公民们都能够行使他们的政治权利。凡自由人皆为积极公民。而在我们这儿，应当引以为豪的是，结合的基础更加宽广；原则更具有人性；通过法律的保护，我们都是平等的，而这正是好的政治。但是，也正因如此，公民阶层或公民等级包括了社会组织的各个层次，于是，由于智力和情感所致，最低下的阶级、最贫困的人们与社团的利益是无缘的，他们只能成为古代自由国家那种最不受尊重的公民。诚然，对我们而言，他们仍然是一个属于人类的阶级，是法律上的公民，而宪法以及良好的法律也许会使这一排在最后阶级的人数减到尽可能少的程度。尽管如此，他们是对整个社会观念漠不关心的体力正常者，处于不能积极参与公共事务的状态。"[56] 上述大段引语清楚地显示了西耶斯在划分积极—消极时持有的没有被排斥者的梦想的含义。对于他来说，近代社会以一种更加温和的区别，即民事权利和政治权利之间的区别，取代了古代人的粗暴排斥。[57] 虽然在西耶斯看来这种区别不会伤人感情，但它很快就暴露出了种种问题。《论特权》的作者想在同一时间区分和肯定的两个原则，即公民身份的普遍化与政治权利的有限性，实际上持续呈现出相互碰撞的趋势，并始终让政治参与的问题公开表现出来。

公民权的确立

在1789年，民事平等与"公民责任感的平等"[58]是重合的。对等级和团体的批评，以及对由此引出的各种利益的代表的拒斥，导致了去颂扬抽象的个人，后者不受整个限定的约束，是社会整体的普通成员。在这些条件中，政治领域没有从社会问题的领域中派生或分离出来。它通过构成一种特定的共处形态来概述社会范畴，并将后者全盘纳入。首先由于一个近乎机械的理由，种种中间团体的取消导致了公共空间的扩大，公共空间成了社会相互作用的中心场所。事件的推动力在此与制度方面的理路结合在了一起。更为深刻的是，既然使社会得以构成的特殊性、差别性、奇异性被否定，那么政治问题与社会问题就重合在了一起。在这一意义上，公民的纽带终于通过其抽象形式代表了社会纽带的原型。它是社会关系的纯粹形象，并体现了社会关系的本质。在《什么是第三等级？》的著名章节中，西耶斯展示了它无法抗拒的绝对必要。他写道："凡背离公民共同品格者，均无权参与政治，这是一条原则。"[59]如果西耶斯明显地首先从根本上否定了特权的观念，那么他的意图符合逻辑地引导他把政治权利建立在"共同品格"，即简单地属于社会整体之上。受法律约束的个人与公民为此具有混同的趋势。如果没有任何从异质物中派生出来的、社会所特有的变量能够在选举权的界定中被考虑，那么政治权利与公民权利具有相同的性质。它们并非带有一种不同的本质（柏克在他对法国大革命的分析中很好地抓住了这一点）。也正是这一点，使积极公民与消极公民的概念之间的区别变得如此难以想象（我们还将回到此问题上来）。享受的区别并非能在每种类别的有关权利之法律本质特性的基础上建立起来的。只有独立的法律主体和依附的法律主体之间的区别,能够使政治权利与公民权利之间的划分生效。平等的抽象概念所准许的唯一区别是真正的法律主体的性质(年龄、性别,等等)的区别,"没有政治权利"始终以这样或那样的方式意味着个人只拥有部分的公民权利(妇女、儿童和残疾人即属于此类情况)。

公民身份的普及处于公民权利和政治权利的这种等量齐观与集体主权原则出现的交叉点上。这里存在着一种双重的抽象工作,它在使每个个体具有一小部分主权的同时,将政治领域与公民社会的领域重叠了起来。政治权利由此不是来自于一种关于代表的学说——只要后者含有对在社会中异质的和多种多样的人予以承认与提高地位的意思——而是来自于参与主权的观念。巨大的变化就在于此。在1789年初,问题在于平等-从属。由于一个近乎机械的理由,它迅速地与平等-主权的问题混同起来,因为主权的所在从此与国民的存在本身同一了。在这种限度之内,选举权不再被纳入关于代表的思路当中。它从此界定了一种社会地位,即人民的个人成员的社会地位集体取代了国王的地位。能够在这一基础之上实现的政治权利范围内的唯一区别是社会隶属的区别。被拒于选举之外的仅仅是被排斥在国民之外的人:贵族、外国人、离开本土的脱离社会者、受社会唾弃的罪犯。然而,在我们看来非常明显的是,这种社会隶属概念的含义本身在大革命期间仍然是成问题的。有鉴于此,就应当理解人们在政治权利的组织中看到的犹豫。此种犹豫与其说是对相关原则(平等、普适性)没有把握的结果,不如说是对公民社会担心的社会学范畴上的犹豫的结果。政治权利的革命与对国家的形式和内容的考问是分不开的。

1789年9月29日,当图雷向制宪议会提出关于宪法草案的报告时,他建议选举权要符合五项条件。在所要求的资格中有三项涉及社会隶属的界定:国籍、住所、纳税[60]。在辩论过程中,又被加上一条额外的、但具有同样性质的标准,即遵守法律(排除了破产者和被判处加辱刑者)。"公民"一词的不同含义由此在选举权中重合在了一起：作为拥有国籍的公民；作为一个具体集体（住所）的成员的公民；作为国家的"好的成员"（通过缴税分担集体的负担、遵守法律）的公民。因而对于制宪议会成员来说公民身份的概念不仅仅是法律的概念。它主要通过重合三种形态，即法律方面的隶属（国籍）、物质方面的登记（住所）和道德方面的影响，从社会参与中引出。简而言之，这些不同的标准将可能在理论上为赋予选举权划定一条清楚的分界线。但是，很快发现其难以付诸实施。国籍的定义是在1791年的宪法文本中最终得到确定。生父为法国人且在法国出生的人自动成为公民；生父为法国人但在外国出生的人得在法国居住，并在进行公民宣誓之后才能被视为公民；[61] 生父为外国人但出生在法国的人，只要居住在法国就是公民；出生在外国且父母为外国人者，如果已进行公民宣誓，（还有，如果他们已取得了不动产，娶了法国女子或建立了一个农业和商业的机构，）那么其在法国连续居住五年后可成为公民。

在国籍的界定上，土地权压倒了世袭权：大革命的法律在这一点上延续了旧制度的传统。[62] 国籍的取得以多变的方式将三种参与程度，即消极的（住所）[63]、政治的（宣誓）[64] 和积极的（经济活动或家庭联系）[65] 叠合在一起。人们由此看到，最终国籍的概念与公民身份的概念混同了起来：它首先仅仅是行使选举权的一种条件，但把所有标准重叠在一起。与之相反，外国人取得（法国）国籍的条件则有使所有人作为行使政治公民身份的条件来接受的趋势。虽然进行公民宣誓可能是让生父为外国人的人获得国籍的一项条件，但所有行使投票权者却都被要求这样去做。[66] 同样，就加入国籍所规定的社会参与的标准，一样有着被视为行使投票权的标准的趋势。例如，共和三年宪法规定，要想将来参与投票，就应当从事一种机械或农业方面的职业。这些获得投票权的标准几乎没有投入使用：公民宣誓自1795年起被取消，共和三年宪法所考虑的那项规定则从未付诸实施。但是，这些措施的精神继续存在于大革命的国籍概念之中，后者在事实上与积极公民身份的概念是同一的。占支配地位的正是个人的公民参与和社会参与，而不是他们基因的或历史的遗产。[67] 此乃另一种拒绝法国式的普适主义的方式，像潘恩或克洛茨这样重要的外国自由之友在1792年加入国籍，将说明此种方式的含义。拉莫雷特代表在这一场合意味深长地说道："哲学上的亲缘关系的感觉"把外国哲学家与法国革命者统一在反对专制主义的斗争之中。[68] 在这种大胆的提法中，国籍与政治参与的混淆统统溢于言表。

公民身份与国籍概念的这种交错，导致制宪议会的成员赋予国籍内容更多的社会学方面的色彩，而不是法律方面的色彩。人们可在解放犹太人问题被提出来之际非常清楚地看到这一点。[69] 即使犹太人的公民身份在旧制度末期因省份而异，既没有被看作是法国人或当地人，也没有被看作是真正的侨民。法学家德尼沙尔在1771年就作出了下述界定："犹太人实际上居无定所。他在王国中丝毫没有地位。一如所有的犹太民族成员，犹太人在法国是漂泊不定的。他在任何地方都不是公民。尽管他生为法国人，但他在每个城市均被当作外国人。"[70] 根据大革命所规定的国籍标准，定居在法国领土上的犹太人从此以后毫无争议地将被视为法国人。然而，这种承认远非轻而易举就能获得。虽然问题自1789年秋天就已提出，但实际上等到1791年9月27日，制宪议会才在其解散前夕颁布了犹太人在公民身份与政治上获得解放的法令。在这种长时期的犹豫中，各种偏见的确在起着作用。但是，它们并非唯一与此相关的因素。

对于制宪议会的成员来说，问题的实质在于犹太人的本质特性。在他们看来，犹太人实际上的不同面貌之间的关系象征着一种谜。他们表现出需要把其摆在一个全面的、唯一的问题中来领会。但是，他们只达到使其误解犹太人问题实质的方式。最积极赞同解放犹太人的人，如格雷古瓦或罗伯斯庇尔，把犹太人的这种特性归结到宗教方面，并因此将其退回到社会存在的私人领域之中。[71] 例如，格雷古瓦教士在充当犹太人的捍卫者的同时，通过激烈地责怪使用意第绪语，意欲与所有区别出犹太人的做法作斗争。一如左翼人士，右翼人士也同样拒绝把犹太人视为一种整体存在。唯一敞开的视野是同化，克莱蒙-多奈尔以下述著名的言辞表达了此种观念："应当否定把犹太人作为民族的一切，并赞同把犹太人作为个人的一切……在国家当中，犹太人既不应该成为一个政治团体，也不应该成为一个等级，他们应当是个体的公民。"[72] 最初，这正是葡萄牙犹太人的处境与东部犹太人的处境不可分离的原因。[73] 确实，他们的处境曾是不同的。波尔多的犹太人已被很好地同化。很多人已在1789年以个人的名义接受了入籍认可书，自然而然地参与三级会议的选举，作为其中一员的格拉迪，还差点儿被指派为出席三级会议的代表。与之相反，阿尔萨斯的犹太人则内向得多。他们生活在其社区之中，在法律上亦被排斥在市民生活之外（例如他们既不能购置不动产，也不能耕种土地和雇用农业工人）。所以，正是通过提及前者"已经取得的权利"，制宪议会首先同意赋予单个葡萄牙犹太人和阿维尼翁犹太人选举权。[74] 由此可见，具有哲理性的辩论从未被真正对待过。全面解放犹太人的思路最终战胜了残留的偏见，但这不是一种公民身份的概念和已被阐明与延伸的国籍的概念。辩论的延期（在最初交换看法之后，首先在1789年颁布出来），实际上表达了与政治上的谨慎一样的思想上的困惑。对把选举权赋予犹太人的抵制，更大程度上在于对把他们归并到公民当中的条件以及他们的社会参与的性质的发问，而非犹太人的国籍在法律上的不确定性——这在过去构成了问题的实质。在这一意义上，可以说公民性与国籍一样，在法国深刻地决定着政治的公民身份。

在城市或区居住一年的条件，为投票权的行使规定了另一种社会参与的绝对必要的形态。它体现的对定居的要求，以把积极公民的身份与流浪者，即那些没有任何固定归属的人分开为目标。流浪者是"不臣服于任何君主的人"，其在封建法律的意义上既不承认任何封建君主，也不固定于任何地方，并且不要求任何保护。在旧制度时期，敲诈勒索者、流浪者、乞丐在集体想象中最终构成了一个人们应与之保持距离的、具有危险性的庞大人口。[75] 很难给出一个确切的数字来界定这一相当多的被边缘化的个人的范围，这些人介

47

于雇佣关系与社会关系之间，日复一日地应付谋生问题或以做小工为生。尤其是在大城市当中，他们在劳动阶级中占有不容忽视的比例。[76] 由此，居住条件可能导致近15%达到投票年龄的男子被排除出选民之列。在制宪议会中，没有任何人为此感到不安。排除没有固定住所、生活在城市中心连同家具出租的旅舍或在乡村流动的个人，似乎自然而然地，初级议会毫不犹豫地不让未能严格满足居住标准者参加其会议。对没有住所者的排斥，在1792或1793年，甚至在巴黎公社最狂热的时刻均没有遭人非议。住在连同家具出租的旅舍内的工人，即便有可能在俱乐部或支部中扮演非常积极的角色，仍然被剥夺了政治公民身份。公民身份这种对住所的依附，在19世纪仍然是基本的。觉得流浪者和离乡背井的个人不安全这种恐慌一直萦绕着整个社会。[77] 在这一意义上，公民从未被界定为纯粹的个人—选民、拥有国籍的抽象的法律主体，它始终是一个被包含、植根和载入巨大的社会相互作用的运动中的人。

那些违反社会生活规则的人为此会被排除在投票权之外。首先是不尊重法律：被判处某种刑罚的人将丧失公民权。1791年宪法在这一点上非常严格，因为它规定，凡受到指控的个人，均无权行使积极公民权利。[78] 其次是不尊重商业领域里的契约精神：破产者与无能力清偿债务者，同样被剥夺政治权利。公民身份由此具有一种道德的维度：投票权表达了一种个人与社会之间的信任契约的可能性。[79]

就行使选举权所规定的最重要的条件是缴纳捐税。宪法委员会提议确定一条相当于三个工作日价值的税金标准。正是在这一点上，讨论最为激烈。格雷古瓦教士提到新的财富贵族带来的威胁以此来开火。他说道："为了成为选举者或初级议会中的可被选举者，只要是一个好公民，有着健全的判断力和一颗法兰西的心就足够了。"[80] 罗伯斯庇尔亦从他的角度批评了三个工作日的门槛的随意性，并认为不能提出一种建立在财产基础之上的标准。那么，委员会就此提出了类似使纳选举税的选举（即便其是有节制的）付诸实施的主张了吗？对这样一种解释应当予以提防。在委员会的思想里，税金的条件与居住的条件具有同样的性质。为了引起讨论，勒格朗这样写道："缴纳税金只应当在初级议会中被要求为公民身份的证明；贫困是一种称号，无论税金是多少，它应当足以行使公民的权利。"[81] 所以，其思想并非是纳选举税的选举。也正因如此，在这一点上的讨论相对简短，并且对立程度不甚强烈。此外，在这一场合中，没有人发表过重要的演说。这种相对的共识并不令人惊讶。事实上，只有一小部分从事固定工作的人因这一条款而被排除在投票权之外。例如，在关于萨尔特省的专题论著中，保尔·布瓦估算道，处在三个工作日门槛之内的纳税人为数甚少，他们在农村仅占户数或年满25岁的男子的2%—3%。[82] 所以，在制度中起区别作用的与其说是选举税额的水平，不如说是税金条件本身。消极公民的主要队伍是由乞丐、流浪汉、根据季节与机会到处从事农业方面的体力劳动者组成的。被排斥的是不稳定和边缘化的阶级，而非地位低微的农民、工人或手工艺人。甚至在1792年8月，也从来没有人真正地打算把选举权赋予这些流动人口。

正是这一点得以解释为何制宪议会的成员们几乎不关心消极公民的数目。即便它似乎要高于同代人的想象，这一数目的确切统计，对于理解有关公民身份的讨论没有起到根本影响。[83] 至关重要的是正确评价1789年人们形成的排除标准的概念，因为他们并不拥有任何可靠的统计手段来测定所颁布措施的确切影响。很显然，在他们看来，积极公民与消极公民的区别没有造成任何隔离。绝大多数制宪议会的成员以为政治平等已经实现。那些把三分之一公民排除出初级议会的人，说起来就像是他们已经确立了普遍选举。第三等级蜂拥进入国家的中心，使继续存在的不平等退居到第二线。政治权利扩大到了这样的程度，米什莱在半个世纪以后都似乎以为，把投票权授予一大批往往是处境悲惨的人，只可能属于权利的估算范围，期望的无外乎控制和操纵这些没有受过教育的群众！此外，无论是佩蒂翁还是罗伯斯庇尔均未发出直接的抗议，被排除选举权的人口同样显得颇为遥远。饶勒斯在这一问题上的分析极为有力，他写道：

"人们以为，即便对于最民主的人而言，这类在资产阶级之下、在自在的手工业者阶级之下拮据地生活着的劣等国民，并不是一种活生生的现实。"[84] 在把积极公民与消极公民之间的关系理解为两个阶级的对立，以及认为资产阶级窃取了它拒绝给无产阶级的政治权利方面，它可能没有任何意义。在第一级的选举人中有足够多的处境卑微者，因而没有人考虑在进入初级议会的标准中设立一道富人和穷人之间的屏障。饶勒斯正确地概括道："在400万选举人中有足够多的穷人，所以穷人丝毫没有感到被粗暴地排除在外。"[85] 此外还使人得以理解的是，"普遍选举"的确切表述在这一期间尚未被使用过。就其最严格的字面含义（即所有成年男子的选举）而言，它在1789年甚至是不可想象的。大革命的确把人民重新整合到国民的中心，但边缘仍然是未定的，这使得一小部分人口彻底处于介乎近代公民与古代群氓的中间位置。政治权利表达的条件，以及社会关系的表现由此在大革命期间完完全全地交织在了一起。消极公民之所以被排除在政治权利之外，仅仅是因为他们在某种程度上被视为外在于公民社会，并处在公民社会外围的那一片朦胧之中。公民社会内外之间的分界线不能一直清晰地感觉到，同样地，人类学与文化方面的因素亦使得国籍的简单标准混乱和复杂化。法律的语言，以其具有精确和善于分类的性质的名义，用极为尖锐的方式使1789年社会阶层的动摇凸显了出来。但是，也正是后者反过来使人得以理解，1789年人们为何几乎没有寻求从法律角度去深化公民身份的政治概念。他们所将就的法律上的不确切（例如，"公民"一词的不同含义——国民、选举人、有关的人——从未被清晰地分成等级）根源与其说处于政治意愿的缺失之中，不如说是处于社会表现的不确定之中。

来自底层的对消极公民的处境发出的抗议，符合逻辑的为数不多。从1789年到1792年，没有发生过围绕这一问题而组织起来的社会运动或集体请愿。朗热于1790年初发表小册子《一位被宣布为消极公民者对被宣布为积极公民者的抱怨和提醒》时相对地孤立。[86]

他在小册子中对在他看来确认了消极公民概念的社会划分进行了冗长的指责。他写道:"把人变成奴隶或消极公民,这是一回事。"[87]他继续写道:"把我们排除出议会,以及把我们与你们分开并以褫夺公民权来打击我们的法令,是一种名副其实的杀害兄弟的行为……你们已经错误地把我们驱逐出了社会;你们已经把我们从社会契约中除名。"[88]他的强烈抗议仅仅在更晚的时候,即抗击敌人的动员将通过改变对"消极公民"一词的认识,使个人的爱国蕴涵变得激进化时才具有意义。正是当时的一些事件通过一种更广泛的方式,导致了公民身份的含义的改变。它远不是通过参与初级议会来象征一下,而似乎是越来越以参与革命行动或捍卫祖国为特征。人们经常循着这样的思想,通过复述卡米耶·德穆兰的名言说道:"真正的积极公民是那些攻占巴士底狱的人。"正是在此种背景之下,1792年8月11日的法令禁用"积极公民"与"消极公民"等术语。但是,不应当过高估计这一语义学范畴的措施的意义。它具有的主要是从实际约束当中派生出来的象征性的意义。然而,社会关系的边界并未以别的方式被看待。虽然8月11日的法令在把投票年龄降至21岁的同时废除了选举税的条件,但它实际上一直明确地规定,唯有拥有被认为是"以其劳动产品为生"的收入的人才能够投票。这实际上回到了维持对非纳税人的排斥,即便"消极公民"的表述已不再用来指称非纳税者。

这不是原则,但它的应用确确实实成了难题。从1790年1月开始,各种各样的请求传到了议会,并且在某些城市还爆发了与劳动日价值的确定有关的骚乱。诸多相当重大的差别实际上还在维持着。某些市政当局把每个工作日的价值定为10个苏,而另一些市政当局则将其定为50个苏。另一方面,税收制度亦远未统一。在像阿图瓦这样的省份里,人们的直接税缴得很少,人头税在那里转变成了间接税。在其他省份,情况却与之相反,税收制度更多地让位于直接税。两种因素结合在一起后,形成了一种事实上的不平等。人们可能在鲁昂是选举人,但在巴黎却不然。指出以下事实非常能说明问题：所有人皆反对选举税的原则本身——"使我们成为公民的绝不是税金"——罗伯斯庇尔尤其批评了劳动日价值确定程序的非集权化造成的不平等。究其根本,他满足于在这一点上提出暂时取消这一条件。他提议,"把纳税的种类与份额作为拥有公民资格的条件,有关条文的实施应当推迟到这样一个时期,即议会已经对时下的税收制度进行了改革,并已经把其应当与政治权利的行使建立在一起的事物的各种关系结合了起来。"[89]议会从其立场出发将把劳动日的最高价值定为20个苏(1790年1月15日法令),以便缩小差异。如何解释这一应用似乎比纳税原则本身产生更多的不公正问题呢?[90]我们在此涉及了制宪议会成员们就平等形成的概念的核心。他们泰然自若地排除了80万家仆的投票权,但却对可能阻碍不到其十分之一的个人成为积极公民的地方差异深感不安。出现此种态度的原因不难理解。对社会群体(不管是按年龄还是性别来划分)的排斥,产生了一种被人们假定为是建立在事物本质之内的等值的、客观的不平等:所有相关个人在这种排斥中是平等的。反之,不平等,即便是微小得多的不平等,如果涉及一种社会关系或一种象征性的关系,则是难以忍受的。

关于行使积极公民的权利所要求的资格讨论的中心环节,仍然是关于银马克的讨论。人们可以简洁回顾一下相关情况。宪法委员会的草案考虑到了两级选举。[91]在初级议会中,积极公民选举负责选举议员的第二级选举人。除了对积极公民所要求的条件,委员会强制性地规定选举人要缴纳相当于10个工作日价值的税金。有被选资格的人,即那些能够被选为议员的人,则应当缴纳一个银马克的税金。[92]1789年10月,议会一面通过这一建议,一面使当选资格的条件更加苛刻,即在银马克的条件之外又加上了必须要拥有地产。就政治权利在不同阶段的行使所要求的条件不断形成的想法,实际上回到了把公民的两种主要形象置于同一个序列之中。这两种形象分别是个人公民与有产公民。前者处于下部,且类似于积极公民(尽管它有点模棱两可);后者则处于顶部,且实际上等同于有被选举资格的人。引起最大争议的并不是财产的条件，而是银马克的条件。在议会中的批评主要集中在两个主题上。人们首先对这样一个事实，即有人正通过确立一种新的贵族使国民议会远离三分之二的公民，提出了批评。卢斯塔洛在《巴黎的革命》中大发雷霆道："纯粹的财富贵族已被无耻地确立起来了。"[93] 该主题虽含糊不清，但同时非常具有号召力。因为在大革命中，反对贵族的政治斗争远远盖过了反对君主制。而且大革命是以根除一切能使人想到贵族这一可憎字眼的东西为己任的。人们也谴责用银马克取代信任的原则。维尔纳夫的佩蒂翁这样说道："一旦你们净化了你们的初级议会，一旦你们已决定谁能够成为被选举人，一旦你们认为他们能够作出好的选择，那么，我就要问你们，你们是否会把镣铐置于此种选择……我以为，人们应当把美德的选择留给信任。"[94] 内穆尔的杜邦从他的立场作了解释："成为被选举人的唯一必要的资格应当是在选举人看来其适合为他们做事……我认为，而且始终认为，有能力就足够了。要成为被选举人，他只要被选中即可。"[95] 不少演说者对这样一个事实群起而攻之，即卢梭和马布里也可能因银马克的条件而无法被任命为代表。尽管有这样一些批评，1789年12月22日关于初级议会的组成的法令仍然维持了银马克。不过，相反的意见亦给人留下了深刻的印象。考验发生于1791年8月11日宪法最终修订之际。实际上，充当报告人的图雷通过提出关于第二级选举人的更苛刻的条件，一上来就提议取消银马克。他在其导言性的报告中写道："如果人们对选举人本身提供保证，人们就能更好地实现其目标，这是不容置疑的。因为通过确保全体选举人的完美组成，人们就拥有了最有利于作出好的选择的组合。公共事务的安全最必不可少的基础就存在于选举人之中。"[96] 宪法最终规定，所有积极公民，无论其地位、职业或纳税情况如何，均可被选为国民的代表。但是，它反过来对被任命为第二级的选举人强制性地规定了一种相当苛刻的财产条件。[97] 此外，通往选举人位置的通道在数目上是有限的，因为根据规定，每百名积极公民只任命一位选举人。不过，议会几乎是普遍赞同这种制度。

为什么最终取得胜利的银马克反对派在限制性条件被转向选举人时没有重新出现呢？对于这一问题答案有二。第一种答案取决于这样一个事实，即几乎没有一位制宪议会的成员拒斥两级选举的净化特征。对选举人在资格上的净化标准伴随着数量方面的处理工作，这看起来是正常的。第二种答案取决于选举人的中间位置。选举人在选举程序中显得像是一个普通的操作人员，并且在这一领域中不充当任何具有象征性的任务的承担者。[98]这与积极公民或被选举人不同。巴纳夫非常清晰地对此作了解释："人们的满足与其说存在于权利的实际行使之中，毋宁说存在于权利的拥有之中……既然在它的条款中，每个人均变得能够代表全体国民，那么我要问的是，你们通过取消银马克，通过重新使所有人都有可能进入立法机构而向公民们敞开道路，会不会给他们打上一个更大的记号，甚至无法把他们置于其同胞的水平，会不会和其他人一样倾向于在法国消除这种对我们予以指责的阶级区别，是否实际上完全不在平等原则之内？"[99]象征性的平等，抑或形式上的平等（如果人们愿意这样说的话）起了一种如巴纳夫所强调的基本作用。平等的目标也是敞开各种可能，或毋宁说不让任何人仅仅满足于每个人的想象。他继续说道："既然人们承认，弊端并非存在于现实，而是存在于舆论之中，那么我要问，我们确立的条款是否已为我们改变条款而无法取消的舆论做了更多得多的事情呢？"[100]

拉博·圣-埃蒂安在其关于事实上的不平等的报告中，为显示社会想象工作的特点讲到了"情感的平等"[101]维尔纳夫的佩蒂翁从他的立场说道："普通人喜欢被置于从事各种职业的同胞之中；如果他从中发现了某个人因其财富处于另一种状况，那他就不愿意与此人接近，因为他知道这个人在日常生活中将不会与他有同样的好恶。正是在这里，所有的人进一步地互相接近，平等充分地得到显示，各种职业的人，尤其是那些并不富裕的人喜欢置身这些议会之中。"[102]这些在1791年8月11日，即宪法文本最终定稿前，就积极公民权利行使的条件展开的辩论,使公民身份退回到了一种象征的维度,后者在大革命期间不断地被提出,并使得投票权的问题处于一种非常特殊的位置。虽然有产公民和我们将要涉及的国民自卫军代表着两种不同的政治蕴涵的模式,它们实际上描述了私生活与公共生活间关系的相同类型,而这种类型是以个人利益与政府存在理由间的一致目标为前提的。政治领域只在一种纯工具的视野以及公民社会直接的已知条件中得到延伸。它是以用独立的方式保护和巩固已经存在的一切为目标的;严格说来它什么也没有创造。它至多以纠正社会自发的趋势为职责。但是,这种干预始终被添加到一种先前存在的社会机构之上,后者涉及对社会的保护或恢复。有产公民与国民自卫军的概念预先假定,社会联系是先于一切由于共同生活而产生的政治表现的。政治仅仅是在形式上构成了社会,也就是说在一种法定的状态中确立了社会。它并没有以任何方式创建社会。公民身份的政治概念在这种纯粹的例子中是从一种经济(市场体制)、社会学(所有者)或一种历史和地理(民族发生的事情)中派生出来的。选举权的行使仅仅是一定的社会与历史处境的结果或表达。

维尔纳夫的佩蒂翁所暗示的公民身份的象征性取向则大相径庭。公民身份在此不是一种被颠倒次序的资格,它什么都没有再现:相反,它通过把近代社会送回其本质所在,预感到了近代社会的未来。公民是抽象的个人,他既处于使其富裕或贫困、聪明或迟钝的一切经济、社会或文化的规定性之外,同时又处于这些规定性之内:他象征着平等的人。[103] 初级议会是这种抽象表现自身的场所,因为初级议会在短时间内赋予此种抽象一种可以感知的形式。投票权的行使,在这种取消一切使市民社会的关系变得稳定的特殊框架内,属于近乎神圣的范畴。它颂扬的是看不见但同时又具有开创性的事物:平等的奥秘。所以,以这种方式去理解的投票权,不可能以物权或形式上的权利的观点来理解。在这种区别之外,它是平等观念在近代社会内实现的具体事物之中的抽象工作的有效符号。此种有效符号以其主显（épiphanique）的方式充当了社会联系的生产者。"公民"一词在大革命期间产生的诱惑本身，以实际上经常被搞混的方式，表露了这种象征的维度。民事权利的获得，因而不仅仅具有符合宪法的意义，它同样具有道德的维度，后者尤其在请愿者的说话方式中被非常强烈地表现了出来。例如，埃罗省新的选举人在向国民议会请愿时写道："我们居然被改变了。"[104] 在他们第一次领圣餐之际为博斯盆地沙隆维尔的孩子们写于 1790 年 4 月的请愿书中，在向宪法宣誓和向议会表示敬意之后人们可读到这些名言："正是公民的光荣品质这一前提，使我们对你们的工作与美德负有责任……我们会变得与你们相同。基督教公民奥古斯特教团成员。"[105] 公民身份的观念在此伴随着一种对尊严的承认。同一时期的请愿者们还说道："给立法者的公正带来最大荣誉的尤其是这种铭刻在法律之中的意志，亦即使公民最大限度地免除因蛮横无理的旧制度使其失去尊严而受到的蔑视，以及允许公民拥有参与选择公民身份的代表的尊贵权利。"[106] 米拉波为把 21 岁的男子庄严地列入公民名单而设想的仪式也显示了这种象征的特性。他说："在这种爱国仪式中，以及通过宗教的联系……人们都将说到平等；一切区别都将在公民面前消失殆尽。"[107] 公民，如同克洛德·勒弗尔清楚看到的那样，[108] 在此被当作社会性的一种零点，而这种零点在平等观念的发展中充当了原动力。

甚至当他们为行使选举权的限制性条件作出规定和辩护时，制宪议会的成员们被纳入了一种公民身份的名副其实的普遍主义视野之中。他们在其开创的新的历史中所期待的是，以稳定和固定的方式来实现靠事态的风暴才得以象征性地显现出来的一切。对于他们而言，公民思想的不确切性，最终仅仅是迷惑人的、简化的革命旋风时代和平静、透明的新世界之间的时代矛盾的简单反映。人们估计，文明的进步将使大多数人的选举年龄得以降低，贫困和流浪得以消除，并因此使积极公民的形象普遍化。德默尼埃在 1789 年 10 月曾这样写道："人们已谈得很多的对穷人的排斥，仅仅是偶然的；它将成为手工业者的一种竞争目标，当局若保留它将会更好一些。"[109] 在1789年10月或1791年8月对宪法草案进行审核时，不少演说者亦按照这种思路发表演说。

尽管存在着寓于其中的社会学的踌躇，在大革命期间所显现的选举哲学并不具有纳税选举的性质。这正是对财产的涉及不应该被错误理解的原因。1789年，当人们把财产颂扬为社会秩序的基础之际，他们丝毫没有与被17世纪的改革家们所理论化的有产公民的政治模式发生关系。如在斐扬派的演说中极为清晰地表现出来的那样，他们有的仅仅是参照了洛克所构思的有产个人的概念，有的则更为平庸地诉诸守秩序的有产者。[110] 对于斐扬派来说，有产者的资格不再仅仅是界定一种经济地位：它完全与社会和道德的保障体系整合在了一起。巴纳夫的观点清楚地说明了这种"综合性的"对财产的态度，也就是说财产是与经济、道德、社会和政治不可分离的。他在1791年非常清晰地表达了这一点。他说，有三种保障应当存在于选举大会之中："首先是智慧；无法否认的是，不是就一个人而言，而是就一大群人而言，一定的财产、一定的税金在某种程度上是更为精心的教育和更广博的学识的保障；第二种保障是那些社会委托其进行选择的人所代表的公共事务的利益，这种保障显然大于代表某种有待捍卫的特定利益者提供的保障；最后一种保障在于财产的独立之中，它使个人不愁温饱，并或多或少地使其摆脱可能会对他产生诱惑的腐败手段。"[111] 这三种保障存在于何处呢？它既不存在于以前的上层阶级之中——因为后者过多地显示出了"与公共利益分离的个人利益的野心"；也不存在于那些"由于缺少财产而即刻被迫和不停地为维持生计而劳动，并且无法获得任何能作出选择的智慧的人。这些人对维持现存社会秩序没有足够大的兴趣"。因此，巴纳夫诉诸中间阶级，后者应当在法国构成代议制政府的政治重心。虽然拥有财产仍然是个人对普遍利益依附的一种保障，但它在巴纳夫身上已具有一种宽泛得多的含义，即其潜在地是可与法律、经济基础分离的。有产者成了资产者以及受秩序和保守支配的人。巴纳夫说:"一旦每个人的权利通过已经确定的宪法得到安排与保障,那么对于以其财产为生的人,以及对于靠诚实的劳动为生的人而言,就只有一种共同的利益;那么在社会中就不再会有两种对立的利益,这两种利益分别是想保留现存事物状态的人的利益,以及想改变现存事物状态的人的利益。前一种人是由于看到了与财产相伴的满足、与工作相伴的生存。后一种人则由于觉得其资源只存在于革命的轮番出现之后——若可以这样说的话,而且还因为他们有如生存在腐烂变质中的昆虫,是在动乱中长胖与变大的。"[112] 巴纳夫表达的是一种平淡无奇的资产阶级的观点,而不是从原则上对公民身份的本质表态。人们从这一例子中可清楚地看到,社会历史始终居于第一位。对此只字不提既是徒劳无益的,同样也是可笑的。但是,社会历史并没有解释一切,而且也没有容纳政治的表象史。在某些人随心所欲地称为无法回避的资产阶级秩序之外,继续存在着通过政治平等来安排社会的观念。这一观念是被顺从地接受还是被热情地颂扬都无关紧要。

国民自卫军与士兵公民

国民自卫军体现了一种与有产公民模式不同的社会联系模式。其区别与其说在于对公共事务的兴趣标准(在这一点上两者是相同的),不如说是这种兴趣显示的形式与条件。与动员相接近的积极参与,使得加入国民自卫军必须要报名;而就其被动的一面来看,它仅仅是由对有产公民而言是客观的社会已知条件来决定的。历史地且实际地混同在一起的有产公民和国民自卫军,最终通过体现两种对立的公民身份模式,在革命进程中区分了开来。

国民自卫军的概念可溯源到城市市民自警队这一旧时传统,后者在常设警察力量尚颇为薄弱的时期担负起了维持公共秩序的任务。在1775年,勒梅西耶·德·拉里维埃是首先使用这一表述的人。他衷心呼吁建立一支"主要由通过在本国拥有不动产而使其真正的个人利益与国民共同利益不可分离地连在一起的人组成的"国民自卫军。[113]国民自卫军成员由此只是意识到自身的有产公民。它仅仅是有产公民的复制品。1789年7月13日，当看到骚乱在巴黎蔓延，并对驻扎在开会地点附近的军队感到忧心忡忡的国民议会要求组建国民自卫军时，事情也并非一清二楚。这次创立由国王批准，符合维持秩序的直接目标。征兵是以混乱的方式进行的，缺少明确界定的原则。这是善良的愿望和不受约束的征募。国民自卫军是在实施的国民主权，是由与国王的专制主义相对的新型力量武装起来的可见的威慑。从其创立的第二天起，攻占巴士底狱，就赋予此新的制度一种作为象征的重要性。国民自卫军的形象有助于向已在集体记忆中留下印记的旧制度的堡垒发起进攻。也许正因如此，尽管其存在的理由已经消失，它仍存在着。[114]1790年12月，由拉博·圣-埃蒂安在议会提出的关于组织警察力量的法令，确定了这支由国民自卫军组成的"用于对付内部的军队"运转和征募规则。该法令规定，唯有积极公民，即拥有投票权的公民才能成为其成员。制宪议会的成员们平行发展了与社会利益哲学相一致的规定。由此，在国民自卫军的名册上登记反过来成了积极公民必须具备的特征。投票权与防护的义务是同一种社会联系类型的两面。在这一意义上它被明确为"唯有符合相关规定条件从而享有积极公民权利的人，当在法律上要求他们为捍卫自由和祖国而武装起来时，才能应招入伍去恢复国内的秩序"。[115]

　　1790年12月6日的法令，与制宪议会成员正在设计的公民身份概念逻辑一致，提出了一个值得注意的实际问题，即过去情况的合法化问题。自7月14日以来，国民自卫军实际上是在没有确切的征兵标准的情况下，在行动的激情中组建的。根据议会在1789年10月确定的标准，不少国民自卫军成员算不上积极公民，那么，难道应当把他们清除出去吗？这是不可能的。不可能突然宣布那些已经为捍卫革命奉献时间和行动的人，对公共利益是不在乎的。他们投入战斗显然证明了他们的动机。拉博·圣-埃蒂安已经充分地感觉到了这一困难。他在议会中说道："已经把时间（甚至彻夜不眠）、财产和勇气用来为大革命期间的公共事务服务的非积极的公民，不自以为被祖国所遗忘是理所当然的；他们应当得到巨大的奖赏。已经加入国民自卫军行列并已经执行过任务的非积极公民，在他们的余生有权利保留此种荣誉。"[116]人们注意到，拉博·圣-埃蒂安在此谨慎地说的是"非积极的公民"，而没敢使用消极公民一词。但是，积极公民一词的模棱两可照样在这场讨论中显露了出来。卡米耶·德穆兰在《法国与布拉班特的革命》中写道："你们究竟想用重复得如此之多的积极公民一词表示什么？""积极公民，就是那些攻占巴士底狱的人。"[117]何谓积极的？何谓被包含在国民生活之中？两种提法是相同的。明确前者时碰到的困难亦证明了后者相对的不确定。

有关军人的问题是以完全对称的方式提出来的。有人可能坚持说，某个准备献身于保卫祖国的个人会对公共事务不太感兴趣。事情当然不会如此。制宪议会的成员们由此不可避免地要去解决这一难题。军事委员会的报告人杜布瓦·克朗赛为此提议，凡服满20年兵役的军人均有资格被选入国民议会。他说道："把公民一生中最宝贵的年华用于为祖国服务，是一种完全可与银马克等量齐观的资格。"[118]2月28日的法令根据这一思想解决了该问题。[119]这是对与成为积极公民所要求的条件同等的事物的承认。但是，其应当停留在何处？该如何建立此种措施假设能确立的算术呢？同样，又该如何对付其不可避免地会产生的矛盾呢？例如，亚历山大·德·拉梅特提出在退役后将去当家仆的军人的问题。对此究竟应当运用1790年2月28日的法令，还是遵循1789年12月22日的法令提出的规定呢？后者明确地排除了家仆的积极公民权利。[120]维里厄对此持反对态度："你们因为士兵已经作出的服务而把这一权利赋予士兵；其他的公民阶级亦有益于社会；他们也将抱怨，于是你们就会处于有大量例外的状态。"[121]所有认为是合情合理的例外，均在考问着其赖以确立的规定和原则。它在经验和常识的前提条件与理论的前提条件之间，设立了一种令人堪忧的差异。

1791年，关于国民自卫军组织的最终辩论，证实了制宪议会的成员们在对付这一矛盾时的困难。通过重申在国民自卫军花名册上登记是积极公民的义务,以及没这样做的人将被剥夺政治权利,[122]制宪议会把积极公民与国民自卫军视为一个不可分离的整体。只有那些被人们视为处于社会关系之外的人,才会与国民自卫军分开。罗伯斯庇尔提出所有公民无一例外皆能同时成为选举人和国民自卫军成员,杜布瓦·克朗赛在向他作出答复时解释道:"有人提出将非积极的公民与国民自卫军分开。乞丐与流浪汉不是其他非积极公民;所有公民均有某种职业,或有一个栖身之处,并始终缴纳30至40苏的税金。所以,不应该把非积极公民扩展到应当不停地予以监视的阶级之上;而且可能也没有人愿意为这个阶级谋划拦路抢劫过路人的手段,或是在国民自卫军口袋里搜寻的手段。"[123]国民自卫军的形象由此有助于摒弃有产公民的形象,以便加速个人—公民的出现。这一切并非完全是自然而然产生的。例如,人们看到梅努议员在其《关于由巴黎提供经费的国民自卫军的组织的报告》[124]中,满足于用以下方式更加谨慎地进行思考,即对那些已经在国民自卫军中服过役的人提供物质奖赏,以便避开法律上的等值的运算。[125]但是,这些谨慎和保留很快就会化为乌有。

1792年7月11日,当宣布祖国处于危险之中时,所发生的事件将1791年就公民身份展开的辩论甩在了后面。实际上,消极公民在某些地区开始进入国民自卫军的行列。丹东负责的法兰西剧院区提出:"一个特殊的公民阶级没有权利独家攫取拯救祖国的权利。"[126]立法议会根据这一思路展开工作,并在1792年7月30日颁布法令,允许消极公民加入国民自卫军。8月3日,另一项法令规定,"所有捍卫祖国的法国人,不管是属于义勇队还是第一线的部队,都将如同已服役了16年一样,享有积极公民的权利。"[127]8月10日发生在巴黎的起义有助于扩大这第一个缺口。8月11日的法令规定:"法国人中积极公民与非积极公民之间的区别将被取消;凡符合以下条件即可进入初级议会:是法国人,年满21岁,有一年以上的住所,靠其收入或劳动产品为生,没有处于家仆的地位。"[128]局势因此有助于扩大选举权：士兵公民形象的出现，实际上消除了积极公民与个人－公民之间的差距。

战争使个人在国民中的参与方式激进化。与外部威胁相比，它在不可分离的物质和哲学区别中考验了集体性的基础本身。在1792年，战争实际上不仅仅意味着战士为了祖国抛头颅、洒热血，它亦使国民的本质处于威胁之中。战争要求几乎具有象征性地重新表示社会公约，并重新把领土上的居民视为好像还处在自然状态，还处在一种先于一切社会区别的原始的平等关系之中。虽然国内的秩序——国民自卫军以维持国内秩序为己任，可能由可变的标准来确定，但国外的秩序则不可能同样如此。捍卫内部社会秩序的权利，是通过宪法赋予那些处境和资质能反映出其形象的人，而对外的防卫则与所有生活在领土上的个人有关。社会秩序是被创立的，而人们要捍卫的民族则是个已知数。西耶斯本人即坚持这一点：民族从未脱离过自然状态。捍卫（民族）的权利因而是一种自然权利。在18世纪末被塞尔旺和吉贝尔所发展的士兵公民的传统形象，[129] 由此发现了一种新的力量。所有公民由于在民族中的参与而应当成为士兵。保卫祖国，仅仅是使通过投票权来表达的对共同体的归属以一种义务的形式得到延伸。作为回报，所有士兵由于其身份显示出对祖国依恋的证据，应当同样享有公民的政治权利。

难道人们能像大多数历史学家想做的那样，可以说1792年8月11日的法令确立了名副其实的"普遍的"选举了吗？当然不是。虽然缴纳选举税的条件的确已被废除，实际上，对投票权的基本限制甚至与维持对妇女的排斥一样继续存在着。至少有100万乞丐、流浪汉和家仆还被置于行使政治权利的范围之外。1792年8月1日，关于制造梭镖的法令已经规定了同样的限制，该法令详细说明了这些武器应当被分配给所有公民，"但流浪汉、无赖和以无爱国心著称的人不在此列"。[130] "普遍性"长期存在于这两种由被理解为社会关系的一种近乎自然的界限所限定的情况当中。

虽然爱国冲动从1792年起有助于扩大公民身份范围进程的激进

化，然而它并未构成主要的媒介。普遍选举的观念还要到1789年的精神当中寻求源头。共和二年的士兵和无套裤汉，并没有要求得到可能首先由犹豫不决的资产阶级支配的制宪议会所反对的权利。更不必说人们在热月中清楚地认识到了这一点。当时表现出来的对社会复仇的渴求与对秩序的向往同样没有继续留在公民身份的普遍主义的目标之中，它仍然与有产公民的政治模式相去甚远。对于无套裤汉的仇恨在对共和三年宪法的讨论中显露了出来，[131]但人们还是远离了关于支配着实行纳税选举的君主政体的投票权的诸多空泛理论。布瓦西·唐格拉斯刻意写道："财产条件丝毫不是组合的基础。"[132] "普遍的"选举，至少如它被1793年宪法所理解的那样，再次受到怀疑，但是，后退的步伐相对要小一些。诚如奥拉尔指出的那样，在国内似乎没有人为此感到激动。布瓦西·唐格拉斯在其他地方提醒人们说："把一个民族分成两部分，其中的一部分显然将是受支配的，而另一部分则是至高无上的，此举是明智的吗？它有助于安定吗？"[133] 一种广泛敞开的选举权，在他看来是某种社会安定的条件。他继续说道："这种篡夺，难道与使被压迫的那部分人起来反对压迫他们的人不是一回事吗？难道不是在国家之中确立最终会推翻政府和法律的永恒的分裂根源吗？"[134]

1795年宪法强行规定的行使投票权的限制，最终比1791年事先考虑到的限制更加具有限制性。宪法第八条规定："所有出生和居住在法国的人，若年满21岁，在其所在区的居民登记簿上注册，在共和国的领土上已居住一年以上，缴纳了直接税（地产的或个人的），即为法国公民。"[135] 年龄的条件已降低，同样降低的还有纳税的条件，只要缴纳非常微薄的税金就足够了。它由此导致了在初级议会中有600万有投票权者（在1791年这一数字只有450万）。流浪汉、乞丐和一切没有固定住所者虽仍然被排除在外，但当时并没有人对此表示反感。为共和国的建立而参加过一次或数次战斗的法国人，不管怎样均不受任何纳税条件限制而成为公民。这一措施足以预防一切在各个国民自卫军小队中的骚动。处于家仆地位者依旧暂时取消行使公民权利，这一点，似乎不管是在国民公会还是在国家中均未引起大的争议。投票权由此与1792年8月份大致相适应。

不容否认的是，在热月时期存在着一种"纳选举税的愿望"和多种"纳选举税的思潮"的因素。布瓦西·唐格拉斯一边鼓吹大大扩大通向初级议会的通道，一边又提议说，唯有有产者才有当选资格。他评价道："一个由有产者治理的国家，会处于社会秩序之中；而由非有产者治理的国家则仍处于自然状态。"[136] 但是，国民公会没有采纳他的意见，而是重新遵循了1791年的思路，后者更多地在于提高确保选举者的条件，而不是提高有当选资格者的条件。在这一意义上，共和三年宪法设立的显贵的权力仍然是受限制的。热月党人丝毫没有与杜尔哥或魁奈就有产公民的观点恢复联系。他们尤其显示了自己的担心。他们力图确保"在维持秩序与安宁"。他们希望消除无套裤汉的权力死灰复燃的幽灵，希望"有力地压制住"各个具有威胁性的阶级，并且避免"公民杂乱聚集"的政治表达。[137] 他们期待建立一种资产者的秩序，但毫不梦想回归到一个前民主制的世界。如果人们愿意这样说的话，他们一边在哲学上仍然严格忠于大革命的理念，一边在"社会学上"打定主意要完成和终结它们，而不是取消它们。在他们身上，对政治上的节制予以颂扬，取代了先前对调节自由主义与民主制之间的紧张条件进行哲学思考的工作。为了理解热月党人的语言，人们应当诉诸的是社会史，而不是观念史。

某些法国理论家后来同样试图使有产公民的初始模式获得再生，好像这一模式的失败只应归因于18世纪的经济学家的地产概念过于狭隘。例如，在1819年发表的一本小册子《论在其与政治权利的关系中被思考的财产》[138] 里，勒德雷尔试图使有产公民的形象普遍化。他发展了这样一种观点，根据这一观点，并不仅仅是财富和收入，而是对资本的拥有导致对公共秩序产生兴趣。从这一认定出发，他概述了一种有如全面化的资本主义的政治观，即各种类型的资本——从知识到土地财产，从不动产到生产资料——均被视为是可等量齐观的。此文发表于限制伴随旧制度的贵族大规模地返回而出现的对土地财产的要求之际，不过它在思想上却来了个急转弯。同样，达热维尔试图通过奠定政治经济基础，把财产概念应用到政治权力上的更具有独创性的著作《论民事财产与政治》（1815）没有取得任何结果。[139] 因为在革命的政治文化中成为难题的正是有产公民的概念本身，而不是财产概念的适用范围。在空论派能力合格的公民观念和个人—公民的形象之间，有产公民即便在重新界定之后，仍在法国难觅理论地位。

在此，法国与英国之间存在着一种根本区别。在英国，民主政治是有产公民不断扩大的结果，缴纳选举税的条件一点一点地变得愈来愈适度。有产公民在此体现为近代个人主义的代表和古代建立在领土之上的代表之间过渡与妥协的形象。通过此种方式，其19世纪到20世纪从旧到新的转变，是在没有冲突、没有决裂的情况下静悄悄地实现的。在法国，公民身份的发展仅仅循着社会归属的变动和法律主体的转变进行：普选史同时是独立的主体在近代社会里出现的历史和一种社会包容的历史。但是，在法国的例子中，起初就已经有一种人们可以称之为是"普遍的"选举。因此，在法国不存在选举的逐渐征服。虽然现实与理论的妥协始终可见，但普遍选举应当要么被完全地实现，要么被全面地否定。一如西耶斯已经强烈感受到的那样，它不存在可能的改良倾向。这亦是19世纪法国在限制性极强的纳选举税的选举制度和（对男子而言）名副其实的普遍选举之间经历振荡起伏的原因，而这种振荡起伏与通过使整个世纪的发展步调特征明朗化的重要改革法令（1832、1867、1884）在英国确立的渐进实现政治平等的机制正好相反。

第二章　自主的个人

政治的主体

在出版于1788年的《论省级议会的组成与作用》中，孔多塞指出："在关于公民权的排斥中，有些排斥我们可以视为是自然而然的。例如，对未成年人、修道士、家仆、因犯罪而被判刑者、所有可以被假定为缺乏有见识的意志或自我意志的人的排斥，以及对那些人们可以正当地怀疑其具有被收买的意志的人的排斥。"[1]对他来说，由于这些限制建立在自然之中，故不构成对平等原则的任何伤害。在上述情况中，亦未确定什么样的人或团体才是社会成员，以及画出一条内外之间的分界线。孔多塞更多地提出要在此区分自然人和社会人，以便思考公民的种类。关于包容形式以及隶属准则的辩论，一方面是审查国籍的条件与公民性的模式，另一方面则是寻求界定自由与独立的个人的标准。在法国大革命期间，第一个方面很大程度上支配着关于公民身份的考问。但是，人们若把第二个方面视为是次要的，那就错了。它甚至以某种方式占据哲学意义上更为中心的位置，因为它通向了对选举的普遍性概念的分析。然而，如同"普遍选举"这一表述在1789年从未被使用的事实，简单地证明了，选举的"普遍性"概念丝毫不明显。时至今日，它还保留着因袭的一面：只有60%的人口可以行使选举权，未成年人不得投票。我们所涉及的"普遍性"实际上纯粹是消极的。它仅仅意味着不存在对投票权的法律上的社会排斥，财富、学识、职业均未被考虑在内。它丝毫不说明别的什么。但是，直至1848年，普遍选举这种因袭的定义一直处于极为边缘的地位。在19世纪30年代，普遍选举概念还经常被一字不差地理解为所有人的选举。而正是这一原因，它也时常被自由派政论家形容为纯属荒唐。[2]但是，事物在1789年并非以这种方式显现。在这一时期，如同孔多塞在刚刚引述的文本中试图做的那样，问题与其说在于为一种绝对的普遍性辩护或对它提出批评，不如说是确定区分人与政治主体的标准。

要强调的是，这一问题在大革命时期的法国以更为尖锐的方式表现：等级和团体已被废除，以及个人的形象取得了胜利。在团体社会当中，人与政治主体的区别实际上并不存在。实际上，所有人的间接参与通过个人作为成员的种种团体得到保证和作为中介。在这一意义上，没有人受到排斥，因为代表制表达了社会结构本身。在团体社会当中，存在着巨大的政治与社会的水平差，但与此同时，亦存在着所有人的连续性和联系。后者通过使君主和他的臣民、富人和穷人、男人和女人、雇主和被雇佣者、成年人和儿童连接起来，组织和覆盖了整个社会。每个人均有一个位置，即便每个人的位置并不相同。在这种类型的体系当中，法律上的能力是极为容易发生变化的：它们更多地与财产和社会结构，而不是与个人联系在一起。在近代社会则相反，占据首位的是个人。社会的建筑物是从个人出发得到建立的。因而，契约的权利，无论是民事还是政治的，在此都占优势地位。换句话说，只有在得以建立一种契约义务体系的条件被清晰地确定时，个人主义的社会才可能被考虑和组织。意志的自主概念具有中心地位般的重要性。它得以确定和建构有效的法律主体。个人的出现由此可以从一种公民权利史出发来理解。正是一种义务和契约体系的发展，引导着17和18世纪的法学家们去制定法定能力的概念和"意志自律"的概念。他们提出的契约理论因此而与罗马法的精神决裂。虽然罗马法已详述了一种权利和协议的技术，但这种协议的技术几乎从未出自纯粹的契约协定，它们很大程度上仍然取决于国家的一般法律，而这里的国家依然被理解为家庭的并置。[3]只有伴随着像多马或波蒂埃这样的近代民法学者的出现，意志自主原则才开始得到肯定。[4] 近代的契约观念和契约义务观念与寻求法律效力的条件是分不开的。意志自主原则是其表达形式。它仅仅使伴随个人出现实现的权利和公正观念的变化得以表达：借用亚里士多德的范畴来说的话，这一变化是从权利—等级转为权利—契约，以及从分配的公正到交换的公正。一位19世纪的著名法学家评论说："权利，就是人的自主性，就是人的这样一种能力，即自身只取决于思想和行动方向的内在于本性的能力。"[5] 根据莱昂·狄骥的著名表述，始自18世纪，法学成了"意志间的关系的科学"。[6]

人们在这一范围里看到了民事权利的基础和政治权利的基础的互相吻合。在这两种情况当中，人们发现了同样作为法律哲学之始与终的意志的自律原则。民法典的中心原则——"依法成立的契约，在缔结契约的当事人之间有相当于法律的效力"（第1134条）——所说的并非别的，就是1789年《人权与公民权利宣言》的第6条："法律是公共意志的表达。"以一种更为确切的方式，人们可以认可近代政治权利纯粹是从民法的契约范畴当中派生出来的。与一切契约一样，投票实际上等同于由义务产生的法律行为。因此，社会契约应当包含与私人契约中被承认的法律主体相同的法律主体。自主的个人的概念因此在关于选举权的思考当中处于中心位置。当西耶斯说道"如果它不是建立在订约者自由意志的基础之上的，那就没有义务"时，[7] 他清楚地预先假定了唯有自由和自主的人才能参与政治生活。如果意志在法律行为（不管是民事还是政治方面的）中是一切，那么唯有独立的意志能够产生法律后果。这正是在制宪议会看来，投票权只能够被赋予显示出这一特征者的原因。投票权纯粹派生于民事能力，它只是将其延伸到了政治领域。近代公民权利的建立由此为1789年的人士提供了思考选举权的框架。

在这之后的19世纪，像卡罗或勒努维埃这样的哲学家，试图通过建立一种关于自主性的政治人类学延伸了这种取向。卡罗写道："人（l'homme）是一种人格（une personae），即一种自由的意志。在此,权利的根源在于这一构成作为人的人,以及将之与自然中的其余部分区分开来的属性简单的观察之中……在成为国家中的一名自由公民之前,人们应当感到在自然内部是自由的。"[8] 我们要指出的是,对于制宪议会的议员们来说,在此最重要的已经是社会关系与自然关系的区别,而且是近代特有的区别。[9] 以哲学观点来看,当然是康德在当时提出了最为通向这种权利的主体化的表达形式。如同19世纪的共和派哲学家已经很好地理解的那样,正是他提出了法国式政治与法律的个人主义最完善的理论,并且正是他最为清晰地显示了其实现的条件。在康德看来,公民的结合与国家的构成,只有在其构成是真正的个人,并由于自主而能够彼此约束时才有可能。他在《权利学说》当中通过界定公民身份之本质的三种不可分离的法律属性:只服从于公民们已表示认同的法律的合法自由权、民事平等、自主性,完善地解释了这一点。[10] 康德指出,最后一种属性"在于只把他的存在和保护归功于他特有的权利以及他作为共和国成员固有的力量,而不是归功于人民当中某个他者主宰,因而公民的人格在于不应当被权利事物当中别的什么所代表"。他确切地指出:"唯有投票能力使某人具有作为公民的资格;尽管如此,这种资格必须以某人在人民内部的自主性为前提,此人不仅是集体的一部分,同时还是该集体中一位从他自己的任意(Willkür)、他自愿与其他人一致的特有的自由选择出发产生影响的成员。"[11] 在这一范围里,投票权真正的标准是充分的个体性的标准。应当承认,如同在民法中一样,并非所有人都能在法律上受到约束,可以这样说,并非所有人都是"真正的个人"。从这一角度来理解的话,选举问题在哲学上处于中心,因为它融合到了个人出现的问题之中。公民身份的普及和社会个体化的运动在此是并驾齐驱的。

虽然原则明白易懂,但确认这些真正自由独立的个人的标准则较为困难。在这种情况当中,它不再涉及指明社会类别(穷人、有产者、纳税者等等),而是涉及确定一条横向的分界线:自主的个人的资格线。与隶属概念不同,依附概念并未在社会内部确定一条界线：它更多地是划出了一条自然与社会、家庭空间与政治空间、家户（l'oïkos）与教会（l'ecclesia）之间的分界线。由此在公民身份的普遍化方面存在着两种类型的界限。前者是社会的。它划定了内外之别的界限，使外人的概念与边缘[12]或排斥的概念叠合：它表明一种社会或国籍的地位。后者是人类学的，根据是否有成为真正的个人的能力对人予以区别：它确定了资格。虽然该词句尚未消极地伴随着纳选举税的痕迹被使用，但积极公民－消极公民的对立有可能用来定性自主的公民——也就是被赋予投票权的公民与依附的公民——即没有投票能力的公民之间的区别。而且在 1793 年，朗热内在实际上退回到某种金钱上的隔离的同时，公开地懊悔这些术语业已信誉扫地。因为，在政治与民事平等概念内部本身，仍然有必要去寻找一种同时表明对社会团体的共同隶属以及不同的接触选举机会的方式。当时，唯有"公民"一词的模棱两可能够说明这一点，它一会儿指的是行使政治权利的个人，一会儿又指的是国家的普通成员。朗热内认为，积极的自主公民与消极的依附公民的区别，将得以使事物得到阐明。[13] 问题实际上是为表达选举权指明一种不具有排斥性和歧视性的差异。

这一意志的自主问题在哲学上处于中心位置的同时，在 1789 年并未引起重大讨论。首先在法律上它的确已在民法中得到一致确认，但同样掺杂着偏见与拟古。1789 年秋天，妇女、未成年人和家仆由此在未引起真正的辩论以及意志自律概念尚未真正建立的情况下被剥夺了选举权，因为它显得仅仅是明白无误的、假定作为论据的事实的结果。然而，在制宪议会议员们的头脑中，为了给独立定性，有三种标准不言自明地重合在了一起：智力上的独立（须是成熟的男子，具备理性）；社会学上的独立（须为个人，而不是某个团体的成员）；经济上的独立（有收入，并有独立的职业）。在这些标准当中，有两种对立重合在了一起：其一是本性与社会性的对立；其二是仆人与平民的对立。这些暗含的标准可以毫不犹豫地把未成年人、精神错乱者以及更广泛地把禁治产人、幽居在隐修院里的修道士、家仆和妇女视为是依附的,后几类人某种程度上处于这些不同标准的会合处。虽然相关辩论为数甚少,但却至关重要,因为对意志依附的不同形式的认识的历史,在某种程度上勾画出了一种负面的近代个人的历史。近代个人的出现同时是一种个体化进程(主体的确立)和这种依附的界限逐渐移位的结果。这一历史特别有意义的地方还在于,它使主体的哲学史与心态史(对于妇女而言)以及资本主义史(对被雇佣的仆人以及领取工资的自由劳动者的发展而言)结合在了一起。

依附的形象

在应当远离选举权的种种依附形式当中,最为明显的是年龄形式。在确定国籍条件之后,制宪议会的成员们立即在1789年10月22日作出规定:成为积极公民所需的第二项条件为年满25岁。某些人,如西耶斯或勒夏普利埃觉得这一标准定得过高。[14] 但是,应当寻求一种统一的规定,而在当时,民事方面的成年年龄因所在省份不同而差异极大,而成年的概念本身仍然变动不定,唯有婚姻被一致当作解除父权监护的条件(由此,单身年轻男子具有支配其财产或转让其财产的民事能力的年龄标准在20至25岁间浮动)。[15] 制宪议会的成员们被迫考虑旧制度统治时期法律上的不均匀性,以及选择最广泛的共同点。实际上,把选举权赋予不具备充分的民事能力者,即无法自主以及完全对其人格和财产负责的个人,显得是不可能的。然而,年轻人在21岁时可宣读公民誓言,此举则默许他们从这一年龄开始获得特有的政治存在形式。

成年的年龄以及适合民事上的解除监护和政治能力的条件,构成了一个仍对制宪议会的成员们敞开的问题。这一问题只是在1794年,在对家庭法庭以及父亲的惩戒权进行讨论之际才真正被深入涉及。勒夏普利埃当时提议把父亲的惩戒权的实施年龄限定在21岁,勉强获得了议会的赞成。他争辩说:"那些你们同意宣读公民誓言、同意迈出通向公民尊严的第一步的人,若不从束缚其童年的锁链中解放出来，将显得不可思议。"[16] 这一事件，尤其符合逻辑地避免在个人独立与政治能力的首要因素之间确立反常的差距。巴纳夫在这方面甚至走得更远，他赞同把民事上的成年定为比政治上的成年早5年。他既反对那些为了使两种序列的成年年龄同时化，想把服从家长权力的最大年龄退回到25岁者，又反对那些提议把政治上的成年降至21岁的人。他解释说："通过处于为自己的行为承担个人责任的状态，20岁的男子将准备负责公共事务……如果你们把它提高为25岁（家长惩戒权的期限），年轻的公民将直接从童年状态进入公共事务的管理。"[17] 是通过提高或降低年龄来使其重合，还是让民事上的成年早于政治上的成年？1792年8月11日，这些疑问在巴黎起义和路易十六停职后出现的巨大民主冲动之中获得了最初的答案。政治上的成年当时降至21岁，与此同时，取消了积极公民与消极公民之间的区别（但是，担任公职方面的被选资格仍定为25岁）。于是，从这一时期开始，尚未完全在民事方面成年的年轻人也能投票。1792年9月20日，关于法律身份的法律通过把民事上的完全成年同样定为21岁，终结了这种反常。在1974年的一项法律把成年年龄降至18岁之前，这方面的案卷在近两个世纪的时间里从来没有再打开过。

确定成年年龄的历史，使人们得以理解投票权和自主能力之间的关系的意义。投票权同时使得民事能力问题激进化与简单化。它导致在未成年人和成年人之间划出一条清晰和统一的分界线，相反，过去的法律则根据不同种类的法律行为确定了全部种类的特定法规（例如，召集三级会议的章程规定，拥有封地的未成年人可以投票）。

未成年的概念本身同时处于混乱状态之中：它不再仅仅被理解为家庭体系中的一种地位；它将主要被理解为一个通向自主的准备期。人们由此非常清楚地在这种情况当中看到，对政治主体的认识与作为自主意志的个人形象的出现如何不可分离。换句话说，没有新的解决家庭和家长权威问题的方法，就没有公民。从此以后，作为教育与实习空间的家庭观念，与被理解为有组织、有等级的社会，持久地让其成员处于家长权威之下的家庭形成了对照。家庭不再被理解为政治机构仅为社会组织之投影的社会组织的基本单位,相反,它倾向于自身成为一个"社会",而这一社会由组成该社会的个人之间的情感方面的契约所支配,并通过指派给它的教育使命来组织。为解除监护作准备,成了它的主要存在理由。自1791年以来,这种变化在关于继承的不平等的首次重要讨论当中能感觉到。对于立遗嘱自由的批评,在此被大多数参与讨论者强烈地表达出来,这些人在此看到了一种对平等原则的伤害,而且还看到了作为家庭（domus）中的绝对主权的家长权显得陈旧过时。家长权是作为一种短暂监护、教育构成要素,而不是作为一种统治模式被接受的。统治者式的父亲让位于作为教育者的父亲。罗伯斯庇尔以极为清晰的言辞解释了这一点。他说道:"在家长权当中,只有赋予它的这种权威才具有神圣性,这一权威被自然限定于满足那些它为之得到确立的人们的需要,而不是为了儿童的首要保护人的个人用处。我要说的是,当立法者越过了它的神圣界限时,当立法者以所有制度中最为荒谬的制度徒劳地去延长成年男子的儿童时代时,即违背了本性。"[18] 保护和教育原则,由此取代了指挥和惩罚原则。这种对家庭作用新的理解通过1792年8月28日的法令得到了认可,这一法令废除了针对年轻的未婚成年人的家长权,这种家长权在成文法的世界里曾经非常具有强制性。[19] 家长的权威仅仅应用于未成年人,这就改变了家庭组织的性质。从此以后,家庭组织以人们可称之为"产生个人"的活动作为主要职责。[20] 这是因为更为明确地分离和划定了范围:未成年人的地位与平等社会的建构是一致的。它不再限定一种社会学的地位:它具有个人的形成当中的一个环节的特征。与之相反,在传统社会里,儿童和成年人之间最微弱的文化或经济差距,亦伴随着把未成年人框定在单独具有自身的整体性的社会结构之中。换言之,儿童只有通过参与到更广泛的体制的方式,存在才得到承认。1789年,在人们衷心呼唤的近代家庭之中,儿童人类学上的分离是自主的个人在法律上的平等获得承认的条件。儿童不再是阿里埃所描述的那种微型的成人之一，相反，他是一种非成人（un non-adult）、一种未完成的个人（un individu inachevé）。

教育的重要地位在此找到了根源。它以培养自主的个人为首要职责。在这一点上，革命者们只是恢复了洛克的直觉，后者曾率先感到，唯有教育观念得以使近代的个人观与传统的家庭组织联系在一起。这正是他在《关于教育的若干想法》（1693）中与在《再论国民政府》（1690）中表达得同样好的观念。他解释说，父母的作用仅在于弥补儿童时代条件不完善的不足。[21] 一旦教育结束，家长的权力就自然终结：孩子则成为自主存在的个人。[22] 洛克由此想到了建立在契约基础上的政治权力以及建立在教育基础上的家庭权力的双重现代化：在这两种情况当中，个人都是社会组织的基础与终极（la finalité）。因而，剥夺未成年人的投票权与政治平等原则没有任何相悖之处。未成年人仅仅是一个正在生成的个人。从民事的观点来看，在严格意义上并未剥夺其任何权利。未成年人在法律上享有一切权利，只不过是暂时中止其行使这些权利。其人格在民事上由其父亲代表，后者亦以临时管理未成年人的财产为己任。换句话说，未成年人是一个潜在的成年人，他只能通过变化被界定。未成年人的依附同时纯粹是自然的和历史的，丝毫不是社会的。

禁止精神错乱者拥有投票权，其诉诸的是同样的范畴。精神错乱者的依附，通过他们外在于自身、不拥有构成自主性的理性和自由意志，表现出其特征。这一问题在大革命时期可能居于次要地位，因为太多关乎投票权的其他问题把注意力吸引了过去。然而，颇能说明问题的是，人们注意到孔多塞已经赋予了这一问题很大的重要性。在其发表于1789年的《权利宣言》草案当中，他在这一事实中看到了关于行使公民权的自然条件之一："在法律上没有触及精神错乱或愚笨。"[23] 在他于1793年提交的《宪法草案》当中，通过判决书正式证明的愚笨和精神错乱仍然是关于没有能力行使选举权的两项原因当中的一种（第二种是判处剥夺公民权的刑罚）。[24] 在孔多塞看来，政治选举的行使，必须以自主和理性的个人为前提。甚至在1788年，这正是当他还处于有产公民的视野之中时，已经把与个人独立的保障联系在一起的条件视为至关重要的原因。虽然它在哲学上相对容易对待，但与精神错乱联系在一起的禁止投票，引出了一个值得关注的实际问题，即从医学范畴（愚笨、疯狂、精神错乱，等等）转到法律标准的问题。疯癫，实际上并非一种像未成年人那样能够客观予以认定的状态。在一切处于自然的同时，精神疾病可能成为争论和讨论的对象。精神病学在同一时期的诞生证明了这一点。这正是医学上的精神错乱概念消失在法律上的"禁治产人"的范畴背后的原因。共和三年宪法率先明确规定，公民权的行使因疯狂、精神错乱或愚笨，通过禁治产予以中止（第13条）。由此，应当有法庭对精神错乱者进行剥夺投票权的干预。于是，直接产生法律效力的是禁治产，而不是精神错乱。[25] 自19世纪初以来，这种实践还导致了把强制收容从禁治产中分离出来（1838年6月30日的关于精神错乱的法律即致力于这种法律原则）。从法律上看，被判处禁治产的个人等同于未成年人：民事或司法的禁治产限定了未成年人的地位，通过判决，禁治产人被宣布为缺乏行使民事权利的能力。[26] 已被宣布为缺乏民事能力、并且因而被禁治产的精神错乱者，与未成年人一样，是暂时未完成的个人：治愈可以重建他的自主，以及重新赋予他民事能力和政治权利，恢复他的个体性。因为禁治产而剥夺选举权于1852年首次明确提出。[27] 当今仍然生效的选举法L.5款始终维持了这一项措施。[28]

处于边缘地位的修道士显示出同样的状况。在发表于1788年的《论省级议会的组成与作用》当中，孔多塞明确地把他们排除在公民之外。在他看来，简单的社会学的确认即说明了这样一种措施的合理性。他解释说："教士是与世隔绝者；修道士始终属于一个团体。"[29] 在反宗教的激情以及对教会财产强烈的抵制背后，修道士在1789年的人们那里构成了一个法律和人类学上的谜。通过发出要不可更改地依附于他们的宗教身份和修会的正式誓愿，修道士实际上放弃了自由权，拒绝了其构成近代个人本质的一切。大革命为此废除了正式的誓愿,用加拉的话来说,这种誓愿构成了名副其实的"民事上的自杀"。人们同时终止了修道士民事方面的死刑。这些修道士原先既不能继承也不能管理财产,而且在法律上完全被修会所吸纳。[30] 但是,由于宗教集团和修道会被依法取缔,人们同意希望过那种生活的修道士继续生活在隐修院中,当他们想离开隐修院时,则在法律上有离开的自由。[31] 虽然他们全面恢复了民事权利,但幽居在隐修院的修道士实际上同样被视为一个团体的普通成员。他们作为个人是不存在的。明确指出初级议会组成条件的1790年8月12日的通告,便把他们排除在选举权之外。该通告明确表示:"尚未行使离开隐修院权利的修道士们只要在修道院的教规下生活,即不属积极公民。"[32] 与共和三年宪法一样,1791年宪法维持了这种限制,它规定公民权的行使"因加入任何以门第区别为前提或要求发宗教誓愿的外国团体"而消失。[33] 只在共和八年,幽居在隐修院的修道士才被批准参加初级议会。的确,这一允准纯属形式,因为他们没有离开所在的隐修院。但是,不管怎么说,此举意味着不再把他们视为非政治主体。与未成年人或禁治产的精神错乱者不同,修道士无法被界定为正在生成的个人,好像他们被排除在政治权利之外只是局势使然。相反,他们被理解为非绝对的个人,这在最高程度上象征着个人在依附性的组成部分的团体之中的毁灭。正是这一点导致他们等同于消极公民,也正是这一点同时使这种等同变得在法律上经不起推敲。这实际上纯属一种社会排斥,丝毫不是自然排斥。

两个世界之间的家仆

在哲学上更具中心地位以及在数量上更占支配地位的是对家仆的排斥。家仆的人数颇为可观。莫奥在其《关于法国人口的研究与思考》(1778)中估计,在大革命前夕,家仆在人口当中的比例平均为1:12。[34] 在巴黎,50万左右的人口当中有4万到5万名家仆,后者约占首都就业人口的17%。[35] 在1789年,没有任何人提出允许家仆参加初级议会。孔多塞和西耶斯认为,对妇女的排斥是一种纯粹偏见的结果,但是,他们却把排斥家仆视为天经地义。个中原因并不复杂:家仆体现了对第三者的依附。西耶斯将他们说成是"并非对任何一种工作,而是对某位主人专横意志卑躬屈膝的人"。[36] 孔多塞赞同让妇女拥有公民权,因为他觉得区别男女在控制情感的能力方面的差别是教育,而不是造化。[37] 但是,因为觉得主仆关系是自然类型的关系,即它并非订有合同的关系或两个同等自主者的讨论,他拒绝了家仆的投票。自1789年10月27日以来,制宪议会由此把下述内容规定为当选资格的第五项条件:"未处于一种仆役的身份,即未处于被雇佣的仆人的身份。"在左派那里,没有人对此提出抗议。许多人认为,家仆无法具有个人看法,他们的投票只是其主人投票的重复。[38] 要指出的是,对这种缺乏能力的认识,与当事人的某种智力低下毫无关系。即便这方面的情况差异极大,家仆就总体而言,反而是一个教养高于平均水平的群体,这在城市表现尤甚。18世纪中叶,人们认为42%的家仆能读会写。[39] 一项根据公证人的档案进行的统计表明,在里昂,1788年的时候,64%的男仆和35%的女仆能够签名。[40] 此外,从自然死亡的财产清单中提取的数据显示,城市中的家仆的家产和生活水平要高于许多手工业者或农民。一般而言,家仆的经济状况比其继续待在出生地可能具有的经济状况更令人羡慕。所以,得以先验地把家仆特意排除在政治生活之外的既不是一种能力合格的取向,也不是一种纳选举税的取向。他们所受到的排斥,更简单地取决于他们被看作相似于家(domus)的空间:人们未把他们视为公民社会真正的成员。

"家仆"一词的词源非常直接地说明了问题:家仆是家庭,亦即扩大的家庭的一部分。他们既不是自主的个人,也不是独立的劳动者。他们的自由严重地受到限制。直至1778年,法令还规定,仆人若为投奔其他主人而离开原来的主人时,必须要获得原主人的同意。在旧制度时期,家仆被免缴属人税(impôt personnel),而在1695年,他们未被列入著名的人头税法令之中,该法令从税收角度对法国人口进行了细致的清点和分类。[41]作为酬劳范畴的仆人的雇佣金的法律性质清楚表明了仆役状态的特点。工资构成了一种清楚地得到鉴别的工作的价格；仆人的雇佣金则是对被人支配的补偿。工资是按活计或日子来支付的；仆人的雇佣金则是以年为单位来确定。工资始终或多或少地与劳动期限概念联系在一起；仆人的雇佣金的支付则没有确定私人生活节奏与家庭活动界限之外的界限。工资被纳入经济学的交换逻辑中，在法律上产生于一种租借合同；仆人的雇佣金则确定了一种人际关系、一种准家庭范畴的权利与义务体系。在经济上比奴隶自由一些、在法律上比未成年人自主一些的家仆，在18世纪体现出一种处在家庭传统和经济拟古主义的结合点上特殊的社会依附形象。家仆是处于两个世界之间的人。他处于古代的奴役和近代的雇佣劳动之间，处于家庭关系和社会关系的交叉点上。这正是在1789年他们被等同于消极公民时没有引起任何直接反对的原因。此外，对家仆的政治排斥已经是18世纪英国自由主义政治思想和民主政治思想的共同点。在其首次发表于1698年、于共和二年在巴黎再版，并像美国革命者那样被卢梭予以赞赏的《关于政府的演说》当中，阿尔杰农·锡德尼认为，在公民与仆人之间存在着不可克服的差异，在他看来，任何仆人均不可能是国家成员。那些不能主宰自己的人无法参与对其他人的管理。1647年，在著名的普特尼辩论当中，甚至连反对一切纳选举税制度的平等派，也接受在过于强烈地依附他人意志的范围内，学徒、贫民和仆人可以被剥夺投票权。[42]或许唯有洛克最为开放，但这只是因为他极为严格地区别了仆人和奴隶。[43]

在1789年的人们看来，在家仆那里形成的政治状况当中丝毫不存在令人不快之处。不平等或排斥，只有在涉及社会关系或象征关系时才不可忍受。被课以50苏的税金者可能因其未拥有与缴纳60苏的税金者相同的政治权利而受到伤害，而家仆则不应该把他被剥夺选举权看成侮辱或不公正而耿耿于怀。虽然制宪议会在1790年年初接待了大量前来对劳动日价值估算方面的不平等提出抗议的代表团，但受到家仆代表团恳求则只发生在1790年6月，是绝无仅有的一次。这一代表团的发言人显得非同寻常的恭敬。而且，他所引导的代表团没有提出任何别的要求，仅满足于能在祖国的祭坛上放置一个价值3000锂的礼物，并谦恭地恳求希望得到这样的回报，即请制宪议会作出一种姿态，表示家仆虽然不能投票，但仍然值得被视为与其他法国人一样真诚的爱国者。该代表团的领头人完全地使其条件内在化。他宣称："如果你们所尊重的理由已经使你们下决心要家仆远离公共事务，我们的心灵始终会越过以你们的智慧觉得必须在我们与公民之间设置的障碍。我们意识到这一点，而我们的爱国心会因此而更少地受辱：把行使自由权与家仆制度予以协调并非易事。必要性已确立了某种类别的人无法避免的依附性。"[44] 他并没有对被剥夺政治权利感到愤慨。他只是衷心呼吁在农村恢复繁荣，认为这是限制农村贫民涌入城市，因而也是减少家仆数量的唯一手段。他的期待以某种方式改进了以经济形式予以理解的本性，但丝毫没有动摇或违犯把社会关系与自然关系分开的屏障。当时主持制宪议会的西耶斯专心地听他讲，并以同样冷淡的腔调答复他，如同并未涉及任何不公正和不平等。他说："国民议会饶有兴趣、感动地接受你们爱国的赠礼，你们对暂时取消你们的政治权利所表示的作为公民的遗憾，亦已被国民议会了解。诚然，议会已经觉得应当宣布这一取消决定，但这并不是因为，主要由平等之友组成的这一机构可能有意去低估这种事关你们的平等。但是，它必须考虑到你们的感受本身——或者说是一种与你们为之服务的人牵连在一起的弥足珍贵的情感，可能产生一种往往极大左右你们意见的影响力：因而你们在议会的法令中看到的只是一种审慎的提防，而既然这种提防会转变为公益，它必定亦有利于你们。"[45] 在这一完美表达的声明当中、在他的坦率当中没有厚颜无耻，在这种近代政治意识的开端以及平等化的工作当中没有造化、文化或理性能够确定的界线。80万男性家仆由此在平等感似乎丝毫没有受到嘲弄的情况下被剥夺了投票权，而数万名因获得选举权的纳税额计算方面的不平等而被排斥的个人所受到的排斥，却引起了愤怒和抗议的浪潮。

此间只有一次真正的辩论触及家仆的界定。在最宽泛的含义上来理解的家仆的定义，实际上包含了一切直接为主人服务的受雇人员。一个大家庭的指导神甫、秘书、家庭教师或图书管理员在这一意义上，与男仆或女佣一样皆属家仆。根据这种宽泛的界定，让-雅克·卢梭和其他文人一样，亦属于家仆。[46] 同样的术语由此被用来形容极为不同的工作和职责。在王公的私人医生、小农场的雇工以及把与整理房间一样多的时间用于操作织机的织布工的女佣之间不存在共同的有价值的东西。人们因此在流行语言当中只以家仆来形容普通的仆人。[47] 1789 年 10 月在制宪议会进行的讨论当中，巴纳夫已经略微提起了这种困难。他指出："家仆这一名词是一个词义过于宽泛的词。在法律用语当中，实际上，仆役身份与家仆包含大量你们无意于剥夺其行使政治权利的负责任的公民。家仆是那些生活在同一个家庭中的、不是作为佣人在同一张桌子上吃饭的人。"[48] 鉴于此，他要求法律对于被雇佣的仆人予以明文规定。实际上，主要是这些被雇佣的仆人才"缺乏行使公民权所必需的个人自由与独立意志"。[49] 议会听从了他的意见，并在 1789 年 10 月 27 日的法令当中明确规定应当通过"家仆"来理解"受雇佣的仆人"。但是，不甚明了之处实际上同样继续存在着，例如，在某些情况下难以清晰地区分农场的雇工与分成制租田者（le métayer）。

因关于允许公民参与初级议会的特殊情况突然引发了众多质疑，导致制宪议会得在 1790 年 8 月 12 日的通告当中对相关事宜予以明确。由此正式排除了某些仆役身份的职业，通告指出："被有产者雇佣的管家或财产管理者、以前的研究封建法律的专家、秘书、马车夫或雇工的工头，以及佃农或分成制租田者不被视为家仆或受雇佣的仆人，而且，如果他们符合规定的条件，都是积极公民并有获选资格。图书管理员、家庭教师、手工业者的伙计、商人的小伙计以及抄写员等等，同样如此。"[50] 这一通告虽然没有消除任何有待于解释的问题，但它足以澄清主要的疑问。然而，1791 年春天，当议会对宣告立法职责与其他职责不得兼任予以讨论时，这一问题重新被摆上了议事日程。[51] 就这一问题提出报告的图雷的首要目标是,让代表职责远离某几类官员、军官以及在王室中服务的家仆(包括顾问、管家、马厩总管等具有较高职位者),除非他们已经辞职。但是,制宪议会议员们走得比报告人更远。他们跟在勒尼奥·德·圣-让·唐热里和勒德雷尔后面,使这样一些人,用勒德雷尔的话说是"所有被束缚于私人服务和其他个人者",皆不得当选。[52] 虽然唯有被雇佣的仆人被排除在选举权之外,但在该词最宽泛的含义上的所有"家仆",亦被视为无被选资格。[53]

1792年8月11日的法令废除了积极公民与消极公民之间的区别,但是继续把家仆排斥在初级议会之外。因而,对家仆的排斥抵制了1792年8月声势浩大的运动,这表明此举在何种程度上未被当时的人们理解为是反民主的。唯有对文本的解释有时继续成为质疑的对象。例如,1792年8月27日,波尔·奥-贝克的公民前来向议员们抱怨说,他们所在市镇的初级议会已经把在商会工作的雇员视为家仆。[54] 由此导致了议会再次确切表达了仆役状态的概念。它以法令形式宣布:"只要不是依附于通常的伺候个人的工作,任何公民皆不得因仆役状态被排除在政治议会之外。因此,本议会请初级议会勿再拒绝那些从事与工业、商业和农业相符的工作者中的任何一位的参加及其选举权。"[55]

人们注意到,在大革命史上的这一过渡时期里,来自家仆本身的抗议并不多见。由阿纳沙尔西·克鲁特起草,20人左右签名,并于1792年8月28日被提交到议会的《家仆请愿书》显然是个例外。[56] 即便这一自主性行动是边缘性的,但"人类的发言人"的论据却饶有趣味。克鲁特正是以革命者的美德来为家仆的投票权辩护的。在他看来,革命者的美德足以消除对主人的依附的负面影响,足以恢复仆人意志上的独立。美德在此是一种巨大的补偿力量,这种力量得以在任何领域中克服所有障碍和限定,得以弥补一切外形的不足和改变社会关系的面貌。[57] 但是,克鲁特没有止步于此,他的推论同样是从经济角度展开的:在他看来,家仆是与其他劳动者无异的劳动者，家仆的活动在本质上与领取工资的劳动者的活动并无区别。他写道："家仆是定居在其工作安排者家中的工匠，是以自己的工作来支付房租的房客，是通过别人的手缴纳税金的人。"[58]公民的出现由此伴随着工资制的发展。克鲁特要求赋予其选举权的不是作为家仆的个人，而是作为领取工资的劳动者的个人。因而，使公民身份扩大的是生产方式的改变，而不是新的对选举权的理解方式。若埃尔·巴卢的《致国民公会的信》发展了一种极为相近的主题。他承认那些把依附于主人的独断、不可能有自己意志的家仆排除在选举之外者的论据的力量。但在他看来，这种状况纯属过去的遗产，"所有人将绝对自由地选定任何一种职业，选定任何得到鼓励和报酬的行业"，这种论据将不再站得住脚。[59]

这种取向在1793年充分产生效力。当时，在政治革命成为与经济革命的观念联系在一起的环节时，规范性与描述性混同在了一起。这是在国民公会的温和派身上都能感受到的演变。当时对于大多数人来说，对扩大自由、完善平等以及实现民主的渴望，适合于这样一种资本主义到来的乌托邦，这种资本主义将为了设立平等的行为人之间的讨论、为了某些处在由同样的效力产生的财产平等的乌托邦之中的人，颠覆所有旧的依附关系。甚至在孔多塞那里，用来为扩大选举权说明理由的也是社会革命。他在1793年春天指出："无法让人相信某个人会服从他自己意志的依附，可能是一种合理的排斥理由。但是，我们并不认为必须以让这种依附存在于一部真正自由的宪法当中为前提……将此种卑躬屈膝设为前提的社会关系不可继续存在于我们当中，它应当立即采取其他的形式。"[60]在《关于宪法草案的分析》当中，朗热内以同样的理由表明赞同让家仆投票。[61] 1793年宪法根据这种观点取消了影响家仆的限制。但是，它仅仅是通过经济方面和社会方面的要求来解决这一依附问题的。1793年6月24日的《人权与公民权利宣言》的第18条如是确认："法律不承认仆役状态。"法律难道能够通过决定来改变经济与社会关系吗？的确不能。但是，立法者或许希望至少可以消除这一问题。

共和三年宪法与共和八年宪法与1793年的这些先决条件一刀两断，并重新把家仆清除出初级议会。《民法典》以某种方式肯定了在法律上废除人与人之间的依附关系，只承认自由的劳动者，它在第1780条指出："人们只得就一定的期限或一定的工作，负担对他人提供劳务的义务。"家仆的经济与社会现实同样继续存在。为了消除这种法律上的独立与社会方面的依附之间的二重性，某些政论家因为看到不可能取消仆役，建议将其完全限定在家庭之中。一位名叫图森·吉罗代的温和派政论家这样向家仆们喊道："和我们一样，你们也属于家庭。"[62] 完全符合逻辑的观点是："家仆未处在政治社会之中，他们应当明确地被同化于家庭。"[63] 吉罗代根据这种观点提议拟定家仆法典，即在民法典和政治法典之外再确定一种特殊的法律。该法典将要处理的是"父亲与儿子、丈夫与妻子、兄弟与兄弟、主人与仆人、师傅与学徒、工人与工人之间的相互关系以及继承权、遗嘱、遗产"。[64] 虽然这种想法注定缺乏价值，但它以对立推理证实了使公民身份概念与自主概念结合在一起的纽带的狭窄，证实了大革命中的人士在思考消除这样一个巨大的"居中的空间"，即继续存在于个人与国家、家庭与社会、经济与家仆之间的空间方面所存在的困难。[65]

未成年人、禁治产者、家仆，这三种依附的形象在历史上成为争论最多的形象。但是，还存在一些或许更处于边缘地位的类似形象，极能说明问题。如家庭里的儿子的形象（尤其生活在家中、自己没有收入的已成年的儿子）。制宪议会的议员们对把选举权赋予这类人抱有顾虑，因为后者缺乏人格的独立，并且本人未缴纳税金。议员们只是出于对税金的考虑，通过虚拟地计算儿子在父亲的税收分类账中的份额，勉强地任其拥有选举权。贫民同样处于众多质疑的中心。提出问题的不仅是被剥夺选举权的穷人，还有贫民，也就是说完全是依赖性的个人，这些贫民的生存取决于个人的慷慨或慈善机构的补助金。虽然取得选举权的税额构成的（即便是有限的）障碍，通过事实上剥夺靠公共救助维持生计者的政治权利处理了这一问题，但该问题依旧还潜在着。

妇女：在自然与社会之间

1789年秋天，当关于初级议会组成条件的辩论进行之际，妇女投票问题甚至在制宪议会中也未被提出。妇女自然而然地被剥夺了公民权利，好像是一种显而易见、不值得讨论的事实，相关争论如同涉及排斥未成年人时的争论一样，数量甚少。这种将妇女排斥在政治领域之外的做法，今天不大会让我们感到意外，因为它显得与我们大致可称为"传统的两性关系观"的观念相一致。然而，它具有的有待分析的复杂性，要超过它所显示的程度。它实际上同时是这样两种事物影响的结果，其一是此时期对妇女本性的偏见，其二是对私人空间与公共空间、自然关系和社会关系范畴之间的界限的认识。从1790年开始零星出现的支持妇女拥有政治权利的声明，在其论据当中证明了关于这一问题的两种理解层面的持久交叉。

1789年几乎每个人的头脑中均充斥着18世纪关于妇女本性的老生常谈。在整个18世纪期间，哲学、文学和医学为了把"驯化"女性推向极致，将各自的手段交织在了一起。虽然感觉论在哲学和宗教意识当中进行了一场"进步主义的"革命，但它也促使从自然差异角度来理解两性关系取向的加剧。为所有用来描述女性本质的负面表达形式编制一份令人印象深刻的清单并不困难，但它也同样容易令人厌烦。小说、哲学和科学所谈到的只是娇弱的体质、极度的温柔、有限的理智、极端的多愁善感、松弛的组织、病态的情绪、脆弱的神经；妇女在智力与体质上的劣势在一系列没完没了重复的隐喻当中每况愈下。狄德罗在发表于1772年的《论妇女》当中很好地概括了相关的字面表达及其实质。该文本引人注目地表明对女性的美的赞颂和对爱情的讴歌，只是掩盖妇女天生的劣势隐蔽的一面，所以更加饶有兴趣和有代表性。虽然根据卢梭在《爱弥尔》当中的表述，妇女是为了"使男人喜欢和被男人制服"而生成这个样子的，因为妇女实际上是有缺陷的男人,以及某种男子在其身上赞颂自身所缺少的东西的存在。在18世纪的男人眼里,妇女有如一面镜子,而男人通过他受伤和脆弱的复制品喜欢这面镜子。因此,在放纵的世界和消极的女性观之间并不存在矛盾。爱情的游戏与取悦于人的技艺,只不过是以典雅与精神上的方式,在社会方面确立的一种天然的、不可逾越的差距。甚至当妇女受到赞颂和被征求意见时,她们仍然在根本上外在于男性主宰的世界。[66] 龚古尔兄弟非常好地解释了这种反常现象,表明虽然妇女可能支配宫廷和城市、策划阴谋诡计和影响决策,但并不因此就不再被视为虚弱和脆弱的体现。[67] 这些被造化打上印记的特点,在任何情况下均代表着一种无法克服的障碍,维持着和妇女之间的距离——在妇女证实其拥有文雅的情趣和渊博的学识时也是如此。正是这一点,使某种平等思想变得不可能。雷蒂夫·德·拉布雷多纳在《女性学家》[68] 当中概括说:"两性是不平等的,让男女平等,就是歪曲男女问题。"而卢梭则在内心深处认为,解放妇女将等于使妇女堕落。在大革命之夜,《平等者宣言》的作者西尔万·马雷夏尔循着这一方向表明,政治上的大胆可以同社会保守主义一致。在其著名的《关于禁止妇女读书的法案》(1801)当中,他列数了113个区别男性领域和女性领域的理由。他附录在小册子内的法律文本确切地指出:"理性希望每种性别各在其位,并各安其位。一旦两种性别彼此僭越,事情会变得糟糕……理性希望妇女保持礼仪方面的优势,不要向往政治方面的优势。"[69] 这些话语和论据将成千上万次地被用来说明把妇女排斥在政治生活之外的理由。这种排斥被认为纯属自然,仅仅是女性的生理学和心理学符合逻辑的结果。

甚至那些衷心呼唤改善妇女条件的人,也没有根据一种权利革命的模式来看待这一问题。在发表于1783年的文章《论妇女的教育》当中,舒德尔洛·德·拉克洛以颇能说明问题的言辞表达了这一点。他认为,想要教育妇女,也就是说力求使她们行动、进行思考,感到她们不再是奴隶以及能够与男子平起平坐是徒劳无益的。

他作为出发点提出的是:"完善对妇女的教育绝非手段。"[70] 在他们眼里,妇女真正的解放不在于从其社会和自然限定中摆脱出来的幻想之中,相反,它在于妇女回到自然状态和处在一种自身改善之中。妇女只能在其自然差别的实现当中获得幸福。拉克洛说,为了能重新获得一种与感官的快乐联系在一起的真正的自由,她们应当一直把其本性发展到极致,直至重新形成一种全新的躯体。因而,对于妇女来说,问题不在于一种公民范畴的幸福,在这种范畴的幸福当中,妇女会为了成为与其他人一样的公民而忘却自己的特殊性。

赞同把政治平等应用于妇女身上的人们将率先同对女性劣势的"驯化"进行抗争。然而,这些女性主义者在大革命时期人数不多:他们仅仅是少数人,而且他们的小册子总数甚少。[71] 他们的主旨是把对妇女的理解从自然转到社会上来,并把对女性的传统描述作为纯粹的偏见予以揭露。他们在这方面延续了弗朗索瓦·普兰·德·拉巴尔具有开拓性的论证,后者自17世纪起在《论两性平等》当中写道:"我们充满了偏见……在所有偏见当中,最固有的偏见当推人们通常在两性的不平等上表现出来的偏见。"[72] 这些偏见的根源在哪里?它取决于一种简单的对事实的确认:"人们经常把只来自于习俗的东西与自然联系起来。"[73] 西耶斯在1789年正是同样采用"偏见"一词来为妇女受到的政治排斥感到遗憾。他当时写道:"在人类习俗、舆论和制度的现状当中,人们看到一些妇女被人戴上了花冠;可是,由于一种奇特的阻碍,人们丝毫不允许把她们列入积极公民之中。"[74] 几个月之后,孔多塞在其发表于《1879年协会报》上的著名文章里,也根据对妇女能力上的欠缺进行的人为驯化的揭露,为妇女进行辩护。[75] 他辩解说:"引起这种区别的并不是造化,而是教育和社会存在。"[76] "难以证明妇女没有能力行使公民权。有些人每逢冬天患痛风病或感冒,没有人要剥夺他们的权利,那么为什么那些承受怀孕和短期不适的人们要被剥夺权利呢?"[77] 孔多塞希望在这一基础上使人类的半数恢复其权利。他解释说:"男子的权利仅仅由具备感觉能力、可能获得道德观念以及在这些观念的基础上进行推论的人所产生，那么，同样具有这些素质的妇女必然也有平等的权利。要么全人类都无真正的权利，要么所有人都有同样的权利。"[78] 换句话说，因为没有任何自然特征能够构成其阻力，妇女当然可以投票。大革命时期的所有女性主义者发展了同样的论点。奥兰普·德·古热在1791年喊出了"被偏见、狂热、迷信所包围的自然界的强大帝国"，呼吁妇女要觉醒并认识到自身的权利。[79] 勒基尼奥在《破灭了的偏见》里使用了同样的语言。[80]

难道妇女们的自身权利受其缺乏的自然特性的影响吗？甚至连最激烈地为她们辩护的人始终也没有达到这一程度。在他们看来，正是对贯穿于男性世界的在才干和能力方面所存在的极不平等的事实的确认，说明甚有理由去废除这种可笑的区别。孔多塞直言不讳地谈到了这一点。他写道："如果人们同意把类似的理由（即那些与人们所希望的她们的本性导致缺乏能力连在一起的理由）用于妇女，那么也应当剥夺大部分男人的公民权，这些人毫不松懈地专心于劳动，既不可能获取知识，也不可能运用理性。不久，人们将逐渐只允许那些讲授公法的人成为公民。"[81] 因而，在孔多塞看来，唯一真正的选择在于能力合格的选举和真正普遍的选举之间。由于显示出这样那样的生理或智力特征而排斥妇女，只能在男子也因同样的理由被剥夺投票时才可以接受。他概括道："与人们不会让耕地者离开犁、手工艺人离开作坊一样，人们将不会让妇女离开家务。"[82] 这就以含蓄的方式使人想到，既然同样受到限制的男人拥有公民权，那么有教养的妇女亦可以获得公民权。对普遍选举的限制由此自相矛盾地为它的扩大说明了理由。在整个19世纪期间，争取妇女参政的英国妇女们依据类似的推论提出政治权利要求。众多美国女性主义者则在19世纪60年代后愤愤不平地说道，既然连黑人都在投票，那么妇女也可以投票。自1792年以来，康德的友人与弟子伊普尔同样惊讶于大革命为犹太人所做的事情是如此之多，而为妇女做的事情却如此之少！[83] 正是在按最低标准来看的妇女解放上，激励着这些论据，并以令人不安的方式，导致对平等的要求与对多数的平庸不抱幻想的确认,结合在了一起。

对女性本质的偏见,其力量并不足以解释大革命期间把选举权扩大到妇女的提议会具有近乎荒诞可笑的特征。如果说对孔多塞、奥兰普·德·古热以及极少数追随他们的先驱者的响应寥寥无几的话,那么还有另一个原因:尽管他们是热忱的个人主义者,但1789年的人们却并未把妇女视作"真正的个人"。在这些人看来,妇女仍然被困在家庭活动的领域之中,仍然外在于公民社会。问题不仅仅是妇女首先被设想为母亲或家庭主妇,因而被束缚在某种特定角色之中,而是这些职责未被视为社会活动。妇女仍然被包含在完全将她吸纳的家庭体系里。在《爱弥尔》当中,卢梭令人印象深刻地写道,家庭中真正的母亲,"远不是一位上流社会的妇女,她几乎像修道士隐居在修道院的禁区里那样隐居在家庭之中"。[84] 如果男人是一个个体,那么女人,换句话说,则是一个团体,如同修道士一样。从根本上说,正是这一原因,在许多人的头脑中,对妇女的排斥显得与女性素来"组织涣散"或不太适宜参与政治的"多愁善感"的成见无关。人们由此把男子的公民权利与妇女的家庭权利对立起来。为了回应妇女们的请愿,《巴黎的革命》在1791年初刊登了关于导致妇女被排斥在选举权之外的原因的长篇说明。[85] 被指控为加速了民族毁灭的"轻佻但能力非凡的女人的统治"的确当众出丑——此属对女人的怀疑的主导主题之一,但是,该论证方法的要旨乃建立在将妇女与唯一的私人领域等同看待的基础之上。妇女与男子缺乏个人与个人之间的关系,她是在一种自然关系,而不是社会关系之中与男人为伴的。家庭与公民、私人与公共领域的对立并非仅仅包含每种性别所固有的"质"(des qualités),它也表明了个人化进程的一种局限。妇女的地位以某种方式在这一进程特有的内部运动中,表现出对个人主义社会到来的抵制。男人成了新的个人形象的凝聚点,而妇女则成了此后被局限于家庭的旧的社会形式的守护者。由于被同一于家庭的共同体,妇女被剥夺了个体性。她是家庭的灵魂、家庭在精神方面的构成要素,而男子则体现了家庭在法律方面的构成要素。

从法国大革命开始，由于男子完全被认作直接参与到政治主权的自主的主体，妇女更加被弃置于私人领域之中，更加要通过严格属于自然范畴的纽带依附于男子。[86]夏尔·诺蒂埃非常恰当地观察到了这一点。他写道:"妇女的权力似乎因为被赋予民主的支配力而减弱。政治自由仅仅是以损害她们的影响力来扩大的，而在男子更多地享有独立的地方，她们所遭受的奴役却空前的严重。这种反差不难解释，男子越是取得在国家中的权利，就越是小心谨慎地去使用它，小心谨慎地置身于公益的巨大领域之中。他立即会过于高估其个人的重要性。"[87]诺蒂埃不满足于平庸地触及性别分工在社会组织当中的复制。他有力地强调，近代妇女在民主与个人主义社会中的状况比妇女在传统社会中的状况更为不利。这种倒退原因何在？有两种解释可以说明。通过被纳入一种社会的自动确立的视野，近代社会首先倾向于分离与区别过去曾互为镶嵌的自然、社会这两种范畴。性别之间的关系深刻地受到了影响，它们原有的职责分工夹杂了一种新的区别：男子被等同于公民社会的范畴，而妇女则被等同于自然范畴。妇女同时不再仅仅从固有的角色出发被理解为在体质与职责上有别于男子，而是从此以后生活在一个与自己的世界不同的世界之中。习俗变得温和，可能由此与在两性之间确立一种近乎本体论的区别并驾齐驱，真正使他们构成不同性别的人（以英语中的"gender"一词来表达此意或许更好）。这是一种卢梭的著作以非同寻常的方式予以证实的转变：卢梭同时是社会契约的革命理论家和把妇女弃置于自然之中的鼓吹者。正是循着后一种方向，诺蒂埃也促使自己提出存在着一种近代个体化进程的总体布局。正是以这种布局为出发点，人们才得以理解对男子的政治加冕与妇女作为牺牲品的对公民身份的否定之间的关联。妇女传统地位的僵化以某种方式伴随和"抵消"了公民身份的革命。诺蒂埃概括说："政治自由显得与妇女权力格格不入。"[88]在这一范围内，"古代人"在妇女地位方面的看法，可能被设想为比"现代人"的相关看法更为民主就不足为奇了。为妇女进行辩护的人经常以下述事实作为有利于自己论点的论据，即在1789年选举三级会议代表时，某些妇女曾获准投票。1789年1月24日召开的三级会议的条例实际上规定，已婚妇女和拥有封地的寡妇可以出席初级层次的堂区集会（这一许可也适用于拥有封地的未成年人）。以这种尺度加以判断，由制宪议会议员们制定的选举立法不可否认地标志着一种"倒退"。但是，这种"倒退"不应当同从别的途径实现的尤其是与变换视角实现的"进步"分开来理解。

1789年春，被国王颁布的条例召去投票的首先是有产者，有产者中的女性的"性质"只是次要的。它与承认妇女一个人的最初开端毫无关系。通过一种更为广泛的方式，人们印象深刻地观察到习俗与法律能够在何种程度上反差强烈地演变。例如，在中世纪，妇女往往在法律上被视为是有能力的，而丈夫对她的人格具有的权力极为强大。在旧制度末期，情况正好相反：妇女变得缺乏能力，而丈夫的权力亦经历了一种真正的衰退。[89]通过一种完全平行的方式，妇女在习俗变得刻板的时刻，在她对家庭的社会学上的依附中被认可。只要妇女越来越被视为一个女人，就更加不被认为是一个个体。

从1789年到1791年，女性主义者关于政治权利的要求仍然颇为有限。她们只涉及有限的团体或一些哲学家。事情从1792年秋天开始发生了一点变化，当时，社会运动变得激进起来，妇女团体显示为街头或俱乐部中的压力。这一问题在就新的宪法草案进行交流之际首次被搬上了议会讲坛。通过报告国民公会收到的不同草案，朗热内提到了好几项赞同妇女投票的建议。当时，孔多塞的友人、来自北滨海省的议员皮埃尔·居约马尔发表了最具启发性的小册子《个人与个人之间的政治平等的拥护者》。[90]他的辩护词，以极为尖锐的方式，使为赋予妇女公民权作出的强有力辩护与极为传统的妇女社会角色观合为一体。居约马尔引人注目地表达了从抽象的革命普遍主义出发的女性主义观点。他提醒说，人权（les droits de l'homme）涉及的是人属（l'homo），而不是男性的人。唯有在这一条件下，它们才能表达一种名副其实的普遍主义。他辩解说，因而，说成个人的权利要更为合适。他写道："假如我使用'个人'一词，那是因为在我看来，它最适于指称各种性别和年龄的人，以及我认为的居住在地球上的所有家庭成员。"[91]因此，只要是个人，妇女就应当投票。正是在这一基本点上，居约马尔与绝大多数同时代人分道扬镳。严格说来，他并不比后者更加具有女性主义色彩：他的独特之处在于，把妇女视为一种处在自然状态里的自主的个人。他解释说："男人和女人在相遇纯属偶然的自然状态中是彼此独立的……在一个政府最接近于自然状态的民主国家当中，男人与女人均属一个整体，也就是说都是作为统治者的成员。"[92]有鉴于此，在他们看来，妇女获得选举权标志着与团体社会的最终决裂。他以非常清楚的方式表明："要么是由男人和女人组成的国民，要么是仅由男子组成的国民，二者必居其一。在前一种情况当中，男人构成了一个团体，而在后一种情况当中，妇女是共和国的贱民。"[93]人们在此首次发现了激进的女性主义，即把妇女吸收到抽象的个人之中的女性主义，得到了一种非同寻常的清晰表达。居约马尔希望看到被赋予投票权的不是处于特殊性（作为社会群体、团体、世界的一半等等）的妇女，而是性别的限定完全退居次要地位的绝对的个人。我们将看到，在这一尝试当中，他遥遥领先于19世纪，甚至是20世纪的女性主义。为妇女权利辩护在他身上扎根于一种激进的"非女性主义"（un a-féminisme）。但是，这种大胆的哲学也夹杂着一种巨大的社会学的因循守旧。对他来说，妇女首先仍然是一个母亲和一位家庭妇女。例如，他只是以极为有限的方式看待妇女在公共职责上的当选资格。他在这一点上赞同"权利的准确性"应当服从"从习俗中得出的礼仪"。

只考虑自主与个人独立这一唯一标准，不可能全面地谈论妇女。她们的婚姻地位在限定其的社会处境方面起了支配作用。权利由此在下述两者之间实现了一种根本区别：其一是寡妇和已成年的单身女子极为广泛的民事能力，其二是已婚妇女缺乏的能力。以此观点观之，极为符合逻辑的是，选举权至少可以在被拒绝赋予后者的同时赋予前者。孔多塞为了揭露那些拒绝把投票权赋予一切妇女的人缺乏逻辑而提出了这一事实。[94]1793年，托马斯·潘恩的友人大卫·威廉姆斯重述了这一论点。他赞同男子和已婚妇女可以被视为"合乎道德的存在，而他们的意见是统一的"。但他同时指出："然而，当这种情况不存在时，即当妇女是女儿或寡妇时，她们同样不容置疑地拥有投票权。"[95]孔多塞和威廉姆斯的活动以及论证方法未得到人们的理解。与居约马尔同时在引用他们的话的朗热内采取了保留的立场。他的保留完全表明了，随着个人的出现而维持的男子与大革命的关系的复杂性。他们力求加速革命运动，同时内心深处又害怕以两性之间的政治平等形式出现的革命运动的结束对他们构成根本考验。由此导致1793年秋天为禁止妇女政治俱乐部而采取的某些粗暴干预。人们已经时常引用在国民公会中就这一案卷提出报告的阿马尔的表达方式。[96]在他看来，剥夺妇女的选举权还不够，妇女应当远离一切商议和政治集会。由此他将这种把妇女视为陷于私人活动领域之中的逻辑发展到了极致。[97]他把一种策略性的考虑加到了这种社会学的取向之上。他通过谈到"贵族为了使她们与男子相互抗衡、分裂男子……以及引发混乱而意欲建立自称是民众的妇女社团"，强调妇女由于脆弱和敏感而容易受人操纵。[98]这一论点将经历一种美好的未来：19世纪末的共和派以受到教士和反动势力的操纵为由继续拒绝赋予妇女投票权。一个月后，即1793年11月，总检察官肖梅特对一群妇女强行进入巴黎的市级议会大发雷霆，对她们喊道："什么时候开始允许妇女放弃原有性别来冒充男人了呢？……想成为男人的轻率的女人们，难道你们没有很好的造化吗？"[99]许多极端分子赞同这种判断的严肃态度。克莱尔·拉孔勃与波利娜·莱昂的革命性的女共和主义公民俱乐部使他们感到不安。他们隐隐约约地害怕该俱乐部的存在象征着一种避开他们的革命中的发展。[100]由此导致他们急切地想把妇女限定在家庭之中，以及本能地赞同这些孔多塞想要摧毁的偏见。阿马尔说道："每种性别均被指定适合于它的事务；因为已经向男子提出了这些限制的造化在专横地进行控制，男子的行动被限定于无法逾越的圈子里。"[101]

1792年9月20日，关于离婚和婚姻世俗化的法律似乎出自另一种两性关系观，它不容否认地诉诸一种双方具有契约关系的取向，婚姻明确地被理解为一个由两个平等的个人自由组成的社会。但是，它在革命建制的精神当中并没有什么代表性。在1792年夏天大规模的平等冲动中投票通过的这一法律仍然相对孤立。民法典将表现出一种远远要更为古典的视家庭为自然社会的哲学。在1793年，这一变化自从对第一版的民法典进行讨论以来可以感受到。[102] 从1797年到1801年，有三种理论性的文本用来证明它的妥当性。在第一个文本，即发表于共和五年的《论被视为社会之要素的家庭》当中，图森·吉罗代甚至冒险地重新质疑个人主义革命的基础。他毫不犹豫地说道："家庭是基本的社会场所，它通过自我繁衍独自构成了所有的政治组合。"[103] 为了提出社会并非由自主的个人组成，他区别了伦理个人主义与政治个人主义。他下结论说："庞大的社会既不是孤立的个人的集合，也不是在一个或几个首领下集聚的大家庭，它就是家庭的复合体。"[104] 更有甚者，吉罗代还请他的同时代人切莫把"自然人"和"社会人"混为一谈，要区别他们的权利。在他看来，家庭范畴构成了固有的法律范畴。第二个文本是发表于共和七年的《论妇女在共和国中的权利》，作者为西耶斯的亲信、救国委员会的局长夏尔·泰雷曼。他虽不像吉罗代那样激进，但同样与纯粹的个人主义拉开了距离。他解释说，家庭构成了一个有自身利益，因而亦有统一意志的实体。这正是妇女选举没有意义的原因。这种选举既是依附的，同时又是无用的。他写道："一个人的投票要算成两个人的投票；妻子的投票实际上被包含在丈夫的投票之中……丈夫和妻子只是一个单一的政治人。"[105] 波塔利斯发表于1801年的著名的《预备性演说》也捍卫了同样的对家庭制度的态度。[106]

就这样，对妇女的政治排斥，显得像是由革命的个人主义双重的未完成造成的：就妇女地位本身而言，它在人类学上没有完成；

就对家庭的认识而言，它在社会学上没有完成。19世纪初期，斯塔尔夫人完善地表达了第一个方面。她概括说："妇女在社会中的存在有许多方面还不明确……在现状当中，妇女中的大多数既未处在自然范畴之中，也没有处在社会范畴之中。"[107]民法典从它的角度很好地体现了第二个方面。如果它可以被理解为"传统习俗与大革命的法律布局之间的一种妥协"，[108]那么它表明了大革命在实现特有的纲领方面历史的无能。在此，人们可以重新从诺蒂埃说的话出发进行这样一种假设，即大革命政治文化方面过分的个人主义之所以在文化上被18世纪末的社会所接受，仅仅是因为它通过建立公民社会的契约关系空间和家庭有机体的世界之间的区别而得到抵消。非常严格地维持一种"家庭—共同体"，是一个由平等的个人组成的男性社会出现的历史与文化的条件，同时也是这种社会出现的补偿物。正是这一原因，而不是任何一种全面的反动，在大革命之初有时被提及的"契约家庭"观念逐渐消失。[109]然而，人们不可能仅仅在这样一种个人主义革命的总体布局的框架内来理解妇女权利问题。人们同样无法完全从历史的角度，从被继承的强大的拟古与尚脆弱的一般原则之间的紧张关系出发来理解它。妇女的事业在1792年至民法典通过期间不容否认的衰退，也的确与自由主义的个人主义的突然出现有关。对妇女的政治排斥实际上起源于这一时期实现的私人与公共空间更为明显的区别。处于男子权利中心的对私人领域的严格保护，几乎无意识地导致了肯定——有时甚至是突出了——妇女在家（domus）之中的流放。排斥妇女不合常情地具有某种自由主义的维度：它把政治领域的限制原则纳入了性别分割之中。此外，因为在大革命期间所有人均有永久扩展政治领域的同等权利，这种登记（l'inscription）就被认为更为有用。妇女被局限在家庭空间之中，被设想为清晰地划分私人与公共的形式与条件之一。也正是这一原因，导致妇女在大革命期间被剥夺了政治权利：传统的社会学的家庭观与自由主义政治限制的意识形态，在此为将妇女排斥在公民之外提供了追加理由。

第三章 多数与理性

法国式的政治理性主义

在大多数国家，选举权的扩大是根据代议制政府的发展来衡量的。换言之，普遍选举被纳入了一种自由史之中。在17世纪的英国，反对专制主义的斗争由此通过要求改进政治代表的程序表现出来。在18世纪的法国却并非如此。对绝对君主制的谴责首先是在理性化要求的名义下进行的。例如，所有税务改革家的口号都是恢复"普遍税率"，以废除税金的估价和分摊中的专断。以一种稳定、统一的税则取代繁琐的特定税费，乃是税收领域中被不断肯定的目标。同样的目标也在其他领域显现出来。在司法领域，它是为取缔形形色色的习惯法、构成有关规章条例、促使统一法规的出现而战斗。在行政领域，则是批判买官卖官，并为近代官僚制的确立辩护。

18世纪前期，卡斯特尔·德·圣-皮埃尔的作品清楚地显示了这种对专制主义的非理性批判的种种面目。他的《关于规定税率的人头税计划》(1923)接续了布瓦吉尔贝尔和沃邦的观点，其《政治年鉴》(1757)则为近代国家辩护，后者清楚地反映了启蒙思想家们对改革的感觉能力。但是，在出版于1725年的另一部著作《关于减少诉讼数目的研究报告》中，他似乎首次最为清晰地提出了具有法国特色的、并等同于理性国家概念的一般法律理论。圣-皮埃尔修道院院长解释道，诉讼往往是与法律的不明确，与不同的、甚至是矛盾的习惯法文本的重叠联系在一起的纠纷的结果。因而，在他看来，国家的理性化和法律的完善是并驾齐驱的。他解释说，好的法律是那种在应用中不留任何不确定性的法律:"法律应当非常清晰,每个人在读的时候不仅能看到自己要找的对相关案例的判决,而且如果可能的话,还能在没有解释的情况下领会它。由此,好的立法者应当以减少人们对法律顾问的需求为目标。"[1]换句话说,法律应当是普遍理性的表述,它同时体现了理性和普遍性这两种原则。他详述道:"特定的法律数目尽可能与有待解决的特定类型的案例数目相等是合适的,或更确切地说,使每种法律通过其表达的普遍性,包含与容纳没有例外的一切种类的特定案例是合适的,这是通过将其普遍化来减少法律数目的唯一的良好手段。"[2]为了出色地完成这一事业,他提议创建一个法兰西法律学院和一个常设性的审查法律的团体。半个世纪以后,贝卡里亚在他的论著《论犯罪与刑罚》中将这些观点予以系统化。[3]应当以此出发来领会法国式的"立法中心主义"(légicentrisme)的实质。法律的统治主题不仅仅诉诸法制国家的概念:它同样表达了一种政治与社会合理化的理想。

  18世纪中叶,重农主义者的著作引人注目地表达了这种政治理性主义的本质和基础,后来的杜尔哥和孔多塞体现了这一点。要想理解它,就不应当局限于他们特有的经济学理论。对于魁奈及其门徒来说,人类要想处于自由状态,并不需要去创造任何东西,他们只要观察自然的法则并与其保持一致即可。勒特罗斯纳在《论社会秩序》中指出:"法律体系是以可以感知的文字写入自然这部大书之中的。"[4]因而,政治是一门观察的艺术和一门演绎的科学,它既没有创建任何新事物,也没有确立任何前所未闻的东西。在《箴言录》中,魁奈写道:"不管是人民还是政府,均没有创造法律,而且也无法创造法律。他们把法律看作最符合统治宇宙的最高理性的事物,他们宣布法律,把它们带入社会之中……正因为如此,人们把法律的携带者称为立法者,并把法律的汇集称之为立法,人们从来不敢称法律的制造者(faiseur de loi),而只说法律的发送员(législfacteur)。"[5]最鲜明地体现这种重农学派的政治观的著作当推勒梅西耶·德·拉里维埃1767年出版的《政治社会之自然与基本秩序》。勒梅西耶·德·拉里维埃的思想性逊于魁奈之辈，但正是他得以最佳地表达出法国式政治理性主义的本质。作为巴黎法院的律师以及后来的安的列斯总督，他完全是在 1750 年之后致力于国家的近代化的一代开明行政官员的代表。[6]

勒梅西耶解释说，立法权不能等同于创立法律的权力。他写道："制定坏的法律是一种不幸、一种人类的意外事故，而绝不是一种权利、一种特权……立法权全然不是专断地制定明显不好的法律的权力。"[7] 换言之，自由处在与自然的和谐之中，而压迫仅仅来自误入歧途者的意愿。这种处于法律关系之中的自由观建立在以自明性（évidence）概念为中心的认识论基础之上。此点可谓必不可少。实际上，和政治理性主义一样，与英国式自由主义大相径庭的法国式自由主义的独创性即是在此处形成的。

对于重农主义者来说，自明性构成了自由的保障。自明性实际上表达了一般性，因而超越了一切争执、误会、不确定和特殊性。勒梅西耶写道："当人们不幸被剥夺了自明性，严格意义上的舆论就成了所有道德力的原则；于是我们不再能够认识别的力量，也不再能够指望它。在这种必然的争执状态之中，为预防专断地滥用至高无上的权威而建立各种相抗衡力量的观念，显然是一种空想：与专断相反的乃是自明性。唯有自明性不可抗拒的力量才能够充当与专断和舆论相抗衡的力量。"[8] 在这一点上，重农主义者堪称是马勒伯朗士的门徒。[9] 他们阅读和思考了《论对真理的寻求》，并依仗其作者来使意愿和舆论丧失信誉。这是一种合适的转移或掏空社会关系的自行构建的方式。面对自明性，必然性与意愿实际上融合在了一起。勒梅西耶指出："自明性应当是权威的原则本身，因为它是诸多意愿汇集的原则。"[10] 它是与一致的原则、普遍理性的形式相等同的。这是一种丝毫不包含商议或实验的通向真理和普遍利益的方式。这是一种与信仰的途径相近的直接途径。[11] 狄德罗后来对这种自由哲学表现出强烈的赞同。他写道："孟德斯鸠首先辨认出了疾病，而勒梅西耶则开出医治这些疾病的药方。"[12]

法国式自由主义由此以极为特殊的方式,把对法律的崇拜以及对合理化国家的赞颂、法制国家的概念与行政权力的概念连接了起来。为了与重农主义者的政治理论相呼应,贝卡里亚后来通过重述圣-皮埃尔修道院院长的前瞻性思考,把这种方法延伸到了法律理论的领域之中。对他来说,法律不可分离地成为保障自由的方式(由于规定了一种普遍规则,因而减少了专断的可能性)和建构国家的工具。[13]在这种视野当中,理性国家的出现构成了自由的一种条件:法律。国家与普遍规则最终重合在了一起。18世纪后期,这种政治理性主义不仅仅构成了一种学说,它还在行政机构的具体转变中找到了支撑点和付诸实施的形式。在1750年之后,旧官员们的世界实际上开始在管理者的上升面前退却,它标志着行政管理向着一种近代组织演进的决定性转变。开明专制主义与法国式的自由主义在这样一种国家机构的合理化进程中,通过留出被英国的自由主义占据的思想空间,找到了一块不确切的交汇之地。

虽然政治理性主义在法国压倒了英国式的传统自由主义(即代表制与中间团体、混合政府与多元制自由主义),但人们不能就此得出结论说,后者的这种与专制主义对立的形式已经在法国完全消失了。法国实际上在18世纪后半期继续存在着一种强大的贵族式的自由主义。伏瓦耶·达尔尚松很好地体现了这一点。例如,他在《关于古代与当代法国政府的思考》(1764)中写道:"官职买卖是专制主义意图的重大障碍。贵族的发展,注定始终被作为专制主义无能为力的某种迹象,以及作为其活力的重大结果的民主的某种迹象。"[14]某些当代历史学家,尤其是德尼·李舍[15]强调这种贵族式的自由主义的重要性。虽然伏尔泰和其他许多人贬低法院的保守主义及法院中的人士想借国民的名义表达的意图,但后者在1771年被摩普所镇压,因而在精英内部激起了一场真正愤怒的运动,则确凿无疑。甚至连作为特权团体最充满敌意的对手之一的霍尔巴赫也认为,他们在缺少其他代表形式的时候构成了"最高权威与臣民的自由之间始终必不可少的壁垒"。[16]但是,类似的提醒不应该掩盖掉首要点:极为显著的政治理性主义的出现与发展。人们应当由此出发来理解对孟德斯鸠的潜在的仇视——许多人指责他凭借"中世纪的原则"与专制主义进行斗争。[17]而且,人们也只有由此出发才能够分析法国的启蒙运动与英国或美国的联系。

虽然宽容与自由——英国社会制度的成果受到一致的称赞,但它赖以建立的诸多原则却远远没有得到同样的赞许。人们不应当在启蒙思想家的"亲英"问题上判断失误:如同伏尔泰的《英国通信》清楚显示的那样,"亲英"是政治的,而非哲学的。[18]同样,启蒙思想家们一边支持北美的解放,一边很快地与美国人的立宪成果保持距离,因为他们觉得后者过多地受到了英国的普通法以及权力制衡精神的影响。在杜尔哥著名的致普赖斯医生的信(1778年3月22日)中,他指责普赖斯仍然是"极为陈旧、极为普通的政治不真实的基础"的俘虏。[19]法国的理性主义与英国的自由主义之间的对立,后来孔多塞和内穆尔的杜邦在1789年为利文斯顿的著作《对英国政府的考察——与美国宪法的比较》[20]的法文版添加的注释中作出了经典的表述。两位法国哲学家在注释中以极为清晰的方式阐述了他们对英国式议会制仇视的理由。他们争辩道,议会的存在丝毫没有对个人的保障。他们强调说:"专制政府的邪恶并不存在于行使权力的政府之中,而是存在于专断之中。"[21]议会实际上能够像专制君主一样下定决心做各种坏事。英国的确有出色的法律,"但这些法律是偶然的。它们并不依赖于英国宪法。"[22]在他们看来,立法机关应当被严格地限制。他们写道:"国民与哲学家还对立法机关抱有各种极为混乱的想法。制定各种类型法律的机关,甚至那些可能是可笑和不公正的机关,不能托付给任何个人,因为该机关甚至不属于社会中的全体人员。"[23]他们在此重新发现了魁奈以及勒梅西耶·德·拉里维埃论点的要旨。在他们眼中,法律的产生归结为两个方面:一方面是阐明一种好的权利宣言,另一方面则是颁布各种条例。议会在这一图式中找不到位置。权利宣言重建了社会制度,而且它被一劳永逸地拟订。就各种条例而言,它们由政府颁布,它们与权利宣言的一致性是通过言论自由来确保的。换句话说，在政府行为与宪法之间不存在任何东西。立法机构以行使某些政府的职能为唯一的特权，如确定税金的数目或宣战与媾和；但它不能是普遍规则的制造者。

在这种理解方式之中，保护人身与财产的自由原则全然不依赖于代表程序的发展：它在一种唯一与合理的权力构建中找到了充足的根源。为何作为政治技术的代表制完全与这种18世纪的法国政治理性主义不相干，存在着第二种解释理由：即作为政治技术的代表程序为了存在需要异质性。如果不存在社会关系中类似被接受的异质性，代表制是一种不可能和不可想象的程序。只有在人们认出被清晰地区分和识别的国家、政党、阶级、领土时，代表制才能够实现。社会应当能够在各种划分、各种区别当中设想出来，并能够在它们的高低差中把握自己。哪里不存在高低差、划分、区别，不存在关于这些区别的思想，哪里就不可能有代表制。社会的多元主义观念由于被人们理解为一种不和谐音节的表达而遭到拒斥。

人们已经过于频繁地讲到了英国的代表制度观的失败是伴随着1789年秋天保王党人的垮台出现的。实际上，在这种类型的政治理性主义酝酿形成之际，法国就存在对以英国为参照的贬低。在最早的《农业王国经济政府的一般准则》中，魁奈写道："至高无上的权力应当是唯一的、高于所有社会中的个人以及所有不公正的特殊利益的事业的。政府中的制衡体系是一种令人忧郁的想法，它只会让人们意识到显贵之间的不和以及小人物的沮丧。社会被划分为不同的公民等级，而且某一等级对其他等级拥有至高无上的权力，这将破坏国民的普遍利益，并导致在不同公民等级之间出现特殊利益的冲突。"[24] 在这一框架中，只存在两条可能的政治道路。其一是经济平等的道路，它是通过取消差别产生的真正统一；这是马布利自18世纪中叶以来指明道路的社会主义的观点。其二是政治理性主义的道路，它把唯一的权力放在了适当的位置。法国的政治文化一直在这两极之间摇摆。

重农主义者身上统一的权力观完全与自明性的认识论相一致。自明性实际上是对付情感混乱、意见不统一、利益不一致的药方。勒梅西耶·德·拉里维埃写道:"自明性,只有它才能充当多种意愿和力量的唯一聚合点。"[25] 重农学派的自明性理论(统一的原则)在此充当了英国代表制理论(多样性原则)的代用品。

但是该如何来认识自明性呢?如果自明性"应当是权威原则本身"(勒梅西耶·德·拉里维埃语)——因为它是各种意愿汇合的原则,那么它是如何产生的呢?重农主义者为此发展了典论,一种作为一致性的产生方式的理论。舆论不能与个人意见的简单相加等量齐观,后者往往是偏见、无知或心血来潮的产物。因而,在他们身上,这一术语并不具有我们今天赋予它的含义(即作为共同的感觉、一般的看法、普遍的情感的舆论)。在他们看来,舆论只是理性和自明性的表达。所以不可能从下面产生,不可能从共同的情感中出现或是个人观点不和谐相加的结果。那么媒介是什么呢?重农主义者的答案并没有脱离启蒙思想家们近乎全体性的答案:他们让文人与学者成为这种自明性的制造者。拉阿尔普说道:"那么,先生们,何谓文人?文人是以将其理性添加到别人的理性之上而培育他的理性为职业的人。"[26] 出于这一考虑,文人在启蒙思想家的政治观中占据了一种中心位置。他是一种象征,理性主义政治的观念即是围绕着这一象征形成的。皮埃尔·贝尼舒就此谈到了"文人的神圣化"。[27] 哲人实际上被理解为理性的代言人,成为一种世俗的教士。[28] 从17世纪初叶博学的放纵者到18世纪最后的哲人,有一条共同的主线在法国政治文化中延伸,以便把那些人们尚未称为知识分子的人提升到社会的中心地位。人们为此称赞着凭借理性,而不是出身、权力或金钱而成为精英的名人,并梦想着一个认为体现了理性国家的神秘的中国。[29] 勒泽-马尔纳齐阿写道:"明理的文人构成了舆论,并通过舆论支配世界。"[30] 舆论因而丝毫没有与人民的主张混同,它只是哲人之间思想交锋的结果,而这种思想交锋则是由自明性的发现引起的。换言之,使舆论得以产生的并非是一场民主的论战,而是一种哲学讨论,一种专家之间的较量。³¹ 法国式的政治理性主义模式由此将一种认识的理论（从马勒伯朗士那里衍生而来）、一种社会学（文人的神圣化）以及一种关于自由的哲学（普遍规则的政府）连接了起来。

公共教育符合逻辑地在这种有见识的舆论生产装置中占据决定性的位置。自18世纪中叶以来，学校在法国承担了大大超越传播有用知识的使命，被加上了一连串的幻想。对于启蒙思想家来说，学校与言论自由一起，是通过模仿来传播其理性的主要媒介。人们经常忘记，重农主义者已就公共教育对于国家的重要性有过许多论述。在《中国的专制主义》中，魁奈如是解释道："一个顺利、持久的政府的主要管理目标应当是……关于自然法则的深入研究以及持续、广泛的教育。"³² 而博多修道院院长则把实用的教育作为进步的首要条件。³³ 勒梅西耶·德·拉里维埃也就这一问题写了一本重要著作——《论公共教育或关于这种教育的必要性、性质与起源的伦理与政治的思考》(1775)。他在"导言"中指出："政府应当是其臣民的主要教师。"³⁴ 勒梅西耶·德·拉里维埃连篇累牍地强调了公共教育严格的公民性的维度。他解释说，为了组成一个名副其实的政治团体，应当"产生和维持一种意愿、方向和力量的统一"。³⁵ 由此，教育的方式与纲领中一致性的要求，以引人注目的方式预示了大革命期间制订的重要改革方案。

在这样一种部署中几乎没有代表制的位置。选举权观念绝对地外在于这一世界。理性得以萌生的有识之士之间的讨论足以产生自由的各种条件。例如，苏阿尔问道："代表这一名称意味着什么？如果不是舆论，代表们究竟能代表什么？只要这种舆论是不稳定的，那么辩论就会出现稳定……人们分成派别，既不是为看一盘棋，也不是为领会同一个几何问题的两种解法。"³⁶ 路易-塞巴斯蒂安·梅西耶在《2440年》中也重复了这一主题。他写道："我们已经失去的三级会议被这样一群公民所取代，这些公民既能读又能写，禁止专制主义过于大幅度地篡改法国人古代的和自由的政体。³⁷ 由此，在18世纪，法国式的政治理性主义模式，与通过从国家主要社会力量的政治代表中产生的制约力量的存在来保护自由的英国模式形成了对比。在这些条件中，人们不应该在解释18世纪80年代的争取省级议会改革运动时将它们搞错。如杜尔哥或重农主义者所设想的议会只具有咨询功能，所做的是使信息得到流通，并未构成一种代议制的权力。它们更多处于改善统治能力的计划之中，而不是发展民主和自由的视野之中。它们并没有诉诸英国议会制的逻辑。通过采取一种相对孤立的立场（但它具有明显的长处），博多修道院院长甚至激烈地反对设立此种议会的方案。他在1787年写道："所谓的人民代表的选举只会产生阴谋、派别、对立。"[38] 虽然他承认统治者注定"在任何情况下只有一只眼、一只耳和一张嘴"，但他不认为这种职责能够由"多嘴多舌、因耗费巨资而困难重重的复杂的议会制度"来履行。[39]

那么在法国大革命期间人们是如何从这种政治理性主义转向了颂扬公意呢？选举权的观念如何能够在这一框架中作为核心使人接受呢？如果存在着与启蒙思想家传统的决裂，那么这种决裂是何时与如何实现的呢？对这种骤变的理解支配着人们得以研究法兰西民主与公民身份史的整个分析框架。

模棱两可的公共意志的革命

1789年，公共意志的加冕礼似乎标志着与启蒙思想家们的政治理性主义的突然决裂。两种法律概念实际上互相对立。对于法国启蒙思想家们来说，法律首先是一种理性的行为。由若库尔撰写的《百科全书》"法律"条目清楚地使人想到了这一点。他写道："法律，只要它支配着地球上的各个民族，一般而言就是人类的理性；每个民族的政治、民事法律只应当是符合这种人类理性的不同的特例。"在1789年，我们被打入了另一个世界。当就《人权与公民权利宣言》进行讨论时，所有的意见都一致认为"法律是公共意志的表现"。此外，这一被采纳的提法已经在大多数预备性草案中被提出。[40] 由此，法律既不再被归诸任何外界的秩序，也不再被归诸任何预先存在的道德或社会规则，它变得纯粹明确，并起源于一种社会的自行确立运动。骤变因而是根本性的。但是，该如何来解释它呢？应当提防过于全面地推理。虽然存在着骤变，但它实际上异常复杂。在这一点上，1789年的政治革命与思想革命构成了延续与决裂交织的错综复杂的关系。

两种记事在没有被搞混的情况下重合在公共意志的加冕礼之中：其一是政治主体的确定的记事，其二是社会秩序的基础的记事。在第一种情况下实现的运动最容易理解。对公共意志主权的肯定，首先是在1789年实现的罕见的主权转让的结果，国民在个人政治平等原则导致选举权成为社会包容的象征的同时，把王权的属性据为己有。关于这一点，人们可以提到公共意志的名副其实的"加冕礼"。后者几乎显示为一种重建社会秩序的技术条件，专制君主形象的消除只能以把权力直接转让给国民为代价得到实现。英国式的普通的限制王权观点似乎显得过时与不足。对于1789年的人们来说，专制主义的力量实际上处于这样的状态，使得他们不相信能够重新确定王权的界限。在他们眼中，唯有全面没收与重新占有的运动才有可能削弱王权。它们是连接在一起的国民主权与公共意志的概念，由此得以用自由的方式来加以理解：它们是以使激进的反专制主义变得可以想象作为职责的。《人权与公民权利宣言》第6条非常直接地包含于这种自由的视野之中。通过宣称法律是公共意志的表现，制宪议会的成员们首先表示，法律不应该再来自于君主独特的意愿。然而，难道他们把人民升格为新的至高无上的主体了吗？

所有的模棱两可就在于此：在1789年，尚没有人想到设立一种委托给人民的权力。如同《人权宣言》第三条所说，主权的主体是国民（"整个主权的本原主要是寄托于国民。任何团体、任何个人都不得行使主权未明白授予的权利"）。作为社会整体的形象，国民不可归结为其组成部分中的任何一种，与此同时，它意味着一种权力的真空。由于其不可避免地被统一以及不可分解，对于制宪议会的成员们来说，国民由此只有在它是一个抽象的整体时才是至高无上的，因而不受任何人类权力的伤害，也无法被不管什么样的某个人或某个独特的团体占为己有。在1789年表现出来的新的关于法律的哲学，是从国王的主权转让到国民的条件中派生出来的：公共意志首先是国民的意志。一个新的处于中心的政治主体的出现由此标志着与专制主义的明显决裂，但是，这种决裂更多的是一种政治上的决裂，而不是社会学意义上的决裂。换言之，公共意志的加冕礼并没有驱动人民的权力。

《人权宣言》第6条难道通过从一种理性主义概念转向一种纯实证的方法，从另一方面标志着法国法律概念中的一种认识论类型的中止吗？要想简单地回答这一问题并非易事。就许多方面来看，大革命的成果实际上继续带有18世纪的政治理性主义的印记。与法国国民公会议员一样，制宪议会成员仍然侨居在像杜尔哥或马勒泽尔布这样的人的世界之中。他们本身也寻求通过与团体的制度和地方性的精神决裂建立一个理性的国家。他们进行度量衡方面的改革、反对方言的斗争、重组行政与财政，尤其是重新建立一种新的司法秩序的方式鲜明地证明了这一点，即便这种全面的努力只是从执政府时期开始才在制度与法典中体现出来。1793年秋天提出的设置理性崇拜的方案也处在这一视野之中。在这一意义上，托克维尔有理由强调说，在启蒙运动与大革命之间有许多延续性。那么该如何来解释这一显示为二元性的现象呢？从选举权的观点来看，这一问题是根本性的。虽然存在着与政治理性主义的全面决裂，普遍选举并不仅仅符合一种社会学和政治的要求（象征着社会一体化），它同样可能包含在一种有逻辑联系的关于民主的认识论之中。在这种情况下，个人投票的表达对于普遍利益的最终提出将是一种必要条件。人们于是通向一种如同已被边沁在其《政府片论》(1776)或卡特赖特在其小册子《作出抉择》(1776)中提出来的功利主义的民主理论。与之相反，虽然存在着延续性——即便是部分的，普遍选举可以在不必同样多地注定在普遍利益的体现中起任何正面作用，并在符合主权行使方式的情况下诉诸社会包容的逻辑。于是，选举-从属与选举-

主权,通过骤然引起一系列的失衡与紧张而处于被分离状态。

如果说作为革命政治文化基础的理性主义与唯意志论的交织也难以梳理的话,这不仅仅因为公共意志的加冕礼是在否定性力量压倒肯定性力量的模棱两可的环境之中进行的。存在问题的是公共意志概念本身。它实际上是故作简单。它远远没有清晰地与政治理性主义的原则形成对照,而是与后者维持着一种模棱两可的关系。实际上,在它身上有两种维度在比邻而处。其一是对普遍性的参照,它诉诸一种不再建基于传统和专制的政治观念,并可能由此靠近政治理性主义;其二是对主体性的赞颂和对人民的呼吁。为了很好地衡量参照公共意志所掩盖的模棱两可,应当提醒人们注意,当开始使用这一表述时,并不具有鲜明的主体性内涵。17世纪,马勒伯朗士用它来确切表达上帝在历史中的介入方式,并解释为何其行动遵循了种种会导致某些人可能不被拯救的普遍原则。帕斯卡尔也从自己的立场出发,涉及了作为对人类进行道德要求的公共意志。在他们眼里,特殊神宠说(le particularisme)和利己主义是一切邪恶的根源。[41]在卢梭之前,孟德斯鸠与狄德罗也谈到了公共意志。例如,狄德罗在《百科全书》中写道:"公共意志对于每个人而言乃纯粹的理解力行为,这种行为,可能暗中令人以此要求与他同样的人,且与他同样的人亦据此有权利要求他的激情进行推理。"[42]在这种情况中,公共意志根本不是人民的意志的同义词。它更多地使人想起自明性的概念。所以,在卢梭之前,公共意志的观念在法国的哲学文化中并没有诉诸一种政治合法化的方式。它在马勒伯朗士那里是从一种神学角度派生出来的。随后它又相继在帕斯卡尔和狄德罗那里具有一种道德的维度和一种方法论的特征。更"近代"的公共意志的概念,即被当作一个整体的政治团体的意志的概念,是寻求在纯内因性的原则上建立社会联系的自然法和契约的理论家们提出来的。在这种视野之中,法的概念改变了含义。如同在托马斯·阿奎那的看法一样,它不再是一种由负责共同体的权威颁布的对公共利益的合理排序;它变得纯粹是约定性的,并成为从其确立方式(通过公共意志来决定），而不是从其内容（与公正和公共利益的原则相一致）获取力量的客观权利的规则。[43]

卢梭在思考人的社会关系的建立方面，当然被纳入了霍布斯和普芬道夫的继承者之列。然而，就许多方面而言，他在同一时间里仍然停留在法国式的政治理性主义的传统之中。由此，如同在孟德斯鸠身上一样，公共意志在他身上保存着一种强大的自由维度：它显示了法律无个性与统一的特征，这一特征会带来一种公平的保障。他在《山中书简》里写道："最坏的法律亦比最好的统治者要好，因为任何统治者都有偏爱，而法律却从来没有。"[44] 朱迪·斯克拉在这方面以非常能说明问题的方式谈到了卢梭身上的一种"预防措施的政治"（politique de la prévention）。[45]《社会契约论》的作者批评代表制的方式同样与理性主义的看法相一致。代表制对于他，就如同对于重农主义者一样，是特殊利益的同义词。的确，在卢梭身上不可否认地存在着一种诉诸人民的特征。但是，这一特征尤其是道德上和社会学上的。卢梭不接受贵族的自由主义，并对人民的良知抱有信心，但是，他丝毫没有设想过以一种直接的人民政府形式出现的至高无上的公共意志。卢梭并未谋求界定一种意志的政治。这正如他在大革命期间被表现出来的那种普遍选举与他无关的原因。例如，在《关于波兰政府的思考》当中，他表示赞同建立在能力合格基础之上的选举原则。[46] 在《山中书简》中，他嘲笑了那些"误以为民主制是全体人民充当行政官员与法官的政府"的人。[47] 在《评各部会议制》中，他在涉及圣-皮埃尔修道院院长关于设置当选者议会（conseils élus）的方案时指出："单独引进投票注定会造成惊心动魄的急剧变化，而与其赋予躯干一种新的活力，还不如赋予每一部分一种痉挛性与持久性的运动。但愿有朝一日，有人想象到了驱使构成法国君主制的人数庞大的民众的危险。"[48] 如果说在卢梭那里对公共意志的界定引起了大量的疑问，那么，与之相对的事物却反而极为清晰。

卢梭在此多次强调的公共意志首先不可与大多数普通人的意愿混为一谈。他在《社会契约论》中写道："使公众意志具有普遍性的并非投票者的数量,而是其汇集的共同利益。"⁴⁹换言之,这足以表明它并非一种出自选举类型的算术。他指出,唯有一致性原则才能够保障公共意志的实现:"人们的意见越是趋于全体一致,公共意志也就越占统治地位。"⁵⁰其次,公共意志不可能出自被理解为对种种意见和看法进行清点和统计的程序性的投票表决。它同样不可能是广泛的集体商议的结果。卢梭在此指出:"冗长的争论、意见分歧和乱吵乱闹,也就是宣告个别利益占上风以及国家的衰微。"⁵¹当就法律草案征求国家成员的意见时,他解释道:"精确地说,人们向他们提问,并非表明人民究竟是赞成这个提议还是反对这个提议,而是它是不是符合公共意志。"⁵²与机械地识别个人意见和意志的选举程序相反,卢梭宁愿寻求为个人意志失去个性(dépersonnification)的进程指明道路。当他说道,公共意志在每个人那里,是一种静静地对激情进行思考的判断力的纯粹行为时,他在这一点上接近于狄德罗。⁵³第三点否认是:公共意志并非以充当统治力量为天职。它的唯一目标是立法。不过,在他眼里,很少的法律就足够了。因而,公共意志并非一种具有合乎规定的方式的活动力量。它是一种确立以及赋予合法化的力量,而不是一种持久的行政类型的力量。⁵⁴它出现于社会之初以及进行庄严的选择之时,不再具有普通作用的性质。

如果说卢梭提出"立法权属于人民并且只能够属于人民",⁵⁵那么他根本就没有考虑我们理解意义上的以投票为基础的政治制度。公共意志在他身上并不是康德式的纯粹实践理性的等同物,也不是各种意见汇集之后的表达。它更多的不是一种事物,而是一种设想,即协调理性主义与唯意志论的设想。也正因为如此,心理学对于理解卢梭式的政治至关重要。对公共意志的肯定,与其说源自技术性的政治程序,毋宁说源自个人的内在能力,即克服利己心与公共利益间的紧张的能力。在这种情况下,政治领域里的公共意志与个人领域里的纯粹自爱是相等的。⁵⁶这正是下述著名表述的深刻含义:"我丝毫没有看到最严格的民主与最完善的霍布斯主义之间可以接受的中间道路。"⁵⁷卢梭想说的是，政治创设的道路极为狭窄，在通过由外在限制进行的社会方面的组织和通过个人心理转变进行的调节之间被分割了。

虽然这标志着一种与法国式理性主义的决裂，但卢梭的政治并非纯粹的意志的政治。它在许多点上继续被纳入启蒙思想家占主导地位的想法，并充分地赞同他们的否认。⁵⁸例如，卢梭对英国式的利益代表制政治采取了远离的态度，更甚者，英国还代表他所厌恶的一切：社会中的等级与阶级的持续，政治生活中的腐败、偏见与拿原则作交易，经济与唯利是图价值观的统治。虽然他提出的问题与其同代人相同，但卢梭试图对这些问题予以不同的解答。他对善政之道的寻求是在心理与教育方面，而不是在理性组织的方面进行的。卢梭尤其用这种方式进行了一场感觉（la sensibilité）的革命。他是18世纪最伟大的心理作家，也正因如此，在其同代人的眼里，他首先是《新爱洛漪丝》或《爱弥尔》的作者。

1789年的人士，如同1792年或1795年的人士一样，从卢梭身上辨认出了这位具有新感觉的大师、人类之友、地位低微者的亲人、一种纯朴幸福的预言者。他们的确也在《社会契约论》的作者身上看到了一个倡导社会创造的思想家、一个自行确立的社会预言家。但是，较之卢梭，在他们身上对公共意志的参照，仍然更多地被固定在启蒙思想家政治理性主义的世界。围绕着"法律是公共意志的表达"这一提法达成的一致，并不意味着人们同意把政治建立在公民的意见之上。普遍性的观念在此保留了有利的批判维度：它首先与作为特殊性的最极端的说法的特权观念形成对照。其次，对普遍性的赞颂具有一种古典的自由主义的维度：它涉及组织一种公正无私的权力，这种权力以完全相同的方式对待每一个人，不对个人加以区别。制宪议会的成员们为此延伸了重农主义者的立法中心主义。他们像重农主义一样渴望确立覆盖整个人类活动领域的法律（罗伯斯庇尔甚至在1789年根据此种观点说道："判例"一词应当从语言中消失），并因此把行政权限定在一种纯机械的行动上。由此，人们根据立法权出自普遍主义和抽象规则的规定提高立法权的地位，同时拒斥本质上建立在这样一种独特的意志，即负责管理不测之事、自由地判断形势并解决特定问题的独特意志之上的行政权。

公共意志的神圣性包含了由立宪议会议员们作出的一系列的拒绝。但是，如果公共意志的构成既不可能从利益出发，也不可能从意见出发，更不可能从粗暴的个人意志出发的话，那么该如何去界定代议制政府呢？1789年人们的回答是通过新的对待代表制的态度来进行的。在他们那里，代表制并非以转达一种意志、重现一种平衡或表达一种认可为主要目标。如同卡雷·德·马尔贝曾有力强调的那样，它的功能是组织民族的意志与人格。[59] 代表制是作为不能缩减的总体以及通过唯一的自然权利构成的民族借此得以行事与表达的建设性的程序。因而，代表制并非出自一种可以不要的活动。相反，它是一种真正的政治制度的工具。在这种框架中酝酿形成的代表—喉舌的形象，与传统的受委托人的形象是相对立的。事实上，在受委托人背后，始终存在着一个或一些自然的人，而在"喉舌"背后则只有一个潜在的人。西耶斯在这一基础上把"普通的获得选票者"（受委托者）与真正的代表区分了开来。[60] 前者是机械的中间人；后者则会产生某些在他们介入前不可能显示出来的事物：公共意志。投票权在这种取向中并未轻易地找到位置。如同卡雷·德·马尔贝正确强调的那样，在非常情况下，选举的事实即使不是外在于，也至少是完全处在制宪议会成员制定的代表原则的边缘。因为选举只是各种指定代表方式中的一种，这些代表（被国民所要求）的优良品质源自他们固有的喉舌本性，而不是源自他们的任命方式。1789年的人们由此以一种双重方式再次被归入了18世纪法国式的政治理性主义的传统之中。首先是通过他们对法律的理解，继而是通过他们对演绎的（déductive）代表制的拒斥。但是，选举权问题同时在两种逻辑之间左右为难：其一是社会包容的逻辑，其二是公共意志的表达逻辑。在第一种情况下，一切都在促使个人—公民的出现，而在第二种情况中，则没有任何东西自动导致其成为一种纯粹职能的投票权的扩大。此外，在公共意志观念与意志平等观念之间并不存在任何自动的联系。

诚如我们所指出的那样，多数与理性之间的紧张部分地通过两级选举的组织而被掩盖。[61] 但是，它同样极为强烈地继续存在，即便它更多地是在一种政治紧张的形式下，而不是在理论问题的形式下显现出来。公共意志的概念在大革命的进程当中也经历了一种巨大的转向。从1789年8月自由派对公共意志的赞颂到1793年人民权力的宣布，两者之间的差距很大。然而，这种演变并非仅仅标志着由事件导致的政治进程的加快，也说明了停留在理性主义的公共意志概念上的近乎无意识的不可能性。理性主义的公共意志概念几乎自然地倾向于使自己与所有人的意志同一，并在实际上为同时代人采用了人民意志的含义。在这些事实当中，如同法律领域自然地扩大为社会组织的整体，公共意志不再可能仅仅诉诸社会关系的确立。人们通过现实的力量把具有建立制度的能力、自由主义和理性主义的公共意志观转化为接受人民的权力。启蒙思想家的政治理性主义的影响由此起到本质上的负面作用。在英国式"经典"代议制民主遭到拒斥的情况下，法国的政治文化倾向于在街头权力、理性主义的自由主义和贵族政治之间摇摆。不可能存在介乎两者之间的东西。因为公共意志的理性主义过于抽象，民主以某种过于真实的方式，并通过几乎具有"群氓政治"的面目，形成一种粗暴的、不受人数限制的权力。在法国，形式民主与实际民主之间的紧张，不仅仅是一个典型的政治问题（因为实际民主具有滞后于形式民主的倾向），还尤其构成了一个理论问题：即关于思考它们的有机结合时的困难的理论问题。换言之，法国大革命只可能在使其实现变得困难或不可能的用语中，提出民主与自由的观念。实际上，正是在这里，即在一种粗暴地填补理论空白或显得无法满足要求的持久倾向当中，存在着启蒙运动与大革命之间关系的真正症结。[62]

理性、美德与才能

实现政治平等与建立理性国家在大革命期间仍然是两种被分离的"纲领"。即便西耶斯在 1789 年夏天思考选举权的条件时一度引入"才能"一词，公民身份问题也几乎与理性化的理想没有什么联系。唯有孔多塞是个例外。这位爱尔维修的知己与杜尔哥的朋友践行的是这样一条典型轨迹：在几年的时间里，他从 18 世纪的强调能力的自由主义转向了接受多数至上。我们已经指出，在 18 世纪 80 年代，他觉得把省级议会选举时的投票权仅仅限定在有产者的范围内是正常的。1789 年，他却彻底改变了这种态度，转而赞同个人－公民。1793 年，他甚至否定一切对选举权的残留的限制，认为选举权是一种天赋权利。该如何来评价这一使其在几年时间里从把投票看成是一种职责转为将其看成是一种权利的演变呢？孔多塞实际上是大革命中唯一公开反思这种冲突的著名人士。他由此亦生动地证明了构成启蒙运动和大革命之间的关系的症结。

在此首先应当强调的是，孔多塞在选举问题上的立场是与他对立法权的理解分不开的。他赞同重农学派的自然秩序观，并根据这一精神指出，"如果人们不是把法律看作是最大多数的人的专断意志的表述，而是视为由自然权利原则的论证推演出来、并被大多数人接受的真理，那么，选举权就不再具有同样的重要性"。[63] 投票在当时仅仅是接受、承认既存秩序的程序。它具有认识手段的性质，自身丝毫没有创立任何东西。选举权问题由此可能被视为完全次要的问题。例如，孔多塞赞扬重农学派成员率先指出"在其整个疆域当中采用的财产权……对于 99% 的男人来说，当然比分享千万分之一的公共权力更为重要"。[64] 他在这一点上将依然如故，并继续被纳入同样使选择代表的权利相对缩小的立法权视野中。在他提出从根本上扩大投票权的同时，还意味深长地建议使政府行为理性化。他在发表于 1793 年的小册子《以将演算应用于道德与政治科学为目标的科学总表》[65] 中，确定了他称为"社会数学"的新科学（scienza nuova）纲领。对于他来说，除了政府行动、平庸地产生有用的统计材料之外，社会数学与旧的政治算术并不相同：它本身是一种统治的手段。由此，在孔多塞那里，在被自然秩序限定的立法权和类似于科学管理的行政权之间，公共意志仅仅起到极为有限的作用：它不是一种统治权。

孔多塞从1791年起公开主张的共和主义在这种政治取向中找到了源头。他对君主制的反对态度，把相关事件的前提条件（国王出逃）与对理性政府的绝对需要结合在了一起。通过超脱于激情和利益而体现"自由的"保障的国王形象，实际上在一个由理性指导的社会中不再具有意义：正是理性，成了自由的名副其实的最终保障。法国共和主义模棱两可的本质在此找到了源头。在对君主制的反对中，有两种事物混合在了一起：其一是实现把权力从国王转到人民手中的意愿，其二是对一切高于公共意志的决策机构的拒斥。国王实际上同时代表着最高仲裁权，这种仲裁权的世袭特征被认为是公正以及一种普通指挥权的保障。理性至上的观念缩小了这种二重性，并使两种国王形象重叠在一种同等的拒斥之中，由此向反自由的共和主义敞开了大门，而这种反自由的共和主义是建立在否定一切具有宪法委员会风格的高级调节权之上的。如果说孔多塞仅仅转换了保障的概念，那么其他共和派人士则拒绝一种高于多数至上的法律秩序的观念本身。使人得以解释自由主义与民主之间的紧张的原因，在寄生于理性主义理想的法国政治文化中如此困难地获得了一种清晰的表达。

即便公共意志是受限制的，它在孔多塞那里仍然作为具有合法性的原则继续存在；而人，无论是行政官员还是普通公民，都可能会犯错误。正是这一原因，自18世纪70年代以来，他把自己的大量时间用于以数学语言思索理性与意志之间的关系。当他在1788年发表《论省级议会的组成与作用》时，孔多塞试图以自己的方式复述卢梭的问题，力求给这一问题带来形式严密的解决方法。他在该书的开头部分写道："随着这些议会的组成，它们可能通过公共精神或一种贵族精神获得活力，成为国家当中单独的团体，或依然是公民的代表……议会决定的真理取决于表达它们的形式，也可能同样取决于组成议会者的见识。"[66] 他明确指出，真理"是我研究的首要对象"。在这种寻求多数与真理一致的形式条件的过程中，孔多塞转移了关于选举权的讨论中的传统术语。对于他来说，选举人的意志与普遍的社会功利之间的一致、舆论与理性的叠合，并非仅仅取决于选举人的素质与选举人表达的个人担保。在他看来，选举形式至少同样重要。孔多塞研究了议会的规模：若规模过小，会受成员的激情和利益的支配；若规模过大，则又会遭受风险。他认真地区分了以选人为目标的程序和应当作出决定的程序。被其称为"选举大会"的前者应当以挑选人员作为唯一的目标，而其称为"行政大会"的后者则以制定法律或决定政策作为任务。这两种类型的大会的分离，使公民身份与主权得以分离，并由此减少了多数与理性之间的冲突。孔多塞在1789年发表了《论选举的形式》，[67] 这本小册子重述了这些主题，并充分强调了限制错误与对多数的迷恋的目标。此后，在1793年2月，他向国民公会提交的宪法草案，始终受益于同样的方法论方面的定见。

在寻求自由主义与民主冲突的简要的公式化表现的过程当中，孔多塞尤其致力于投票程序问题。在他看来，对形式的掌握是构成真理的方式。处在这一思考中心的是他在《论把分析应用于对从众多意见中作出决断的或然性》中提出的或然论的理性概念。[68] 在帕斯卡尔之后，贝尔努伊与德·穆瓦纳为了试图掌握偶然性的规律以及理解局部的偶然性如何包含在一种全面的规律性之中，已经对或然性问题产生兴趣。这一数学家的问题通过司法错误的问题引起了为此担心的哲学家的关注。哲学家的问题是想知道是否有可能确定这样一些条件，在这些条件中，可能会犯错误的法官能够尽量消除犯判断错误的危险而作出决定。伏尔泰已经就此发表过一本意味深长的名为《论司法方面的或然性》的篇幅不大的著作，[69] 但是，不具备数学工具使他无法真正地探讨这一主题。在其《论把分析应用于对从众多意见中作出决断的或然性》当中，孔多塞重新考查了相关档案，力求确定若干法庭的组成规则，以便使法庭判罚无辜者的或然性几乎为零。自18世纪中叶以来，通过司法改革提出来的问题极为确切地重新印证了在大革命期间提出的选举权问题。在这两种情况中，所涉及的是寻求协调以下两方面的手段：多数或偶然性，真理或理性。由此引出陪审团问题在实践中和哲学上的重要性，而这一问题又持久地印证了政治权利的行使问题。

陪审员在法律范畴中与政治范畴中的选举人是相同的。而且，这正是陪审团的名单组成与列入该名单所要求的资格的性质总是与关于选举权的讨论混杂在一起的原因，好像陪审团与政治选举之间目标与手段的类似性意味着有权分享这两者的人是重合在一起的。[70] 无论是在形式上还是在实际过程中，这两种制度均在民主要求方面占据着相同的地位。陪审团的决定，如同政治选举的决定一样，注定反过来具有相同性质：权利与符合理性。在这些条件之下，当人们听到司法组织委员会的报告人图雷在制宪会议上说"陪审团制度最接近存在于人们当中的可靠性的手段"时，不会感到惊讶。[71] 他在陈述宪法委员会关于公共意志至上的报告时，几乎使用了同样的语言。孔多塞因试图赋予它一种坚实的概念基础，亦被纳入了这一传统之中。或然论的理性概念使其得以制止数量至上可能造成的潜在威胁。孔多塞由此力求清除人们可以称之为"民主的偶然性"（l'aléa démocratique）的东西，它具有与司法错误相同的性质。

孔多塞把公民和有理性的行为者的同一作为调节民主张力的条件，而他对公共教育的建议则是他对这一条件的全面思考的顶点。他在此重新循着重农学派成员留下的足迹，力图把人们的意见与理性的先决条件协调起来。国民公会成员并没有跟着他走。1793年春天，他们觉得他的选举组织方案"过于复杂"，否决了他的宪法草案。另一方面，引起关注的公共教育计划所寻求的更多是激励个人的爱国热情，而不是发展他们的理性。当时的局势实际上把敌友关系放到了首位，并掩盖了多数与理性之间的冲突。这正是为什么山岳派把人民的美德作为他们在政治方面的表现的要点。罗伯斯庇尔如是解释道："社会的灾难从来不是来自人民，而是来自政府。怎么会不是这样呢？人民的利益就是公共的福利，有地位的人的利益是一种私利。要做一个好人，人民只要爱自己甚于爱别的东西就行了。"[72] 罗伯斯庇尔称作的"人民的政治经济问题"是一种相当好听的提法，同时会容易让人觉得已经解决。组织政府是最为简单之事。它丝毫不需要复杂的措施：任由美德进行统治就足够了。对于山岳派来说，孔多塞力求通过巧妙的程序组织的多数与理性的叠合是有德行的人民本能地自由表达的结果。

恐怖时代仅仅是这种通过使公共意志等同于美德、以美德取代理性的设想付诸实施的条件。它是产生影响的抽象作用得以表现的过程。这种抽象作用被迫不断地指明与追踪敌人，借此凸显一种仅仅在反对异己的斗争中得到肯定的人民形象。对派别的批评构成了它持久的动力。正是通过这种批评，直接的政治对抗制度每日都在哲学上重构人民的观念。统一，只可能在反对那些被假设为是对统一构成威胁的事物的斗争中得到显示。一旦运动停止，所有的一切就可能崩溃。恐怖时代实际上是一种毁灭性的螺旋线：它不可能作为以任何一种有组织的系统镇压方式建立的稳定而有规律的制度存在。选举权在这种"人民民主"的设想中起不到任何作用。1793年，用来表达公共意志的是起诉权。起诉权在此通过指出对立的一方，甚至消除了孔多塞考虑到的矛盾。1793年2月，关于前线军官任命方式的辩论典型地证实了这种变化。过去，被上司任命为军官是被任命者具有能力的证据，而在这一点仍还让人接受的当时，越来越多的人要求由士兵来选举军官。难道选举显得像是一种更合适的妥善选择首领的方式吗？这并不是目的所在。1793年9月，大批将领被革职，表明对于山岳派而言，问题的关键并非优先提高军队的技术水平。迪昂1793年9月24日对救国委员会提出的论据证明了这一点。他说道："确实，无套裤汉可能存于于从前的贵族阶级当中；但是，此处的问题并不是这样或那样的个人，它涉及的是对我们军队的全面清理。我并非不承认，通过这种措施，人们将会使共和国失去某些正直的人的服务；但是，如果我们想要避免背叛，就应当放弃过去的特权等级的服务……我们处在两种危险，即背叛和无知之间。但面对两种不可避免的困难时，应当两害相权取其轻。"[73] 人们不可能更清晰地表明这些事物。在这之后，应当等待由第三共和国的创建者们重新借道于由孔多塞探索的道路。

在大革命期间，寻求政治平等的理想与理性政府的绝对必要之间的融合，也正是以一种社会乌托邦的形式来推进的。值得关注的是，它与勒梅西耶·德·拉里维埃的论述密切相关。这位重农学派的政治理论家在1792年发表了《幸福的民族，或菲里西安人的政府的报告》。[74] 这种出现在18世纪同类著作笔调中的乌托邦，把启蒙思想家的立法中心论和理性主义的理想与民事平等的革命原则连接了起来。作者笔下的菲里西安人（les Féliciens）生活在"法律的统治"之下。理性在他们的公约中有着决定性影响，决定他们的权利，确定他们的义务和支配他们的所有法律的力量。公共意志是至高无上的。但是，它只是在社会的起点，通过使从事物的本质中获得原则的以政治宪法为中心的社会协约得以形成而得到表达。在菲里西安人那里，立法权没有创设出任何东西，唯一的功能就是拒绝接受自然与宪法的原则。勒梅西耶在此一边重述《政治社会的自然与基本秩序》中的重要主题，一边接受用公共意志的概念来表达最初的社会协约与理性的绝对必要之间的一致。

但是，该如何来确定这种即便是有限的立法权呢？又该如何建立一个同时应当是理性的温顺仆人般的合法政府呢？为了回答这些问题，勒梅西耶·德·拉里维埃率先提出了民主精英主义的纲领。他写道："有必要（从社会中）选拔出一个由精英人士组成的阶级，以便专一地赋予他们在立法和行政方面的最高职责，有必要通过使这样一种在选择方面影响最大的力量服从于公共意志、法律，让这一阶级的形成不受阴谋诡计的侵袭。"[75] 这种精英构成了他所称为的"代表国家的人士"（hommes nationaux），并由此使国民分成两类，即"被统治等级"与"统治等级"。但是，如何在不损害社会平等的情况下接受这种区别呢？如何根据无可争辩的标准将其付诸实施呢？勒梅西耶在此强烈地拒斥了有产公民的观念，甚至对有产公民提出了一种最为强烈和最为准确的批评。[76]由此，他在1792年与他在1767年所接受的一切决裂。他解释说，虽然土地财产很好地建立了一种社会联系，但这种联系既不是唯一的，也不是不可分离的，更不是首要的。他指出："尽管是地产的拥有者，我们依然只通过我们的意愿而成为我们的政治团体的成员。"[77]正是在这一点上，大革命在他身上标志着一种停顿：社会联系显得像是一种建构，而不仅仅是一种前提条件。所以，在他看来，社会联系不可能建立在用来确定谁最有能力以及谁与社会秩序联系最紧的财产标准上，尤其是这一切会导致引入一种不可忍受的区别（他写道：有产阶级构成了压迫其他阶级的贵族）。虽然勒梅西耶在平民与公民之间进行了区分——此乃另一种为积极公民与消极公民定性的方式，但他是根据被认为是客观、公正以及符合平等原则的标准这样做的。根据他的看法，人们实际上必须通过考查才能进入公民阶级。每位社会成员年满20岁，且在青少年时期未犯有重大过错，就可通过由行政官员与有经验的公民进行的考查。在这一最初区别之后，统治等级自身再分成普通公民与显贵，后者同时由当选者以及因在科学或艺术方面的卓越才能而被任命的人组成。在能力的金字塔，亦即权力的金字塔的顶端，"技艺超群者"和"德高望重者"因其独有的才能和美德而高居其上。勒梅西耶得出结论道："由此，公民资格既不是根据出身，也不是依据财产获得的。这一使你们成为统治等级中的一员的称号，仅仅赋予那些公开显示出对于统治而言具有必不可少的知识的人。"[78]国民就这样在未给社会平等带来任何损害的情况下被一分为二。勒梅西耶·德·拉里维埃由此以这种乌托邦打开了通向19世纪的能力合格公民的道路。这一观念将在共和三年的政治中，即当某些国民公会议员提议使投票权取决于是否会读写的事实时开始发展；它在共和八年，即当勒德雷尔和西耶斯想实施名流名单制时继续缓慢发展。但是，它只有在复辟王朝时期，即当基佐与空论派成员建立与法兰西式的政治理性主义的基本先决条件相一致的能力合格公民的理论时，才获得名副其实的表达。

第二编 经验的汇编

第一章 没有民主的公民身份

两级投票

该如何使广大群众介入政治?反过来,又该如何防止他们可能的放纵带来的威胁?这两个问题在法国大革命期间始终是并列的。由于这一原因,在1789年10月至1791年8月期间断断续续进行的关于投票权的讨论中,对多数的管理显得像是绝对处于中心位置的焦点问题。实际上,立宪原则的制定与事件的推动力一直围绕着这一主题互相交叉。有产公民、国民自卫军成员与个人–公民形象之间的变化不仅仅是哲学对立的结果,同样是由革命事件自身的节奏所引起的。首先让我们以最常见的方式归纳出导致立场温和或激进化的因素。对"混乱选举"的恐惧,以及对蛊惑人心的担忧,直接同由巴黎各分区的行动和自发的大众运动激起的不安有关。例如,人们如果不考虑10月初以来相继在巴黎和凡尔赛发生,并在10月21日导致戒严令出台的骚乱,就无法理解1789年10月20至29日围绕积极公民权利的行使所要求的条件展开的讨论。同样,1791年8月关于修改立宪原则的辩论,也是在由国王逃跑以及7月17日发生在马尔斯校场的枪杀(即拉法耶特率领的国民自卫军枪击请愿群众)造成的结果打下印记的背景下发生的。对于立宪议会的议员们来说,多数就是具有威胁性、难以控制和无法预测的民众,就是从社会底层涌现出来的神秘力量。这不仅仅是老老实实地汇集在一起、并像在联盟节上那样以平静协调的力量显示出自己能量的国民。多数,这一革命的双面神,既是正面的国民的力量,同时又是使人堕落的群氓的力量。此外，思想史与社会史不可分离。大众在初级议会中的政治介入与人民起义的推动力一直是相互渗透的。鉴于此，巴黎是关于选举权的辩论在政治上和象征性上不可分离的"震中"（l'épicentre）。直接行动领域与政治参与领域之间的差距在这里显得颇为明显：在90万巴黎居民中，只有不到8万的居民享有积极公民的权利。[1] 积极公民的百分比要比农村居民少得多，但巴黎居民的政治热忱却是最高的。此外，各俱乐部与各分区发挥出来的政治影响显得占有优势，也是在某些时候与选举权相关的重要性可能被减弱的原因。在此，最明显地表现出来的常常正是与民众对代表的控制一样的民众对议会行为的控制。反过来，关于调整选举权的讨论，有时候充当了民众推动力之不可能控制的代用品，对投票的限制象征性地补偿了对街头控制的缺失。

自1789年初秋以来，宪法委员会表示出为避免"混乱选举"——此乃当时流行的说法——而操心。为此，人们对限制初级大会中投票者的数目予以关注，希望它不超过600人。[2] 由此符合逻辑地导致自发地接受两级投票制。在当时，组织直接投票无论是在物质上还是在政治上均显得不太可能。就物质方面而言，当时采用的大会投票方式造成甚为复杂和不敏捷的决策程序。[3] 没有人认为直接选举议员是可能的；就政治方面而言，在选举中设置两种级别被认为是一种沟通和净化民意的手段。

在大革命期间，选举权行使方面的一切模棱两可，是在用来为两级选举辩护的技术论据和政治论据之间的混同中形成的。在明目张胆地避免混乱选举的意愿背后，被认为有问题的是投票权的含义本身。1789年10月22日，后来成为斐扬派领袖之一的阿德里安·杜波尔就第四条选举条件（缴纳相当于三个工作日价值的税金）提交了提案，其中非常清楚地使人意识到了这一点。通过对英国与法国的比较，他指出，在拉芒什海峡的对面，直接选举代表是与把投票权仅限定在有产者的范围内相辅相成的。他强调，在法国，针对议员进行的两级选举是对一种涉及面更广的选举的必不可少的补偿。[4]

他在同日发表的一本小册子里确切地表达了他的思想，他写道："我认为，如果代表制是直接的，那么要想成为选民，就应当不仅缴纳一种直接税，而且还得拥有财产。但如果选举分成两级的话，这一切就并非必不可少。"[5] 在他身上，作为表达多数人意愿的组织技术的两级选举在物质方面的辩护理由，非常清楚地让步于一种社会学和政治方面的取向。由此导致在关于选举权的论战中从未真正被消除的模棱两可。本能地接受两级选举使人无须触及初级大会中的投票的真正本质。此外，其语言本身亦极为模棱两可。"有选举权的人"一词由此仅用于指称第二级的选民。而用来指称初级大会的投票者的词却并不存在。后者仅仅是以他们的身份（如积极公民、初级大会成员）来指称的，从通过指称第二级的选民着手的行动出发来理解他们的地方，好像并不存在。此外，"选举权"的表述本身在大革命期间被用得很少。关键的概念是公民身份概念，它比确定一种个人权利的投票权概念更好地指明了一种社会隶属，并表达了一种平等的关系。

实际上，两级投票使人得以区分选举进程中的两个环节：商议与许可。初级大会只指定有选举权的人：它们仅着手使代表程序具有原始合法性的行为。但是，真正的选举在于别处，即第二级的选举大会，后者只集结了1%的积极公民。同样，两级投票得以使两种理论，即"投票－权利"理论与"投票－职责"理论变得可以调和。投票－权利在初级大会中行使，而投票－职责则支配着选举大会。巴纳夫以这种方式，让下述两方面趋于一致：其一为对在底层非常开放的选举权的接受；其二为对社会、政治控制的操心。1791年8月11日，他在关于选举权的重要演说中这样向议员们解释道："如果说在你们宪法里的政治权利当中存在着一种个人权利，那么这一权利就是积极公民的权利。你们的委员会未建议你们去触及它。但是，选民的职责属于承担它的每一个人。"[6] 1789年初秋，这种权利与职责的分离已经隐含在西耶斯的思考之中。在《关于宪法委员会报告的看法》中，他把civiciat，即积极公民的投票权与作为职责的长子世袭财产（被选资格）对立了起来。他写道："政治权利的享有是一种真正确实的财产，而长子世袭财产仅表现出这种特征。"[7] 然而，由于宪法委员会（根据它自己的说法）'觉得对这两个系列的思考为时过早'遂放弃了这两种表述。"[8] 但是，在大革命的最初几年，两种选举等级的原则未经真正的讨论就被接受了。1792年，罗伯斯庇尔仍继续接受这一制度，即便在他看来这只是一种权宜之计。[9]

两级选举制度不仅仅导致了任由权利与职责之间的区别模糊不清，还使两种对立的哲学得以共处。它把代议制政府的概念本身置于朦胧之中。它使人得以避免去清晰地确定代议过程是否符合技术上的绝对要求（直接民主在一个大国中是不可能的），或者说它是否引入了一种与直接民主关联的质的（qualitative）政治差别。虽然大多数立宪议会议员以技术差别的观点来进行思考，但别的解释实际上也是可能的。例如，巴纳夫就起来反对那些"把民主政府与代议制政府混为一谈"的人。他继续说道："正是因为这一切，人们可能已经把只是一种公共职责的选民资格与人民的权利混淆在了一起。任何人都没有这样的权利。"[10] 在这种情况下，代议制政府意味着人民作为赋予合法化的权力存在，意味着它必须认同当权者，但却丝毫不意味着人民通过其代表进行统治：代议程序得以把权力的行使与对权力的控制或使权力具有合法性分离开来。选民大会与初级大会之间的物质差别以某种方式说明了这种区别：前者要集结数日，甚至数周，而后者的进展则要快得多。帕特里斯·盖尼菲已经计算出巴黎"有选举权的人"（因为是"有选举权的人"，所以当属于第二级）在1790年11月18日至1791年6月15日之间竟有122天在开会！这一节奏在1792年和1793年并未放慢。[11] 商议的时间之长与认可的时间之短形成了对照。此外，第二级大会的功能认可了它们质的区别。选举大会远远没有构成一个减少人数和简化任命议员程序的技术上的中继站，而是具有一种特定的政治功能。它们接受派遣，讨论行政权的作用，有时则变为俱乐部，在某些情况下甚至试图取代行政与司法机构。[12]

从1792年夏天开始，人们的确看到赞同直接投票的整个趋势得以显现出来。[13]但是，这种要求当时主要被纳入了一种策略性的视野。人们希望通过使有温和主义之嫌的选举机构"短路"，使政治运动激进化。罗伯斯庇尔与圣茹斯特在为直接选举辩护时采用的方式极好地表明了这一点。与在1793年春提出方案的孔多塞一样，罗伯斯庇尔与圣茹斯特希望限制政治中介。但是，他们赋予"直接"概念的含义却并不相同。圣茹斯特在1793年4月24日发表的《关于法国宪法的演说》[14]以及罗伯斯庇尔在同年5月10日发表的《论代议制政府》的演说[15]，足以使人分辨出把他们与孔多塞分开的一切。圣茹斯特指出的"那些不是由人民直接选举的人不能代表人民"，[16]表达了一种机械的代表制的观念。直接选举以减少两级投票机会带来的麻烦与走样为目标：它改善了作为传递意志的行动的代表制的"质量"。罗伯斯庇尔亦说了类似的话。然而，这一切并非他们的意图所在。对于他们而言，减少政治中介与其说意味着使代表与被代表者更接近，不如说意味着减少一切人民与权力之间的中介机构的作用。罗伯斯庇尔与圣茹斯特对准的也正是公务人员、政府官员。在第二级选民或公务人员形象中，罗伯斯庇尔与圣茹斯特主要揭露的正是其在公民与权力之间构成了一道干扰屏障。在他们看来，通过与监督公务人员的行为一起构成了一个统一的整体，直接政府含有人民与国民公会同一化的意思。所以，"直接"的概念并不是通过设想得以扩大公民个人直接参与的"技术性的"对策来体现的，而是通过扩大选举程序的范围来体现的：它首先是人民与其代表之间融合的理想的显现。

人民是怎么样的呢？它是至高无上的。而作为主权所在，它是浑然一体、不可分割的。在山岳派看来，人民仅仅是作为能动的整体、公共意志和社会实践概念的完美吻合存在的。它既不是个人的累积，也不是团体或组成部分的集合体。通过指责孔多塞建立在选民基础之上的方案，仅仅表达了一种"思辨的公共意志"，[17]圣茹斯特甚至期待国民代表能够由作为一个整体的人民来选举产生。因而，对于山岳派来说，必然建立在个人选择或偏向的表达基础之上的选举原则并非占有中心位置。作为个人意见的显示、表达个人的判断以及在某种意义上必然是"秘密的"（秘密是不可缩减的权利的标志）投票，在他们眼中甚至显得像是一种非常值得怀疑的程序。他们倾向于用一系列将物质组织社会化为职责的设置（如高声唱票、组织选举大会）来改变它们的性质，以致个人意见被最大限度地抹去，以便使其融入唯一和同一的人民的声音中。在孔多塞那里由小心翼翼组织起来的商议性程序导致的事物，在罗伯斯庇尔与圣茹斯特看来只是一个融合而成的等级的表达。公共意志是一种前提条件，而并非是一种建构。对于国民公会议员来说，由此显然导致不可能把"人民"这一术语简化为任何一种社会学的界定。它指称的既不是一个团体，也不是一个阶级，而是一种只有在行动中被揭示出来的社会与道德原则。罗伯斯庇尔与圣茹斯特通过构成人民与其代表的战斗性的融合，消除了由卢梭阐明的民主与代议制政府之间的矛盾。展开对派别的斗争是这种融合的催化剂。一如冶金行业中特有的工序需要持续燃烧的火，这种融合亦需要对内或对外的战争。由于消除了商议和许可之间的差距，因而，直接投票在他们那儿并没有使至高无上的个人—选民的作用变得神圣。他们首先谋求的是表达国民公会政权的威力。人们呼吁纯粹和具有美德的人民起来反对选举机构的背叛与犹豫。与之相反，在共和三年的热月，当对新的宪法文本进行讨论时，对初级大会会受到操纵的担忧使人回到了两级选举。人们想由此"减少施展诡计的可能性"，预防"引诱的企图"和"使搞阴谋诡计者泄气"。[18]但是，这些取决于形式和策略性的论据，不适合地掩盖了给予合法地位的权利与作出决定的权利之间潜在的哲学上的差别。

然而，在1795年，议会决定恢复间接选举代表的同时，亦同样规定了为批准宪法或使最终的修改生效而维持直接投票。在1795年，如同在1793年一样，初级大会为批准宪法进行了投票。该如何解释这种"例外"呢？它远非与间接选举得以站得住脚的原则背道而驰，反而是确证了这些原则。针对宪法进行的投票实际上既不具有任何商议的含义，也不具有任何构成选择的含义，它只表达了一种赞同。如同德费尔蒙在国民公会所说的那样，"公民最美好的权利是对社会协定予以赞同"。[19] 这是一种具有全民表决本质而非商议本质的投票。它与选举大会在指定议员时并不具有相同的性质。在此并不要求具有任何判断力或特定能力：关于宪法的投票仅仅表达了一种赞同或否决。它在导致象征性地重新表达社会协定的条款的同时，起源于一种予以合法化的行动。因而，直接投票在这种情况当中被纳入了投票—赞同或投票—合法化的逻辑当中。就词源学的含义而言，它不涉及任何选举，也就是说它不涉及一种得到商议的选择。同样，在初级大会的直接选举中产生的治安法官的选举，[20] 亦并未构成对作为两级投票基础的原则的破坏。在这种情况当中，投票实际上具有另一种性质：它的目标仅仅是任命一位小的日常冲突的仲裁者。这是一种停留在最接近习俗与市民社会的领域内部的行动。

在大革命期间，选举程序就这样诉诸多样化的社会和政治功能。选举同时是合法化的程序、信任的证明、任命的制度、控制的手段、一致的征兆、净化的技术、代表制的操作者、参与的象征。如此之多的用途造成投票与代表制之间的连接完全失去平衡。面对选举程序中最终处于次要地位的代表制的设想，选举当意味着解决方法的这种期待与要求的总和实际上在累积。这种不平衡通过以下两种相悖的事实非常具体地显示出来：其一，人们可能在未充当代表的情况下当选——某些公务人员就属于这种情况；其二，有人可能在未被选举的情况下具有代表的特征——国王即属于这种情况。

在大革命的最初几年里，关于选举权的辩论在下述好几种逻辑之间处于左右为难的境地：表达社会包容的符号逻辑，组织国民代表制度的技术逻辑以及民主商议的政治逻辑。采纳两级代表制可以使这些逻辑在互不干扰的情况下和睦相处。人们在这几年里对弃权现象不怎么在意的原因，在此找到了相关解释。1791年，只有

23.5%的初级选民投票（这一数字在1792年跌至10%）的事实几乎未引起任何不安，[21]好像拥有权利比行使权利更为重要。[22]《导报》以数以百计的版面描述了关于选举权的辩论，而在十年时间里，人们只找到绝无仅有的一篇文章致力于分析自1791年以来显示的"投票者的缺乏"现象。[23]

两级选举在选择的观念当中区分了两类事物，即隶属于赋予合法化的参与的事物和构成名副其实的、最终的决定性事物。由此把政治影响的普遍性和把少数假设为有见识的人拥有最终决定权协调在一起：与1791年的450万积极公民相对的是，拥有选举权者形成了一个人数被限定在44000人范围内的群体，这几乎构成了一种政治阶级的开端。在1795年，这种反差还要大，因为在600万人可以参加初级大会的同时，有选举权者的人数却被减少到不足3万人。在1800年，随着共和八年宪法及其名流名单投票制，这种差距达到了顶点。在这整个时期当中，这种选举形式掩盖了选举权方面的模棱两可，进而使帝国统治时期缺乏普遍民主选举的观念成为可能。

波拿巴主义模式

共和三年宪法严肃地限制了行政权的行为方式，后者面对立法权很少拥有自主行动的余地。因此，从共和五年果月起，大量的政变与强硬措施有节奏地出现在督政府时期。并且从那时起，修宪的要求成为许多人心中的迫切愿望。于是，赋予1797年在康波福米奥和约签订后建立的"姐妹共和国"一个新宪法的必要性，为检验一些正在被议论纷纷的观念提供了一个便利的试验台。[24]督政府的一些关键人物，如多弩、拉雷韦里埃-勒卜、都埃的梅兰、蒙日或多或少直接地激发了拟订用于巴达维亚、瑞士或罗马共和国的宪法文本时的灵感。所有这些宪法均呈现出了双重特性：行政权十分明显地得到了加强，与此同时，底层的选举权也得到扩大。虽然选举税在罗马得到维持（不过税率极低），但在荷兰与瑞士，初级议会的选举实际上是普遍的选举。[25] 因而，这些宪法具有一种比共和三年宪法"更为民主"的含义。但与此同时，初级议会中投票权的扩大与具有决定性的名副其实的选举权之间的差距在加大（例如三级选举的方案开始出现）。雾月18日之后，共和八年宪法将使这些最初的经验合理化。

新的文本很大程度上是在西耶斯的激励下产生的，它取消了共和三年的计划中表面上继续存在的最后的纳选举税的痕迹（为了成为积极公民就有义务去缴纳随便哪种税金）。只有被雇佣的仆人、破产者、禁治产人、被告以及缺席被告人今后不得行使公民权。与此同时，前贵族与流亡者的父母通过选举权，象征性地恢复了国民身份。[26] 自大革命开始以来，除了未付诸实施的1793年宪法的原则，选举权还未如此广泛地被赋予过。选举权在底层，尤其是在居中的范围里扩大了：对想成为第二级选举人者，没有任何选举税条件的要求。这是与共和三年宪法最重要的区别。由此，当代人感受到的如同突变的决裂感，在投票权领域内出现了。更意味深长的是，"普遍选举"一词在这一时机问世了。人们发现，它首次用于马莱·杜潘在《大不列颠信使报》中为评论新的宪法计划而写的一篇文章之中。[27] 在选举权向底层开放的同时，它的行使却奇特地被已设置的被选资格名单制度所限制。这一制度的原理颇为简单。每个市镇行政区的公民通过选举，在他们中间选出其认为最适合于管理公共事务的人。这产生了一份信任选举名单，该名单含有相当于有权参与的公民数的十分之一的人的名字。被包含在某个省的市镇信任选举名单中的公民，同样在他们当中选出十分之一的人，这些人组成了第二份名单，即所谓的省信任选举名单，凡名列其中者应当被赋予该省的公共职责。列入省信任选举名单的公民以同样的方式来确定第三份名单，这一名单包含了该省可以选为履行国家公共职责者的名字。由此，在底层，600万人指定60万人的市镇信任选举名单，市镇信任选举名单中的人中再选出6万名省信任选举名单中的成员，而一份由6000人组成的全国信任选举名单则居于这一金字塔形建构的顶端。

每隔三年，公民应召就这些不同名单选定他们觉得值得信任的人，取代已经去世的列入名单者，并把他们不再希望列入名单的人除名。但是，在顶层，立法机构的成员们以及重要的公共职责的拥有者们是由贵族院或由第一执政来任命的，而贵族院或第一执政是根据全国信任选举名单来挑选的。全国信任选举名单所包含的人数大约为 6000 人，故此选择余地极大，而选举原则实际上处于被废除的状态。

选举权的扩大由此奇特地被专制型的实践所抵消。马莱·杜潘是最激烈地揭露这种差距的人之一。他对与选举者真正的权力缺失构成一种"畸形反差"的"民主的荒谬行为"大光其火。他揭露说："人民主权被写在了书的封面上，但在书里却消失得无影无踪。"[28] 它涉及的是一种简单的消失吗？这一问题不能仅仅从欺骗的角度来理解。相反，这一时期存在着有利于纳税选举的强大的舆论运动。许多想设立一个稳定而强大的政府、摆脱无套裤汉的权力幽灵的人，衷心希望对民众的投票设立严格的限制。例如，雅里·德·芒西的一本小册子的标题发问道："我们需要初级议会的什么？"共和八年的霜月 4 日，《世界箴言报》发表了《一位爱国者与一位议员之间的对话》一文，该文的结论是，有产者是国家的唯一公民。[29] 多家声称要揭开还在讨论中的新宪法文本面纱的报纸指出，如同事情已成定局，选举税被定在一个相当高的水准。当《箴言报》在共和八年霜月 10 日称新宪法文本为"最可信的"草案文本时，写道："积极公民的数目被大大减少。要想履行积极公民的职责，就得缴纳相当于 12 个工作日价值的直接税。是不是会要求拥有更可观的财产，还未决定。"[30] 但是，不管是西耶斯，还是负责准备宪法的五百人院和元老院，均未考虑过这样的事情。后者中只有一人孤零零地提出贵族院的名单应根据财产标准来确定的要求。默尔特的布莱报告说，西耶斯对此予以强烈反对，西耶斯说道，此种观念是"贵族式的"，而他个人的观点则是共和主义的，并且这一观点很容易通过绝大多数人的支持继续存在。[31] 立法院的各个小组甚至显得比西耶斯更为大胆。它们一边像西耶斯那样赞同选举权的扩大，一边批评信任投票名单制度，并建议保留两级选举。雾月人士的立场的确没有受到政治家的担心的影响，他们更害怕的是旧制度支持者的武力反扑，而非新的无套裤汉的权力的出现。他们不认为有可能通过设置纳税选举来去除关于共和四年或共和六年选举的不好回忆。尤其是，他们在共和国中看不到可替代选举原则的唯一办法。由于对纳税选举的效果持怀疑态度，并由于估计他们能在选举显得有威胁时通过推迟或操纵来控制事态，他们选定了一种极为广泛的选举制度。[32] 他们的民主信仰在此遇到了界限。

西耶斯最终在元老院和五百人院占了上风的方案更为激进，并且尤为严谨。共和八年的宪法文本远非一种宪法珍品，但它以某种方式最好地体现了《什么是第三等级？》的作者的基本观点。在大革命的最初几年，西耶斯已经为合法化的程序、任命的方式和政治权力的行使形式之间的混乱感到遗憾，这三种要素实际上在选举活动中是紧密联系的。共和八年，西耶斯似乎终于能把符合其代议制政府概念的制度付诸实施。他通过把普遍选举与名流选举名单相结合，使平等的象征体系、民众性合法化的机制与政治活动的其他环节区分了开来。从当时西耶斯在个人笔记里表达出来的思考中，可清楚地看到这一点。[33] 他写道，在底层"政治团结由全体初级公民组成"。[34] 在向默特的布莱口授的关于宪法的意见书中，他将下述内容作为首要原则提了出来："任何人，如果对那些应当对他们产生作用的人缺乏信任，即不得被授予公共职责。"[35] 但是，他随后立即阐明了第二项原则："在一个代议制政府中，任何官员均不应当由那些注定会受到官员权威影响的人来选定。任命应当来自代表全体国民的上级。在政治活动中的人民，只是处在全民的代表之中，只是在此形成一体。政府本质上是全民性的，而不是地方性的：它是从代表人民的全民代表中产生的，并非来自普通的公民，因为普通公民既没有权利代表人民，也没有权利以个人名义授予一种权力。"[36] 由此出现了一个简明扼要、近乎准则的表达形式:"权威须得来自上面,而信任须得来自下面。"[37]在全国选举名单上登记过的人数,与被任命为立法机构成员者的人数不成比例,完全体现了这种权威在信任中的插入(le encastrement)。

共和九年雨月 18 日,在立法院发表的演说中,勒德雷尔以同样的观点解释说,共和八年之前,在法国不存在人们可以认作是名副其实的代议制的政治制度。[38]意味深长的是,正是这两位1791年宪法最重要的理论家在共和八年使用了这样的语言。当时完全表达了观念学者的情感的卡巴尼斯进行了非常相近的分析。[39]他也了解共和三年宪法出现缺陷的过程,并赞颂新的宪法文本。在他看来,雾月实现了一场理论革命。他在讲到代议制政府时写道:"这种政府形式的最大优点在于,人民虽不行使任何公共职责,但能够为所有人指定人民信任的人;还在于,它如同在古代无政府民主制中所做的那样,不制定法律,不从事管理,不进行判决;但是,立法者、统治者和法官们却始终从它指定的人当中选择。"[40]这与民主理想相对立吗?他认为一点都不对立,并论争道:相反,"好的民主"得到了保障,因为"最完美的平等在所有公民当中占据支配地位,每个人都能列入信任投票名单,并通过躲开所有的削减继续留在名单当中"。[41]在共和八年的体制中,实际上不再存在任何固定在平等原则之上的象征性的或物质的界限。民主的情感在某种程度上完全被纳入了反对贵族的激情之中,同时觉得摆脱了整个直接政府的观念。正是在这一意义上,共和八年宪法标志着一种思想转折。它消除了一切在代议制政府概念上原有的模棱两可,并区分开了那些仍然被混淆的东西。卡巴尼斯下结论道:"因而,在真正的代议制中,一切以人民的名义以及为人民而形成,没有任何事物直接通过它形成;它是一切权力的神圣源泉,但是,它不行使任何权力:所有官员均得从列入民众提出的名单中的人里来挑选,但是,这份名单并不任命当选者承担这项或那项特定的职责。"[42]在这一基础上,法兰西式的政治理性主义得以与人民的合法化要求重归于好。

分级信任选举名单的制度通过由勒德雷尔起草的共和九年风月13日的法律得到确立,[43]但它在付诸实施时却极为复杂。共和九年的选举未能激起多少热情。例如,由于看到投票者不多,波尼法斯修道院院长于1801年7月18日的日记中记道:"人民,即那些有投票权者,并未显示出许多热情,所有这些新发明(普遍选举与显要人物选举名单)是名副其实的蠢事。"[44]全国信任选举名单最终在共和十年风月4日被元老院确定,但它几乎没有时间来起作用。波拿巴实际上利用宪法上的改动(确认终身执政的必要性)使人修改了选举制度:元老院以共和十年热月16日的元老院决议确立了一种新的选举法。第一执政从未欣赏过西耶斯的发明。他觉得后者的制度过于复杂,并认为人民实际上过于明显地被撂在了一边。波拿巴的确想有一种容易控制的选举机器,但他同样希望这一机器能够在被统治者和统治者之间充当接口。他在批评共和八年的制度时说道:"所有的权力皆处在空中,没有建立在任何东西之上。应当建立权力与人民的关系。这正是宪法遗漏的……在显贵人物选举名单制度中,最终提出5000名候选人的人民不可能仅以参与选出最值得信任者为荣。因此,为了政府的稳定,人民应当更多地参与选举,政府应当真正地被人民代表。由此,它将站在制度的一边,若不这样做的话,它始终是局外的或漠不关心的。"[45]共和十年热月16日的元老院决议回到了分级选举的原则。它有三个级别。在下面,是向所有居住在区(le canton)内的公民开放的区议会。它们选出专区(l'arrondissement)选举团,而后者则着手选出省级选举团。省级选举团的成员应当在该省纳税最多的600位公民当中挑选:一种中间(intermédiaire)选举税由此重新出现。此外,第一执政可以自行给选举团添加选举团成员的负责人。[46]选出或任命的选举团成员是终生性的。人民的"任命权"可能显得比在共和八年时更为直接,但这种制度实际上还要封闭。新的选举规则最终通过1806年1月17日的法令得以确立。对区议会中行使选举权的一切限制都予以解除。家仆从此可以投票。从形式上看,每个人都能够充分感觉到自己是公民。但是，选举活动却大大地减少，因为选举团成员在当选后是终生的。不过，为了替换各省已经逝世的选举团成员，还在有规律地组织选举。[47]然而，这种选举的利害关系不是很大，而且弃权率也非常之高。[48]

共和八年宪法力求消除选举权的模棱两可。在拿破仑帝国时期设置的选举制度恢复了旧的含混不清。一方面，它使开始于共和八年的扩大公民身份运动得到了延伸，又加深了政治合法化程序与决策源头之间的区分。但在另一方面，它又被列入了大革命时期对选举概念本身的各种误解当中。归根结底，即便任命权像属于第一执政一样属于皇帝，选举参与和任命之间的关系也重新变得极为模糊。公民身份与民主和以前一样同时处于分离状态。在说明这种鸿沟的意义方面，还没有产生一种结构紧密的学说。这种制度确实完全被皇帝异乎寻常的个性所吞并。通过引向一种全民合法性观念与君主制观念前所未有的重合，他的形象超越了种种继承物，并引导着全民代表的力量。由于对三重全民投票的加冕，皇帝在重新创造开明专制主义的同时，恢复了选举君主制最初的神话。但是，波拿巴主义同样没有与法国的传统决裂。这些特征并不单单取决于个人的非同寻常，它们也不是由绝无仅有的局势派生出来的。波拿巴主义，不可能不被理解为如基佐和邦雅曼·贡斯当这样的自由派们所说的人民主权的普通病理学。它意欲体现的行政上的理性主义与全民合法性的混合体，完全与启蒙运动和大革命的理想相一致。它以自己的方式提供了一种应付多数与理性之间的紧张的对策。这种对策既是暂时的，同时又是令人担忧的，因为它只可能通过一位唯一胜任的伟人亲自统治，来获得两种相对立的原则的结合（由此产生了皇帝的必然神圣化和其权力在稳定政体形式下的不可能的制度化）。但是，它仍然是一种对策。

即便也有赖于对民主的厌倦或缺少民主的经验，波拿巴主义还是与法国民主制的一个历史阶段相符合的。它从构成革命舆论内容的要求平等和仇视特权的强烈感受中汲取了力量。它与贵族的原则背道而驰，以便持久赞颂才能的美德与具有象征性的平等要求。从这一观点来看，它把包容的问题，而远远不是积极参与的问题置于政治的中心。它力求为新的个人主义社会创造一种与原有的忠诚和保护纽带相等的事物。为了这一目的，拿破仑建立了一种帝国贵族的设置与省级选举团之间的密切关系（1808年后，近80位省级选举团的团长和成员被封为伯爵或男爵）。贵族、居功者与当选者构成了一个统一的精英群体。对社会想象领域的管理（la gestion）与对人和物的管理（l'administration）分离了开来。拿破仑一边尊重大革命的观念与人物，一边又以这种方式理想化了法国式的立法中心主义困境。大革命没能够在立法权中把公共意志的影响与理性的要求连接在一起。拿破仑通过使以下两者共处给出了解答：一是美化行政权的坚定的决定论，二是对人民潜在力量——一种几乎是对政治的神圣予以涂油加冕的权力——的崇拜。[49] 为了解决法国的矛盾，他通过在一种独特的想象与现实的混合体中构成以下两种加强了的力量，即普遍选举与作为理性管理的行政权的对峙，以某种方式加深了原来的紧张。除了皇帝的人格纽带之外，没有任何一种纽带衔接这两个领域，公民身份概念从此完全与公共事务中人民介入的民主观念相分离。历史的讽刺就在于：帝国的选举团在1815年选出无双议会，在这一议会中，旧制度的法国出乎意料轰轰烈烈地回到了政治舞台。

第二章　能力合格的秩序

自由派的净化

1815年2月5日，一项新的选举法被颁布。这项选举法通过与多级选举的政治决裂，将直接选举议员的原则理论化，标志着一种决定性的转折。作为这一"民主化"的抵偿，一种300法郎的选举税得以确立。投票权的哲学与实践一下子建立在了诸种新的基础之上。这项法律的酝酿，为复辟王朝时期一个最重大的政治论战提供了机会。[1]

1814年宪章已经确定了苛刻的选举资格条件：要想成为议员，须年满40岁，并缴纳1000法郎的直接税。投票权的行使，同样要服从极具限制性的条件。宪章第40条规定："有权参与选举议员的选举人，只有在缴纳300法郎的直接税，并年满30岁时才有投票权。"但是，选民团的组织未被中止，而"有权参与选举的选举人"的表述，则任由某种含糊不清在空中飘荡。已由宪章预先告知的选举法明确了议员的选举方式。尽管如此，其组织可追溯到共和十年热月16日，元老院通过决议的选民团得到维持。在经历了"百日"的间歇期之后，内务大臣沃勃朗提交了首份方案。该方案在维持两级选举的同时，通过把选民团限制在一个极小的可征税者（有充分权利的选举人即出自其中）数目上，表现出比宪章更大的限制性。议院的委员会批评了具有充分权利的选举人制度，并在维莱尔的指挥下起草了一份反方案。该反方案认为，宪章已经在以前的宪法所包含的含义上采用了"选举人"一词，并建议设立向所有仅缴纳25

法郎捐税的人开放的初级议会。第一级的开放选举与第二级的限制选举由此继续同时存在。但是，相关讨论于4月份在贵族院被叫停，因为路易十八要人们明白，他反对过于"面向大众"的方案，不管它是两级的还是有可能增加具有充分权利的选举人的方案。无双议会立即遭到解散，一切有待重新开始。

正是在这一背景下，新任内务大臣莱内在1816年11月28日提出了一份草案，1817年2月5日的法律即由此产生。[2]这一日期将长时期地保留在记忆当中，因为它标志着复辟王朝时期自由派的一个重大法案得到采纳，也说明了一代政治新人权势的加大。法案是在一个非正式的委员会内部制定而成的，在该委员会的成员当中，有鲁瓦耶-科拉尔与基佐。承担莱内所交付的草案、向议会提交提案说明任务的就是基佐。[3]基佐在该提案说明中详述了法案的两个基本原则。他写道："首先，选举应当是直接的，也就是说，只要符合宪章对选举人所要求的条件，某个省份的所有公民就应当直接地、并通过本人参与对该省议员的选定。其次，每位议员的选定应当是该省所有选举人共同参与的结果，而非他们中的某个特定部分的产物。"[4]投票权的含义实际上首次得到了思考。

对于1817年的自由派来说，两级投票的问题并非在数目减少的技术视野中来理解的。它清楚地具有一种理论的维度，这种理论维度包含着代议制政府的实质本身。在他们之前，马莱·杜潘与内克已经开始从理论上探索这一领域。前者在发表于《不列颠信使报》的数篇文章中，通过揭露共和八年宪法社会学上的虚伪对该宪法予以谴责。他写道："多项提案可能使普遍选举以及免除整项金钱或政治方面的条件得到维持。首先，通过取代自由，人们假装对平等表示敬意；而通过把在特定时间里唯一能够行使投票权的主体减少到5000人，人们自以为构成帝国的2500万共和派由于看到人们并未把他们挡在普通名单之外而不再为这种限制而痛苦。"[5]在发表于1802年的《关于政治与金融的最新观点》中，内克走得还要远。他着手对共和八年宪法进行分析，其中首次出现了对多级选举的自由主义的批评。如同我们已经强调的那样,这一宪法因为规定了审查当选资格方面的三种标准,已把这种制度推向了极致。内克解释说,在这些条件下,选举代表的事实成了一种"职责"——该词在他笔下反复使用。他写道:"应当自己感受到某些社会国家方面的事物,以便看到公民称号中的美。"[6] 间接选举妨碍了"国家领导人与全体公民之间某种多少还是紧密的联系"的形成。他反驳道,伴随着共和八年的制度,"人民被赋予了一种权利,但人民将对此毫不在乎",因为积极公民们被赋予的是一种"毫无意义的权利"。[8] 但是,内克未对宪法规定的净化选民团的原则提出异议。他的抗议丝毫不具民主成分。他主要是指责被选资格名单制造了一种虚假状况,指责其一边肯定政治平等原则,一边着手进行大规模的排斥。简而言之,就是指责为压倒人民而施展的诡计以及代议制政府原则。

在"百日王朝"之后,对帝国制度的否定以及对间接选举的批评在加强。例如,人们在夏尔·孔德与德·杜诺瓦耶主办的《欧洲批评家》——复辟王朝时期影响最大的自由派出版物之一中读到:"帝国制度下进行的选举只是一种为滥用民意而首次采用的伎俩。"[9] 在这一背景下,对普遍选举的拒斥正面并公开地理论化了。它不仅仅诉诸以含蓄的言辞表达出来的社会恐慌,而且还通过背离雅各宾主义的幻想与波拿巴主义的骗局被纳入政治解放的要求之中。19世纪初的法国自由主义深深地被这种要求打下了烙印。由此导致这一时期的评论与小册子有时具有极为粗鲁的特征,"如实直说"的绝对要求甚至到了近乎厚颜无耻的地步。基佐的《回忆录》很能让人想起这种精神状态。他写道:"在这一时期,普遍选举在法国只是一种破坏或失望的工具。前者指的是它真正把政权置于大众之手;后者指的是他通过一种大众毫无意义的介入、一种选举权的虚假外表,适用于为当时的专制政权利益而取消政治权利。最终如何摆脱这种忽而是暴力,忽而是骗局的常规,正是1817年选举制度的创立者所寻求的目标。"[10] 雷米扎以极为相近的言辞,说明了在复辟王朝初期对间接选举的批评把自由派的思考引向公民身份的原因。他指出:

"为使群众参与政治选举而创设的两级选举是一种人为的方法,它注定使某种接近普遍选举的事物、某种同时是民主和具有欺骗性,并能够用来掩盖少数人的优势以及通过民众的外表来使大众上当的形式,变得既实际可行又毫不现实。这些原因使这一制度变得与一种真正的自由、一种明确的立宪君主制不甚协调。"[11] 赞成莱内提出的方案的人在议会辩论中一直重复着这些论据。

对民主的空想以及由两级选举制导致的骗局的揭露,并未把复辟王朝时期的自由派引向要求直接的普遍选举。他们脑子里考虑的是另外一种人们以"当更好相当于更少时,还是选择更好"的口号来概括的关于投票权的算术。某些数字可以使人认识到他们的推理的重要性。300法郎的纳税额的条件以及25岁的年龄限制划定了大约十万人的范围。这是一个不大的数字。但是,该如何去评价它才算合适呢?难道应当将它与大革命和帝国时代的立法中数以百万计的初级选举人进行对比吗?或者说应当把它与共和八年后的立法中的二级甚至三级选举人的数目——大约为16000人——联系起来吗?邦雅曼·贡斯当在一篇发表于《法国信使报》的文章中非常清晰地就这一问题作了表态。他写道:"允许10万人直接、积极和真正地参与任命一个民族的受委托人,要好于让16000人或2万人以维持一级或两级选举为借口,或甚至是,如果人们想采用某位反对这项法案者的计算方法的话,以让间接、消极、虚幻以及始终限定在一种于事无益的仪式的选举维持在400万人规模为借口,垄断这种参与。"[12] 这一论点在对法案进行辩论期间不断地被重复。维克多·德·布罗伊在贵族院中说道:"在我看来,得到代表的12万法国人要比200万任由其权利受偶发事件的约束、对其所作所为不加思考的人更有价值。"[13] 虽然选举权在理论上受到了限制,但通过1817年的法案,"名副其实的"选举人的人数实际上得到显著增加:增加了六倍。报告人在众议院得出结论道:"我们将拥有更多的选举人,从比例上看,权力、法律最终将分布在更多的人手中。"[14] 因此,显然正是由于可以用"质量"来补偿数量,自由派才对1817年的法律文本予以了支持。300 法郎的纳税额与这方面经过思考的选择相符吗？这一问题在 1817 年未被讨论。这一数字被列入了宪章，即便某些自由派人士，如邦雅曼·贡斯当公开认为这一纳税额的标准过高，也不可能修改。

虽然自由派满足于展开这样一种政治参与的算术，然而，他们的论据仍然有失脆弱。自由派描述的补偿，从绝大多数人能获得真正政治影响的中间阶级的观点来看是令人满意的，但对那些感到自己被剥夺了权利（即便纯粹是形式上的权利）的人来说显然极为不够。但是，他们推理的实质并不在此：而是在于他们的直接选举理论。还是让我们关注一下邦雅曼·贡斯当吧。他写道："直接选举唯一地构成了真正的代议制政府。"[16] 对他的断言应当很好地予以理解。贡斯当并不是想提出中间层次的存在会竖起一道干扰代表进程的质量的屏障，当选者会不处在基层选举者的注视之下。他的分析与圣茹斯特或罗伯斯庇尔的分析性质不同，后者是衷心地呼吁人民与其代表之间的融合。在贡斯当的述说中，涉及的正是代表程序的性质本身。直接选举之所以更为可取，是因为它比实实在在选择出来的最佳人选提供了更多的严肃保障。如同基佐或维克多·德·布罗伊所认为的那样，在贡斯当看来，代议制政府的特性就在于此。[17] 他写道："当公民应召去指定他们的代表时，他们知道这些代表应当履行的职责。在想达到的目标与达到这些目标所要求的条件之间，他们有明晰确定的对比界限（un terme de comparaison）。他们随后会评判候选人的才能，评判他们的智慧、对公共福利的兴趣、热忱以及独立性。他们对提名怀有极大的兴趣，因为结果与自己感到得到依赖、捍卫、免遭被过度征税以及防御专制的希望休戚与共。"[18] 如果这些问题的焦点只是涉及指定选举人，那么由于对选举人的任命并不具有决定性的重要性，只会是对各种关注隐藏目标并使公共精神感到沮丧的"兜圈子和走走过场"。此外，伴随着两级选举制，选举团处于较小的规模。同时，自由派解释说，这些选举团经常沦入平庸的境地，它们的视野仍然受到限制，而且不会被任何"道德的电流"穿透。直接选举则与此不同,大多注定会更有活力、规模更大。他们强调说,在美国和英国采用的直接选举将始终在这两个国家当中寻求"最重要的有产者与杰出人士"。与间接选举联系在一起的小规模选举会议的缺陷(尤其是它由受教育不多者组成时)具有使人选择地位相同者、与选举人很相像的当选者的倾向,[19] 由此将会曲解不管是贡斯当还是基佐都理解得很不错的代议制政府原则。[20] 这就是1817年关于直接选举的论据的要点。选举人数目的减少与直接选举的确立,被设想为建立真正的代议制政府的条件。维克多·德·布罗伊概括说:"为了就国民大众将忍受的几乎是彻底的剥夺而恳求他们原谅,就应当给他们提供一种名副其实的选举场面。"

一种名副其实的选举吗?在这场辩论中,并非一切均限于理论方面:自由派意欲抵制极端保王派,后者梦想通过广大农民的投票确立大地产主权力。然而,这场辩论依然是对投票权和代议制政府原则的含义予以重要哲学解释的时机。在这方面,选区规模与投票地点问题引发激烈的争论。自由派捍卫的是在省会投票的省级名单投票。在关于其提案理由的说明中,莱内指出:"显然,一个省为提名所有代表而召开的由所有选举人出席的会议有着这样的倾向,即提升选举、使选举摆脱地方性的观念,并把选择引向以财产、美德和智慧而在全省范围内最具声望、最受尊重的人;诡计与平庸可能在一个狭窄的圈子里获得成功,但随着圈子的扩大,人们就应当以提高自己来赢得关注与好评。"[22] 人们希望通过把投票地点定在省会,重新建立名副其实的集体选择。众议院的报告人由此痛斥了帝制时代的区级议会的流弊:"它被简化为独自在他们的议长、副议长以及其他掌管选票箱者的家中投票。"[23] 通过恢复大会投票的形式,人们想使选举不再具有意外和个人主义的特征。基佐说道:"选举就本质而言是一种骤然的、不太有可能商议的行为;如果这种行为不与一切习惯、一切选举人的经历联系起来,如果它在某种程度上不是以前长期商议的结果……那么它将极为容易地中止他们的意愿,或使这些意愿听任即时的激情的驱使,而选举将要么缺少真实性,要么缺少理性。"[24] 选举之所以应当在省会举行，因为那里是"选举人为一切其他利益习惯性地围绕它行动的"中心地点。换言之，政治领域必须包含和延伸民事活动的领域，而不是与之分离。

但是，该如何使这种"简化"（simplification）为那些它所排斥的人接受呢？名副其实的选举场面真的如德·布罗伊断言的那样，能够安抚民众，使他们从被撇在一边的痛苦中摆脱出来吗？在1817年，对于这些问题的回答受到了辩论背景的干扰。对立并非发生在自由派与赞成普选者之间。虽然某些人觉得300法郎的门槛过高，但他们同样认为关于降低这一标准的讨论尚无法摆上议事日程，因为这一数字——也许是轻率地——被列入了宪章。重大分歧发生在赞成直接选举的自由派和捍卫两级投票的极端保王派之间。为此，在极端保王派看来，这一法案的通过是自己的一次失败，而且它还激起了令人惊讶的反应。《通报》如是指出："选举法提供了一种值得关注的独特性；它得到了那些被它排斥了选举人职责的人近乎普遍的赞同，它遇到的最强大的反对力量则来自某些它不仅保障了他们的选举权，而且还保障了他们的当选权的大有产者。"[25] 邦雅曼·贡斯当记载道："比它更得人心的法律还从来没有出现过。人们对一项看上去剥夺了自身部分权利（这种权利虽纯属虚幻，但却能满足其虚荣心）的提案的赞同，正是这一民族值得钦佩的素质的新证据。"[26] 人们不大拥有用以验证这种记载的资料。人民当时并没有发言权，工人运动尚未出现，而在七月王朝统治时期盛行的共和派与平民的协会则仍未诞生。此外，在以前的投票中，不管是在大革命时期还是在帝国时期，在初级投票中弃权的人数始终颇为可观。大多数民众还不习惯参与选举。所以，在1817年，他们可能没有感到被剥夺了某种东西。极端保王派对莱内法案的过火攻击，尤其对舆论的形成起了一种决定性的作用。对此，雷扎米在《回忆录》中指出："右翼狂热的反对把这一法律推荐给了国民。"[27] 至于他个人的情感，他意味深长地解释说："起初，我在意的仅仅是对普遍选举的过度限制……我开始时并不赞同，并且以矛盾的心情致力于此，当它通过后，我就把这次通过看成了一种胜利。"[28] 从根本上说，为确定适于直接选举原则的政治权利充当支撑点的，正是政治能力的观念。

通过确立直接投票，自由派力求赋予政治权利一种更为确实的内容，赋予选举人一种名副其实的积极作用。他们在这方面的目标有没有达到？同时有没有改变公民身份的行使条件？在回答这一问题时，有种合适的一览表可充当指南，这就是选举参与率变化一览表。1819年春天，围绕这一点进行的讨论，提供了珍贵的信息。在极端保王派人士的支持下，巴泰勒米侯爵当时在贵族院提出了一项要求改变选举团组织的提案。[29] 其主要的政治考虑是，寻求一种制止由拉法耶特1818年在萨尔特省的当选体现的自由派选举方面的成功制度。但是，极端保王派的论据主要在于提出高弃权率，在他们看来，高弃权率歪曲了选举行为的意义。[30] 实际上，无论是在1817年的选举还是在1818年的选举中，大约三分之一选民忘了去投票，在某些省份，弃权选民的人数比例竟高到接近50%。[31] 弃权率甚至在某些案例中打破了纪录：在诺尔省，2303名登记在册的选民中，1817年、1818年分别仅有439人和994人前往选民团。这些数字可能会引起疑问。但是，人们与大革命时期典型地表现出来的大规模的弃权相去甚远。自由派强调了这一点，指出弃权与其说是政治冷漠的结果，毋宁说是选举物质条件导致的结果：选民不得不动身前往省会投票。[32] 在巴黎，因为人们在投票时无须走太长的路，其参与率在1817年和1818年选举中分别高达73%与76%。在这种解释之争的背后，有待指出的重要事实是，通过证实1817年法律引入的对选举权的新认识，弃权问题突然获得了一种过去未曾获得过的中心地位。此外，在复辟王朝的最后几年当中，为了促使公民在选民名单上登记以及成群地去投票这唯一一个目标，人们看到像"自助者天助之"之类的自由派团体组织了起来。[33] 他们的运动取得了成功：在巴黎市区的选民团中，有84.3%的登记选民前往投票，而在各省的选民团中，则有81.9%的登记选民投了票（双重投票制始终处于生效状态）。³⁴1817年的法律由此不可否认地标志着进入了一个政治生活的新时代。这种演进在七月王朝统治时期清楚地得到了证实。在这一时期的选举参与率非常之高。如同下表所显示的那样，它甚至伴随着选民总数的逐渐扩大而增加（1831年时的登记选民为165583人，1846年时的登记选民为240983人）。³⁵

七月王朝时期的大选的选举参与率*	
1831年7月	75.7%
1834年6月	75.4%
1837年11月	76.3%
1839年3月	81.6%
1842年7月	79.1%
1846年8月	82.9%

正统派的反常

"已提交给你们的选举法把国民的绝大多数分成了两个阶级；其一是得缴纳300法郎税金的有产者，他们有权参与各省的议员选举；其二是那些因缴纳的税金过少而被剥夺上述权利者……你们贬黜的是所有的公民。你们是想让所有的人在金犊偶像（le veau d'or）、在财富贵族这一最为冷酷、最为粗暴的贵族面前屈服……为了达到这样一种结果，即近乎取消你们已经宣布的一切权利，以及使你们曾以强调自由鼓动起来的国民沦为政治上的奴隶，难道抛洒如此之多的热血以及在25年来炫耀如此之多的哲理性格言和如此之多的自由观念是值得的吗？"³⁶ 在1816年12月，以一种如此激烈的态度来表明自己观点的这个人既不是罗伯斯庇尔的模仿者，也不是共产主义的先驱者。此人名叫弗朗索瓦·德·拉布尔多纳耶，是代表曼恩-卢瓦尔省的议员，并且是一位在旺代暴动战斗中名噪一时的前流亡者，

---

* 关于已登记的投票者的报告。

属于旧的土地贵族中最为因袭传统的派别。虽然他的同僚指责他的强调过于尖刻（德卡兹把他称为"冷酷的老虎"，而自由派人士则给他起了个"白色雅各宾党人"的绰号），他同样极为忠实地表达了极端保王派批评莱内提交的选举法草案的一个侧面。1817 年的论战使极端保王派得以确切表达他们的政治学说：他们对自由派提议引入选举权领域的"净化"（la clarification）的反对，如它显露出他们的政治梦想一样，亦使他们在社会方面的怀旧变得具体化。正是在这一时机当中，几乎从未改变地贯穿于 19 世纪的正统派思想的重要基点在思想上得到确立。从 1817 年关于选举法的论战中所采取的立场到 1871 年的尚博尔伯爵的宣言，有一条相同的思路将其统一性赋予了传统主义。

1817 年，极端保王派首先抨击了社会排斥。拉布尔多纳耶并非唯一如此行事的人。所有极端保王派的意见在揭露"被允许参与选举的那部分国民与被排除参与的那部分国民之间的不成比例"方面是一致的。[37] 能说明问题的语义学的细节是：正是在这一场合当中，"无产者"一词进入了法国的政治语言。极端保王派当时用它来指称被排除在政治参与之外的大众。该词还并未具备它后来取得的主要是经济方面的内涵。但是，它已经发出如同一种威胁和判决的声音。极端保王派果真是某些自由派分子以一种伴有无知的蔑视提及的白色雅各宾党人吗？的确不是。用以作为分析极端保王派态度的出发点的关键，是他们对 1817 年法案反常的判断。他们同时觉得这一法案过于贵族政治化和过于民主。里夏尔解释说："在我们看来，新的选举制度显得在本质上过于贵族政治化，因为它把绝大多数法国人排除在间接参与选择他们的议员之外，而且它无论是在实际上还是在法律上都构成了贵族中最为异常的一种，即小纳税人的贵族。与此同时，它在形式上，以及可能在结果上又过于民主。"[38] 过于贵族政治化？对这一论据无需进一步解释。但至于"过于民主"则不然。这方面的批评更为复杂。极端保王派首先揭露了省会投票的原则。虽然他们提出了像难以给大量选民安排食宿之类注重实际的论据，但他们尤其担心的是大型会议的活力。他们在这一问题上发表了一种与自由派截然不同的言论。当德·布罗伊与基佐看到一种"道德的电流"的流通条件时，他们只感到了乱成一团的集会、诡计、小集团和腐败。这实际上是两种彼此对立的形成舆论与决策的社会学模式。一方面，自由派的模式是建立在这样一种观点的基础之上的，即在大的范围内进行的各种意见的交锋会产生理智和良知。另一方面，一种人们可以形容为家长作风式的模式赋予重要乡村显贵直接与间接的影响以举足轻重的重要性，并设想意见应当依照社会等级自上而下、自然地传播。由此，在方法之争的背后，出现了受到基佐赞颂的新的有资产的中间阶级与传统贵族之间、对上升阶级的政治独立的向往与通过大地产主对群众实施社会控制的怀念之间的对抗。

极端保王派出于这一理由而捍卫两级选举。在他们眼里，两级选举不仅仅是一种组织技术：它尤其有可能协调贵族政治与民主。卡斯特尔巴雅克伯爵根据这一思路解释说："所以，这种两级模式，即比已被提出的模式更具有民众性和更具有贵族气派的模式并非如此之坏。更具有民众性指的是由民众选择他们的选举人，更具有贵族气派则指的是必须在各省的 600 名缴纳税金最多者当中选定：在此，为人民而行使权利与使同一种权利免遭滥用混合在了一起。"[39]开放底层，关闭上层，这就是极端保王派们的理想。他们就这样反常地在考虑当中恢复了波拿巴主义模式的一个基本侧面。他们的确可以因 1815 年和 1816 年由这一制度产生的有利结果而自夸。但是若深入地去看，这种模式与他们的社会观完全吻合。他们渴望恭恭敬敬的农民大众聚集在地方显贵周围，并效忠于他们。博纳尔甚至讲到"以大产业主为天然首领的无产者"。[40]维埃勒完善地表达了存在于极端保王派当中的这种社会学上的情感。这位在数年的时间里体现了反动政策的"白色的南方"*的重要显贵，在 1816 年的最初论

---

* 此处的"白色的"指的是"王党派的"。——中译注

战当中，曾经是率先把贵族为反对资产阶级的增强而与底层民众结盟予以理论化的人之一。他当时在致父亲的信中写道："自从世界存在以来，最底层的阶级是处在使其得以生存的最上层的阶级的影响之下的，而令最底层阶级羡慕并与最上层的阶级为敌的中间阶级，在所有国家的社会当中构成了主张革命的部分。如果你们希望上层阶级能在你们的大会上通过其在底层阶级中的助手使人们任命自己，你们就得尽可能地深入下层，并由此使唯一让你们畏惧的中等阶级白费心力。"[41] 在法国政治文化中起主要作用的右翼反资本主义在七月王朝初期即扎根于类似的情感之中。为了使正在其眼皮底下构成的新的金钱上的封建制度当众出丑，像维尔纳夫·巴尔热蒙或比戈·德·莫罗盖这样的基督教政治经济学的理论家们，把他们的愿望与最初的共和派和工人社团的愿望合并在了一起。在极端保王派的法国社会观中，的确存在着许多天真与幻象，而自由派们对这些天真与幻象不乏公开嘲笑。[42] 然而，极端保王派的法国社会观与一种影响力贯穿整个 19 世纪的怀旧是相吻合的。

极端保王派在 1817 年充分感觉到，关于选举法草案的论战有着一种象征的维度。他们没有用过于轻蔑的言辞来贬低一个确立了正好缴纳 300 法郎税金者与大有产者之间平等的法律文本。博纳尔指责这一文本设置了一种"贵族"，[43] 而拉布尔多纳耶却在新的选民当中看到了这样一些人，这些人的"教育与思考习惯导致他们自以为配去谈论任何话题，但他们微薄的财产却迫使其把话语减少到没有多少的地步。"[44] 不管是缴纳 300 法郎的纳税者还是缴纳 400 法郎的纳税者，在理夏尔看来，都既没有出类拔萃的才能，也没有广博的知识。他还不无蔑视地脱口说道："你们在此往往只注意到这些比无知更致命的一知半解或这种从报纸上获得的政治教养。"[45] 这些判断导致人们把民主信仰相对化。正统派尤其害怕失去社会影响。人们在 1820 年，即在黎塞留内阁随着贝里公爵遇刺而设立之后，极为清楚地看到这一点。极端保王派丝毫不认为有比制订选举法更紧急的事情。但是，他们觉得难以退回到间接选举。他们亦满足于设置一种赋予大有产者优势地位的双重投票制。[46] 土地贵族的权力当时是建立在突发性之中的，它不需要任何为其合理性辩护的民众主义的论据。这是旧制度影响的复归。此外，围绕着选举法进行的论战使人得以用对立推理的方式（a contrario）测定1817年的法律的受欢迎程度。事实上，在1819—1920年冬季，为捍卫自由派的选举法而提出的请愿得到大批签名。[47]

在七月革命之后，正统派从这种敌视当中吸取了教训，并为表现成下层人民的同盟者与捍卫者而与自己在1817年的旧的修辞学恢复联系。1831年，机会迅速在对新的选举法草案——其要旨是减少税金的额度，即选举人为200法郎，被选举人为500法郎——进行讨论之际来到了他们面前。贝里埃当时是正统派在众议院的演说家。他为了充当两级普遍投票的辩护人以及谴责选举税的门槛，重复了维埃勒在1816年和拉布多纳耶在1817年时的论据。[48] 他提议，凡年满25岁、在地产税的台账上已有记录（数额不限）达一年以上者皆为初级大会的成员。在贵族院里，德勒-布雷泽侯爵捍卫了同样的原则，而蒙塔朗贝尔却提议以50法郎作为过渡（这一标准将产生大约200万选举人）。[49] 对于正统派而言，这也是他们就1820年的法律进行自我批评的机会。德勒-布雷泽说道："我们曾以为可通过双重投票来消除弊端，但结果却事与愿违。这并不是因为大产业主未参与平衡已被打破的选举团，而是因为各下层阶级被排除了出去。"[50] 从这一时期开始，正统派将为要求选举改革而经常地附和左派的声音，导致自由派为查理十世派-共和派联盟的幽灵心神不安。

正统派一边为广泛开放的初级大会辩护，一边却未在我们可以使普遍选举具有的个人权利的含义上来捍卫普遍选举。对于他们来说，选举被纳入的是一种利益的代表逻辑，而不是纳入能力选择的视野：它所表达的事实是，社会承认并且考虑一切人的利益。它是一种社会化的工具。科尔比埃尔在1817年极为明确地说明了这一点。他说道，如果选举是有限制的，"未得到代表的利益就会受到损害，并寻求补救方法，因为他们被排除出了代议制政府，他们会在代议制政府之外来寻求这种补救方法；既然他们觉得自己遭到了政府的敌视，他们就会去反对这一政府"。[51] 换言之，选举权是社会安宁的保证。在这种将整个19世纪用来赞扬普遍选举天然具有安抚作用的论据当中，策略上的考虑与哲学上的象征性会合在了一起。这种包容的标志同样比个人从此之后不再被纳入任何中间团体更为至关重要。在一个个人主义的社会当中，选举权由此被引向充当以往由附属于某个团体来确保作用的等同物。科尔比埃尔在此意义上说道："如果你们在下层阶级中保留某些选举上的参与权，你们将确保它具有一种在某些方面看来所不配有的权利，确保它得到所需要的保护。处在鲜明的划分里的这一法律草案，任由你们的国人中一个人数众多的阶级无依无靠地处在社会秩序之中；人们从未轻率地把它置于这样一种隔离状态；它的种种同业公会过去赋予了这一阶级各种类似于其他人当时所具有的种种权利。"[52] 对于正统派来说，投票权远非个人的自主与主权的肯定手段，它仍然是隶属于某个集体的一种象征。在他们眼里，就其重要与深刻的意义而言，它是一种形式上的权利。而且，维埃勒很少隐藏这一点。他在1816年写道："选举其实只是一个空架子。不管人们以何种方法来安排它们，内阁只要机灵的话，始终会在选举中拥有相当大的影响力。"[53] 他随后强调说："代议制政府的整个力量在于选举魔术之中。"[54] 这些简明扼要的提法可以使人想到极端保王派的口是心非。它们所显示的，与其说是社会融合问题一直是某种权利在另一种权利当中的冲击结果，毋宁说社会问题正是在实际权利与形式权利的结合点上展开的。极端保王派以其反动和陈旧过时的方式猜中了这一基本维度。

在这一范围当中，选举权更多的是一种社会权利，而不是个人权利。它被纳入了一种等级的和行会的社会观。[55] 博纳尔最为清晰地表达了这种哲学。他解释说，社会只应当考虑处在他们所属的团体之中的个人。所以，政治制度应当以构成政治制度的市镇为出发点来组织和理解。他说道："在政治制度当中的市镇，有如货币制度当中的法郎，它是基本的、具有再生性以及不可分割的单位。"[56] 因而，代表制的真正主体是市镇和构成市镇的利益体系，而不是个人。博纳尔强调说："选举是共同的权利，而非个人的权利。因而，它属于市镇，而不是属于个人。"[57] 在他看来，初级大会本质上与市镇是混为一体的，初级大会只是市镇的政治形式（博纳尔由此赋予了法国市镇的数目——时为四万个——与原有的省级选举团中第二级的选民数目之间的巧合一种理论含义）。所以，参与初级大会并非与个人权利的表达相一致，它仅仅表明隶属于某个由其利益所确定的集体。两级投票因而在他这里被强有力地与利益代表理论联系在了一起："我们代表的是利益，而不是意志，因为利益会再出现，而意志却不然。"[58] 这一切同时含有这样的意思：即所有人都应当包含在代议程序之中，以便所有的利益均得到考虑；大有产者应当被赋予特殊的重要性。[59] 博纳尔由此恢复了与有产公民观的联系，但把有产公民观予以民主化，并将其纳入了行会与市镇的视野之中。1834年，维埃勒根据同样的精神提交了一份《关于大区、省和市镇的组织方案》，该方案建议，所有法国人均可参与市镇大会，而在市镇大会中，选民可以在职业的基础上进行组合。在他身上，与在博纳尔身上一样，代表制是被置于旧的框架之中来考虑的。

因而，对于正统派而言，选举并非一种确立机制或使政治合法化的机制。它仅仅隶属于人民与政权之间的联络过程。在正统派那里，普遍选举符合的是传统的三级会议的概念，而不是近代的议会大会的概念。在这一点上，他们以某种方式恢复了与从加尔文派教徒到马布利所提出的一切以前的关于君主制之民主本质的理论联系。例如，在1817年，理夏尔将投票权与"以前的国民特权以及它们共同的拥护者始终享有的权利"等量齐观，[60] 而他的数位同僚则令人回想起在1789年1月召集三级会议的条例中并不存在排斥。在七月王朝初期，由德·热努德修道院院长和路尔杜艾克斯男爵领导的《法兰西报》，通过在一份《告民族党书》中衷心呼吁形成"新右派"，将这些观点予以系统化。[61] 这一《法国宪法之根本基础宣言》的第三条指出，"我们要求通过市镇和省级议会中的国民代表对捐税和法律进行自由投票。我们呼吁按照1789年1月24日宣言，让所有年满25岁、有住所，并缴纳过直接税的法国人或已取得法国国籍者出席市镇议会。"三级会议的定期性和公民组成自由的行会，同时被视作这种如同正统派所设想的普遍投票的自然补充。当一场引起轰动的诉讼由支持内阁的党派在《法兰西报》上提出时，德·热努德修道院院长试图通过表明"继承法则与普遍投票是法兰西社会的两种基本原则"详述了所有的这些主题。在1832年，持这些观点者在正统派人士当中确实还只是少数。贝沙尔、贝里耶、路尔杜艾克斯、德·热努德修道院院长、维埃勒或许没有表达出极端保王派中大多数人的情感，而怀念温和专制主义的人仍然为数不少。[63]然而，这种民主的正统主义很快就表现为唯一真正能够建设性地去思考19世纪30年代以来的传统君主制。1846年，当所有正统派的重要报纸发表了一份关于选举改革的共同声明之际，这些报纸自1832年以来在《法兰西报》中被确定的基础之上达成一致，把近代的选举观念与过去的代表制度结合在了一起。

1832年3月，《辩论报》为讨论《法兰西报》上的观点发表了两篇重要文章。它们构成了一种自由派观点的综合，这种综合使人得以判断出与民主正统主义相对立的原则的重要性。人们在文章中读到："清楚地意识到自身弱点以及个人影响之不足的被废黜的王朝的阵营，在一些借自雅各宾主义的浮夸词语中找到了某种东西来粉饰他们已信誉扫地的准则……我们，即作为立宪主义者的其他人，因为过于诚实而不会以一种虚缈的普遍选举的幻想来使激情得到满足。"[65]这是已在1817年作出的分析的恢复：自由派怀疑极端保王派的口是心非——他们讥讽道："当今，普遍选举学说已由被动服从的传教者以令人赞叹的热忱鼓吹着。"而且，他们同时还为他们的天真感到不安——第二篇文章在结尾处写道："普遍选举！想一想吧，你们将会成为它的第一批牺牲者！你们引起的混乱会通过公正的惩罚落到你们头上……当今的普遍选举就是民主，切勿把民主当儿戏。"但是，自由派的批评并未就此止步。他们很快抓住了这一点，即从根本上说，极端保王派的观点与新旧之间的关系失调、民主与自由主义的连接的异常，更为趋于一致。《辩论报》极为准确地指出："我们在一个与另一个全新的词相邻的旧词当中，即在与'普遍选举'相邻的'三级会议'当中寻求他们思想的实质。"⁶⁶正统派观点的模棱两可，实际上以它们的方式暴露出法国政治文化在同时思考社会包容与政治自由时的一种结构性的弱点。

不可能的能力合格公民

空论派的活动，尤其是基佐的活动扎根于终结大革命与建立理性主义政治这样的双重计划之中。在基佐看来，制宪议会议员的失败，如同热月党人的失败一样，乃归因于他们对与代表制、主权和平等的设想有关的一种三重的含混不清。基佐评价道，制宪议会议员与热月党人，直到最后仍缺少对主权的思考，他们方法中自由主义的环节（在一定程度上，国民主权概念回到了要求一个权力真空地带），没有很好地与民主环节区分开来（人民主权与国民主权之间的区别并未真正得到转化）。随后，他们拙劣地把对贵族与特权的批评与一种实证的民事平等哲学连接起来。正是这最后一点，导致他们在思考平等与公民身份之间关系时的困难，以及对两级选举制度的种种误解。

为了调整自由主义与民主之间的关系，基佐提出了理性主权观念，认为唯有这一观念能够把法国主体的（subjective）主权概念与自由派所关心的在权力之上留出对自由（权）予以保护的空间协调起来。他期待以这种方式解决天赋权利的保护性原则与使法律成为公共意志的表达的民主抱负之间的矛盾；这一理性主权理论构成了空论派事业的核心。《环球报》在1826年提及它时写道，这是"世纪的理论"。实际上，正是从这一理论出发，复辟王朝时期的自由派政论家意欲同样地打发卢梭与博纳尔、人民主权的拥护者与神权的捍卫者。对基佐而言，是否真实的衡量尺度既不在于舆论之中，也不在于人们的证词之中：唯有处于本质以及最初规范之中的理性才能成为这种尺度。这种空论派的理性由此与寓权利于意志自律之中的康德式的理性正好相反。其不可能与理性同一的对权力的限制最终以减少意志的权利作为必然结果。基佐得出结论说："所以，不是把所有的意志都提升到统治的地位。在任何地方都应当禁止使用绝对权力，代之以在每种个人意志中向权力开放一个庇护所，承认每个人属于自己的只服从于理性的权利，而不是赋予他只服从于其意志的权利。"[68] 这就是空论派的理性主权理论的实质。只要它揭露各种形式的专制主义，并拒绝给任何一种权力以自称真正至高无上的权利，那它就是自由主义的。但是，它没有把任何东西让与个人内在的政治权利。

虽然理性至高无上，但人们不可能创造规律。问题的关键仅仅在于去发现这些规律。因而，政治制度并非自主意志相互碰撞并试图根据政论家们自身确定的方式协调一致的场所。它首先从属于一种辨别的举动。伴随着这种辨别的举动，空论派实际上恢复了与重农学派的自明概念的联系。然而，他们的政治理性主义与启蒙思想家们的政治理性主义是有区别的，因为它在力求达到包含平等革命成果的同时，承认了某种政治领域的自主权。换言之，空论派的成员们应当制定一种民主理性主义，并寻找一种与理性权利相一致的公民身份理论的途径。但是，与为此提出要使人民民主合理化的孔多塞相反，空论派的成员们宁愿寻求使能力合格类型的精英主义得以民主化。在这一事业当中，他们通过把能力概念置于体制的中心而延续了由勒梅西耶·德·拉里维埃的乌托邦开启的道路。被界定为"根据理性行事的能力"这一概念，提供了人类行动范畴与自然范畴之间的交汇点。它取消了自然法与人为法之间的差距，并在一种认知过程当中消除了它们之间的对抗关系。基佐如是写道："赋予权利的乃是能力，能力本身是一种独立于法律的事实，法律既不可能随心所欲地产生它，也不可能随心所欲地摧毁它，但是，法律应当全力以赴地、准确地承认它，以便同时承认来自于它的权利。"[69] 虽然能力赋予了权利，但正是权利沉浸在了理性之中，并构成了对理性的辨识。这种能力概念符合逻辑地成了理性主权理论和空论派的历史哲学坚硬的核心。它显示为对直接选举的实施必不可少的补充。

政治哲学与社会学由此变得不可分离。在空论派那里，社会学不再从政治理论中分化出来。当霍布斯、洛克或卢梭试图思考社会秩序的基础时，他们把对控制种种激情以及构成关于公正的政治算术的关注投入到了政治制度或政治机制上。他们把人分为像是同属一类的单数，并像建筑师似地思考共同生活的条件。其国家理论或市场理论并未依赖于一种社会学。这在空论派那里则全然不同。他们正是在社会结构自身当中，借助于能力原则，寻求政治的调节机制。基佐指出："社会中有天生合法的选举者、固有的选举者，他们的存在来自于立法者的思想，人们应当去做的仅仅是致力于去发现他们。"[70] 能力原则就这样重新提出了积极公民与消极公民之间的区别。由于选举者行使着一种职责，政治能力是一种特殊的技能。因而，选举权不再产生于个人的影响或个人的自主权，也就是说不再产生于把政治主体置于某个集体之中的种种特征。它来自于客观的素质，取决于自身拥有它的个人。能力概念由此得以提供自由主义、理性主义和民主之间的交汇点。正是这一原因，它处在了法国政治文化的思想空间的中心。

代议制的目的，如同其在一种强调能力的视野中可能被理解的那样，不再是制定利益与意志的复杂算术，而是"收集、集中其散乱地存在于社会之中的所有理性"，[71] "从社会中提取出其所拥有的一切理性、公正、真理，以便将它们应用于政府"。[72] 理性主权理论因而并非仅仅造成批评人民主权观念，并否定所有权利的主权的可能性。它引向了一种新的代表制学说。基佐这样解释道："在所有社会中皆存在着某种公正观念的总量。这种公正观念的总量被分散在组成社会的个人之中，并且不均匀地在他们当中进行分摊……问题在于到处收集这种权力散乱与不完整的部分，把它们集中起来，并将它们组成政府。换言之，重要的是发现分散在社会中的一切合法权力的成分，把它们组成实际权力，也就是说，把它们集中起来，使公共理性、公共道德具体化，并让它们掌权。人们称之为代表制的东西并非别的什么，它只是达到这种结果的手段，根本不是一台用来收集与统计个人意志的计算器。它是一种用来从社会内部提取唯有它有权统治社会的公共理性的自然方式。"[73] 空论派就这样拒斥了以传统方式演绎的代表制的概念。1821年，基佐在关于代议制政府的讲义中指出："正是'代表制'一词的被误解，弄乱了所有的事物。"[74] 在1816年2月24日的著名演说当中，鲁瓦耶-科拉尔通过宣称代表制的概念只是一种"隐喻"，甚至走得更远。

空论派的目标是从对公开性的思考出发，重新界定代议制政府的本质。在复辟王朝的最初几年当中，公开性通过1819年春天对出版法进行讨论时的充分表达得到发展。在这一背景下出版的《哲学、政治与文学档案》的一篇文章当中，基佐极为清晰地把代议制政府等同于公开性的制度。他写道："要好好予以对待的、构成法国拥有的制度特征以及让欧洲所向往的，不是代表制，不是选举，不是商议，而是公开性。在公共事务的管理当中对公开性的需要，是社会状况与时代精神的基本特征。这是一种必须与所有制度相联系的条件，若缺少这一条件，这些制度将没有能力去满足现代社会的需要。在缺少公开性的地方，亦可以有选举、大会以及商议，但人民不会相信，而且人民的不相信是对的。"[75] 通过在关于代议制政府的讲义中再次提及这一问题，他承认，权力划分与选举也构成了代议制的形式，但他写道："在考虑这种理论时，公开性也许是最为基本的特征。"[76] 哈贝马斯就是重述了这些文本判断说，基佐最早提出了关于公共舆论的统治的经典表达方式。[77]

在这种政治交往的角度当中，选择机制最终只起了次要的作用。它们并非是作为意识任意表达的手段来考虑的，只有被插入一个更巨大的信息和舆论循环的整体中才具有意义。由此导致了基佐以此对选举投票的组织产生兴趣的细枝末节，基佐力求达到的是最大限度地减少选举行为与社会生活习惯之间的间隔，并强调有必要让选民聚集于其他利益通常围绕着它转的地方。这种视角几乎导致了选举与舆论调查、投票与社会交谈之间的区别的消失。1830年，通过向众议院提出关于重新选举已被任命为官员的议员的提案，基佐表现出这些补充选举起的作用类似于某种"持续的调查"。他在同一话语当中触及了家庭共同体的调整问题。他解释说，家庭是种种共同体中最含情脉脉的一种，无论是妻子还是孩子均得根据丈夫或父亲的意志投票。基佐在此把父权的经典隐喻重新纳入一种新的观点之中。他并未涉及以父权的结构为原型来组织政治社会，而是表明在何种范围内父权最终在运行当中都比人们所假设的要更现代一些。基佐评价道，它实际上有赖于非正式的协商与正式的和解相互作用的体系。他指出："在这之后，谁会在乎选举权丝毫没有在物质的形式之下，通过选票箱的出现与选票的放置显示出来？谁会在乎它丝毫没有被写入社会的法律之中，也没有通过他们必不可少的关系得到保障呢？"[78] 与其外表正好相反，"选举权在任何地方都不再如此真实与广泛。正是在家庭之中，它更近地触及普遍性"。[79] 相反，正式的投票可能仅仅是"社会生活的匿名信"，[80] 它显示出正常的社会相互作用的不足。在这一意义上，公开性原则与交往原则比选举制更好地使代表制的本质具体化。公开性原则由于这种方法上的原因而高于选举：多数与理性之间的矛盾、程序与实质的完全一致，就是在公开性原则中得到消除与实现的。

然而，对能力合格原则的捍卫并未把基佐引向对普遍选举不可逆转的谴责。基佐在《回忆录》里重提这一问题时指出："普遍选举可能适合于小型的或联邦制的、新生的或在政治经验方面极为先进的共和制社会。"[81] 在一次关于选举改革建议的议会辩论当中，他已经表明："我对普遍选举丝毫未抱有固执和绝对的偏见……它在狭小的国家里，在为了摆脱无政府状态或产生政府而出现的非同寻常和短暂的局势当中，可能是有用的。"[82] 这些更为温和的评价与其他发言中的尖刻形成了反差。该如何理解基佐评价普遍选举时在调子上的这些变化呢？这些变化的确首先得归因于局势。如同在1834年或

1847年一样,他更加强烈地感觉到了改革运动对自己的威胁。但是,这些变化亦可从理论上得到解释:普遍选举在他身上从未构成有待实现的观念。在基佐眼里,它远远没有被当作乌托邦的理想,更未被当作一种极为发达的社会可能倾向于去做的事情,而始终是被设想为一种与不怎么高的文明程度联系在一起的原始的政治工艺。在他的《代议制政府起源史》当中,基佐通过研究13世纪至14世纪的英国制度强调了这一点。他解释说,对从委员会到国会的代表的选举,只是因为它们相对地不正式,才通过大量居民来进行:它们是以欢呼或默许进行的,没有任何真正来自基层的创议。群众的政治参与由此与公共空间运行中的一种不可否认的拟古主义联系在了一起。在基佐看来,随后,选民的净化与对投票进行更为明确、规范化的组织会并驾齐驱地进行,而这些例子又解释了英国在18世纪初期的选举改革之后选民数量下降的原因。

从理论观点上看,能力合格原则并不缺乏逻辑联系。但是,它从未成功地在被承认为合法的制度当中体现,或成功地以个人权利的话语得到表达。它在从中得出赋予投票权方面客观和无可争辩的实际标准上显得不甚适用。一旦人们严格地确定它的内容,能力概念实际上就奇特地表现得含糊不清与不甚容易操作。由于指称一种全面的政治能力,它无法轻而易举地被分解成一些特殊的才能。基佐如是承认:"能力并非只是智力的发展或拥有这样那样的特殊才能,这是一种复杂而深刻的事实,这一事实包含着自然生成的权力、习惯的状况、对有待调整的不同利益的自然的判断力;能力最终是某种激励着所有人的才能、知识与行动手段的整体。"[83] 能力的征象因而必然也是各式各样的。基佐甚至评价说:"社会越是发达和复杂,这些征象的数目注定还会增加。"[84] 推断的条件可能是物质的或道德上的,智力的或专业方面的,在得以确定这种能力方面并不存在统一和一成不变的标准。[85] 一位茫然不知所措的保守派人士在19世纪40年代初期概括道:"这是一个极为难以解释的词。"[86] 由此导致了这两者,即与法兰西式政治理性主义的民主解释的先决条件完全一致的能力观的哲学力量，以及赋予它明确内容方面的困难之间的巨大差距。

1830年，能力概念首先具体用到了根据1827年5月2日的法律列入第二份陪审团名单中的人身上。立法者当时出于物质方面的原因，关心的是给缴纳选举税的选民增加陪审员，即一些被认为具有足以参加陪审团的智力或道德上的判断力的人，即便这些人的物质状况难以使他们被视为具有足够的为使社会运行而去投票的兴趣。[87]一份根据文凭和职业拼凑而成的名单拟定了出来，这份名单汇集了文学学士和公证人、医生和科学院院士。对于许多自由派人士来说，这份名单超越了有产公民和缴纳选举税的选民的象征，即便它是以极为节制的方式来进行的：被涉及的大约有17000人（当时的缴纳选举税的选民为94000人）。1831年3月2日的市镇法首次颠倒了这种把能力加入选举领域的逻辑，顺便非常明显地扩大了这份名单。当对总的选举法进行讨论时，政府继续根据这一逻辑进行登记，提出了一份补充名单，这份补充名单与第二份陪审团名单极为相近。但是，众议院开起了倒车。1831年4月19日的选举法，最终竟只保留法兰西科学院院士（而且他们还得已经缴纳了一半选举税的税金）以及退役高级军官为能力合格的公民！这实际上无异于抹杀了能力合格的观念。在此之后，因现实与公开标榜的原则之间的差距过大，使后者无法让人相信。即便如在市镇法中所做的那样，体现出的局限于适度增加中的能力合格原则，仍可能包含在一种逐步扩大的推进力之中。但是，这种视角自政治选举法投票通过后遭到了封闭。

王朝派的左翼领袖奥迪隆·巴罗在《回忆录》中通过叙述这一议会的插曲强调，如同它最初被理解的那样，能力合格原则可以与普遍选举并存。他在这一意义上指出："虽然我特别强调能力原则，我在这一原则中看到的是：它是赋予选举权灵活性的最为可靠的手段。而对于这一原则，这种灵活性能够随着群众的智力与政治教育的传播而扩大，同时，对于使我们的制度附属于在社会中产生的一切真实影响来说必不可少。由此,这一原则一旦被接受,容易使储蓄银行的管理者、劳资调解委员以及其他劳工领袖依次获得选举权,并进而通过代表制的途径使整个工人阶级积极行使政治权利,以便使他们在没有任何危险的情况下参与国家的政府,这是实现普遍选举唯一适当的方式。"[88] 迪科在 1842 年以及迪韦尔·德·奥哈纳在 1847 年提出的温和建议也被纳入了这种视野。德·奥哈纳指责的就是对能力合格原则的篡改,并且就是以这一原则的名义批判七月王朝的墨守成规。[89] 在此,存在着一种通向渐进的以及与能力合格的理想相一致的普遍选举的"法兰西道路"的观念。

此外,基佐本人亦承认,能力从本质上说是可发展的。在 1837 年 5 月 5 日的重要演说当中,他强调了这一点。他赞颂了"不断激励这种能力扩展的我们政府值得敬佩的美德,即将政治知识、政治问题的思考能力播撒到各个角落,在它给政治权利规定界限的环节本身,竭力转移这种界限,竭力扩大它,竭力使它往后退,并竭力由此教育全体国民"。[90] 虽然他激烈地拒绝了建立在权利之上的普遍选举观念,却没能在与文明的进步联系在一起的能力最大扩展的框架中消除这一观念实现的前景。但是,这种理论上的让步和现实尚相距甚远。

由于选举能力的补充被缩减到最为勉强的程度,纳税选举原则实际上占据了支配地位。能力合格原则本身更是由于缺乏可行的标准,只能在参照纳选举税的情况下才容易表达出来,这种参照具有提供综合与客观的显示器的好处。在作为能力的综合显示的税金与作为有产公民的确定标准的税金之间,其实际区别难以辨别。[91] 此外,这种面向传统的有产公民模式的转向——更确切地说是面向有产显贵的转向——通过税金的技术特征得到加强,后者使地产优越于智力或商业活动,使乡村的有产者在城市的不动产主面前具有特权。[92] 在七月王朝初期,20 万选民中的近 90% 由此应把投票权归功于他们的地产,而公证人、医生和教师在选民中所占的比例尚不到 5%。[93] 不管理论主张究竟如何,空论派并没有改变复辟王朝时期选民们的社会学。[94]

然而，能力合格原则不仅仅是基佐的刻板或"技术上"绝对必要的牺牲品。在进一步明确评判能力的标准方面所存在的困难背后，是不可能给这种成问题的概念提供一个合法的基础的。下述问题是一些仍然没有答案的传统问题：由谁来教育教育者？由谁来启蒙启蒙者？能力合格公民最终被悬挂在空中，脱离了自动显示的力量。有能力者与无能力者之间的区别本以客观性为目的，但它却迅速地退化为一种本质主义的关系，几乎标志着符合能力标准者与其他人之间的一种本质区别。邦雅曼·贡斯当对此深为不安，指出能力合格公民的观念最终会通向赞颂天才的立法者，天才的立法者的准则从天上落到了地面，既可靠，又完善。他提醒人们注意政论家们轻松的言论，"应当引导人们的舆论。人们不该任由精神漂泊流浪，应当对思想产生影响……但是，应该、必须、不该之类的词难道与人们有联系吗？人们以为它们涉及的乃一种不同的人类。"[95] 邦雅曼·贡斯当由此符合逻辑地把能力合格的观念与开明专制主义双双驳回，极为清楚地显示了将这两种思维方法联系在一起的秘而不宣的关系：前者仅仅是后者之现代的与民主化的版本。虽然它没有导致如菲朗吉埃里所向往的造物主式的立法者，但能力合格的观点近乎自然地偏向设置一种精神权力。在19世纪40年代，"社会主义"一词的发明者、哲学家皮埃尔·勒鲁是最为清楚地指出这种逻辑上的矛盾的人之一。他写道："如果仅仅根据优良的能力就把治理的权利赋予他们，那么在你们通过选举召来行使这种权利的人当中，他是比其他人更能干的人，是所有人当中最能干的人。由于根据你们的原则，所有人都把天赋权利归属于某种指挥权，因而，你们的选举制度只是一种蛊惑人心的制度。这种能力原则实际上是一切专制主义、一切神权政治、一切教皇权限的理性的基础。"[96] 皮埃尔·勒鲁所言极是。能力合格的制度的逻辑并没有止步于基佐，它一直通向了圣西门或奥古斯特·孔德。它为了获得一种稳定的基础，就应当向一种宗教的等同物开战。正是圣西门主义的创始人，使得"普通人"被神圣化了，被界定为一种"从特殊性的束缚中解脱出来的"优秀的人。[97] 能力原则于是始终合拢在神权原则之中。围绕能力合格公民的形象把法国式的政治理性主义与公民身份观念连接在一起的企图的失败，在此找到了根源。[98]

19世纪30年代，能力原则仅仅提供了一种绝无仅有的理论上的便利：它使市镇投票与全国性投票之间的区别得以合法化。虽然投票所要求的能力取决于相关问题的性质与复杂性，但实际上符合逻辑的是，选举市镇议员时的选民人数应当远远高于选举众议院议员时的选民人数。这正是通过1831年的两项法律得到认可的事情：将近300万选民参与了市镇选举，而选举众议院议员的选民仅有20万。但是，能力合格原则同时采取了与法国的公民身份哲学相反的主张，后者只能被设想为是合成一体与不可分割的，社会包容不能像词语那样按性、数、格变化，或被分割。它由此导致了使人在其内部本身接受它的有效界限的困难。

甚至在它的种种矛盾和局限之外，能力合格原则也因法兰西政治文化最深刻的特征之一，即政治特有的纽带的重要性，而站不住脚。能力合格原则含有在政治参与观念与民事平等观念之间存在一种极为有力的分离的意思，从而使政治领域当中权利与职责之间的区别激进化。七月王朝时期的空论派在这一点上继续接受了复辟王朝时期的自由派的幻象。后者之所以赞颂1817年的选举法，是因为他们在这一选举法身上看到了法国进入一个新的政治时代的标志，即现代人的自由时代，其值得永久怀念。实际上，一看到下述现象，即有限制的直接选举和现代人的自由这两种主题同时得到发展，会给人以强烈的印象。莱内为平息可能的针对把群众排除出积极的政治生活的批评而申辩道："法国人感兴趣的主要是民事自由。"[99] 一位名叫安托万·布安的温和显贵、歇尔省的议员，就是在这一基础上就极端保守派针对"卑微的阶级"的愚民政策进行了抨击，并劝说同僚把关于选举权辩论的焦点相对化。他提醒说："人们希望通过把下层阶级引入第一级的选举来使后者满意吗？人们搞错了。这一阶级只能感觉到那些能够减轻他们生活必需品的负担的东西；这一阶级宁愿而且不无道理地把时间用于有报酬的工作上，而不是用在他们并未模模糊糊地觉察出其重要性的无报酬的职责上。其实，选举职责与民众毫不相干。为了使他们承担推举、排除属于他们的人，以及由他们勉强认识的选举人随后负责选出他们完全不认识的议员——他们也许从不知道议员的名字——而剥夺他们的工作，则是可笑的。"[100]事情已经清楚地说了出来。此外，这种态度说明了自由派赋予政治职责的无偿性原则以重要性的原因。金钱方面的标准得以对民事自由与政治自由之间的区别提供一种经济类型的合法化。[101]

在1819年的著名演讲当中，[102]邦雅曼·贡斯当不可避免地就这一主题提供了他标准的表达方式。对此，他在督政府统治时期撰写的最初的论著当中已作了概述。但是，必须要指出的是，现代人的自由概念在1798年到1819年已经部分地改变了含义。在他最初的论著当中，[103]对民事自由的赞颂以及对政治参与的相对化包含在一种对减少政治激情的关注之中。当时，贡斯当在公众的厌倦和公民的脱逃当中看到了政治生活的稳定和民主扎根的因素。他在这一点上认同了斯塔尔夫人的分析，后者在1795年写道："政治自由之于公民自由，有如保障之于它所担保的对象。这是手段，而不是目的；正是在这方面所形成的对思想的回避，使法国大革命变得如此混乱不堪。"[104]在同一时期，一位名叫夏尔·泰雷曼的西耶斯的近亲，在一份标题即使人产生联想的文本《论煽动群众的制度与现代民族的政治经济制度的不相容性》（共和八年）当中，同样表明自由的维持含有政治领域的限制与专门化的意思。在《哲学旬刊》的观念学者们的赞许下，这本小册子最早提出了关于现代人自由的特殊性的总体思考。此人的论述也值得大段引用。泰雷曼指出："在恐怖统治时期，人们已经以某种方式将巴黎的人民与雅典的人民同等看待，人们已经使有技巧的工人们像奴隶主们似的游手好闲……这部分人宁愿把他们整个白天花在民众的协会或国民大会的专席中。他们虽然每天仅赚取 40 个苏，生活艰辛，但却关心公共事务，自己觉得有如主人……他们更喜欢这类名副其实的雅典式的生活，而不是关心田野、车间、商铺以及各种各样的手工制作方面的事情。这在当时是一种了不起的成功，而且它的目标是让人民对共和国产生兴趣，不再对君主制产生兴趣。但是，这一目标达到了吗？人们已经赋予人民的是对一个不可能继续存在的共和国，也就是说对古希腊人、罗马人的贵族政治制度的兴趣；现在，应当重新把人民引向现代共和国的工业制度，它并非建立在游手好闲之上，而是建立在人人劳动之上。"[105] 泰雷曼由此通过展示政治组织领域当中新旧事物的混淆造成的破坏性作用，使对革命事件的分析与对现代社会性质更广泛的思考之间产生了联系。

在 1819 年，贡斯当仅仅只是重述与延伸了这些主题。他恢复了 18 世纪 70 年代的西耶斯的腔调，后者是把政治作为社会活动中诸多领域当中的一种来进行分析的，而这种社会活动以与农业劳动或工业同样的资格包含在总的分工体系当中。复辟王朝时期的自由派也意欲使政治非神圣化，希望使政治失去一切社会象征性与创制性（instituante）的维度。但是，他们寻求的解决方法与温和的制宪议会议员们的解决方法不同，后者曾希望两级选举通过投票—决定（1e vote-décision）、投票—身份（1e vote-statut）在选举权中的被分离，通向政治领域的一种事实上的限制。伴随着直接投票的恢复与选民人数的限制，自由派曾以其他措辞提出过这一问题。由于不再相信使政治参与的水平和形式分成等级的可能性，他们强调了民事与政治的分离，通过使这种分离变得平凡来为限制选举权辩护。

在 19 世纪 30 年代，空论派始终说的是同一件事。基佐在当时解释说："现代民主并非注定要政治生活……它不向往权力，不向往统治本身，而是希望在它被很好地治理、人们能够极为安全地忙于家庭生活与私人事务的过程中，有必要时，尽可能地在政府当中起作用。"[106] 民主支配着公民社会，而能力原则则统治着政治社会。社会范畴与政治范畴之间的这种区别，在基佐与鲁瓦耶-科拉尔那里是根本性的。在谈及这种区别时,雷米扎写道:"正是空论派最清楚地阐明了这一由西耶斯在大革命之初觉察到的区别,正是他们最坚决地致力于令人们想到这种区别的后果。"[107] 空论派的修辞学力求坚持不懈地解释,社会民主与政治能力并不是二律背反的,真正的危险在于把民主原则应用到政治生活。[108]

这种态度与法国把政治理解为公民社会的组织以及社会融合领域的观念是相悖的。能力合格公民原则失败的另一个根源就在此。使古代人的自由与现代人的自由之间的区别成为现实,只有在公民社会具有一种固有的整体性,并像在英国与德国那样向个人提供真正的包容机制才有可能。在这些国家里,工人阶级与其他劳动人口的社会融合能够以多种形式在社团、工会和市镇中进行,新的组织方式的出现与旧的依附形式的现代化和民主化(例如,救助所代表的融合类型在向着更为自主的制度演变)相依为伴。在法国却并没有这样的情况。中间团体的摧毁与对抽象个人的赞颂,几乎机械地确立了政治在社会融合中的中心位置。在法国,缩减政治的自由主义主题体系比其他国家更甚地化为乌有。在整个西方社会当中,一种同样的乌托邦贯穿了18世纪和19世纪:认为政治能够以纯粹的公共空间的管理为限,以为社会能够去掉和赶走想象和平等的工作,人与人之间只存在简单的功能性的纽带。但是,这种乌托邦在法国特别地与现实和期待有着隔阂。空论派的失败原因在此获得了终极解释。对能力合格原则的拒斥,远非仅仅在于策略上的盲目与社会领域问题上的保守,也取决于他们如何对待现代自由观念以及把政治缩减为简单管理的乌托邦。在选举领域里,自由派不断地使其分析的洞察力与感觉能力的贫乏混合在一起。

第三章 乌托邦的共和国

蛮族、贱民与无产者

在七月王朝初期，普遍选举才开始成为一种存在争议的要求的对象。当时，普遍选举问题显得像是处在政治上的失望与社会潜在危机的交叉点上。政治上的失望始于1830年秋天，当时各平民阶级觉得七月运动会陷于流产。1830年12月，他们失望地看到，对查理十世手下的大臣们的诉讼，裁决过于宽大，没有一人被判处死刑，人们的烦躁不安还与担心教权主义死灰复燃有关，亦与对自由派的怀疑不无关系，后者正非常迅速地表现为新的独占政权的有产者。时为圣西门派喉舌的《环球报》很好地为这种与怨恨交织在一起的失望定下了基调。1831年2月，人们可在该报上读到："七月革命远远没有实现曾在初期产生的期望，这在时下已成为不争的事实。在它的大部分支持者身上，沮丧或尖刻代替了原先鼓舞着各方的突然的兴奋和狂喜。"[1] 很快地，这些主题将被由民众组成的协会、小册子和报纸非同寻常的兴盛所拒斥。1831—1834年间，标志着诸如人民之友协会及随后的人权协会这样的新参与者在政治舞台上突然出现。这些将成为法国工人运动和社会主义母体的共和派与由民众组成的协会，并未仅仅表达出一种政治抗议。它们同样表达了当时深受法国经济危机影响的下层人民的社会要求。在1828年到1832年间，纺织业、冶金业的工资水平下降了近40%，而粮食价格却在猛涨。欧内斯特·拉布鲁斯概括说，当时存在着"灾难的重叠"。[2] 1830年同样标志着一种决定性的人口方面的转变：城市人口的增长速度开始快于农村人口，并造成了条件最差的市区迅速人满为患。这些不同的现象与工业革命的加速引起的急需解决的社会问题重合在了一起。正是这些经济方面、工业方面和人口方面的变化的结合，促成了作为正在确立的新的社会划分产物的无产阶级的出现。达尼埃尔·斯特恩通过追忆这些艰难岁月指出，平民阶级中的很大一部分"刚刚组成单独的阶级，它宛如民族中的民族，而且，人们开始以新的名字'工业无产阶级'来指称它"。[3]社会抗议与政治要求开始混合在一起。1831年年初，在对新的选举法草案进行讨论之际，一位郑重地签了"夏尔·贝朗热，无产者"的钟表制造工发表《一个无产者，给众议院的请愿书》。[4]人们从中看到申请工人代表的首次提议。他写道："我希望，能允许某些无产者到众议院稍微说说与他们相同的人，但是，我觉得这一切将不会发生。"[5]

1831年11月，构成七月王朝头几年特征的社会与思想上的激奋伴随着里昂工人起义而得到具体化。路易·勃朗强调了这一起义带有预言性与宣告性的特征，而米歇尔·谢瓦利埃则从中看到"整个法国的工业状况的一个非同寻常的象征"。[6]然而，里昂起义并非仅仅因其在工人运动史上的地位而值得关注。它尤其以法国社会理解其分裂和特性的方式标志着一个基本转折。正是对事件的解释——与事件本身一样——实现了这种转变。一切均以由圣-马克·热拉尔丹1831年12月8日发表在《辩论报》上的一篇文章为中心交织在一起。这位保守派政论家试图通过界定这一他认为是新型起义的特征，将力图在社会中获得一席之地的工人与过去入侵罗马帝国的蛮族进行了对比。[7]这种引爆愤怒的比较以及圣-马克·热拉尔丹的表达形式，依然长期铭刻在记忆当中。这也正是其值得被大段引用的原因。他写道："里昂的暴动揭示了一个重大秘密，即发生在社会当中的有产阶级与无产阶级之间的内部斗争的秘密。我们的工业与商业社会，如同其他一切社会一样有着自己的祸患，这种祸患就是工人。没有工人就没有制造，而有了这种始终在增加与始终必不可少的工人人口，社会就不得安宁……每位制造商生活在他的工厂里时，就如同殖民地的种植园主生活在他们的奴隶当中，可谓是以一对百；而里昂的暴动是一起类似发生在圣多明戈的起义……"他继续道："正威胁着社会的这些蛮族并不在高加索，也不在鞑靼的大草原：他们就在我们制造业城市的街区当中。"[8] 从未有过任何事物被如此露骨和粗暴地言说：社会被描述为有如贯穿着一种被视作外人和敌人的两个阶级之间的根本性区别。而圣-马克·热拉尔丹从中得出的是同样鲜明的结论。他解释说："中等阶级如果愚蠢地把其武装和权利赋予敌人，任由无产者流入国民自卫军、市镇机构、选举法以及国家机器所构成的一切之中，它将成为受骗上当者……把政治权利与民族武装交给那些没有任何东西可捍卫以及没有任何东西可失去的人，实属与维持这一社会的目的背道而驰。"[9] 选举权问题明确地与社会区分问题联系在了一起。使用蛮族这一术语发出了一种宣战书般的声音，轻蔑地排斥了一个人口庞大的社会。工人的政治思想最初的种种摸索在这一场合，即对刊载在《辩论报》上的文章的愤怒回应当中得到了体现。让-弗朗索瓦·巴罗，一位印刷工人，草拟了《一位无产者的新年礼物》,[10] 他在这篇文章当中揭露了对他所在阶级的排挤。从这一时期起，在里昂出版的《工厂新闻》也对圣-马克·热拉尔丹的冒失发了火。[11] 德·热尔韦西侯爵在《真正的蛮族》（1831）当中答复道，那些对社会秩序构成威胁的人，并非在郊区中，而是"在寡头势力、投机行为的街区之中"。而蒙塔朗贝尔则对"带着其敌人和蛮族的可耻的《辩论报》"发脾气。几年之后，某些人把"蛮族"一词视为一种挑衅。奥扎南在某个著名的表达形式当中如是说道："让我们变成蛮族。"[12] 米什莱则喊出："蛮族，我喜欢这个词，我接受它。蛮族！是的，这就是说充满一种新的、有生命的和变得年轻的活力。"[13] 但是，在1831年，蛮族被视为无产者和贱民：即在经济中被唾弃的人以及被政治生活排斥的人。

社会史尤其强调了经济上的剥削。然而，在19世纪30年代初期，政治排斥问题显得具有完全同样的根本性。"贱民"和"无产者"

等词语当时几乎更多地用于政治权利的剥夺，而不是经济上的剥削。[14]语义学在此富有历史方面的教育内容。第一部出现"无产者"一词的词典是路易·塞巴斯蒂安·梅西耶编撰、出版于1801年的词典《新词的引入和使用或新词词汇表》（它还仅仅在补遗中被提及）。梅西耶把无产者界定为"不拥有任何财产的人"。他继续写道："对于任何繁荣昌盛的共和国来说，每一位公民均应当是有产者，并且显示出珍爱这一称号所意味的种种义务和权利；因为对于任何与其所居住的土地没有丝毫联系的人而言，祖国并不存在……国民被分成两个必然是敌对的阶级，即有产者的阶级与无产者的阶级，这实属不幸！"[15]经济方面的标准和财产的缺乏，在此极为清晰地与政治资格联系在了一起。在梅西耶看来，无产者属于非公民（le non-citoyen）。该词在他听来如同一种诅咒。他下结论道："无产者，这是语言当中最令人厌恶的词，所有的词典也都拒绝了它！"1800年问世的布瓦斯特的头版《法语通用词典》并未提及这种表述。它只是在1803年出版的第二版中以这种极为简短的定义出现："无产者，罗马等级最低的公民。"在此，它的词源"proles"也完全保留了它用以把无产者定性为被排斥者的力量。1835年，法兰西学院的词典同样通过退回到词源首次提到了该词："古代罗马的术语，意指第六等和最低一等的平民，此类人极为贫困，被免除赋税，仅仅通过他们繁殖的孩子而对共和国有所助益。"几年之后，比歇的弟子奥特在其《政治与社会学辞典》当中明确指出："在现代的用法当中，这一名词通常被用于因其贫困而被剥夺政治权利的阶级。"[16]

1817年，当就设立直接投票的选举法进行讨论之际，正统派们已经谈到了"无产者"，用它来指称那些在各种形式的初级大会中被剥夺了政治参与权利的人，财富的缺乏使这些人处在了公共生活之外。但是，只是在19世纪30年代"无产者"一词才成为一种日常用语。它当时得到了对七月王朝制度所延续的社会与政治划分予以揭露的共和派的承认。布朗基于1832年在人民之友协会的诉讼中的回答，很好地显示了该词非同一般的密度。

——（庭长）：姓名？

——（布朗基）：路易·奥古斯特·布朗基。

——（庭长）：年龄？

——（布朗基）：26岁。

——（庭长）：身份？

——（布朗基）：无产者。

——（庭长）：这不是身份。

——（布朗基）：怎么，这不是一种身份？！这是以劳动为生并被剥夺了政治权利的3千万法国人的身份。

——（庭长）：那好吧，就算是身份吧。书记员，请您记录被告是无产者。[17]

"无产者"一词最终是表示所有排斥与区别形式的总称。德雅尔丹这位人民之友协会的会员清楚地谈到了"利益无产阶级"（prolétariat des intérêts），也同样谈到了"能力无产阶级"（prolétariat des capacités）[18]在这一时期的共和派的小册子当中，人们经常会碰到"政治无产阶级"的表述，而且人们亦同样说到"智力无产阶级"或"科学、政治与艺术方面的无产阶级"。[19]当对人权与公民权协会的诉讼在1834年进行时，共和派的出版商帕尼埃尔如是解释道："两种祸患一直在而且还将折磨着社会，这就是社会无产阶级和政治无产阶级。"他解释说，社会无产阶级在1789年大革命之后有所减少，因为第三等级中的一部分人已受益于更宽阔的通向财富的通道，以及应召去分享由于民事平等的承认而获得的社会利益。但是，在帕尼埃尔看来，政治无产阶级的状况却几乎没有改进。他说道："在一种短暂的解放之后，它很快重新陷入了初始状态：今天其人数在国民当中所占的比例与1789年前相同，与全体国民相对的是不足20万的享有特权者。政治无产阶级的实质是一样的，唯有形式发生了变化。"[20]在1832年至1835年间进行的政治诉讼，构成了关于此间共和派运动和由民众组成的运动的不可替代的信息来源，在这类诉讼进行之际作出的辩护词，在这一意义上统统是用来揭露社会区分和政治排斥的。

同样也借自古代，并且在大革命时期的论战中已被广泛使用的"贱民"一词，在19世纪40年代的转折点中，即在支持选举法改革的大示威当中，成了日常用语。继"蛮族"和"无产者"之后，贱民是第三种用来谴责七月王朝统治时期对群众的政治排斥的形象。一位圣西门派的写抨击性短文的作者，在一篇值得关注的《关于无产阶级问题的概述》当中，通过使人回想起里昂事件，说到了"贱民的焦虑"。[21] 于1841年7月表明信仰时，赖德律-洛兰引起了人们对贫穷阶级，即"永远被判为贱民者"的关注[22]。拉默内则在《国家与政府》(1840)当中，通过表明"大量国民被置于政治上的贱民状态"而大发脾气。[23] 拉默内粗暴地说道："你们的社会不是一个社会，而是一个人们不知如何去命名的被你们任意统治、操纵、剥削的集合体，一个简易的栅栏、一群羊和一群两条腿的牲口。"[24] 在他辛辣的小册子《论现代奴役》当中，拉默内以具有轰动效应的表达形式继续进行这种揭露。[25] 他的巨大成功很大程度上可通过他对所有分离、区别、排斥的超敏反应得到解释。

在1833年到1841年间，关于巴黎的防御工事的辩论给人以强烈的印象，人民不时地重新产生一种受到隔离的感觉。起初，这一问题纯粹是技术性的。它涉及的是确定首都最合适的防卫体系。但是，极为意味深长的是，这一问题迅速产生了一种象征性方面的重要性。自1833年以来，关于为保卫巴黎而构筑分散的防御工事的最初讨论，激励了民众的想象，后者害怕建造能够用来弹压首都的新的巴士底狱城堡。人们当时说到了"侵害自由的防御工事"。[26] 这些反应以其本身强调和证实了对一个被一分为二、几乎由两个陌生民族组成的社会的感觉。在《国家与政府》当中，拉默内对大臣们大加痛斥。他写道："对于他们来说，敌人并非在边境上，而是在巴黎，他们在巴黎集中了十万人马，在它周围建起了城堡，以便当巴黎有骚动时予以镇压。"[27] 阿拉戈、拉马丁、赖德律-洛兰亦说了相同的话，而《民众报》则概括道："在这个国家当中空前地存在着两个阵营，即聚集在巴士底狱城堡周围的阵营和待在革命场所的阵营、王室所在的阵营和人民所在的阵营。"[28]

这一时期的中心问题就是社会分离问题。布朗基说道："无产阶级仍然处在局外。"[29]从中可看到表达出来的强烈的融合要求。最早的名副其实的工人报纸之一《手工业者》自1830年以来要求道："啊！高贵的资产者们，不要再在内心拒斥我们吧，因为我们是人，并不是机器。"[30]而拉马丁则希望"无产阶级"这一名字、"这一令人厌恶的、侮辱性的和异教的词，如同无产阶级应当逐渐从社会中消失一样从语言中消失"。[31]在七月王朝之初出现的普遍选举要求，与这种社会包容的要求是相一致的。在1789年，政治平等的要求仅仅来自占第一位的民事平等原则。首要点实际上正是在民事权利的基础之上决定的：摧毁特权与取消个人之间在法律上的区别。选举权当时只是使人在政治领域延伸一种被承认为是平等的个人社会的出现。1830年之后，社会区别与身份差异不再仅仅于民事领域当中显示出来。这正是普遍选举观念当时具有一种直接的、有关社会生活各方面维度的原因。它与融合问题的位移相一致：从此以后，人与人之间的平等问题就是在社会与政治舞台上来展现的。由此导致了无产阶级形象在1830年之后的中心地位，而在1789年，一切都是围绕着个人来组织的。然而，普遍选举问题在这两个时期不仅仅是在政治上出现了位移。它也伴随着一种对社会问题的新的理解。1789年，它被纳入了一种占支配地位的抽象的普遍主义之中。相反，在七月王朝初期，它渴望有一种阶级的维度。在不到半个世纪的时间里，工人问题的突然出现，令这些社会纽带得以被感觉的术语深刻改变。被剥夺政治权利者从此以后等同于一种社会群体。阿希尔·罗什在其《无产阶级手册》当中，为了使其政治要求站得住脚而这样发问道："权贵与富人难道就比我们更有价值吗？"[32]这是一种来自底层的对在1830—1834年显示出来的选举的思考，而不再是一种对近代个人—公民一般的哲学上的考问，或更不必说是一种来自上层的对多数与理性之间的关系的考问。

在七月王朝期间,普遍选举主题确切地起了一种堪与1789年的民事平等要求等量齐观的作用。人们在这两种场合当中感觉到的正是反对旧制度和封建制度的共同斗争。对封建制度的批评与对纳税选举制度的揭露,在这两个时期以相同的方式进行。同样的词语和同样的表达方式,为了咒骂特权阶级与享有特权者而重新出现。20万缴纳选举税的选民被视为过去的贵族,而被排除在选举之外的人则象征着一种新的第三等级。只有政治垄断占据着过去的社会特权的位置。《民众报》在1840年这样写道:"不好的议会、不好的法律以及无产阶级的不幸,统统都是从垄断当中同时产生出来的。难道在3300万公民当中仅有20万公民应召去选定他们代表的民族是自由的吗?在此,存在着一种应当终止的反常现象。"[33] 这些词当时出自各种人的笔下,没完没了地谴责着纳税选举是旧的特权形象在新的法国的残留。于是,为普遍选举而战斗与大革命运动是相一致的。此外,令人们印象深刻的是,大众性的重新对法国大革命的认同就是在这一时期进行的。这一时期所有的共和派和社会改良主义者出于这种态度重逢在了一起。1839年,帕尼埃尔这位所有共和主义事业的出版商意味深长地以廉价版重新出版了西耶斯的《什么是第三等级?》。[34] 加贝的《人民的法国大革命史》(1839)获得了巨大的成功,而拉蓬纳莱耶的《法国大革命史》在1838年至1840年间多次再版。从七月革命发生不久后开始,人民之友协会与人权和公民权协会相继维持着对大革命重大时刻的回忆。他们传播着罗伯斯庇尔、圣茹斯特和马拉的著作,销售杰出的制宪议会成员的石膏半身像。在最为激进的人当中,人们尤其赞颂1793年和罗伯斯庇尔的人权宣言,但是,民事平等在1789年的获得与政治选举在19世纪30年代的获得之间的对比意义是普遍存在的。此外,如果说它意味着一种简单的相像,那么,"对比"一词几乎不甚适合。在两种运动之间更为深刻地存在着一种名副其实的同一性。在这两种场合当中的争论焦点是社会包容。正是这一点,赋予了法国普选史重大的特殊性。

　　法国社会与君主制之间的分离也在这种汇合当中找到了它的根源。在法国君主制观念曾经通过一种负面形象的积聚而被过分关注，最终同一切可能的社会区分和划分形式联系在了一起：免除赋税、社会特权、地位的不平等、选举税税金的门槛以及经济差别本身。19世纪30年代，这种分离最终完成：君主制不再被理解为简单的政治制度，它的本质可以在其多少有点幸运的历史上的实施当中继续存在。因为与特权等同，君主制观念从此体现了一种完全是负面的原则，并成为纯粹的经济及政治上的陪衬物。如同与资本主义概念重合在一起一样，它与旧制度的概念亦重合在了一起。这在1831—1835年间的抨击性短文和小册子当中、在像科尔默南这样的极为温和的共和派与像拉蓬纳莱耶这样激进的改革派之间几乎没什么变化的词语当中极为明显。拉蓬纳莱耶发表于1833年的《致无产阶级的信》非常好地表现了一种善恶二元论的精神状态，这种精神状态对称地使得共和国免遭一切道德的影响。他写道："若是君主制，你们会有特权者和无产者，若是共和国，你们只有权利平等并且一律参与法律制定和公务人员选举的公民。"[35]社会主义观念反过来仍然完全扎根于共和制的视野之中，它在社会经济的特殊领域里显得像是一种简单的实施。人们通过浏览《共和评论》(1834—1835)这第一份在理论水平上堪与自由派的重要刊物相媲美的左派出版物，可以极为清楚地了解这一点。一位名叫马尔丹·贝尔纳的印刷工人非常特殊地在该刊物中以下述令人产生联想的标题写了两篇文章："关于使共和国降落到车间的手段"。[36]他写道："不容否认的是，当今车间里的人与过去城堡中的人和农奴之间存在类似的共同点……偏见极大地改变了大众的思想，使得人们对无产者产生了这样的印象，以为他们清楚地理解，一个国王是如何充当人们在政治领域可以放弃的'齿轮'的；以为他们拒绝相信，同样的事实能够在工业领域当中形成……在18世纪，政治呈现出与当今的工业所呈现的一致现象……车间，难道不是缩小的君主国吗？"[37]在这些预示着赖德律-

洛兰、路易·勃朗、马克·桑尼埃与茹勒·盖德出现的简单的表达形式当中，一切都得到了表达。因为与对君主制的总体批评联系在了一起，普遍选举的要求由此显得像是处于近代法国政治文化原始的、固有的底座之上。19世纪30年代初期，由于这一原因，普遍选举概念更为追念一种未曾规定确切的政治参与方法的社会形式。它由极为强烈的印象形成，以粗暴的拒斥作为基础，与此同时，它在法律上仍停留在不明确的层面。

然而，普遍选举要求被赋予的重要性并非毫无异议。在工人阶级内部本身，存在着对把政治改革置于首位的强烈抵制。"合作"这一口号的成功证明了这一点。很大一部分手工业者在生产者的自由合作当中看到了获得解放的手段。对社会自治的向往，由此得以在七月王朝的最初几年里与过去由团体和职业构成的职业性文化旧的基础相协调。[38] 比歇自1831年起开始的"合作"设想即扎根于这种记忆之中。正是这一原因，使得某些工人运动的分支没有感到自己与1789年的个人主义政治文化的一致性。从比歇到蒲鲁东，人们从一种极为模糊的对1793年的参照出发，看到了与1789年原则彻底断绝关系的合作式的社会主义显示出来，这种社会主义更多寻求的是创造一个现代化的团体社会，而不是开启一个以互助与合作原则为基础的旧的同行者的社会。[39] 在这些熟练的手工业者当中，虽然社会分离被揭露为使社会具有一定的结构，并使第二次革命的出现正当化的罪恶，但还是要求它在文化上具有某种特殊性。其条件不是被消极接受，而是被当成通向社会自治形式的一个环节。细木工布瓦西用以召唤工友帮忙的词句很好地显示了这种精神。他写道："请你们从这些不幸的工人、你们的朋友、你们的同志中间站起来，对他们说：走吧，离开这个你们为它做了一切而它却什么都未给你们的社会吧……啊，我的弟兄们，我请求你们这样去做。现在不是让这种混乱停止或不再参与这种混乱的时候，让我们脱离这样一个尊严只是一个词语、爱情只是一件蠢事、友谊只是一种幻想的世界吧。"[40] 20年后，蒲鲁东的著作将完全致力于探索这种自治的道路以及指明它在道德上的威严,无情地抨击普遍选举。他的政治遗嘱,即出版于1865年的《论工人阶级的政治能力》,以大篇幅对作为无产阶级历史使命的社会分离进行了鼓励。正是通过脱离这一使其受奴役和边缘化的社会,工人们才可能创立真正的普遍主义。他骄傲地说道:"资产者们,做你们的交易去吧;我们将回到属于我们自己的地方。"[41] 这种社会自治文化在使它与19世纪末的革命工团主义产生逻辑联系方面起了中心作用。但是,它在19世纪30年代仍然处于萌芽状态。即便形成这种社会自治文化的主题获得了最初的理论家和发言人,工人大众也并不向往那种自治—分离(une autonomie-séparation)。这正是它在普遍选举观念当中完全同样存在的原因。

在七月王朝统治时期,来自左翼的对普遍选举的批评尤其在与圣西门主义关系密切者当中得到表达。古斯塔夫·皮阿尔出版于1839年的小册子《论符合自由派的选举与符合工人们的选举》,[42] 很好地概述了这样的主题。他写道:"普遍选举只是一个词语,而普遍合作才是一种观念,或者说它包含了一切……普遍投票是一种用来满足人民的虚荣的圈套,它实际上更有利于大人物们的傲慢。"[43] "自由—普遍的投票"是一种欺骗手段,因为它被纳入了一种利益竞争和对立制度。它远远没有产生融合或社会和谐,只可能导致被分离的阶级组成的社会的巩固。

因而,真正的融合必须是利益的融合,唯有它能够实现合作。对政治形而上学和合作主题的圣西门式的批评汇合在这种对普遍选举的幻象的揭露当中。然而在此之外,这些反应仍然不占多数。七月王朝统治时期占支配地位的事实仍然是普遍选举的象征体系,通过为社会融合与统一的要求提供一种象征,把各种愿望的核心引向了变革。

选举改革运动

19世纪30年代,只有很少一部分共和派人士相信普遍选举可以在短期内实施。对大多数共和派人士来说,普遍选举所勾画的更多是一种前景，而不是直接纲领。例如，人民之友协会发表于1830年秋天的《宣言》即满足于"逐渐地"实施人民主权，并审慎地呼吁"一种建立在最广泛的选举权原则之上、完全排除各种资格条件的新选举法"。[44]此期共和派主要的出版商之一奥古斯特·米厄对类似的稳重进行了证实。他要求道："提供更多保障的阶级可以获得更多，但你们应当召集所有的人。"[45]科尔默南——其抨击性短文在这几年里被公认为拥有最广泛的读者，则更为直截了当地把信仰与活动、普遍选举与它实现的实际可能性对立起来。他一方面宣告"普遍投票是最基本、最简单、最完善的"，它是"人人平等的最高表达形式"以及它与人民主权原则是混为一体的。[46]但是，另一方面他又明确指出，普遍选举最终实现的时机尚未到来。实际上，他继续说道："为了在一个国家里建立普遍与直接的投票，这个国家应当对此有所准备，否则，将如同把一粒纯粹的小麦种子种在岩石之上。"[47]他由此解释说，普遍选举虽然突然引入西班牙或葡萄牙，但在那里产生的只是专制统治和无政府状态。他得出结论说："各个民族，只有在自由的阳光下才能慢慢地成熟起来。"[48]的确，并非所有的共和派人士均接受这种谨慎。他们当中不乏当场并立即（hic et nunc）要求实行普遍投票者，尤其1833—1834年左右，即工人运动变得激进之际更是如此。《共和评论》以及其后的《进步评论》的专栏证明了这一点。但是，就整体而言，只有极少数人持有这种态度。迅速地把政治上的不满与社会参与要求集中到一起的正是选举改革这一主题。19世纪30年代末，普遍选举观念——以及这一词语所表达的一切——因为融合在更广泛、更模糊的选举改革的要求之中而被忘却。这种渐变首先要服从当下局势。工人运动和共和派运动在1834年之后趋于衰落，而所有变革的希望继1835年的4月诉讼和"邪恶的法律"而来的镇压而破灭。同时，没有人再认为普遍选举可以在短期之内实现。实际上，应当为此来一场革命——这种革命通过与1793年恢复联系而使1830年激进起来——但不再适合把它摆上议事日程。在这些条件下，尤其是在1840年之后，更为温和与更为有弹性的扩大选举权的前景，通过使主张进步的自由派与不妥协的共和派之间的共同阵线变得可能而使人接受。

然而，19世纪30年代末增强的选举改革运动并非仅仅是平息针对社会排斥的重大抗议以及普遍选举要求的继承者。它同样植根于民主的实习期以及1831年关于市镇组织和国民自卫军组织的法律的实施之中。虽然在七月王朝统治时期只有20万有资格选举议员的各省选民，但有近300万人参与了市镇机构的选举，并有400万人参与了国民自卫军军官的选举。正是在这种框架当中，开始了一种名副其实的政治生活的大众实习期，而此种大众实习期比在大革命时期的初级大会中形成的大众实习期更为有效。这是法国民主史上具有绝对决定性的一个环节，这一环节不幸仅仅只是为数甚少的研究对象。强调它的意义并且至少使人回想起它的重大特点，同样至关重要。

在发表于1830年8月2日的《通报》上的《市镇厅纲领》当中，拉法耶特坚持不懈地要求重建市镇和省级选举管理机构，同时要求在1791年法律的基础之上来组建法国国民自卫军。该纲领的这一部分内容在1830年8月9日议员们宣布路易-菲力普为法国人的国王之前强加于他的已被更新的宪章"特别条款"当中得到重申。[49] 自1830年9月7日以来，一项市镇组织法的提案在众议院提出，而基佐则在10月9日提出了关于国民自卫军的法案草案。1831年3月21日和3月22日，市镇组织法和关于国民自卫军的法律相继颁布。由此，七月王朝通过革新法国人得以扩大发言权的制度而履行了自由派过去在作为反对派时许下的诺言。这毋庸置疑是绝大多数人参与政治道路的第一步。

关于市镇选举的法律规定了两种选民。首先是市镇当中缴纳税金最多的公民，不过比例却相当大：在少于1000居民的市镇当中，他们必须得占市镇人口的10%，这一百分比在大的市镇当中逐步递减。[50] 在这些缴纳选举税的选民之外，还得加上某些职业成员或某些持有文凭者（以1827年的法律确定的第二份陪审团名单为基础）。

人们对最初的1831年选举的资料掌握得不多，只有某些省的统计资料保留了下来。但是，被视为极为详细得当的统计报告对象的1834年和1837年的选举则给我们提供了大量有用的信息，而莫里斯·阿居隆就是在这些信息的基础之上把当时的选举称为"政治面向大众的降落"。[51] 1834年，登记选民的人数提高到了2872089人，其中缴纳选举税的选民与补充选民分别为2791191人和80898人。这些数字随后几乎没有什么变化。选民的分布与结构呈现出了双重的特点。补充选民的数目首先根据地方性和省的类型在明显地变化。在瓦尔、旺代、马延、北滨海和上卢瓦尔诸省，他们在全体选民中所占的比例不到1%，而这一百分比在格勒诺布尔和梅茨是25%，在雷恩是22%，在图鲁兹是21%。此外，占人口10%的规定导致在成为选民所要求的税金标准上出现了种种非常大的差异，因而，从本质上说，平均数在这一领域没有任何意义。1834年，为了能在鲁昂和亚眠参加投票，应当分别缴纳175.28和110.91法郎的直接税，在瓦尔省的某些市镇或在阿尔代什省则只要分别缴纳15生丁和1.04法郎就够了（1837年，在上比利牛斯省的一个小市镇里，竟只要缴纳6生丁就可成为选民！）。就总体而言，而且不管补充选民所起的纠正作用如何，在选民名单上登记的总数，小的乡村市镇中的数字要大于城市中的数字。1834年，在小于500个居民的市镇中，每8个居民当中即有一位选民，而在拥有5万至15万居民的城市里，27个居民当中只有一位选民。如果人们把这些数字与成年男性人口联系起来，这一切竟意味着近一半的成年男子是乡村中的选民，只有15%左右的成年男子是大城市中的选民。这并非普遍选举，但这一切亦与在议员选举时生效的纳税选举毫不相干。大量农民、手工业者、小商人、工人由此在政治上被社会化。[52] 此外，人们看到，资产阶级对下层阶级在政治生活中的这种介入的后果深感不安。1831年，奥德省省长在致内政大臣的信中写道："这些选举由于下层阶级的选民急切地使属于最上等阶级的公民远离地方议会而引人注目；尤其是在农村，农民们只愿把票投给农民。"[53] 梯也尔1834年的《呈给国王的报告》，使人回想起"1831年曾使拥有财产和受过教育的公民远离地方议会的须小心戒备的条款"。也正是在这种框架之中,多元化、政治斗争大规模地处于尝试阶段,具有制度化形式的对立也得以开始。[54]

最引人注目的事实在于这些选举参与率相当高。我们并未拥有1831年的平均数字,但是,零散的信息显示了动员之可观:例如,在瓦兹省的第一轮选举中投票者占了71%,在斯特拉斯堡和波尔多则分别占了71%与41%(伴随着各行政区内部的巨大差异)。在1834年的市镇选举进行之际,不少省长指出,对选举的冷淡程度要高于1831年。然而,56%的平均参与率仍然颇高(在下卢瓦尔省的31%与奥布省和阿韦龙省的68%之间变动)。1837年,它处于同样的正常状态(55%),在一些较小的市镇当中参与率略有降低,在大的市镇里则在提高。这种变化,标志着与在大革命的初级大会或帝国统治时期的区级大会中显示出来的极低的参与率一刀两断。直接投票引起的社会动员比两级投票更为强大有力。这些市镇选举是法国最初的大众直接选举。这正是它在大革命时期的选举和1848年的选举之间构成法国人政治社会化的一个决定性阶段的原因。这一时期的共和派们仍然无视这一点,而且他们没有理解在这种革新当中被决定的一切。例如,路易·勃朗不无蔑视地把19世纪30年代的市镇议会说成"由一个显贵们组成的集会选出,并由内阁的代理人控制的显贵们的议会"。[55]的确,唯有市镇议会是由选举产生的,而市长们仍由国王任命。但是,数目巨大的公民们仍然第一次尝试了由选票体现的权力,而安德烈-让·蒂戴斯克完全有理由说:"在改变市镇生活的作用方面,由1848年的普遍选举带来的投票选举的扩大,不如市镇议会在1831年由任命转为选举。"[56]

1831年3月22日投票通过的关于国民自卫军组织的法律或许是促使市镇改革黯然失色的因素。它具有似乎比当代人所想的要多的直接的政治内容,而市镇生活仍然明确地被设想为是与市民社会领域相联系的。自1790年以来,国民自卫军实际上成了积极公民的象征,而与它相关的一切,均在全国范围被强烈地感受到,人们在

1827年，即当查理十世遣散巴黎的国民自卫军时便能看到这一点。至于市镇议会，即便其从此以后是由选举产生的，仍然被视为行政机构。由于这一原因，与其任命联系在一起的政治权利的重要性退居次要地位：更多的是使一种民主生活的实习期成为可能，而不是真正扩大了严格意义上的公民身份的领域。与之相反，国民自卫军显得像是一种极其政治化的组织。阿尔芒·卡雷尔在《国民报》中通过概括普遍的情感写道："国民自卫军，在当今是真正的国民主权。"[57] 由国王在每年7月的纪念日上检阅巴黎的国民自卫军的传统，有力地显示了这种特点：对君主的欢呼是一种判断民心的尺度、一种非正式的全民投票、对政府政策每年一度的表决。[58] 舆论也关注并追踪着关于它的重组，尤其是那些专门就选举国民自卫军军官问题展开的议会辩论。宪章已经谨慎地谈到了这些军官任命时的"竞争"。但是，政府很快显示出有必要以直接选举来表达这种"表述"。1831年3月22日的法律的第五款采纳了这种由下士来选举士官直至包括上尉在内的军官的制度。团长和中校是由国王在一份由其所在部队指定的10位候选人名单中选定的，而少校和营长则由国王直接任命。这一原则并没有轻而易举地被一致确认。贵族院的报告人圣-奥克莱尔伯爵承认了他的困惑。他吐露道："这种由国民自卫军来选举军官的做法是一种重要的革新，应当承认，许多明智者也觉得它是有失冒险的一种试验。"[59] 但是，七月王朝当局因为从这件事情当中感受到其合法性，把这些犹疑当作了耳旁风。

在整个七月王朝期间，国民自卫军是用来思考和表现公民身份的重要参照之一。实际上，人们重新依据1790年的精神来确定隶属于国民自卫军者。凡20至60岁的法国男子均为它的成员。除了涉及军人、法官和某些类别的公务员因职业原因而被免除之外，只有流浪汉和被判处各种受刑或加辱刑者，以及被判处某几种重刑者不得服役。由此，存在着570万潜在的国民自卫军成员，也就是说，大部分成年男性人口皆为国民自卫军成员。但是，由法律引入的常备役和预备役之间的区别，导致这一数字减少了三分之一左右。[60] 在每个市镇建立的应征适龄人员调查登记委员会,负责区分缴纳个人捐税的公民与其他公民,"因为常备役是一种耗费过于巨大的负担,而且必须在非同寻常的情况下才得征用"(第19条)。使社会地位最低的阶级远离选举军官权利的主要目的就是以物质方面的论据为依据的。人们通过这种迂回的办法获得了旧的区别积极公民与消极公民的等同物。例如,更为明显的对比是,1831年的法律涉及指出与个人服役联系在一起的家仆同样应当远离常备役的国民自卫军。尽管有这些与大革命的思想与法律框架联系在一起的限制,人们还是可以把这些选举说成是近乎普遍的选举。其同时代的人对此有着清楚的意识。被理解为对政府限制政治权利的补偿的军官选举,也可能被人民理解为一种民主政治生活的提前。《国民自卫军选举综合手册》里的介绍典型地证实了这一点。人们从中读到:"国民自卫军这种新的组织将再次在法国,也许是在整个世界提供最广泛的选举制度的试验榜样……我们相信,有朝一日,一切其他选举均会从这种基本的选举出发……正是在这所巨大的国民自卫军的选举学校中,公民们很好地学会了利用这种崇高的国民权力去寻求最机敏、最适合指挥、管理和审理他们的同胞以及赋予他们法律的人。"[61] 不过,在1837年,当巴黎的国民自卫军在选举军官之际,极为温和的《辩论报》一想到保守派的候选人获胜就感到高兴,评论道:"国民自卫军的选举是以最深刻和最直接的方式在国家中起作用:人们并不理解进一步提高的选举权……处于完全真实状态之中的普遍选举就在于此!"[62]

甚至在选举期外,国民自卫军也构成了政治社会化的一种基本场所,[63] 尤其是对于小资产阶级、自由职业者、某些商人以及小制造商来说更是如此。经常组织的情同手足般的宴会和集会使得集体生活充满活力。不过,这类集体生活仅仅限于最活跃的个人以及富裕程度足以购置军装和武装自己的人。[64] 尽管预先考虑到了处分,经常缺勤的现象在常备役的国民自卫军中也司空见惯,而选举军官时的弃权率则相当高。在罗纳河口省,弃权率甚至达到了90%,而重新组织国民自卫军的1837年的法律含有军官不得由有效的少数选出的条款（当法定投票人数不到四分之一时，军官和士官由与他们的身份相同者选举产生）。无论如何，这种象征性的维度仍继续存在。自1837年起开始加强、并在1840年达到鼎盛的选举改革运动到了这样的程度，使它能够真正被视作国民自卫军的直接解放：它表达了把国民自卫军中在任命干部方面得到承认的权利延伸到政治领域的要求。

1837年春天以来，在巴黎的国民自卫军举行选举后不久，《国民报》发出了选举改革的口号："一切真正的反对派应当为选举改革旗帜之下的人民主权而战斗。靠这徽号，就必得胜（Hoc signo vinces）。"[65]但是，围绕这一主题展开的骚动在1838年，即《国民报》发表了一份来自巴黎的国民自卫军的请愿书之际，才开始达到某种规模。这份请愿书在要求"凡国民自卫军成员皆为选民"时发问道："人们怎么竟然可以声称只有18万人配得上或可以行使选举权，并使全国的其他人处于名副其实的政治上的低下地位呢？"[66]《国民报》稍后指出："有了改革，我们将成为我们在当今并未真正成为的一种国民。"[67]选举改革显然与产生社会统一这一目标联系在了一起。随着一个改革中央委员会在1839年10月3日的组建，这一运动得到扩展与增强。这一委员会的主席为拉菲特，而拉菲特的助手则为（来自厄尔省的）杜邦和阿拉戈。改革的拥护者们当时能够得到协调与组织。宴会与集会在增多，而请愿则在各省此起彼伏。《国民报》以及创办于1839年10月的《选举改革报》报道了所有此类自主性运动，并起了拉菲特委员会的正式公报的作用。[68]1840年春天，共含有24万个签名的数份请愿书提交到众议院办公室。最重要的是这样两句由中央委员会传播的话："凡公民皆有权参与的国民自卫军成员应当是选民！凡选民皆应当有被选资格。"直接来自巴黎国民自卫军并在各省国民自卫军队伍中传播的请愿书提出了同样的要求。[69]1840年，公民完全等同于国民自卫军成员的形象。这一运动当时处于它的顶点，而法国则被委员会的一个密度颇大的网络所覆盖。起初与这一运动保持距离的工人团体的成员与革命者从此被纳入这一运动之中。1840年5月16日，在众议院进行的关于这些请愿的辩论汇聚了所有人的激情，并概括了一切立场。在这次失败之后，面对政府的镇压（不少国民自卫军军官被暂时停职），请愿者的热情迅速减退。选举改革运动在1841年逐渐衰退。[70] 1842年，由迪科议员发起的活动在全国未引起任何反响，迪科当时温和地建议，把投票权扩大到所有列入陪审团名单中的公民。反对派的恢复活动以及向七月王朝制度发起攻击的宴会运动的爆发还得等到1847年，议会改革的迫切需要从此以后亦像选举改革一样被看作中心问题。

1840年，选举改革运动把19世纪30年代初的种种相关主题重新编入对社会排斥的挥之不去的担忧之中。《我的叔叔邦雅曼》的作者克洛德·蒂利埃在他著名的《关于选举改革方案的信》(1841) 当中，重弹拉蓬纳莱耶或拉默内之流的老调来谴责最低的社会地位。他反对道："20万选民和3200万无产者，竟然就是人们在这样一个宪政时代所称的自由的国民！"[71] 他也表明自己不赞同所有那些"不停地说人民更需要的是面包而不是政治权利"的人，[72] 以及那些"在一个公民身上只看到干活的双手和一个消化的胃"的人。但是，这种对选举权的态度在此时却处于次要的地位，不再占据着前台，它甚至在蒂利埃、赖德律-洛兰、佩科尔或《人民之声》的极左派那里亦如此。调动了种种力量以及使反对派得到巩固的，更多的是对选举税适得其反的作用的揭露，而不是对普遍选举的颂扬。在社会包容的要求之外，选举改革的主题把经济与政治要求集结在一起。选举改革起了一种一般政治的实施者的作用。人们期待着它对当下一些重大问题作出回应：消灭腐败、建立一个廉价的政府、尊重普遍利益、保障社会安宁。对选举税的批评包含了这一切，并说明了这一切：政治上的垄断被理解为一切罪恶和一切放纵的根源。《民众报》写道："不好的议会、不好的法律以及无产者的困境，均来自于这种垄断。"[73]

把有限制的选举与腐败相联系，是七月王朝统治时期共和派文献中的重大主题之一。在取得巨大成功的小册子《关于选举和议会腐败的热门话题》中，科尔默南很好地概括了这些主题的论据。[74] 在他看来，这种折磨着"法国的心灵与肠道"的痛苦，根源在于选举制度。在他眼里，个人的放纵以及公共道德的缺失必定源自选举制度基础的狭窄：他们只是延伸了最初的代表制的腐败。赖德律-洛兰从自己的角度下结论道："在没有普遍选举的情况下清除腐败，纯属徒劳无益之举：人们将限制邪恶，但却没有根除邪恶。"[75]《民众报》写道：普遍选举"使腐败变得不可能或不起作用；它将以紧密团结的大众取代这类扩大了的资产阶级小集团，取代这些享有特权的少数派。"[76] 相反，作为社会整体的人民，实际上是不可腐蚀的。选举的扩大，并非如同圣茹斯特或罗伯斯庇尔意欲去做的那样是在道德效力的意义上，而是在经济的意义上，以一种很普通的方式使歪曲公共利益的分配不再可能，并且几乎自动地通向平均分配。司汤达有言："人们可以用死刑或职位来破坏选举，但却无法收买大众。"[77] 人们当时经常将20万选民的数字与20万官员的数字进行对比，好像在暗示性地指控内阁已经通过职位的分配收买了每一张选票。

廉价政府的主题几乎自然地延伸到了腐败的主题上。此外，科尔默南在其于1832年首次发表的《关于国家元首的薪俸的几封信》中提供了经典性的提法。在整个七月王朝时期，共和派深信，代议制政府只可能是一个廉价政府。不管是温和派还是激进派，均认为官僚制度并非一种自然现象，它只是由于一种不够民主的权力的存在而产生的恶果。拉蓬纳莱耶在他的《致无产者的信》当中使用了与科尔默南相近的表达方式："请你们参加共和派吧，因为在共和制度下，你们无须再缴纳赋税，并且只有富人要纳税；因为你们将选出你们的议员和官员；因为你们将有一个廉价政府。"[78] 如维埃莱发表于1839年的《一位纳税者的信》所表明的那样，正统主义者也持有相同的论调。[79] 他同样认为，纳税选举制度有机地造成了腐败和公共开支的膨胀。此外，即便在同样的言辞后面隐藏的是不同的打算，正统派也是以一种普遍的方式为要求选举改革而与共和派同一鼻孔出气。始自1840年，贝里耶、热努德、拉罗歇雅克兰甚至公开与左翼结盟。1841年初，维埃莱和贝里耶创建了一个保王党选举改革委员会，[80]而33家保王派报纸则在1846年发表了一份支持选举改革的《宣言》。[81]

由于与选举改革的想法联系在一起，普遍选举更多是从假设会产生的后果出发，而不是通过哲学上所构成的东西来获得合法性。正由于把选举改革看作是终止腐败和公共开支的膨胀的良方，它才引起了一种如此广泛的反响。这不仅仅是因为它提出要消除令人愤慨的司法上的不平等。此外，人们用以理解为更好的代表制服务的选举权扩大的范畴，并不缺少某种模棱两可。事实上，正是从代表阶级的观点出发，人们才看到了代表制的发展。人们实际上回到了一种旧的共同利益观。后者认为，共同利益乃构成社会不同利益范畴的累积。选举权的扩大被理解为新的社会阶层通向政治代表制的道路。这种取向往往压倒了个人主义的选举普遍化观念。许多文献证明了这一点。我们已经引用了夏尔·贝朗热的《一个无产者给众议院的请愿书》。尤其应当提到的是皮埃尔·勒鲁的友人让·雷诺的重要文章《论无产者专门代表制的必要性》，该文于1832年发表在《新百科全书》上。他写道："人们只可能通过以同类的群体对具有同样性质的利益进行分类，以及通过赋予每个人权利及其代言人，才能触及实情，因为每个人都代表着他那一部分的社会利益，每个人都有其合法性，并且每个人也应当有其保障。"[82]人们在此理解的对代表的要求，并未与一种简单的个人权利混淆。在表达了一种社会包容要求的同时，它也表达了阶级归属感的力量。在这整整几年期间，始终存在着一个问题，即如何在从职业的集体范畴出发理解社会的劳动语言与政治制度的个人主义基础之间取得一致。这正是为什么对于很大一部分民众来说，关键是由作为无产者的他们当中的一员来代表，而不是自己拥有选举权。在最早几期刊物中的一期里，比歇和科尔邦创办的《工场》亦以这种思路写了一篇关于选举改革的文章。作者指出："我开始看到，如果我们都投我们众议员的票，在众议院里就会有工人，甚至是大量的工人；那么，这些出自我们当中的众议员就会维护我们的利益。"[83] 蒂利埃详述了类似的推论。1840年春天，在国民自卫军当中流传的请愿书，也更多地以一种迫切需要代表的名义，而不是唯一的平等原则来呼吁改革。它强调："目前的法律，因为选民的利益被混同于社会的利益，没有把选举权赋予为数众多的公民。"

正是在这一时刻，形成了在扩大选举权的性质和目标方面的根本的模棱两可。20年之后，《六十人宣言》以及共和派对抽象的普遍主义的赞颂继续表明了这种模棱两可对立的两极：其一是通过社会关系融合被延伸为通过集体的代表加以融合；其二是个人在普遍性中的直接的政治包容。人们在此重新发现了一种贯穿法国政治的根本的模棱两可。一方面，政治文化导致抽象的普遍主义，另一方面，社会运动保留着一切它对社会融合更具社会学色彩的取向的适合状态。当选举被理解为一种个人权利、一种隶属的象征时，使人接受的是普遍选举的观念。当它从以揭露这一领域种种不平等为出发点的代表的观点来考虑时，以选举改革的措辞来表达的取向要比作为阶级要求的选举要求的含义更好。甚至当他们将3300万无产者与20万享有特权者对立起来时，许多共和派人士更多设想的是两个群体之间的对立，而不是大量的个人受到排斥。

甚至在这种关于选举权性质的模棱两可之外，选举改革运动还聚集了极为不同的打算。它在同一面旗帜下重新聚集了从最温和到最激进的各种各样的态度。人们大概可以区分出四种具有向心力的交际圈子：

——开放的自由派。代表人物是雷米扎或迪韦热·德·奥哈纳。他们于1840年在基佐越来越顽固地趋向于保守时与基佐分道扬镳。他们仅仅满足于略微降低选举税。[84]

——左翼王朝派。该派以奥迪翁·巴罗为中心聚集在一起。他们一方面激烈地抨击选举限制性过强的特征，一方面却建议只在以下几类人中扩大选举：第二份陪审团名单中的人、国民自卫军的军官、法官与治安审理员、市镇议会的成员、商会的成员、手工工场委员会委员、劳资调解委员、综合工科高等学院的学生。根据他们估计，这些新增选民将不到20万人。[85]

——共和派群体。这一群体的要求与国民自卫军的请愿相一致，并可从以拉菲特为首的委员会身上看到其特征。但是，某种模糊仍继续存在，因为人们一直没有确切指出是否应当把预备役国民自卫军成员包括在选民之内（这一差别极为可观）。这一群体对在法律上规定不得在国民自卫军中服役的家仆也丝毫没有提及。虽然某些共和派人士把这些不明确和谨慎归因于策略上的绝对需要（有人强调说，最重要的目标是说服缴纳选举税的选民善待改革，而不是动员消极公民，因为作决定的归根结底是这些缴纳选举税的选民），但他们同样可归因于一部分共和派舆论在理论上的模糊。

——社会主义者和极左的共和派。这些人优先考虑的是普遍选举的要求，而不是选举改革的要求。人们可在《良知》《民众报》和路易·勃朗办的《进步评论》上发现他们。他们往往怀疑立法改革的可能性，并批评把选举扩大的范围仅限于国民自卫军。这正是他们长期远离请愿运动并在1840年初才加入这一运动的原因。最活跃的工人团体倾向于这种立场，自然而然地觉得与国民自卫军和小资产阶级进行的改良主义运动之间有着隔膜。

在上述四个派别之外，自然还可以加上正统派团体，后者同时要求"赋予所有分担公共开支的法国人"以投票权，以及恢复两级投票。在所有这些派别当中，一种同样的不明确仍非常突出。人们吃惊地注意到，甚至在1840年5月，即运动最为高涨之际，人们是多么关心阐明纲领和在基本点上讨论这些区别。例如，人们看到在这一时期还捍卫两级选举原则的共和派，而这一切却未引起强烈的反应。某些人以技术上的考虑为依据，认为数以百万计选民的直接表达在物质上是不可能的。[86]但是，其他人则更为模棱两可。在改良主义者当中非常活跃的夏皮伊-蒙拉维尔，通过评价间接选举同时体现"由多数的力量形成的选举的好处与由智力的威力形成的选举的好处",[87]而与大革命时的模棱两可恢复了联系。虽然普遍选举要求诉诸极为强烈的社会隶属的象征性,它在制度方面仍然还是不明确的。[88]事实上,只有极少数人在1840年认为普遍选举的时机已经成熟。

社会统一的圣事

1848年3月5日,临时政府的一项法令直接确立了普遍选举。从此,所有年满21岁的男子都在没有任何能力或税金限制的情况下应召去选举议员。有一个人的名字象征着这一革命的完成,赖德律-洛兰。自2月22日以来,在他的鼓动下,《改革报》同时要求基佐下台与进行普遍选举。对于所有他的同时代人来说,他是名副其实的普遍选举的创立者。路易·勃朗、克雷米厄和维克多·雨果后来都在其墓前悼念他。[89]在整个19世纪40年代,他充当了不倦的人民主权的传教者:增发小册子、号召人们去请愿和提出法律草案,尽管七月王朝似乎已经平息了人们的批评并获得了稳定。赖德律-洛兰体现了整整一代主张进步的人士,对于这些人来说,共和派的理想是与普遍选举融合在一起的,它代表着这种路易·勃朗、费理和甘必大也将充当其颂扬者的"民主的圣约柜"。

赖德律-洛兰只是通过推动临时政府立即宣布实行普遍选举,延续了他以前的斗争。就他而言,在此不存在任何令人惊奇之处。相反,更让人意料不到的是对这一决定的普遍赞同。尽管普遍选举只被大多数赞同者视为一种长期的展望,但它却以一种显而易见的力量突然为人接受。科尔默南受赖德律-洛兰委托起草这一确立新的投票权制度的法令,他仅仅略微提出了家仆与军人的投票机会的问题。但是,他的这些犹豫几乎未经讨论就被临时政府的成员们化为乌有。[90]对于能否迅速整理数以百万计的上面列有好几个人名的选票——名单投票原则已被采纳——的技术上的反对意见同样很快被消除。在直接涉及这一问题时,科学院起初提出了种种保留,例如,根据通常的形式计算,处理巴黎的选票至少需要354个完整的工作日!但随之改变的主意却把科学院在方法论方面的不安压抑了下去。[91]在舆论当中,没有出现任何抗议或不安的声音。任何责问均未出现。谨慎与批评奇迹般地被抹去了。问题不在于改革:普遍选举原则即刻非处在其简单与激进性之中不可。赞同与热情本身亦具有普遍性。甚至没有人打算去讨论或评论这种新的权利的行使方式。人们既未怀疑以省为单位的名单投票,也未舍弃无结果的投票(le ballottage)和士兵的投票。这些程序显得像是被事件的厚度所隐没的简单的细节,似乎刚刚发生了某种重大事件的感觉无处不在,本能地占据着支配地位。乡村的本堂神甫与主教、城市小资产者与大地产的所有人、记者与学者、保守派与传统主义者,无不群情激昂地谈论普遍选举。[92]该如何来理解这种令人惊讶的转变和突然的转向?许多历史学家已经描述了这种极为乐观、抒情,且是共和派的乌托邦与基督徒的情感奇特混合的1848年精神。但是,这一切通常是把它紧缩在特殊时局的框架之中来加以限制的,它带着一种宽慰之情强调的是,自5月份以来,亦即当社会、政治冲突在经济状况的压力下加剧时历史进程的"正常"恢复。1848年3月和4月,远非在法兰西民主史上构成一种例外事件,反而是揭示了某些更为深刻的特点。

在乔治·桑的协助下,由赖德律-洛兰编辑的临时政府的官方报纸《共和国公报》完善地定下热情的基调,使人得以理解普遍选举的出现对当时的人们所具有的意义。人们在创刊号的社论中读道:"共和国为民众开启了一个新的时代。迄今为止,被剥夺政治权利的民众,尤其是乡村中的民众,未被包括在国民之中。"[93]普遍选举与其说被理解为一种民众权力的技术,不如说被理解为一种社会统一的圣事。1848年3月19日,临时政府宣言极为清晰地表明了这一点:"我们已经制订的临时选举法是最为广泛的选举法。地球上从未有过一个民族召集人民去行使人类的最高权力——它自身的主权。选举无一例外地属于所有人。从这项法律开始,无产者在法国不复存在。"⁹⁴ 最后这句话所表达的意义非同寻常。它显示了选举问题在根本上是与社会分裂的问题联系在一起的。普遍选举被理解为一种过渡的礼仪、一种包容的仪式。在首次选举临近之际,《共和国公报》指出:"不排斥任何子嗣的共和国呼吁你们统统参与政治生活;这对于你们来说就像是一次新生、一次洗礼、一次重生。"⁹⁵

在两个月期间,不管是在巴黎还是在外省,众多庆祝会都在庆祝着新的社会统一、自由之树被广为播种。不幸的是,人们尚未拥有堪与莫娜·奥佐夫关于大革命节日的综合论述相媲美的关于第二共和国时期所有这类仪式和国民庆祝活动的完善综述。⁹⁶不过,人们在主要的地区性专题论著以及容易取用的画集中获得的记载,使确定这类仪式和活动的概况,尤其是它们扩散的宗教感情成为可能。在所有例子当中,人们清楚地看到存在于社会统一的庆祝当中的要点。众多版画表现了博爱的寓意,在这些版画中,有的把工人、农民和知识分子聚集在了一起,有的是把从事各种职业以及各种身份的人汇集在同一种行列之中的游行。在某些例子当中,人们甚至看到了非同寻常的举动。在里昂的乡村米勒里,人们看到了在一次民主的宴会中,一些资产者在伺候农民进餐,以此表示博爱。⁹⁷在阿维尼翁,在当地共和派委员会组织的一次仪式上,分属两个敌对团体的粗野之人郑重地相互原谅与彼此拥抱。⁹⁸ 4月20日,一次盛大的庆祝博爱的活动以在巴黎汇集了近一百万人而圆满结束。自1790年联盟节以来,从未组织过这种类型的集会。乔治·桑通过分享这一普遍的热情,在《人民事业报》当中对这种无拘无束的高昂情绪作了报道。在巴黎报刊中迅速进行的民意调查证实了这一点。《改革报》谈到了"自由(权)的洗礼"。《世纪报》赞颂了正在流行的全体一致。《国民报》为数十万人的声音合并在同一种呼声当中感到高兴,认为这表明"在法兰西大家庭中不再存在任何分裂"。甚至连严肃的《立宪党人报》亦会为谈到"名副其实的家庭般的欢乐"而寻找热情的词句。

4月20日这一天以极为有力的方式显示了这种情感,即社会分裂已经被普遍选举所克服,统一得到了恢复。普遍选举在法国被理解为一种全民和谐以及进入一个新的政治时代的象征,它远非作为使职业上的差别或社会利益多样性的表达成为可能的多元制条件而被接受。赖德律-洛兰在《共和国公报》中以值得引述的令人惊讶的词句写到了这一点。他指出:"这一被称为人民中的各式各样的人的所有活跃力量在4月20日登上了历史舞台,以便向世界宣告,一切政治问题的解决方法不过轻如他们有力的手中的一粒沙子。而今,政治科学已被发现。它并非只暴露在某一个人面前,而是在共和国宣布所有人的主权原则的那一天,在所有人面前显示了出来。这种政治科学从此就是一种大规模而简单的应用。在这些人民的意识通过欢呼并以如此之多的雄辩力和协调一致表述出来的问题当中,重要的只是召集人民这一全体主人,以及祈求他们的一致赞同。"[99] 公开嘲笑这类幻想并非难事。自马克思以来,以蔑视或高傲的态度谈及这些情感上的冲动以及这些对融合向往的局外目击者或历史学家不乏其人。从根本上来看,人们易于被引向赞同他们的判断。然而,对于这些判断却应当有所提防。像赖德律-洛兰这样的人的上述提法,远非表达一种短暂的充满激情的幻想或是一种普通的美好情感的洋溢,相反,它们说明了法国政治文化当中某些极为深刻以及完全由决定构成的事物。它们以浪漫和乌托邦的方式表达了法兰西民主中最初的非自由主义。对统一的向往是以把多元制视同分裂为基础的。自1848年5月以来,经济方面的困难以及政治上的冲突的确使这一主题失去了可以感知的整体一致性。但是,1848年精神同样保留了它的揭示性。在一个短暂的时期里以及在它特有的语言当中,它体现了乌托邦共和国的特征,而自从这种乌托邦的共和国在后大革命的背景中被设想出来后,就一直充当了法兰西民主的基础。在1848年4月23日举行的首次普遍选举鲜明地表明了这样一种观念。在这一观念当中,投票的目的更多是庆祝社会的统一,而不是行使明确的主权行为或在对立的观点之间裁决的行为。

选举日恰逢复活节的星期天。这一巧合引发了许多想象与隐喻。克雷米厄,这位临时政府成员谈到了"社会复活的一天",至于人们在讲道和政治宣言当中把基督的复活与民族的复活联系起来,更是比比皆是。普遍选举的出现使它在圣事方面得到了加强。拉马丁使用的其同时代人的言辞使人回想起了这一点。他写道:"拯救的拂晓在普遍选举之日降临法国。这一天是复活节,亦即进行虔诚祭典的时刻。临时政府之所以选择这一天,是因为民众既不会因工作而心不在焉,也不会以工作为借口逃避履行人民的义务。而且由于在奉献给一种重大的祭仪的这几天中,笼罩在人们精神之上的宗教思想渗入了公众的思想,并赋予自由一种宗教般的神圣。"[100] 选举进展本身有助于突出这种宗教性的特征。投票地点定在各区的首府,各个乡村的选民实际上往往一起前去投票,并由此在农村中形成了来来往往的庞大队列。[101] 许多目击者描述了这些以鼓号和旗帜开道、由市长率领,有时甚至有本堂神甫相伴的世俗的仪式队伍。托克维尔在《回忆录》的某一著名篇章中对此作了经典的描述。意味深长的事实是,这一时期的图片在这种场合每每描绘置于一种饰有共和派象征物的祭坛之上的选票箱,好像它必定代表神圣的祭坛在政治上的等同物,象征着统一的民族以选票形式出现的看不见但却是积极的在场。不少外国旅行家对此颇为吃惊。[102] 在第一次普遍选举中占主导地位的平静与良好的秩序,只不过突出了人们将之与普遍选举密切联系在一起的全体一致的特征。在投票的第二天,各家报纸都提到,一切均在平静地进行,没有发生冲突。4月24日的《改革报》指出:"普遍选举的第一次尝试到处以一种极为省事的方式在进行,人们甚至可以说它到处以最为有条不紊的方式在进行。"普遍选举实际上同时具有了合法性。人们在《共和国公报》当中读到:"这一考验是决定性的,如果说在某些胆小怕事者的头脑中可能依旧存在着对简单和全面采用普遍选举的怀疑,那么这些怀疑已被巴黎那种刚刚被人目睹的令人钦佩的场景所消除。"[103] 近700万选民,亦即已登记的选民中的83.5%在4月23日投了票。[104] 选举参与率打破了一切记录。

　　与大众进入政治生活联系在一起的社会一致的形象，在普遍选举与社会安宁观念的连接当中得到了延伸。当时的一幅著名版画描绘了一位一手拿着选票一手拿着步枪的工人。在持有选票的手伸向选票箱的同时，他持着步枪的手往后一撤。图片的说明文字在提到步枪时明确指出："这是用来对付外部敌人的。"而在涉及选票时则详细说明："对于内部的敌人，这就是人们光明正大地与对手斗争的武器。"因为投票权的扩大而把所有人都纳入政治生活将消除含有革命因素的观念，在当时得到了广泛认同。此外，自七月王朝初期以来，这一主题以极为早熟的方式显示了出来。拉默内的一位亲信，夏尔·德·库克斯已经在1831年用这一论据来为选举改革进行辩护。他写道："那些拒绝把选举权赋予工人阶级的人，要对工人们造成的混乱状态负责。因为被剥夺了这些权利，工人们只可能以通过类似具有破坏性的激流、烧毁一切的火灾般剧烈的力量进入国家生活来表示其存在。而有了这些权利，他们会在国家中拥有自己的住所，即某种会失去的事物，如果这一住所遭到侵犯，他们会有有待捍卫的家乡、有待祈求保佑的故土。"[105] 1839—1840年，运动最为激烈的时候，共和派一直重新采用这种关于冲突的运算。他们确信，普遍投票是真正终结大革命的唯一手段。例如，巴黎中央委员会为1841年的集会提出的请愿书即以这一主题结束："普遍选举远远没有削弱对安定的保障，相反，它肯定会产生这样的结果，即永远终结革命的时代。"[106] 赖德律-洛兰、阿尔芒·马拉斯特、艾蒂安·阿拉戈、拉默内在这几年当中均赞颂"出色地起着调节作用"的选举。以这种方式思考普遍选举具有一种无法否认的乌托邦特征：它象征着一个没有内外之分、充满一致的社会的到来，并构成一种历史的终点。它通过从此以后把外国人设为唯一的代表外部的形象，使社会划分与地理上的边界完全重合。但是，它也具有一种净化功能，而且是政治领域的一种实际变革手段。在19世纪70年代初期，第三共和国的创立者们重新为捍卫普遍选举而举行示威，并揭露对普遍选举的重新怀疑具有的威胁。众所周知,马克思曾激烈地揭露1848年春天这种"慷慨博爱的狂热",以蔑视的态度对待拉马丁,后者曾代表临时政府宣称"存在于不同阶级之间的可怕隔阂"已经终止。[107] 但是,在这一批评中只看到马克思对温和主义的厌恶是不够的。马克思是当时最能理解法兰西民主的这一特征,即它在这种对冲突与分裂的否定中获得其表达方式的人之一。他在这一点上无懈可击地标明了法国的情况与英国政治经验的区别。他写道:"1848年,普遍选举是一种亲如兄弟的表达形式,在英国则是一种战斗口号。在法国,大革命的直接内容就是普遍选举,而在英国,普遍选举的直接内容就是革命。"[108] 这一切很好地显示了法国政治当中政治与社会问题之间关系的特殊性。政治领域在此起了一种使社会问题确立和形成的作用。它并非像在英国或美国那样,仅仅以保障自由权以及调节集体生活为己任。

该如何进一步推进这种对自大革命时期以来就碰到的特殊性进行的分析呢?又该如何来理解在法国围绕普遍选举观念形成的对全体一致的向往与平均性的形式主义的奇特混合物呢?在此,存在问题的正是多元制被理解的方式。既然人们只知道将它与根本性的划分,如旧事物与新事物、旧制度与大革命的划分联系在一起,一切冲突就都被设想为对社会统一的威胁。除非退回到最初的间隔,否则多元制是无法想象的。人们只把它与隔阂的范畴或纯粹的个人愿望的冲突范畴联系在一起。19世纪,阶级冲突本身仍然以某种方式被设想为始自大革命的分化,共和国与君主制之间的冲突一直力图掩盖阶级冲突。由此导致在19世纪构成政治生活的共识的幻想与内战的威胁之间的波动起伏。在这种框架中,一如几乎未给改良主义方式留下位置,亦几乎没有多元制利益的民主的位置。普遍选举根本未被视作一种多重隐含意义的论战的政治工具。至少自从人们认为大革命已经结束以及旧制度已最终被废除以来,人们并不期望选举在履行仲裁或选择程序方面的作用。人们也未期望它们在政治领域当中表达社会的多样性。在1848年,人们更多地把选举行为理解为一种加入的姿态、一种富有象征意义的隶属于集体的显示。在4月23日这一天，人们成群结队到达各区首府的举动，与每位投票者个人的投票之间，不存在任何鸿沟。选举当时潜在地具有相当于其在某些实行一党制的当代国家所梦想的性质。[109] 即便事件迅速地把其仲裁特征归还给了民众的表达，[110] 但选举一致（suffrage-communion）的乌托邦继续构成法国政治代表制无法逾越的视域。在法国，由于这一原因，"形式的"民主与"实际的"民主之间的关系具有一种极为独特的特征。在权利与事实始终困难的连接背后，以及在良好的意图与各种利益——其构成了民主领域的正常空间——始终是不纯的重合背后，民主的形式主义在此实际上起了一种更为中心、更为模糊的作用。形式民主在法国最为突出地构成了实际民主的视域。它不仅仅是起源、法律上的基础。法兰西民主一直向往着作为政治理想之完美形式的抽象概念：一个没有阶级、没有人与人之间的冲突、没有隔阂、摆脱一切赞同过去的人、永远致力于赞颂统一的社会的抽象概念。正是因为这些同样的动机，经济竞争的概念遭到了强烈的拒斥。人们将之与建立在集体组织以及集权化的合作之上的调节模式对立起来。一条相同的反自由主义的主线——在确切的拒斥多元制的哲学意义上——由此贯穿了法国文化的不同领域。对政党的批评、对经济竞争的揭露、对社会分裂的怀疑，是同一种政治观的三副不同面孔。在这一意义上，1848年精神仍然忠实于雅各宾主义的精神：它仅仅是后者虚弱与缓和的版本。

天主教与1848年春天的共和精神之间的默契在此也找到了起源。教士们之所以为自由之树祝圣并主持纪念二月事件的牺牲者的仪式，是因为他们觉得自己和对全体一致以及在社会中得到表现的团结的向往完全一致。由此，教会自相矛盾地只接受正在诞生的共和国中具有的那些既最为古老又最为乌托邦的事物：它的激进的反自由主义。与此并行不悖的是，共和派与社会主义者因为一种全然对称的模棱两可，使耶稣基督成了"首位共和派分子"或"所有无产者的兄弟"。此期的所有画集充分显示了这一点。[111] 新教教义被这一时期的社会作家所拒斥，同样以这种方式得到了解释。卡贝或皮埃尔·勒鲁、比歇或路易·勃朗在这方面的观点是一致的。他们厌恶新教个人主义和理性主义的特征，并在广义的天主教精神当中看到了社会主义与近代共和国的宗教母体。

1848年，"乌托邦的共和国"仅仅持续了一个春天。但是，人们不能以这种短暂的尺度对它作出判断。它实际上以虔诚般的单纯表达了法兰西政治文化最为深刻的特点之一：向往统一以及向往在一种社会纽带的政治改观中的共识。第二个历史周期，亦即探寻革命的方程式可能的答案的周期伴随着它而宣告终结。拿破仑帝国、七月王朝以及第二共和国的最初数月，在近乎理想类型的纯粹状态下，通过赋予法国政治史三条重大界线，在它与主权的关系当中体现了公民身份的三种存在方式。在纲领的时代以及经验的时代之后，妥协与实施的时刻即将到来。

第三编　巩固的时代

第一章 最后发言权

反动的时代

1848年春天，普遍选举对于保守派来说有如晴天霹雳。但是，他们最初的担忧很快就化为乌有。1848年3月5日宣布的与其说是选举－主权，不如说是选举－平等，后者是社会融合的象征以及一种平等社会的花冠。以严格的政治观点来看，保守派对政治权利的革命并没有什么可抱怨之处。在春天选出的众议院，给了最为温和以及毫不犹豫赞成对六月起义予以镇压的人们较多的议席。在这之后，在同年秋天举行的市镇议会选举和省级议会选举当中，秩序党的候选人亦取得了胜利。在布列塔尼诸省，正统派的力量较之纳税选举时期甚至大大增强。地方选举的结果导致大批贵族抑制了对多数力量的旧有偏见。虽然许多人仍然在哲学上颇为审慎，但他们同样不再把普遍选举的实践视为一种威胁。《两个世界评论》通过很好地概括资产阶级的精神状态，在当时发问道："既然普遍选举给我们的原则提供了如此有理智的捍卫者，那么我们对它还会有那么多的抱怨吗？"[1] 在整个1848年期间，右翼当中几乎没有任何人起来质疑新的主权行使。蒙塔朗贝尔在当时是个例外，他以认为"普遍选举并非一个足以制止新的革命突然出现的障碍"而打破了这种共识。[2] 意味深长的是，他的警告在他的友人当中引起了某种局促不安，好像它近乎不适宜。路易-拿破仑·波拿巴在12月10日的当选，仅仅加强了秩序党的这种泰然。一切原有的犹豫在二月人士，即卡芬雅克、拉马丁和赖德律-洛兰等人被民众投票所抛弃时，已被人遗忘。《公共舆论报》当时写道:"普遍选举在很好地引导着我们:我们不怀疑普遍投票。"³ 重要的正统派报纸《国民议会报》指出:普遍选举已成为"一种理智的练习……成为对付其创造者的自卫武器和拯救武器。"⁴ 对于保守派来说,在这些结果当中,有些的确是"神奇的意想不到的礼物",而且他们远未把这种满意的确认变为真正的在政治和哲学方面皈依人民主权原则。但是,先验的推论至少被排除。民众的选举不再与混乱和激进主义的形象混同。在这一时期,就连前掌玺大臣帕斯基埃亦承认他对维持普遍选举现状的作用的信任。他对维克多·雨果说道:"这正是与拯救相伴的灾难。一年前普遍选举是我们唯一的担忧,而今则是我们唯一的希望。"⁵

在态度方面,秩序党通过共和派和社会主义者对称的失望和困惑而得到鼓舞。《两个世界评论》讽刺道:"这一当今已成为现实的理论的发明者、推动者们被迫加强信仰,这种理论由于没有给仅是普普通通的信念泼冷水而过于剧烈地转为对他们不利……从此之后,曾自愿赋予选举如此神奇效力的《国民报》被迫处于厚待有害游戏的境地。"⁶ 自 1848 年秋天以来,许多进步共和派实际上难以掩饰他们的慌乱。例如,拉马丁在其《政治回忆录》当中辛酸地指出:"普遍选举!它是个谜,而且带有一种神秘。"⁷ 在地方选举之后,《共和国报》悲伤地指出:"我们今天将不可能期望通过普选来夺取政权……实际上,我们极为清楚地知道,我们的力量并非处在多数之中。"⁸ 至于蒲鲁东,则先后在《人民代表报》与《民众报》当中使用了一种辛辣得多的腔调。在一系列愤怒的文章中,他反复说道:普遍选举是一种"骗局",它已"欺骗了人民"。他在路易-拿破仑当选后写道:"人民已经像一个醉汉那样在说话。"⁹ 正是在这一时刻,为数可观的共和派分子开始意味深长地宣称"共和国高于普遍选举",以便消除一种回到人民支持的君主制的威胁。¹⁰ 为使保守派放心并平息他们原有的怀疑,所有因素在 1848 年结合在一起。这正是 1849 年 3 月 15 日选举法的投票毫无困难地进行的原因。新的文本只是确切表达并和谐地构成 1848 年 3 月 5 日宣布的选举普遍化原则。

在右翼当中没有任何人试图倒退。1849年5月13日，新的立法议会选举结果延伸了这种幸运。事实上，在制宪议会中占据支配地位的温和共和派为了新的右翼联盟的利益而被消除，后者几乎占了三分之二的议席。即便社会主义–民主派占了四分之一议席，秩序党也完全有理由觉得放心。此外，在1849年6月13日的骚乱之后，社会主义–民主派受到严厉镇压，有关新闻和俱乐部的法律使当局有了新的武器。保守派的共和国当时颇为得意，而且这种得意在1850年初以法卢法的投票通过达到了顶峰。[11]

然而，保守派对于普选的看法将在19世纪50年代初期发生剧变。1850年3月10日，费洛特、维达尔与伊波利特等著名的山岳派候选人在补缺选举中取得胜利，从而对右翼产生了真正的冲击。1850年4月28日，在举行另一次补缺选举时，欧仁·苏在巴黎的当选把这种不安转变成了真正的恐慌。普遍选举突然恢复了它令人不安的特性。自5月11日以来，《辩论报》指出，"对共和国的肯定与普遍选举的正当性，并不是通过同样的选举来显示的"，该报同时希望普遍选举从此之后要"井然有序与合乎规定"。《公共舆论报》亦夸大其词地说，有128000张选票投给了欧仁·苏这一"曾说出将在全世界引起反响的冒犯神明的话的人"。[12] 同日，一个被称为"城堡里的伯爵"的负责建议选举法改革的17人委员会开始设立。[13]《两个世界评论》带有讽刺意味地评述了右翼想法的这种逆转："在考虑温和派中的重要部分的性格时，我们可能会想，如果我们在已成为胜利者的4月28日的投票中失败的话，许多人是否还会认为普遍选举有好的方面。"[14] 实际上回想起来，保守派对于普遍选举的态度显得奇特地模棱两可。那么他们对普遍选举的认同纯粹是权宜之计吗？在这一点上，《两个世界评论》很好地体现了秩序党立场的动摇，即通过理论上的批评与普通的策略上的绝对必要之间的摇摆来理解选举改革。人们在该杂志上读到："我们不想要普遍选举注定会带给我们的社会主义革命，因而我们必须改变这种选举组织；但是，我们也不能忘记，尽管它为了产生社会主义革命而被组织，但普遍选举并未产生社会主义革命,而且它比其发起人更有价值。确切地说,正是因为这一点,选举改革的目标并非是摧毁普遍选举,而仅仅是改变它的组织。"[15] 梯也尔在议会辩论时并未因这种难以捉摸感到不安。他简明扼要地说道:"我并没有赞同普遍选举;虽然两年来我已顺从于许多事物,但我并未赞同其中的任何一种。"[16] 1850年5月,选举问题在社会史与思想史中的错综复杂突然变得简单起来。所有的提防与谨慎都在消失,法律论据与哲学立场让位于纯粹的政治与社会斗争的前提条件。

梯也尔与蒙塔朗贝尔在众议院中起作用时采取的方式,很好地说明了他们对有待于进行的改革的利害关系的设想。梯也尔毫不婉转地阐述了他的观点:在他看来,维持阶级的统治高于选举的表达。他说道:有一种不可能的社会主义,因为它导致了"丧失法国与丧失整个社会"。[17] 蒙塔朗贝尔也采用了同样的语言。他直截了当地解释说:普遍选举如果注定通向社会主义,那就应当予以改变。[18] 但是,该如何来实施这种倒退呢?宪法几乎没有留下行动的余地。例如,恢复选举税是不可能与不可想象的。受到纷纷议论的观念毋宁说是"普选组织"的观念。《国民议会报》在1850年1月大肆宣传这一观念。君主派的记者解释说:"纠正的方法既不存在于废除普遍选举之中,也不存在于对它予以限制之中,而是存在于它的合乎规定的组织之中。"[19] 人们想到的相关手段是什么呢?它们回到了正统派原有的建议:两级选举,并在市镇投票。但是,反常的是,正是拉马丁在1850年初以出版他的著作《共和国的过去、现在与未来》最为有效地致力于传播组织选举的口号,该书的第二部分即专门涉及围绕这一主题进行的种种思考。拉马丁正是以共和派的方式,对普遍选举这一"无人知晓它事关民族存亡之神谕的可怕的现代斯芬克斯"进行了思考。[20] 他写道:"每隔3到4年来一次的这种有如中彩般的关于国家主权的赌博,若不事先确保它不会从选票箱中得出盲目、疯狂与暴力,国家就会存在危险。"[21] 为达到这一目标,他觉得首先要废除名单投票,并希望有朝一日能恢复两级选举。在关于共和国未来的长期思考的框架当中被表达出来的这些观念，尤其被右翼收了回去，并被他们用作抵挡普遍选举发起者的重要障碍物，以及为选举的迫切性辩护。但是，宪法不允许回到间接选举，对此，首先感到惋惜的是梯也尔。[22] 因而，行动的余地不可避免地大打折扣。

在符合宪法的情况下，唯一可以利用的变数是住所。秩序党因而把一切希望都集中在对住所的操纵上。住所被视为最无可争辩的政治与道德保障。为了给这些优点进行辩护，1850年的保守派重新使用了以前用来赞颂有产公民的论据。《祖国报》由此写道，它涉及"把法国的政权交给真正的公民，即交给那些以稳定方式使富饶的土地以及居住的国家联系在一起的人"，并谈到了把选民的数目减少到350万。[23] 后者减少了近三分之一的登记选民，并大致回到了1791年划定的积极公民与消极公民之间的分界线。[24] 在众议院中，梯也尔通过恢复圣马克·热拉尔丹谴责"蛮族"笼罩在社会上的威胁时的腔调，任其对不稳定的阶级的蔑视与仇恨爆发出来。他说道："我们已经排除了这一人们无法查封其任何住所的人类的阶级：正是这一阶级，人们已经将其命名为流浪汉的阶级。……正是这些人构成了不是基础，而是大量的聚居人口的危险部分；正是这些人，与历史上最为绝望的称号之一——愚民的称号相称……卑劣的愚民已让所有的共和国堕落。"[25] 共和派将在今后20年里指责梯也尔这种盛气凌人的阶级语言。在它的粗暴背后，却揭示了19世纪中叶的法国社会在思考作为真实包容空间的公民身份方面所感到的困难。社会恐惧与政治上的算计仍然占支配地位。大众阶级的政治融合观念尚未清楚地显现出来。与18世纪的启蒙思想家一样，不少资产者一直认为，一部分人民并未真正处在社会之中。

1850年5月31日的法律，在无选举资格者的人数扩大的同时，最终为取得选举权规定了一项要有3年以上住所的条件。[26] 这并非回归到纳税选举，但也不再是普遍选举。根据卡芬雅克的表述，人们发明了"住所资格"。共和派当时说有350万人突然被剥夺了选举权。实际数字要略少于300万，这一数字约占登记选民的30%（登记选民在1849年为950万人)。不管怎样,这一退步是巨大的。在大城市中感觉尤为明显,因为那里的流动性强,居住条件不稳定。例如,许多工人当时就生活在连同家具出租的房屋中。如果说像上阿尔卑斯、摩泽尔或荣纳诸省减少了不到15%的登记选民,那么在巴黎被注销的选民数则接近60%。梯也尔紧盯的工人阶级由此处于被排斥的状态。完全与政治上的反动以及已经初露端倪的社会幻想的背景联系在一起的限制选举的法律,在思想上仍然是不稳定的,它出自完全清晰的政治与社会目标与被置于模糊状态之中的原则之间混合的妥协。保守派细心地避免把论战摆在哲学与法律的层面上,力求以"施诡计"来战胜普遍选举。此外,《两个世界评论》提醒人们注意,该项法律只是构成了其必然会更为广泛地被人重新非难的第一步:"我们通过法律做到了力所能及的事情;我们将通过修正去做余下的事情。"[27] 符合宪法修正的观念实际上被议论纷纷,而且许多保守派人士希望以这种手段获取消除整个1848年的成果的方式。

此项法律引发了滚滚怒气。一场巨大的请愿运动把民主舆论动员了起来,而大量的示威则表现了社会主义-民主派和大多数共和派的愤慨。[28] 曾掩盖这些行动的路易-波拿巴很快就感到,他可以利用这种不满。他打算在秋天提出撤销这项法律。在一封在议会宣读的信当中,他佯装对被剥夺政治权利者的人数感到惊讶而建议恢复普遍选举。他写道:"5月31日的法律超越了人们能够达到的目标,"并指出,"这一重大排斥已经被无政府主义党派当作借口,该党以有待于重新获取已被剥夺的权利的外表来掩盖其邪恶的企图。"[29] 政变后不久,普遍选举得到了恢复,而1849年3月15日的选举法则重新生效。作为社会征服与政治方面的融合手段的普选史从此以后就终结了吗?虽然其在法律上未再出现倒退,但不少保守派分子,甚至自由派人士却仍然没有赞同普遍选举。19世纪70年代初期,即所有对反动的怀念在一个因战败而受到伤害和不知所措的法国突然重新显现时,人们清楚地看到这一点。公民身份的革命还远未在所有人的头脑当中完成。

斯芬克斯与威胁

　　1870年的灾难使法国受到震动。军事溃败的严重性并非唯一受到责难的对象。军队的失败使法国更彻底地诉诸对制度和价值观的考问。它的政治文化特性似乎一下子被德国的胜利所伤害。色当惨败后没几个月，巴黎公社运动的爆发使大革命结束以来的老问题突然重新出现，再次勾起不安。在两年的时间里，相关书籍与小册子的大量涌现证实了这种慌乱。[30] 对于数代知识分子与政治家来说，这正是总结的时候，是对民族意识予以广泛审视的时刻。"不安""考验""失败""疯狂"，类似的词语不时被用来描述19世纪70年代的氛围。在自由派和保守派（正统派或奥尔良派）当中，如同在《通讯报》[31] 或《两个世界评论》的资产阶级文人那里一样，占支配地位的是悲观主义与不知所措。1871年与1814年一样，法国政治文化的一切含糊不清重新暴露了出来。社会恐惧与哲学困惑，为维持自由派的变化不定和正统派的怀旧而汇集在了一起。它们是以普选问题为中心缠绕在一起的。

　　对于绝大多数保守派和自由派而言，普遍选举被以最为生硬的方式谴责。它成了对失败的结果产生恐慌和厌恶的替罪羊。1870年秋天，乔治·桑就在她的《一个旅行者在战争期间的日记》当中指出："我看到，一种针对普遍选举的极端蔑视、痛苦的仇恨以及抗议在增强。"[32] 在几个月的时间里，以无所不在的方式，人们看到自1848年以来似乎已被克服的对普遍选举的所有批评突然重新出现。在《智力与道德改良》当中，勒南并没有用极为严厉的言辞去谴责他所称的"不合适的民主"。他为了以比别人更为强烈的表达形式去揭露普遍选举"本质上具有局限"的特征，重弹了基佐在1847年时的老调。他写道："普遍选举并未包含科学的必然性、贵族与学者的优越性。……无可争辩的是，如果应当满足于唯一的选择方式，那么由出身来确定比由选举来确定要更有价值。出身的偶然性要小于投票的偶然性。……在直接的普遍选举中任命社会权力，是从未使用过的最粗劣的政治机器。"[33] 与《通讯报》或《两个世界评论》上的专栏一样，[34] 对普遍选举的"诉讼"当时在大量书籍和小册子当中被预审。[35] 此外，这种批评超出了通常的政治讨论的范围。在这一时期当中，一种真正的对普遍选举的仇恨显现出来，某些作者私下表达出的言辞的激烈程度令人愕然。在这方面，人们经常引用福楼拜在1871年秋天写给乔治·桑的一些信，在这些信件当中，福楼拜对普遍选举这一"人类精神名副其实的耻辱"破口大骂。[36] 勒南也对普遍选举充满了敌意，并且在私下里比在《智力与道德改良》中表现得强烈得多。在近20年之后，保尔·布尔热的《弟子》（1889）使人回想起了这种揭露对于一部分他的同代人所具有的重要性。

19世纪70年代初期，三大主题在选举问题当中重合在了一起：精英在社会当中的地位以及他们的选择方式、民主的本质、国家的形式。若分开来看，这些主题丝毫没有新颖之处：每一种都贯穿着1789年以来的法国政治文化。但是，它们在1870年重新露面：同时变得激进化，并且交织在了一起。1870年，进攻期间指挥力量的缺乏，首先重新勾起法国在思考精英以及摆脱贵族政治和纳税选举的观点与对公共意志无条件的赞颂之间的波动方面所存在的困难。人们力求找到一条新的途径，并致力于平衡多数的力量。例如，福楼拜写道："我们的拯救目前只存在于一种正统的贵族之中，我这句话的意思是将要形成的大都只不过就是数字。"[37] 在《智力与道德改良》当中，勒南采纳了类似的观点。他写道："就能够意识到一个民族的形式的问题而言，法兰西搞错了。普遍选举有如一堆散沙，在微小的东西之间既无凝聚力又无固定的关系。人们无法以此来建造房子。一个民族的意识存在于该民族有见识的那部分人之中，他们训练与指挥着其余的人。最初的文明曾经是一种贵族的事业，是很少一部分人（贵族与祭司）的事业，这些人通过民主派称之为武力或欺骗的东西使文明占有重要位置；文明的维护也是一种贵族的事业。"[38]

在这种转化的年代里，对普遍选举的批评同样对关于近代民主的一切考问产生了影响：政治领域（其服从于多数的统治）和管理领域（此处起支配作用的是能力）之间的关系究竟该如何是好？该如何来协调自由主义与民主，并消除专制政体的威胁？在发表于《通讯报》的一篇极具洞察力的文章当中，杜邦-怀特很好地概括了这些自由主义的考问含义。他写道："民主的一种可怕缺陷就是和神权政治相类似。一如神权政治论者相信上帝，民主相信本身，亦即相信多数。……应当以多数为一方，政府为另一方；这种划分与教权和俗权的划分一样是最为重要的。"[39] 在选举问题背后，同样重新出现了权力的组织以及作为集体生活天然结构之市镇的作用的问题。人们当时指责普遍选举通过近乎自然而然地向往国家独一无二的管理而产生与政治过于抽象的关系，而且，人们力求找到种种已区分的参与形式。

因而，普选问题在这一时期在某种程度上被过度投入。它通过这一事实获取了重要性。1870年发生的一切，如同一个世纪以来关于法兰西民主的考问在相互交叉和简单化，它使关于选举的论战具有一种充满激情的特征，而反常的是，这种特征在1871—1872年远比在1847—1848年，甚至比复辟王朝时期强烈得多。此外，在1871年，普遍选举仍然是一种新的制度，并且还没有取得真正的独立。1848—1851年，它实际上勉强地初次参加战斗。1848年的选举，尤其是1849年的选举，所表达出来的更多的是排斥与不安，而不是肯定的选择。在第二帝国统治时期，某种试验阶段不可否认地在形成。但是，选举在很大程度上依然被当局所控制，后者指定了官方候选人。普遍选举只是以被框定以及引向一个方向的方式存在，尚未真正地成为自身的主人。[40] 它被紧紧束缚住，直到1863年才略有放松。[41] 从这时开始，政治生活的确改变了性质。人们重新感到选举可能恢复了意义。[42] 但是，一切依旧脆弱和不明确。到了1871年才不复如此。从此以后，普遍选举真正地听任自己支配。假如理论上并无任何变化的话，实际上一个新的时代也已经开始。这一被许多自由派和保守派人士视若威胁的新生事物的特性在增强，同时使得这一时期的利害关系被夸大。法国当时在这方面确实领先于其他国家。1871年，普遍选举远未在欧洲得到确立。意大利当时只有50万选民，而英国在1867年的第二次议会改革法案——它使选民人数从80万增加到250万——在拉芒什海峡彼岸被视作真正落入了未知因素之中。男子的普选的确已引入德国，但运行仅限于帝国的层面，在各邦举行的选举仍旧是有限制的。甚至在美国的不少州当中，许多限制仍继续存在，这些限制涉及纳选举税的条件或扫盲测验。

　　第二帝国垮台之后，普遍选举恢复了不可捉摸的特征。选举结果的不可预料性有助于造成普选令人惊奇的力量。1871年2月8日，国民选出了一个充斥正统派的议会，把数目超过七月王朝时的名门望族的代表重新送回新议会的议席当中。但是，自1871年夏天以来，补缺选举扭转了这种倾向，50个省以共和派在选举中占上风毫不留情地否定了这些显贵。在自由派和正统派人士当中，对未知因素的恐惧因此压倒了其他的考虑。人们更害怕的是一种无法预料的结果，而不是一种阶级的投票或政治投票。杜邦-怀特在1872年写道："我们面临着某种闻所未闻和至高无上的事物。但愿我们预见到一种尚不了解自身力量的作用。"[43] 1871—1874年，某些补缺选举保持的令人惊讶之处只是加强了这种想法，即把普遍选举视为一种神秘与无法控制的力量、名副其实的现代斯芬克斯。这种现象在1874年春天表现尤甚。《通讯报》的一位专栏作家当时以极能体现在保守派当中占支配地位的精神状态的言辞宣泄了他的忧伤。他写道："普遍选举是一种奇特的、神秘的力量，它的种种行为，从最具洞察力的角度观之，与意志一样神秘。……人们为推测其选择的奥秘而进行猜测，人们想从这种不确定当中获得明确和可靠的教训；人们企图在如此之多的可变原因当中，在如此多的易变的外表或虚幻的借口当中，发现对事件起支配作用的法则；人们滥用数字，赋予它们一种新的价值：人们指定了宜于使用或适合为未来保留的可靠手段——后者并非存在于党派的判断之中,而只存在于机敏的评述、自以为是的谬论、徒劳的慰藉或激烈的指责当中。处在所有这些怀疑或矛盾之中的人们,究竟能知道些什么呢? 3月1日的双重选举——虽然它只是已两度欺骗了公众预测的普遍选举——又让人们确切知道些什么呢?"[44] 人们首先害怕的是不确定,后者当时显得与民主政体紧密相连。民主政体几乎以某种方式显示出,在其本质方面比其可能导致的结果方面更具有威胁性。同年春季,曾为拿破仑三世担任马厩总管的布古安男爵在涅夫勒省的当选,使这种担忧具体化,而其显示的农村居民态度的急剧变化,使得保守派和共和派受到了触动。

这种对普选的神秘性的认识,在语言上获得了延伸。在许多例子中,它被用作名词。"普选已说过""普选已表达""选举已拒绝""选举已使人想到",这些表述在这一时期关于选举的评论当中时常重新出现。好像"普选"一词更多地不是指称一种程序,而是指称一种活生生的、几乎是一个匿名者的力量。在共和派的文献之中,"普选"甚至经常被用作"人民"的同义词(此在甘必大的语言当中给人留下尤为深刻的印象)。把普选等同于一种既被掩盖同时又至高无上的形象,[45] 退回到了法国政治文化抽象的普遍主义。选举显得像是一种无法界定和无法把握的形象。这与在英国或德国的情况迥然相异,在这两个国家里,人们始终感觉到选举程序当中存在的阶级和利益。

把统计学知识应用于选举领域的努力在这些年当中的发展,在此找到了存在理由。在法国,为了减少选举的不确定因素以及形象地表现出它的变动,人们很早就力求发展选举统计学。[46] 人们期待能够在知识的范畴抵消由法兰西政治文化抽象的普遍主义所孕育的不透明性,并由此削弱选举的神秘力量。首批这种类型的著作出版于第二帝国统治时期,当时共和派力求理解他们为何难以在选举方面取得巨大成就。F. 埃罗尔德由此在1863年12月7日的《世纪报》上发表了一篇关于城市与农村在投票方面不一致的分析专论。[47]

1870年代初期，某些报刊试图具体表现关于普选的争论。1874年1月，阿纳托尔·迪努瓦耶在《政治与文学评论》上发表了一篇题为《普遍选举的统计学》的文章。[48]它把目标确定为"让我们知道我们是谁以及我们怎么样了"。同年，属于中间偏右派的经济学家莱翁斯·德·拉维尔涅在政治经济学协会发起了关于普遍选举以及概述选民经济社会学特征的讨论。[49]人们由此试图在数目背后发现阶级，并企图掌握不同党派演变背后的规律性。[50]这种使选举充分产生融合效力的分析工作应当将其社会学密度归还给政治仪式。

怀旧的目录

1871年2月8日的国民议会选举是在1849年3月15日的选举法基础之上组织的：年满21岁的成年男子的普选、连同在区首府投票的以省为单位的名单投票。人们希望与第二帝国时期实行的大区名单投票一刀两断，后者在人们的记忆当中仍然与官方候选人的实施联系在一起。临时政府也认为无法恢复1850年5月30日的选举法。共和派满足于这种状况：因为普遍选举得到了肯定，而名单投票在他们看来则是一种摆脱地方显贵影响的政治投票的条件。虽然1871年1月29日的召集令在事实上具有临时性质，但共和派并未急急忙忙地去制定有关选举问题的法律。[51]然而，在准备宪法——对于共和派来说此乃首要问题——的框架中，属于中间偏右派并与梯也尔过从甚密的杜福尔在1873年5月19日提出了一份政治选举法的法案。该法案既未重新质疑普遍选举原则，也未触及年满21岁的年龄限制，但却规定了某些限制，这些限制导致了一种介乎于1849年3月15日的法律与1850年5月30日法律的折中方法：住所条件被降低为2年以上，而丧失资格与被剥夺选举权的适用范围却在扩大。[52]这些建议在议会的大多数议员看来显得过于超前，而梯也尔则不得不在5月24日退隐。对于右翼自由派和正统派而言，选举问题是一切的关键。1873年4月28日，巴罗代这位得到甘必大支持的激进共和派分子在巴黎的当选，强化了他们的这种理解。一位无甚名望的激进派人士能够以领先于雷米扎4500票的优势当选,且得到像利特雷这样的温和共和派的支持,深深地触动了右翼人士。右翼和中间偏右派趁机变得强硬起来,而普遍选举首先被置于被告席。人们以为突然回到了1850年春天。问题仅仅在于力求"抑制民主"、"拒斥多数"、"消除社会危害"。因而,哲学上的困惑与对专制统治的恐惧,在1873年春天夹杂着名副其实的政治的歇斯底里。但是,该如何来消除人们断言的紧迫威胁呢?右翼处于一种复杂微妙的位置。君主派联合的前景实际上依然敞开,因而推迟一切立宪范畴的讨论至关重要。只要政体问题没有得到解决,关于第二院或公共权力组织的辩论就显得有失成熟。选举立法几乎机械似地不再具有了重要性。《两个世界评论》的政治专栏作家在梯也尔下台后如是写道:"如果人们想确立本质上真正保守的事业,那么就得着手起草一项选举法。"[53]

新的宪法审查委员会,即30人委员会于1873年12月4日由议会选出。它由正统派占据支配地位,并优先致力于一项政治选举法的讨论。[54]其目标究竟何在?如同该委员会的报告人巴特比明确说明的那样,它公开地"抵制多数法则"。[55]这亦与布罗伊公爵的见解相同,后者曾以典雅和傲慢的方式脱口说道:"普遍选举并不具有看得见的意义,它只具有谈论的意义。"[56]但是,该如何来净化这种人们畏惧的普遍选举,并摈除人们觉得会不怀好意地围绕着选票箱转来转去的"流浪者"、"无能者"和"作恶者"呢?是否应当恢复纳选举税的选举形式呢?许多保守派人士也许有这样的想法,不过,没有人敢公开道出这一点。[57]人们清楚地意识到,过于剧烈的倒退引发的爆炸会有多大。但是,人们在根本问题上也存在着困惑。30人委员会的基本成员在第一批会议中的思考在这一点上之所以显得更有意思,是因为它们是伴随着这一框架准许的自由态度提出来的。他们当中的一员塔隆如是说:"损害已进入我们习俗之中的普选是危险的。国人依恋着它。破坏了普选,将激起人们的偏执情绪并引发可怕的失望。将普选建立在能力和财产的基础上是一项错误的制度。

能力很难培养起来。如果它存在于良知和理性之中，人们会看到某些目不识丁者拥有的良知和理性要多于某些通过中学会考者。将其建立在文凭的基础之上也同样危险，因为所有野心勃勃者和失去社会地位者亦普遍拥有文凭。至于财产，它并非利益的确切表现。"[58] 人们已经感觉到，从此之后在法兰西民主可能采取的形式当中存在着某种无法回避的事物。格里瓦尔解释说："选举权是一种职责，不是一种绝对的权利。但是，人们既不能损害它，也不能取缔它，而只可以去组织它。如果议会从根本上对其进行修改，它将在全国遭到可怕的抵制。普遍选举的设置或许是一种不幸，但它存在了20多年，已经深深地扎根于国人之中。……有限制的选举或许将不会提供更多的保障。因而，应当保留普遍选举，但应当纠正它、缓和它以及赋予它一种平衡力量。"[59]

那么，该如何在不否定的情况下"改造"普遍选举呢？这方面的行动余地并不大。人们有时满足于玩弄文字。某些人谈到了"普遍选举不再有违理性"。[60] 而正统派开始习惯于拿某种不太晦涩难懂的"恰如其分地实施的普遍选举"概念当挡箭牌。[61] 为了纠正普遍选举以及改善它，30人委员会当中的自由派的少数派认为，人们可以满足于年龄和住所的保障，而能力和财产的保障不再显得可资利用。但是，正统派的多数派觉得这些预防措施尚不充足。他们希望把选举纳入一种利益代表制的哲学之中，并把两级选举视为对普遍选举必要的纠正。

1873—1874年冬天，30人委员会着手对所有可以设想的选举技术进行了一次名副其实的清点。要实行两级选举吗？这种想法在该委员会当中得到安托万·勒费弗尔-蓬塔利的坚决捍卫。在无须明确限制的情况下，两级选举令使选举集中以及引导选民成为可能。1871—1872年间出版的某些著作已经吹嘘起这种方法的优点，如伊波利特·泰纳的《论普遍选举与投票模式》（1872）、约瑟夫·加代的《论普遍选举以及在一种新模式下的应用》（1871）、约瑟夫·福隆-梅纳尔的《国家的职能》（1871）、卡斯特拉纳侯爵的《论普遍选举在法国的组织》(1872)，等等。间接选举的支持者的论据没什么变化。他们说，大量的选民仍然是无知者，没有能力判断候选人的价值；但是，这些选民完全有能力区分即将组成一个有见识的选民团的最聪明与最能干的人。人们没有摆脱由托克维尔在19世纪中叶重新提出的孟德斯鸠的法则。这是人们一直用来赞颂两级选举功绩的过滤与净化的相同隐喻。但是，直接选举25年的经验也提供了新的论据。勒费弗尔-蓬塔利指出，"为了选举的真实与体面，应当尽可能远离和排斥多数。尤其应当预防选举集会的冲动，因为在那种场合，民众往往会任由缺乏意义的演说所驱使。今天，普遍选举已掺假：冒称具有引导选举权利的人就是代表。在这些代表之外，则只可能是政府，而我们不想回到对官方候选人的滥用上。"[62] 这些反应迅速的言辞引起了关注。它们实际上意味着对民主组织的社会学思考的雏形。正是在19世纪70年代初期，为满足其论证的需要，某些直接普选的反对者被引导着进行了非常独特的思考。为了捍卫间接选举，他们试图显示在25年当中，从未有过"纯粹的"直接选举以及正式的程序（第二帝国统治时期的官方候选人制度）或非正式的程序（选举委员会），它们实际上始终在组织候选人，并构成一种当选者和选民之间居中的阶梯。在这种视角之中，两级选举是一种选举选择的道德化、自主化，甚至是民主化的工具。它提供任由政党或政府取代政治生活框架的唯一办法：其支持者认为，这是一种公平透明的净化多数的手段。意味深长的是，人们将注意到，30人委员会中的其他成员普拉迪埃和德莫子爵建议，在选举中合法组成预备委员会来作为间接选举可能的替代。由显贵和有产者组成的这一委员会将以登记候选人、倾听他们发表政见、组织辩论、提出建议以及注意选举的真实性为职责。[63]

然而，赞同两级选举论据的这种现代化不应当让人上当。它在30人委员会中正统派的观念里是边缘性的。间接选举依旧被纳入良民与天然精英之间的关系的怀旧观念中。他们当中的一员说道："当工厂、城堡、本堂神甫住宅尽其职责时，农民、工人，一言以蔽之即多数,将随之而来,并将效仿它们。"⁶⁴ 正统派的世界仍然搁置在这种家长制城堡主人的残留印象之中,并且只理解作为传统社会关系现实化与延伸的近代政治民主。右翼力求恢复的是这样一种淳朴民族的习俗,这一民族扎根于土地,忠于原有的传统,尊重主人,而主人作为回报,则同意充当其领路人与庇护者。右翼的整个民俗方面的传统即存在于这一情感之内。此外,这种社会学的间接选举观符合逻辑地区分了地方选举与政治选举。虽然政治选举必然分成两级,但许多人认为,地方选举可以直接进行,因为在后一种情况当中,选民与自己的利益关系更为密切,并对有待选出的人有着亲身认识。人们已经说过,对于正统派来说,两级选举与民众和显贵之间的关系的过时观念联系在一起。由此在1871年导致了如同在1817年已经出现过的在接受普遍选举方面的模棱两可。当尚博尔公爵在1871年7月5日的《宣言》里提及"恰如其分地实施的普遍选举"时,他与甘必大毫无相似之处。在一份致选民书当中,30人委员会中的正统派成员加布里埃尔·德·贝尔卡斯特尔写道:"在'国王'的宣言里,普遍选举的表述应当在一种排除危险的意义上来理解。"⁶⁵ 为了排除这些"危险",19世纪70年代,正统派中的大多数力求在一种利益代表制的视野之中纠正普遍选举。

  这些老爷们认为,普遍选举是一种具有威胁性的力量,因为它是盲目、不确定的。人们所害怕的正是个人机械的相加,在人们看来,舆论和意志无固定形态的混乱会引发专制政治以及屈从于一切操纵。由于这一原因,非集权化的观念在19世纪70年代初期一帆风顺。此外,一个由奥迪隆·巴罗主持的这方面的改革委员会在1870年春天成立。⁶⁶ 人们认为,非集权化将由此通过远离漠不关心的大众的幽灵和以不同于勒南所揭露的"一盘散沙"⁶⁷ 或戈比诺所厌恶的"这类软绵绵的糊状物"⁶⁸ 的方式构成国民,使建构真正的共同体成为可能。人们希望通过重新组织选举权来驱除同样的幽灵。30人委员会解释说,其目标是"控制社会力量"、"组织社会利益的代表制"。那么该如何进行呢?首先通过设置所谓"复数的"投票制度赋予选票质量上的密度。例如，孔比埃与贝尔卡斯特尔希望赋予已婚男子和家庭中的父亲额外的票数。昂德拉尔侯爵通过提议根据土地税来赋予额外的投票，恢复了双重投票法的旧观念。最后，其他人建议把特殊的选票赋予某些职业的从业人员以及某些文凭的持有者。复数投票[69]——某些人亦称之为"组合的"投票或"以数字表示的"投票——允许每位选民拥有与在他的选举证上打上印记的投票次数相同的选票。由此，在同一个家庭里，单身的家仆只可投一次票，而已婚的主人、家庭中的父亲、医学博士和纳税人拥有的投票次数则可高达十次之多。[70]

除了这种复数的选票，人们还希望设置一种用来消除多数的利益代表制。这一想法当时被人议论纷纷，吸引了人数大大超过信奉正统主义圈子的各种圈子，自《六十人宣言》以来，它甚至在工人当中亦获得了强烈的反响。撰写了《古代城邦》的历史学家菲斯特尔·德·古朗治也详述了这种主张。他解释说："在法国居民当中，并不存在人们赖以要求具有同样的代表和同样的意见的统一性。近代社会是由极为复杂的部分组成的。我们不是一个民族，我们是生活在同一领土上的10或15个民族，我们融合在了一起，但在利益、习俗、思考方式甚至语言上是各不相同的。我们每个人都来选择那些应当在共同议会中代表我们利益以及维持我们权利的人，难道不是自然与公平的吗？……普遍选举并非罪恶之源，因为已尝试了多次的有限制的选举并未显示出更多的政治智慧。弊端在于我们过分关心纯粹的理论和抽象的形式。选举，不管是有限制抑或是普遍的，始终会在空想边缘误入歧途。纠正的方法在于把它重新引向利益的方面。"[71] 为了平衡多数与代表的利益，某些人甚至想到了设置第二院。这正是自由派或保守共和派的观点。《民主制》的作者、与拉布莱耶一起代表着30人委员会左翼的艾蒂安·瓦舍罗指出："我们都希望组成第二个议会。对普遍选举、利益代表制以及社会中的保守因素起纠正作用的一切应当置于此处。"[72] 但是，正统派想走得更远，并希望众议院本身应当以利益和职业为基础来选举产生。例如，有好几个直接提到了当时生效的普鲁士的法律,并建议在市镇的层面把选民分成三种,使每一种选民与分摊的直接税份额的三分之一相一致。第一个三分之一由纳税最多者组成,因此,它虽然仅由极少数选民组成,却拥有与由所有缴纳小额税金的大众,甚至那些未缴纳任何税金者组成的最后三分之一同样多的代表名额。大批的方案使人联想到了这种阶级代表制的熟练变种。在《论普遍选举及其在新模式下的应用》(1871)之中,加代建议把居民分成五种等级,每一等级拥有的代表名额相同。这五个等级分别是:有产者,耕种者,工业家与商人,工人,自由职业者、公务员和民用的雇员。德·弗朗克里厄侯爵在《被恰如其分地实施的普遍投票》[73]当中则提出了三类专门代表利益(工业、商业和劳动力)的代表,以及两类代表科学(宗教的与世俗的)的代表。

两级选举、复数投票、利益代表制,在 30 人委员会中提出的所有这些普遍选举的框架模式构成了名副其实的法兰西政治怀旧的汇编。正统派当时充满了幻想。《两个世界评论》的自由派不乏对正统派的公开嘲笑。该杂志在 1874 年的第一期中指出:"大概有余暇的立法者们在凡尔赛开设了一个科学院,他们在那里以组织法为借口,委身于对所有已知和未知的宪法理论的研究。"[74]一个月后,人们又在该杂志上读到:"这一委员会就是一种幻想的受害者。它自己搞错了。它不是为了投身于这种对突发奇想的研究而被创立的。"[75]然而,六个月后,同样的这些人投票通过了一项确立没有限制的普遍选举的选举法。该如何理解这一突变呢?普遍选举的胜利并不仅仅来自一种征服:它在许多方面显得像是一种顺从、一种抵抗瓦解的结果;它更多的是一种弃权,而不是一种战斗的结果。

顺从的时代

1874 年 3 月,莱翁·巴特比提交了 30 人委员会关于选举法法案的结论。[76]奇怪的是,在数月时间里,所争论的全部建议统统遭到排斥。问题不在于是两级选举还是利益代表制。该报告局限于对取得选民资格的一整个系列的限制提出建议：年龄限制定为 25 岁，住所的期限定为含有相对强制性的证明方式的三年（对出生于本市镇者则为六个月），相当严格的被选资格条件（年满 30 岁，在该市镇已履行了为期五年的纳税义务）。此外，它以大区投票取代了名单投票。人们实际上恢复了 1850 年 5 月 31 日的法律精神，而且，已不复存在那种真正两者择一的对选举和代表的理解方式的迹象。这些正统派曾如此坚持的原则是如何被放弃的呢？巴特比在其报告中就此作出解释时使用的言辞非常有意思，使人得以理解导致普遍选举被一个保守议会理智接受的变动的性质。复数选举？他解释说："使之被排除的并非实际困难。……使我们止步的正是这种革新远远未被确定的结果。"[77] 两级选举？"也正因为其结果的不确定，使我们决定既不把两级选举，也不把记入四种直接纳税人之一的台账作为纠正方法。"确定一种被选资格的税金？"被选资格的税金只是迫使没有改变选举精神的候选人感到不便。"

普鲁士式的利益代表制？"在大宗财产与中等财产，以及在中等财产与小型财产之间不存在差别。它们在所有层次上的条例均是相同的。"增加纳税最多者的票数？"本委员会的大多数人担心，此举会在由各种各样的部分组成的全体选民当中形成有系统的对抗。恢复面向所有选民征收的选举税将更为可取。"那么就确定一种低廉的选举权的纳税额？"本委员会出于担心其与我们最为强烈和最为疑虑重重的情感——平等相冲突而放弃了这一计划。本委员会也担心这种精神无论是在广泛性还是可靠性上均不足以在取代普遍选举时具有某种优势。"这种不时表现出的犹豫以及天真地表达出来的招认，清楚地显示了更为基本的限制正是通过独一无二的否定方式而未被采纳的。《时代报》在评论这一报告时说道："这首先是一种巨大的天真。他不可能更加天真地去表明我们自称是保守的党派所陷入的奇特的精神状态。……在这项工作的整个过程中，巴特比先生一直显而易见和主要的担心就是为该委员会未敢进一步行事辩解。该委员会对未能做得更好请求原谅，提出了比如恢复 5 月 31 日的法律的建议。"[78] 巴特比的这份报告没能使任何人满意。共和派自然而然地对它围绕着选民资格而设置的各种预防手段感到气愤，自由派仍然对所提出的相关措施的有效性抱有怀疑，[79] 而议会中最为保守的成员们则感到受挫。不过，巴特比意识到了这一点。他在该报告的结尾部分指出："我们并非不知道，我们的方案将既不能满足那些不赞成对选举有任何限制的人，也不能满足那些认为此乃根本改变一种制度——它由革命的冲击而引入我们的法律——的有利时机的人。"[80] 那么该如何解释这一报告呢？人们能够像曾坚决主张"伴有极为轻微和极为合理的限制"的普遍选举的布罗伊那样说吗？[81] 抑或应当像甘必大那样从中看到"被引向反对普遍选举的举动"？[82] 两种解释均有可能。较之1849年的法律，甚至较之1873年的杜福尔提案的谨慎，倒退的确颇为明显。但是，人们并未因此就回到纳选举税的选举制度，正统派的怀旧并未在根本上得到考虑。巴特比报告模棱两可的特征取决于他意欲依赖的保障观念本身。某些限制的实际意图是极为明显的。例如，在某个市镇的纳税记录中，登记5年以上方有被选资格的规定即属于这种情况：它直接把矛头准了在农村地区或中等城市参加竞选的共和派记者与政论家。但是，年龄和住所方面的限制亦是如此吗？这是人们意欲驱除的一种幽灵和幻觉，但是，人们没有指明任何可能将其视为是危险的确切入口。巴特比所陈述的预防手段最终更多是为了消除右翼的不安，而不是提供真正的保障。虽然《时代报》或《两个世界评论》的自由派开始理解这一点，但绝大多数保守派人士却不能。他们还需要紧紧抓住这一被想象成巧妙方法的事物。[83] 但是，随着30人委员会的第一次后退，对普遍选举的肯定却已经在前进。随着种种相关限制的直接关联性的崩溃，下述沉重的事实自己暴露了出来，即在真正的纳选举税以及能力合格的理想与接受"一人一票"这一简单的表达形式之间，不可能有第三条道路。共和派在说到"人们没有靠计谋去获得普遍选举"以及应当要么接受它要么彻底拒绝它时，试图以他们的方式表明这一点。

即便它们不再具有坚实的思想基础，保守派们的迟疑也并未立即消除。而且，它们从未被完全公开地消除过。普遍选举只是以权宜之计的方式最终得到认可。为此，应当有在1874年夏天通过一项市镇选举法的讨论和投票之间进行的迂回。正是在这一场合当中，不可逆转的转折点得以产生。1873年7月21日，提交一份最初的报告，而一份补充报告则由夏布罗尔于1874年3月7日，即30人委员会结束其工作之际提出。[84] 与巴特比一样，夏布罗尔希望"纠正多数法则的弊端"，"保护保守主义的观念"。但是，正统派观点在其中占支配地位的非集权化委员会则更为始终不渝。它所提出的是一份真正的和非常严密的市镇宪章。与之联系在一起的市镇选举立法的方案并未局限于30人委员会提出的不彻底的措施。虽然它以没有纳税额的条件以及伴有一项关于住所（为期3年，出生于本市镇者为6个月）和年龄（年满25岁）的条款接受每人均有投票权，但它特别重新考虑了正统主义反个人主义的观念中的某些基本点：伴有在选出的市镇参议员中补上缴纳税金最多者的利益代表制；通过累积投票制来保障的少数代表制度；[85] 伴有确立已婚选民的双重投票的复数投票。[86] 非集权化委员会由此以为设置了一种与多数法则在哲学上决裂的制度。它不满足于净化或过滤选举，它意欲通过严肃的平衡个人主义原则以及力求使代表制度的形式复杂化来把它置于新的基础之上。正是这一原因，使得议会中关于这一法案的讨论特别值得关注。共和派感到这一讨论将具有决定性。1874年6月3日的《法兰西共和国报》如是指出："没有人会被它欺骗。自1850年5月31日以来，法国的议会从未就一项如此严重和如此危险的议题作出过决定。"该法案的坦率实际上使辩论时的言辞变得强硬。

住所问题几乎未被讨论。共和派本身赞同在地方选举中，凡不是出生于该市镇的人，都应当通过在一定期限起在缴纳直接税的台账上有所记录的书面证明来证实有种真正的融入。正统派从他们的立场出发，同意把这一条件限定为一年。[87] 同样，要求年龄从25岁降低为21岁亦得到让步。在夏布罗尔看来，该法案的基本条款在于别处：它们存在于以代表社会利益为目标（因而也就是以超越简单的个人主义投票为目标）的措施之中。由于这一原因，补充纳税最多者成了所提出的制度的要点。决定性的斗争正是在这方面展开的。茹勒·费理争辩道："该委员会的方案与近代国家依赖的概念本身是相悖的。近代国家完整地建立在使所有特殊利益服从于普遍利益的观念之上。近代国家与封建国家的区别正在于此。……你们的方案是在这一基本的近代权利观念之外设想出来的；我相信，80年以来，它是一种不同观念的唯一例子。"[88] 这就是问题的实质。但是，即便并不认同夏布罗尔的观点，某些保守派人士也并不准备同样清楚地解决这些事务。一项由莱昂·塞与布罗伊公爵的亲信巴尔杜提出的修正案使他们得以找到便利的解决方法。通过提议回到1837年的法律上去——该法律组织纳税最多者参与，但将这种参与限定在确切的特殊借贷和征税事项当中，[89] 巴尔杜给整个右翼提供了在不进入夏布罗尔大胆视野的情况下，根据财产看出某种重要性的机会。然而，报告人并没有上当，因为他在关于修正案的投票过后判断说，巴尔杜的方案是不近人情的。他说道："通过纳税最多者的参与给保守派的利益提供的保障，仅仅使该委员会的多数派决心为该方案的其他部分而扩大市镇的自由（权）。"[90] 少数派收回了这一法案，所以，1874年7月7日，右派投票通过的就是一项极为开放的市镇选举法。共和派虽投票反对，但他们最终却安心了。而且，自7月3日以来，在25年的拒斥之后，《法兰西共和国报》表示了欢迎，它指出："普遍选举得到了拯救。它仍然是法兰西社会的基本法则。这是一种最终的征服。"

　　从这一时刻开始，30人委员会在政治选举法方面的提议不再可能具有任何意义。该委员会对此备了案，并提出辞职。由此，政治的普遍选举通过在讨论过程中对市镇选民的保持沉默得到认可。一年后，当新的政治选举法提交给议会时，[91] 报告人、共和派的马塞尔得以在未引起反对的情况下说道："人民主权原则和普遍选举原则在这个国家达到了成为政治教条的状态。"[92] 保障没有限制的投票权

220

的新法案，几乎不经辩论就投票通过了。唯一重要的讨论与投票方式有关。右翼没有开战：在591名议员当中只有85名议员投了反对票。自1871年以来，经历的都是什么样的历程啊！《法兰西共和国报》狂喜道："普遍选举这一必不可少的制度不再受到攻击，不再处于讨论之中。……让我们回想一下人们在两三年前以多数保守派的名义所说与所写的一切吧。人们抱怨普遍选举，攻击多数法则，策划着把我们引向利益代表制。"[93]右翼已经顺从，即便他们并没有转变思想。

对路易-拿破仑·波拿巴以普遍选举的拯救者面貌出现的条件的回忆，在这种顺从当中起了一种不容忽视的作用。在对30人委员会发表讲话时，梯也尔承认1850年5月31日的法律是一个错误，从而引起了轰动。他叙述说："在德·弗洛特和欧仁·苏先生双双当选之后，人们感到极大的恐惧，而且，我曾是5月31日法律起草和讨论当中最投入的作者之一。我是诚心诚意的，我当时曾说过一句'卑劣的愚民'——此话曾经引起骚动，并留在我的同时代人的记忆之中。12月2日，我得知，我们已经把令人生畏的武器交到了一个想进行重大冒险的人手里。这一切使我进行了重大的反思。始终存在着这样一种危险，即把武器交到可能通过宣称其将恢复普遍选举来向国人自我推荐的人手中。"[94]许多中间偏右的自由派人士赞同这种分析。这正是自1871年以来《时代报》和《两个世界评论》显得相对谨慎的原因。这些报刊从根本上赞同正统派感知到的不安，同时不相信真正把普遍选举重新提出来进行讨论的可能性。[95]《通讯报》的天主教徒们更是长期力求回避这种约束，梦想有种把投票权与自动具有保守作用的代表制模式协调起来的制度。但是，在1874年夏天的辩论当中，他们被迫回到了现实。

虽然右翼已经顺从，但他们仍不失尖刻。《通讯报》在1875年11月30日的法律投票通过后指出："选举法已投票通过。它将丝毫没有，或几乎丝毫没有去除普遍选举的粗暴力量。由此，在我们的第三共和国当中继续存在着这样一种统治，即多数和无知的统治。"⁹⁶ 就这样，普遍选举是作为一种简单的社会事实被人接受的。尚帕涅公爵在《通讯报》当中写道："我们无须学习哲学。普遍选举对我们来说并非教条；而是远未在这个世界变得普遍的事实，一个将不会永恒存在的事实。但是，暂且还应当与它同在。"⁹⁷ 正统派与自由派的天主教徒由此在理智的顺从当中与《时代报》或《两个世界评论》的自由派汇合在了一起。法国政治史中的一页同时被翻了过去。从此以后，将不再有任何政治力量会要求把普遍选举重新拿出来讨论。但是，这是一种微小与脆弱、缺乏真正的哲学基础的胜利。人们与其说把它看成权利和公正的表达形式，不如说把它看成不可能抗拒的力量。法兰西民主依旧悄悄地被打上了先天不足的印记。

最后发言权

保守派在畏惧普遍选举的同时深知注定要与之妥协。在他们看来，"不可抗拒"是它的最终特征。右翼的分析和反应，皆围绕着这种不可抗拒性的观念展开。这一观念原谅、解释并概括了谨慎与妥协、失望与同意、盲目与顺从。实际上，不可抗拒性的依据得以在接受普遍选举的同时，在思想上诋毁普遍选举。但是，该如何来理解它呢？它包含着两种从未清晰地连在一起的极为不同的意义。它摇摆于历史遗产和不可避免的未来之间。尽管人们没有清楚地认出后者，但人们清楚地感到自己被迫重视前者。对于1871年议会的大多数议员来说，普遍选举甚至仅是一种出乎意料的遗产。人们想相信，在1848年确立的普遍选举只是法国立法中的一次偶然事件，它与民族传统毫无瓜葛。因而，对它的接受不存在哲学的蕴涵。人们仅仅把它看成与1848年2月事件罕见、粗暴的特征联系在一起的纯粹取决于形式的事实。人们把它看成是一种偶然性的结果，而这种偶然性的结果随后被时局改变成了必然性。

人们在这一场合可观察到，对于19世纪后半叶的自由派和保守派而言，对1848年革命的解释是根本性的。在他们看来重要的是，将此种解释局限于相关的事件，并且为了确认它不存在与法国政治的长时段历史联系在一起的必然性而着重指出它的无法预见性。例如，维克多·德·布罗伊提醒说："2月事件像晴天霹雳一样降临到了法国。它们至少使那些制造普遍选举的人与那些忍受普遍选举的人一样措手不及。"[98] 普遍选举在某种方式上没有历史。德莫子爵于1874年6月在关于政治选举法的首次讨论当中争辩说："它是突然地以及无准备地被采用的。"[99] 人们也可以在把它作为事实来接受的同时，拒绝赋予它所有哲学上的合法性。在保守派看来，普遍选举到来的突发性也产生了一种持久的扰乱：它导致政治变革术语的激进化。德莫子爵以引人关注的表达方式解释了这一点。通过把法国与其他重要民主国家相比较，他展示了其他民主国家在扩大选举方面是如何具有务实、渐进的取向的。他指出，在德国、美国或英国，"立法机构能够扩大而且实际上亦扩大了选举权。它逐渐地根据民众的条件被培育的状况来增加选民的数目。它接近普遍选举，与普遍选举有共同之处，但从未达到普遍选举。外国立法机构的状况是值得羡慕的！对于它们来说，改革选举即扩大选举；而对于我们来说则相反，对选举的改革因为被置于一种较不幸运的处境之中，不可避免地成为净化选举。"[100] 法国因而仍然深深地被1848年的偶然事件打上印记：由于为了未来而阻止所有渐进的选举取向，选举将注定在反动的危险与激进民主的幻象之间摇摆不定。19世纪末，自由派或温和共和派的政论家数度重新提出这一问题。比如，它为布特米在法国与英国之间进行比较的著作提供了材料。[101]

法国的特殊性极为清晰地从政治方法（简单地说即为激进主义对渐进主义）的角度得到了理解。但是，由于这种由形式决定的对1848年的认识，人们从未对根本原因进行分析，不理解造成渐进主义困难重重的是法国代表制和公民身份的整体观念。虽然选举权与群体和阶级的代表制重新联系在一起，但在它的历史当中存在着一种近乎无限的弹性，而这种历史，如同英国的例子使人想到"改良主义在这种情况当中是天然的政治变革手段"那样，在某些方面可能只在很晚的时候才被终结。[102] 在法国的例子里，抽象的公民身份概念反而使改良主义变得极为困难：实际上，渐进的改良内容在此诉诸的是形式上的规则，而不是具体的人口。在 1866–1867 年的英国，当人们谈到减少获得选举权的税金时，涉及的是极为确切的领取工资者或承租人的范畴。改革在社会学方面的表达是直接的。在法国，情况却全然不同。在关于改革的陈述背后，人们看到的只有规则。然而，规则自身不可能具有意义：一切或乌有只可能提出哲学上的论据。而改革，它只可能在社会学和实用性上得到辩护。在这种像参照纯粹的偶然事件般对 1848 年的参照中，1870 年的人们触及到了法兰西民主的中心点，但是却没有显示出能够深究它以及领会它的全部意义。

与正统派以及最保守的政论家相反，温和自由派不满足于把普遍选举理解为其应当与之妥协的一种遗产、一种偶然事件。他们承认民主以一种不可抗拒和无法避免的进程在发展。但是，与此同时，在他们身上，这一演变的原因仍然难以识透。在《论美国的民主》著名的开篇当中，托克维尔只知道将其理解为"一场无法抵挡的革命"、一种"神意的事件"。[103] 然而，某些自由派政论家却使人想到了一种答案：与无止境的身份平等的工作相反，普遍选举给政治民主设立了一种清楚的界限。它以某种方式，通过把"最后发言权"[104] 引入政治生活而完成此举。得以终结讨论和解决冲突的正是一种求助的力量和一种至高无上的仲裁权力。维克多·德·布罗伊在《关于法国政府的一些看法》中阐释道："普遍选举唯一的优点是它被置于将纯粹的权利与纯粹的力量分开的极限上。在普遍选举那儿，激进派、蛊惑人心的政客在政治权利的扩大中实际上没什么渴望的事物……通过顺从于普遍选举，人们因而无须冒任何迫于讲坛或报刊上的攻击进入最后的防御工事的危险。这就是其好处。它是真实的，亦是唯一的。"[105] 这种把普遍选举视为有限制的制度的观念，对于整整一代自由主义者来说是根深蒂固的。它对无论是普雷沃斯特-帕拉多尔[106] 还是夏尔·德·雷扎米[107] 均具有中心地位。在正统性的哲学和平凡的政治事实的交叉点上，它可以赋予不可抗拒性的概念以意义。然而，它从未完全地被这些作者所深化，好像它的实际的合法性即足以说明它的意义。从这一时期开始，在理论上思考普遍选举的抱负，例如像基佐以前把能力合格的公民予以理论化，相应地消失。在右翼那儿，借用艾蒂安·瓦舍罗有趣的表达方式，从此以后占支配地位的是种"无能为力的明智"。[108] 一位名叫安托南·隆德勒的属于保守派的天主教徒在谈及他的同时代人时指出："人们在亲朋好友之间约定，不要过于把脚踩在建有高大建筑的被蛀蚀的地板上，以免在地板上弄出洞眼以及使之晃动扩散开来。普遍选举的宗教，一如罗马帝国晚期的异教，还保留着它的受益于此的信奉者，但是，我未看到它还拥有会捍卫它的信徒。"[109] 正是这一原因，自由派资产阶级从此以后将在很大程度上脱离政治与理性反思的领域，只知道与政治领域维持一种直接的实际关系。

只要它认可私人话语与公共话语、理论与实践之间的鸿沟，资产阶级意识形态即诞生在这种演变之中。[110] 由于作为不可抗拒的事物被接受，普遍选举实际上同时改变了公共论战的条件。考问民主的基础，抑或对政治平等的法律依据有所怀疑，从此以后均变得不可能。社会现实和它象征性的表象的分离，自相矛盾地导致后者被设定为无情的事实，它能够无限制地批评现实，但至少由它来考问绝无可能。政治由此伴随着对普遍选举的肯定重新进入一个新的时代。民主成了完全新型的政治文化，在这种新的类型当中，无限制地讨论自由与强行规定的价值观的因循守旧构成了一种奇特的混合物。同样，正是在这一意义上，人们可以把普遍选举视为最后发言权：它在政治话语当中设立了一种新的界限，在界限的这边，对相关事物表示异议则不再可能。

如果说普遍选举清楚地标明古典政治某种类型的历史终结，那么，正如我们已经强调的那样，它的到来也标志着一种社会学的终结。实际上，随着普遍选举的到来，一种与个人主义社会联系在一起的支离破碎感宣告了终结。它重构了一种秩序和隶属的准则。如同1848年的人们曾如此强烈地感受到的那样，它尤其终止了排斥感。的确，这种终结仅仅是象征性的。但是，普遍选举正是由此通过改变社会今后赖以理解社会划分的方式，获得了力量和提审能力。也正是在这一意义上，普遍选举的到来得以开创后革命政治的时代。人们印象深刻地观察到，为了试图说服保守派接受普遍选举，共和派们总是提出这一论据。正如我们已经指出的那样，19世纪30年代和19世纪40年代，普遍选举的主题与社会安定的主题是相连的。这一论据随后在19世纪50年代和70年代初期保守派试图开倒车时处在了更为中心的位置。当1850年5月31日的法律被讨论之际，维克多·雨果曾铿锵有力地表达了该论据。他试图解释，普遍选举移动了社会暴力的边界。他说道："普遍选举透彻、有效和政治的一面，是其在令人痛苦的地区寻找在社会否定的重压下屈服的人，以及到时因除了造反别无其他希望而被触怒的人，以另一种形式给他们带来希望，并对他说道：去投票吧！不用再相互厮杀啦！……普遍选举，通过赋予那些痛苦者一张选票，从其手中夺下了步枪。通过赋予他们力量，把太平赋了他们。"[111] 蒲鲁东当时在《人民之声报》中表达了同样的意思："禁止某个公民拥有选举权，就是使他恢复起义权。"[112] 在19世纪70年代之初，这一论据处在了共和派话语的中心。乔治·桑在1871年指出："普遍选举是安全阀，缺了这一安全阀，你们将只会有内战的爆发。"[113] 路易·勃朗从他的立场出发说道，它是"突然叫停了起义和骚动的救世原则"。[114] 人们可以无限制地列举类似的例子，因为在共和派人士的论著和演说当中，这种性质的引文不胜枚举。被如是表达的普遍选举基本上显得像是一种秩序和稳定的手段。通过逐渐变为一种社会维护的修辞学，共和派的论据却并未仅仅显示出一种策略上的灵巧。对于共和派自身而言，这极为深刻地表达了对普遍选举的最终辩护存在于它所导致的政治领域的终结当中。在他们眼里，保守主义实际上表达了一个后革命社会中政治生活的正常特征。由此共和派的辩解形式本身给他们提供了政治哲学的真正秘诀。关于这一方面，人们可在甘必大这位杰出的议会演说家和辩论家身上尤其强烈地感受到。从1871年到1875

年,他不断地把共和派的党描述为"名副其实的保守党"。在众议院解散之后——此事通过认可选民的仲裁作用解决了1877年5月16日的危机——甘必大给这种取向提出了其最著名的表达形式。他在一次水宫马戏场发表的重要演说当中说道:"我不是为了共和派,为了纯粹的民主派而提出捍卫普遍选举的。我是为了这样一些人而如此说的,这些人有点关心稳定,有点关心合法性,坚持不懈地有点关心公共生活当中实施的节制。我在他们那里对他们说道:你们怎么没有看到,有了普遍选举,如果人们让它自由地起作用,如果人们在它被宣布时尊重它的独立和它的决定权,那么,你们怎么会看不见你们就有了一种和平终止一切冲突、解决一切危机的手段呢?而且,如果普遍选举充分行使它的主权,革命就不再可能发生,因为当法国已经表达时,不会再存在有待于尝试的革命,不会再存在让人惧怕的政变。"[115]革命就不再可能发生了吗? 19世纪80年代的社会动荡将立即使这一预测变得经不起推敲,并将使共和国的第二代创立者们陷入心绪不宁中。然而,某种类型的革命已经完成。政治权利的平等业已获得。但是,它仅仅是作为最后发言权的基础获得的。与实行间接选举的时期一样,此后,由于缺乏识别它们和把它们分开的力量,人们所接受的是选举—隶属,但所顺从的是选举—主权。

第二章 民主的教育

信仰与任务

路易·勃朗在1848年11月写道:"普遍选举有如一切救世的原则逐一由此通过的凯旋门。"[1]甘必大在第二帝国末期重复了几乎相同的话:"普遍选举是(民主的)圣约柜,从此以后,应当使整个政治都来自于它。我们也应当有一部政治法典,而这一政治法典应当题为《关于从普遍选举那里得出的政治》。"[2]要形成一部显示普遍选举构成了共和主义观念不可逾越的视域的文献选集并非难事。茹勒·费里概括道:"普遍选举从今以后对法国来说是法中之法。它是一种活生生的和渐进的宪法。它占据着支配地位。"[3]然而,共和派的信仰受到了严峻的考验。在1848年12月路易-波拿巴当选总统之后,继而是整个第二帝国时期,最终在1871年2月正统派的胜利之后,不少人即便不怀疑普遍选举原则,也对它所实行的时机产生过怀疑。即使共和派继续把它视为一种权利,但他们当时亦心照不宣或闪烁其辞地承认,选举也是一种职责。[4]

普遍选举被宣布为圣约柜、合法性最终的与无法回避的原则。与此同时,人们亦担心其作为治理原则时的局限性与困难性。这种不对称几乎未被思考过,而且很少被提出来。共和派惧怕从正面去涉及它。同时,他们如同保守派那样,以一种历史观为幌子来掩饰这种裂痕,并使其避免被考问的危险。在茹勒·费里为1863年选举草拟的一篇抨击性短文中可看出,从这一时期起采用了不可逆转的主题体系。他写道:"普遍选举不仅是一种神圣和至高无上的制度,也是一种重大的政策，并且近乎是一种象征。它不仅是事实、权利、公正，而且也是不可避免的事情。它是一种现实，一种未来。普遍选举是民众的荣誉、不幸者的保证、阶级的调和、所有人的法定生命力。今后应当延续、期待和相信的非它莫属。甚至是敌人，亦应当喜欢它。"[5] 这一片段清楚表明人们在作为创建者的父辈身上发现的哲学方法与历史观之间的混乱。历史也不失时机充当了他们哲学的拐杖。正因为这样，在他们内心深处，更多地与实证主义观念，而不是与启蒙思想家们的哲学联系在一起。信奉实证主义使他们得以把那些可能暂时显得有问题的事物作为不可避免和有益的事物加以理解，这减少了他们的疑问，并掩盖了他们的困惑。对于保守派来说，标识着不可避免的必然性，在共和派眼里则是一种和解的迹象、缓和的形式。虽然在保守派能力合格和纳选举税的痉挛与共和派平等主义的信仰之间的政治差异颇为显著，但在19世纪末，双方对历史运动的对称的屈服最终难以觉察地消除了这一差异。19世纪70年代，共和派的辩论法越是有力地利用普遍选举的不可抗拒性的主题，对于减少保守派的抵抗的作用就越是降低。人们可以形容为"策略性的"论据与哲学信条重合在了一起，直至变得不可分辨。

在通俗图像中表现普遍选举的方式，从一个方面体现了共和主义信仰随着19世纪的发展而出现不容否认的转变。30年的时间里，人们从相信一个新世界的到来变为仅仅崇尚至高无上的人民的力量。1848年，普遍选举主要与博爱和统一的寓意画联系在一起。它往往仅仅通过一个选票箱，或是由社会上各种阶级的人组成的人群汇聚在选票箱旁，以及在上面举行社会和谐圣礼的祭坛来形象地表现。这些图像把一切统统诉诸为程序的选举，并颂扬新的政治权利平等。19世纪70年代以后，人们不再会发现这类寓意画。选举通过一只狮子来表现变得越来越常见：它被等同于一种力量，构成了显而易见的事实，同时具有威吓和稳定作用的形式。它诉诸的与其说是政治程序，毋宁说是历史事实。在这些作品背后信仰悄悄地被掩盖了起来。

于是应当提出这样一个基本问题，即共和派在哲学上真的是民主派吗？让我们好好地展开这一问题。它不仅仅涉及对共和派情感的真正或虔诚的评价。显然，共和派是有信仰的，如果人们想这样说的话，那么他们在宗教上是民主派，虽然他们的信仰有时是不稳固的。但是，应当走得更远一些，并看看共和派的思想是否也是建立在民主的认识论的优越性上考虑的，因为民主被视为一种积极的确立和调节政治秩序的手段。要简单地回答这一明朗的问题并非易事。对共和国创建者们的信仰起着深刻作用的秘而不宣的怀疑，并非仅仅来自对群众的忘恩负义的失望，也植根于共和派思想的一种不容否认的哲学上的二元论。共和派思想与受惠于卢梭一样地受惠于重农主义者或狄德罗。它一方面是启蒙思想家的重大主题以及对理性权力的呼唤；另一方面则是对社会和谐的颂扬与对政治参与的呼唤。共和派的政治文化由此被革命经验构成的紧张所贯穿。在第三共和国的创立者身上，依然强烈地感觉得到这种紧张。与他们在19世纪30年代时的《共和评论》的长辈一样，他们的确相当自然地站在"美国学派"一边而与"国民公会学派"保持了距离，[6]但是，这一切不足以减少政治平等原则与合理性要求之间的矛盾。孔德主义在共和派文化当中的影响从第二帝国起同样使得这些矛盾重新出现。

众所周知，在奥古斯特·孔德看来，1789年的种种观念纯粹是"形而上学的"，而人民主权原则在他眼里则缺乏任何合理的基础。他的继任者们，不管他依仗的实证主义流派究竟如何，则一边充当易激动的共和派，一边依旧批评人民主权的观念，并在普遍选举问题上采取一种极为保留的态度。[7]利特雷长期仇视普遍选举，只在第二帝国行将垮台之际才开始接受它，承认已认可了其可用。但是，他依然沉浸在一种能力合格的政治观之中。19世纪70年代末，他继续把直接选举视为是有害的，[8]并希望"贵族在民主派当中占有可观的份额"。[9]塞梅里的情况更具有特点。这位《实证政治》的创办人实际上不满足于像利特雷那样渴望一个保守的共和国。他要左倾得多。因为同情巴黎公社，他在1873年支持了巴罗代，而利特雷却站在了雷米扎的背后。作为不妥协的世俗教徒，他自1872年起就严厉地揭露了茹勒·费理以及"执政的共和派"。他在政治上比利特雷更为左倾,在哲学上亦是人民主权更为热忱的捍卫者吗?事实正好相反。他以一种粗暴得多的态度对普遍选举进行了攻击。在宣布《实证政治》杂志创刊的"发刊词"中,他说到了"荒谬的人民主权理论,根据这一理论,每一票的价值均相等,没有智力、道德或公民责任感的区别"。[10] 他还指出:"正是由于对卢梭的形而上学可悲地依恋,被赋予革新创举精神的革命法国及其共和派先锋,83年一直来在烂泥当中原地踏步。……人们直至在最落后的乡村深处召集最粗野的村夫,而曾推翻帝国的人们则跪在曾支持帝国的人面前,即共和派跪在波拿巴主义者面前。他们怀着崇拜把这一切称为拜倒在人民的尊严面前。……这就是1848年以来法国如何会属于最纯粹的反动派的原因。"[11] 在他身上,只要普遍选举是专横与独立意志的表达形式,为揭露普遍选举的有害作用,实证主义的理性主义与布朗基主义的强调就此混合在一起。即便其使用的是较不辛辣的言辞,19世纪70年代所有实证主义者同样批评了大革命的形而上学。费理和甘必大是例外吗?抑或他们的实证主义在这一点上是独特的,故而它在这一基本主题上把主要弟子与其导师分开?[12]

共和派——那些与众不同的实证主义流派的先头兵们——在哲学上的游移不定,由于存在于不可言说的领域之中而更难以分析,好像是在为寻找可公开承认的表达形式而操劳。但是,人们可以试着从这样一个重要的主题出发来理解它,这一主题就是共和国在普遍选举中的"等级制度的"关系。在19世纪七八十年代的共和派思想当中,实际上共同存在着两种似乎矛盾的命题:其一是普遍选举等同于共和国,其二是人们断言共和国高于普遍选举。语境的不同的确部分地解释了这种矛盾。1873年年初,当正统派进行争取改革投票权运动时,甘必大说道:"我们不理解缺少普遍选举的共和国:这是两个彼此不可分开的术语,而出卖普遍选举,就是出卖共和国。"[13] 尤其是19世纪80年代初期,在对部分修订宪法进行讨论之际,第二个主题得到发挥(由茹勒·费理在1884年8月4日提交的法案明确表示:"政府的共和制形式不可成为修正案的对象")。然而,这两种断言在第三共和国创立时期以或明显或潜在的方式靠在了一起。该如何理解这种二重性呢?应当非常简单地承认,普遍选举在这两种情况下并不具有相同的含义。

把普遍选举等同于共和国,其诉诸的是把选举视为合法性的终极原则,而不是作为选举程序的选举,更不是作为政府模式的选举。在它自己界定的与君主制的合法性模式全然不同的合法性模式的范围里,普遍选举等同于共和国:与求助于历史、求助于传统,甚至与求助于神权相对的,乃是公共意志。君主制—共和国的对立,在法国并未被理解为历史或宪政问题。它具有一种哲学的维度:共和国是在根本上反君主制的。当甘必大说到"从普遍选举那里得到的发言权",或当饶勒斯于 1900 年左右说到"普遍选举使人民等同于国王们的聚合"时,[14] 人们清楚地感受到这一点。普遍选举在这一范围中处于共和主义政治文化的中心。但是,它是作为人民主权的表达形式、作为共和国的哲学基础而如此。它并未真的涉及选举—权利或选举—程序。19 世纪 70 年代初期,当政治制度问题在共和派眼里构成包括与概括了所有其他问题的争论中心时,普遍选举对他们来说完全被嵌入了共和主义的观念之中。此外,导致他们对奥尔良派的自由主义者本能的不信任,后者宣称,较之将被确立的民主制的性质政体问题是次要的。普雷沃斯特-帕拉多尔与德·布罗伊已经在第二帝国时期发展了这种取向,例如普雷沃斯特-帕拉多尔在《新法国》(1868)当中解释说,至关重要的是界定民主与自由政府的性质,在他看来,"君主制民主"与"共和制民主"可等量齐观。虽然其更多的是一位立宪君主制的支持者,但他却承认,在法国,仅仅是一些"想象或舆论方面的困难"使共和制政府形式的确立变得不甚稳定。他写道:"这些舆论或想象的困难,对于毫无困难地设想出一个组织有序的共和国概念的有识之士来说并不存在。"[15] 梯也尔将根据这种观点行事。但是,须得承认,把政体问题与选举方式问题区分开来是不可能的。例如,法卢在 1870 年说道:"如果人们出于别的原因,向我提出伴以普遍与无限制的直接选举的世上君主政治色彩最浓的君主制,抑或是伴以由所有文明国家的正常影响所限制和引导的普遍选举的共和国,那么,我相信,共和国的秩序要比君主制统治之下的秩序更为保险。"[16] 19世纪70年代初期,《两个世界评论》根据这种精神,抛出了"保守的共和国"的概念,这一概念很快就获得了巨大成功。它的吹鼓手之一欧内斯特·迪韦吉埃·德·奥拉纳试图让自由派信服,政府形式的选择不属于理论范畴,它几乎是个纯粹的历史问题。[17] 即便在策略上受益于这种态度,共和派们也发自内心地觉得它不符合他们的哲学前提。对于他们来说,把选举问题与政体问题分开,实际上回到了隐含地认同君主制可以对称地与普遍选举并存,而普遍选举则彻底脱离了他们的思想领域。更有甚者,这就承认了选举方式只是民主概念种种组成部分当中的一种,而这一点是他们无法接受的。在共和派那里,民主自身不合常情地从未被思考:它始终被归于对君主制的否定上。从这一意义上,在他们看来,它更多的是一种宗教,而不是一种政体。

共和国-君主制的对立,导致法国关于民主的政治论战和哲学思考的用语完全改变了。共和派更多地谋求创立一种与君主制根本不同的政体,而不是以自主的方式思考民主建设。由于这一原因,近代法国政治只具有一种有缺陷的基础。虽然他们使普遍选举成为共和国的圣约柜,但共和国的创立者们不合常情地与具体的政治生活保持距离。这正是他们得以把共和国等同于普遍选举,以及同时认为共和国高于普遍选举的原因。其诉诸民主实践理论的选举-程序,它的重要性逊于象征反君主制的选举-原则。由此导致了1884年8月11日关于修宪讨论留下的一种奇异情感。[18] 为了最终驱除君主制复辟的幽灵,他们最终把共和主义原则置于人民意志之上:爱辩驳的甘必大1870年4月5日在关于公民投票的重要演说当中断言,"普遍选举无论在时间和空间上均不受限制",[19] 而阿尔弗雷德·纳盖则在1873年写道:"唯有共和国造就了一种摇摆不定的制度。"[20] 他们由此公开承认普遍选举具有界限,这就是共和国的范围。因此,在未曾能够自称不管是实行什么样的主权行为的情况下,它是一种主权原则的体现,合法性最终只可能属于这样一种真实的理由,即体现于建立在否定形而上学和神权政治历史基础上的共和制度之中的理由。通过这种形式,开创共和国的元老们恢复了实证主义精神,并显示了他们的普遍选举观中秘密的模棱两可的特征。

为了缓和这种紧张,他们始终需要通过提防"人民尚未成熟"的主题来划出它的历史特征的范围,或者通过抨击农民的世界在社会学上限定其意义。首先是对"人民尚未成熟"的批评。它在共和主义思想当中起了一种必不可少的作用。它得以消弭投票实践和被期待的行为之间的差距。例如,在路易-拿破仑·波拿巴当选为共和国总统之后,乔治·桑试图据理说明她的失望。她写道:"集体统治者这一新人类尚缺乏谨慎和技巧。他幼稚,是孩子王;他有着他那年龄的怪癖。他冒失、荒诞而残忍。他不能忍受不公正与严厉的惩罚。他在愤怒中打碎了他的锁链和玩具。天真而轻信的他相信的是先来的人。"[21] 她也写道:普遍选举是一个"还缺乏智力的巨人"。[22] "还"这一副词纠正了判断的严重性。通过被加以历史化,人民的不足之处,以唤起对他们未来的弥补而得到抵消。以这种方式解释她所言"人民主权的出乎意料的行为"的共和派人数众多。[23] 但是,从这一分析当中可得出两种不同的结论:或是把一切希望置于对人民的政治教育当中,或是更彻底地作出采用普遍选举尚为时过早的结论。

1848年春天,当布朗基与卡贝发动推迟选举的运动时,这一问题被清楚地提了出来。[24] 他们此时在巴黎散发的请愿书中的言辞因颇有特点而值得一提:"我们要求推迟国民自卫军和立宪议会的选举。这些选举将是可笑的。在巴黎,为数极少的工人被列入选举名单。选票箱将只征集资产阶级的选举。在城市,由于长年累月的压迫和悲惨已习惯于被压制的劳工阶级不参与任何选举,或像一头盲目的牲畜一样被主人带去选举。在农村,一切影响均操纵在贵族之手……一想到压迫者能够如此从他们的罪行中获得好处,我们的内心就感到愤怒……人民什么都不了解，而他们应该有所了解。这并非一天或一个月的任务……光明应当进入共和国最差的小农庄。劳动者应当从被奴役造成的屈服中重新振作起来。这些选举如果进行的话，将是反动的。……但愿你们的审慎使法国免遭如此大的危险。让国家开始感受到共和国吧；此刻，它还被封闭在君主制令人窒息的罩子中。"[25] 在这一文本里，左翼对普遍选举的批评获得了最初种种标准表达形式中的一种。仅通过以隐蔽的"人民尚未成熟"的观点来区分更"政治"的一方和更"哲学"或"技术"的另一方，它以某种方式与实证主义的能力合格的观点相一致。[26] 但是，在这两种情况中，获得某种类型的知识显得如同行使选举的先决条件。这种取向在共和派那里仍占少数。他们中的多数，即便承认选举权已经以某种或许过于突然的方式被采用，实际上认为倒退以及暂时取消这种权利皆不可能。我们将看到，由此在他们身上造成这样一种作为补偿方式和人民不成熟的校正器的民主教育主题的集中性。然而，他们也应当能够在继续宣布对普遍选举的信仰的同时，阐述他们当下的政治失望。他们对农民阶层的失望的聚焦即起了这种作用。这得以为涉及民主性质本身的基本问题提供社会学的解释。

确实，普遍选举的出现突然改变了政治生活的重心。1848年之前，虽然法国人口中农村人口占了四分之三，但政治生活却集中于城市，尤其是集中于巴黎。一切随着1848年3月25日的法令发生变化。虽然舆论的动向、政治生活的创举和舞台仍然集中于城市，但决定权从此却属于农村。共和派很快意识到了这一变化的重要性。费利克斯·皮阿对农民们说道："巴黎人民这一杰出的革命艺术家已经为你们清除了诸多国王，已经为你们夺取了普遍选举，使你们获得了自由并成为公民。啊，好好地守护它吧！共和国在你们手中，你们人数最为众多，在3500万选民当中占了2400万人。你们最为强有力。……愿灰罩衫与蓝罩衫相处和睦。"[27] 人们知道共和派在路易-拿破仑·波拿巴当选之后的失望。与马克思一样，他们没有严辞谴责农村中的群众，以及他们推翻现存政府的那种合法政变。但这是一种名副其实的沮丧,12月2日之后会提到。他们与农民大众相悖的痛苦,随后将在整个第二帝国期间发出响声。农民的投票当时对原有认为普遍选举不可言说的想法产生了影响,它使所有不久以前对人民提出的批评成为凝聚点。在一份题为《1863年的选举斗争》的战斗文献当中,茹勒-费理由此对屈服于帝国农村的法国使用了极为严厉和蔑视的言词,把农民描述为迷信、天真、没有教养、不懂得任何政治含义、消极服从的人。20年前空论派通常采用类似的语言为取得选举权的纳税额辩解。

通过把怨恨和不安集中于农民的形象,共和派得以一边继续忠于他们的民主信条,一边表示其对人民能力的怀疑。他们实际上预先假定存在着两种人民,即城市的人民和农村的人民。欧仁·特诺(著有关于政治史的著作)以饶有趣味的方式,在1865年发表的一本小册子《普遍选举和农民》中概括了共和派的观点。他写道:"1848年,法国的土地上如同存在着两个并列的民族。一个渴望着新的精神,另一个则落后了一个世纪。多数法则迫使后者承担建立自由的重任。由于被封闭在无知之中,且在思想上与其他国民没有关联,本世纪一切重要或丰富的观念,都已经从它头上掠过,没有产生丝毫影响。"[28] 在他们看来,农民聚积了有效政治参与的一切障碍:无知、隔绝、依恋旧主人和专制君主的观念。1870年之后,共和派们继续以这种观点进行思考。例如,乔治·桑在"乡村议会"被选出前数月发问道:"该如何组织一个农民所不理解并以多数法则占支配地位的民族呢?"[29] 在1870年公民投票时,许多激进民主派怒斥了占据多数、却没有受过良好的启蒙教育的农民,将农民与代表着有政治远见的有见识的城市公民对立起来。为了表达选票应当被权衡而不是机械地予以统计,他们中的某些人甚至恢复了右派使用的经典说法。[30] 塞梅里以蔑视的口气谈到了"异教统治"。[31] 共和派们使用了与泰纳或勒南相同的表达方式谈及农民大众。[32] 埃德加·基内因为看出革命的灵魂存在于朱安党人的后代当中而极为孤立。直至19世纪80年代初期,共和派文学仍然倾向于把农民看作粗俗、不开化、缺乏思想和政治自主性的人。左拉的《土地》很好地表达了这种占支配地位的精神状态。[33] 虽然一种模糊的反资本主义有时在文化上使共和派更接近乡村世界的价值观——后者象征着扎根于小块农地与抵制工业的非人性化，但在政治方面占支配地位的是对选举的失望。这种蔑视实际上只有在轮到共和国像帝国曾经做过的那样来依靠农民时才停止。茹勒·费理当时得意扬扬地说道："我们已经获得了农村的普遍选举；让我们好好地看护它，不用为它担心，不使它被厌倦。……它对我们社会来说是坚实的基础，而对共和国来说则有如花岗岩石铺就的地基。"[34] 投票情况的逆转，一下子彻底改变了"白痴"的面貌。

共和派在农民问题态度上的突然逆转表明，现实比人们想到的要复杂得多。此外，史学研究目前得以对他们的政治行为有了相当准确的见解。[35] 即便关于农民与政治生活关系的解释继续存在分歧，以往两部著作当中以极为敏锐的方式提及的对农民选举行为的相对合理性的推论，[36] 似乎更多地得到了肯定。因而在共和派那里，对农民投票的揭露，尤其具有一种仪式的功能。通过在社会学上使其成为凝聚点，表明由于以隐匿的方式进行表达，普遍选举问题同样存有潜在的疑问，这种功能以消除质问，即对能力与投票权之间的关系的质问为目的。此外，甘必大曾用来对称地赞颂著名的"新阶层"的方式亦朝着同一方向进行。对他而言，共和国与民主扎根于社会学之中。他在1870年说道："现今，我们知道了何谓普遍选举，我们知道普遍选举即是我们，知道普遍选举不得有不属于我们的权利、利益、愿望和愤怒；因为我们是人民，而它亦是人民。"[37] 虽然新政体与一个阶级的出现和胜利混在了一起——甘必大还说道："我们同时创造了一个共和国和一个社会。"[38]——实际上却丝毫不存在疑问或模棱两可。但是，由于他们并未真正地走到列宁主义者将重新采取的逻辑的尽头，共和派仍然意识到在信仰与任务、理论与实践之间继续存在的断裂。正是为了减少这种断裂，以及与之保持距离，他们才把民主教育的观念置于其政治行动的中心。

民主的教育

"普遍选举有其内在的矛盾，有其'二律背反'，有着与民主一样多的待解之谜。……所有这些矛盾归结于赋予一切人的选举权利与实际上只属于一部分人的能力的根本矛盾。……调和数量上的优势与智力上的优势，这就是民主之'无法解决的难题'。"[39]当阿尔弗雷德·富耶在1884年写下这几行字时，普遍选举完全进入了习俗之中，已不再有人打算直接去非难它。但在共和派的行列中，它同样还被理解为神秘而无法预料，甚至是具有威胁性的力量。富耶在表述时所使用的语句证明了这一点。他并没有边缘作家或伤感的自由主义者的味道。自19世纪80年代以来，他开始被人承认为第三共和国的官方思想家之一。这位主流哲学家和连带主义的思想之父在成为莱昂·布尔热瓦的重要鼓动者之前，已经引起夏尔梅尔-拉库尔和甘必大的关注。勒努维埃在钦佩泰纳和勒南的同时，也对他推崇备至。富耶完全是第二代共和派，即继承了作为创建者的父辈一代的代表。这一代共和派的实际任务是在共和制作为政治制度最终取得胜利之后建构共和派的"国家"。对于整代人来说，共和国的扎根与巩固经历了一种享有优先权的行动：民主教育。它正是以这样一种方式，期待着能够解决由富耶确定的无法解决的难题。由此，国民教育的作用在他们眼中处在了中心地位。"民主，就是民众的教育。"蒲鲁东的这句话概括了共和派人士19世纪80年代后的中心目标之一。大量著作重复了这一主题。莱昂·布尔热瓦由此在1897年出版了《法兰西民主的教育》，呼吁其友人把过去对王公的教育具有决定性影响的精力与关注用于公民教育。欧仁·斯比莱也出版了《民主教育》（1892）；此外还有约瑟夫·雷纳克的《政治教育：一种理想的历史》（1896）、费里克斯·佩科的《国民生活的公共教育》（1897）、茹勒·帕约的《民主的教育》（1895）。保尔·贝尔、费迪南·布伊松、夏尔·塞克雷唐、科瓦涅夫人同样以相近的题目发表了思考与声明，后面还有一群更不知名的作者。他们全都在冥思苦想，完全因感动而肃然，并发出了"卫城上的祈祷"——"愿民主教会让我们从混杂的民众当中提取出'钻石般的精英'"[40]——想着成为使理性女神降临的能干的工匠。他们的纲领仍然是由甘必大在1871年确定的："应当依靠无知者和不幸者，并实行普遍选举，后者是以多数来决定的力量、以理性来阐明的权力。应当完成大革命。"[41]

从19世纪80年代到20世纪初，对公共教育的热忱持续了20多年之久。1908年，由《晨报》设立的一场全国性的征文大赛提出"关于培养意识到其权利和义务的公民必不可少的知识素养的最低纲领"的问题，证明了这一主题暂留的现实性。[42]在这一场合，一个很有威望的评判委员会汇集了政治共和国与思想共和国的精英：前者有莱昂·布尔热瓦、费迪南·布伊松和保尔·杜美；后者有奥拉尔、拉维斯和阿那托尔·法朗士。应征的论文数以千计。作者几乎来自全国的各个角落，分布在各行各业，既有索邦大学的教授，又有普通的士兵。近400篇论文获奖，十篇最佳论文编成一本文集，该文集被冠以《民主教育》的书名。这一数量众多的文献非同寻常地显示出了一致性。同样的焦虑、同样难以摆脱的想法，在非常接近的、既模糊又重复的说法中被表达出来。人们发现，它们无一例外地倾向于把选举的权利与教育的义务联系起来。除此之外，对自己的想法，19世纪末的共和派不那么津津乐道。在很大程度上，他们只是延伸了一个重要的革命主题。但是，他们涉及民主教育问题的方式却呈现出特色。

在大革命期间，教育方面的要求基本上是与培养适应人们意欲建立的新生国家的"新人类"的幻想联系在一起的。"应当使法国人成为一个新的民族"，拉博·圣埃蒂安的这句口号[43]从1792年起重复出现在勒佩勒蒂埃、罗默和巴雷尔提出的国民教育的重大计划中。[44]他们衷心呼唤的新人类不知道私心为何物，他们全身心地致力于公共意志，将其存在完全与集体的幸福等同起来。教育的目标就是修正人性，以便使人性与这种愿望相一致。勒佩勒蒂埃如是写道："鉴

239

于人类因我们过去的社会制度的罪恶堕落到如此地步,我确信有必要进行一次全面的再生,如果我可以这样说的话,还有必要创造一个新的民族。"⁴⁵ 人为地创造一个新物种,它可自行解决个人与集体的关系问题:大革命时期的人们对教育怀有一种近乎植物学的观点。在他们看来,教育家是人性的园丁。对于他们而言,社会统一与私人和公共之间的一致,既不像在斯密那里所显示的那样,是利益的自然属性的产物,也不像在边沁那里所显示的那样,是人为的属性的产物。它们并非来自于契约或理性政府,而是来自于本性的再造,即重新创造一种完美的、摆脱一切"造化"的反常的本性。由此,多数与理性的关系既是被引进的,同时也是被历史化的问题。虽然存在着分离,但人们只把它理解为来自专制主义所导致的人类堕落的遗产。在他们看来,主要矛盾并非多数和理性之间的矛盾;主要矛盾存在于旧制度遗留下来的道德沦丧之中。因而,教育方面的措施以消除这种历史的异化和形成符合其本质的人性作为双重目标。由此,对美德的呼唤远比对理性的呼唤更处于中心位置。在《关于公共教育的工作》中,米拉波提出了相关纲领,他使用的语句已成为了名言。他写道:"你们在寻求迅速地把人们提升到你们的宪法的水准,以及填补它一下子在事态与习俗的状态之间造成巨大间隔的手段。这种手段并非别的,它就是一种良好的公共教育制度:通过这种制度,你们的事业会永恒。"⁴⁶ 此外,正是为了这一原因,人们期待组织各种革命的节日,并把它们看成是教育工作的延伸。在这两个领域里的目标是,通向笛卡尔和孔狄亚克的实际上的调和,控制种种想象,改造人类精神。"可以这样说,应当重新创造一个人们愿意回报自由的民族。"比约-瓦雷恩在1794年写下这些句子,直接对卢梭的提醒作出了响应,⁴⁷ 对于卢梭来说,"那些敢于着手创建一个民族的人——可以这么说——必须自己觉得有把握改变人性。"⁴⁸

1880年,共和派始终期待着教育事业能够改变国民精神并使社会道德井然有序。埃德加·基内自1849年起已经在其著作《人民的教育》中强调了教育事业的中心地位,他对两代人产生了深刻影响

（在他们看来，共和国与民主制只有成功地创设一种相当于国民宗教的事物，才能持续下去）。共和派也希望非宗教的伦理传播会减少教会的政治影响。[49] 但是，人们不能把这样一种道德和世俗教育的纲领与大革命时期的再生观念混为一谈。此外，共和派的计划不仅仅是把教育事业连接到民族的建构之上，它也与培养有觉悟的政治参与者有直接的关系。在这一点上，共和派作为创建者父辈的继承人更接近于孔多塞，而不是勒佩勒蒂埃或米拉波，后者在深刻的分歧之外，首先回到了改变人们的心灵上。人们知道，对于孔多塞来说，智力教育与道德教育和习惯的培养同样重要。[50] 在他眼中，注重智育的教育是缩小选举逻辑和理性要求之间差距的基本手段。正是通过这种教育，原本无秩序和轻率的聚会逐渐转变为安定的社团。1792年4月20日，孔多塞根据这一观点在议会上提出《关于公共教育的总体组织的报告》。他解释说，学校必须把美德建立在理性之上，而不是热情之上：孔多塞在此非常有力地表明了他方法的独特性。对于他而言，民主首先是取决于人在理性方面的平等，[51] 而不是取决于感情的融合。为此，他强调作为独立条件的知识传播。自由主义与民主之间的紧张必须通过逐渐与理性合在一起的自由的增加来减少，继而加以消除。此外，在他看来，平等只在传播启蒙思想的运动中具有意义。他在1793年写道："如果不是所有人都能获得对这样一些对象，即对引导人们的生活不可或缺的对象的正确观念，就不可能有平等。愚蠢的平等并非一种平等，因为它并没有存在于骗子和受骗者之间，而整个社会亦不是由被江湖骗子所欺骗的哲学家们来阐明的。"[52] 因而，孔多塞对教育所期待的并不仅仅是眼前能减少至高无上的多数可能会产生的一些恶习，而是最终赋予对于所有人来说都平等的选举权真正的含义：通过实现人类精神的进步，成为普遍理性的表达形式。19世纪80年代，共和派重新回到了这种曾先后被革命事件和纳税选举搁置一边的方法之中，莱昂·布尔热瓦、费迪南·布伊松、阿尔弗雷德·富耶以及他们的同道们想建立一个由独立和理性的政治庶民组成的民族。正是这一点解释了康德在共和派圈子中的巨大影响。自19世纪60年代以来，哥尼斯堡的哲学家从茹勒·巴尔尼致力于系统地传播他的著作那一时刻起，就成了法兰西共和派传统用以思考多数与理性的调和的哲学家。[53]

有一个人与一个机构象征着共和派在19世纪后期在教育方面的抱负，这就是让·马塞和法兰西教育同盟。[54]出生于1815年的让·马塞充当了建立共和国的两代人之间的纽带。他通过其方法与情感，完美地体现了19世纪法国共和主义精神。这位出生在巴黎的工人的儿子，在19世纪40年代是一名历史教师和课堂学监。他当时在政治上相对温和。例如，1848年1月，他发表了《一位国民自卫军成员致其邻居的信》，在信中表示赞同19世纪40年代的运动目标，即要求把选举权只扩大到每位国民自卫军成员。[55] 1848年3月，普遍选举的出现令他感到惊讶。他稍后写道:"普遍选举不打招呼就来到了我们身边——上帝给我们作证，我们并没有要求普遍选举。"[56] 用他自己的话来说，正是从这一时刻起，他感到了组织"对没有文化的主人的教育"的紧迫性。[57]从此之后，他的余生都围绕着这一目标展开。在他去世之后，厄比纳尔的《佩尔兰图片》为他发布讣告时，配发了一些关于他的首要使命的插图。这些插图的说明文字很好地概括了共和国的罗曼史:"因为缺少教育，发动1848年革命的人们选了野心家路易-拿破仑·波拿巴作为共和国总统。时为年轻教师的让·马塞带着悲哀之情目睹了这一事件。他懂得了法国人需要为学会妥善选择代表而去接受教育。"[58]正是在第二共和国期间，马塞初次参加了作为大众教师与组织者的战斗。他为由多雷主办，巴尔贝斯、皮埃尔-勒鲁和乔治·桑协办的《真正的共和国》撰稿。1849年春，他成为共和主义团结组织秘书，该委员会是由争取立法选举的民主党派所设置的。从1849年秋天到1850年6月，他领导了社会主义宣传局，后者在偏僻的省份散发社会主义和共和派的报刊。12月2日之后，他离开了巴黎，并为避开镇压的威胁躲到了阿尔萨斯的一座小城——伯布朗海姆（Beblenheim）。在此地，他执教于一所简陋的寄宿学校。他当时写了整整一个系列的关于大众教育的著作，其中有《一口面包的历史》(1861)，该书后来印数可观。正是在这些年代里，他形成了创建大众教育协会的念头。1861年12月，他在《阿尔萨斯实业家报》上发表了《一位阿尔萨斯农民就义务教育致一位参议员的信》。他在信中写道："人民的无知在现在是一种公共危险。而在过去，它只是一种耻辱。"[59] 比利时教育同盟的创立促使他把计划具体化。他在1866年10月25日的《国民舆论报》上写道："从今以后，没有任何东西可以阻挡普遍选举的泛滥。此时此刻在那些它所威胁的国家之中，与在它已经侵入的国家之中一样，确定了一种无法抵挡的民众教育运动。"[60] 法兰西教育同盟在同年11月成立。在普法战争前夕，它拥有18000名成员。欧仁·斯皮莱在几年后写道："这一同盟是共和派一百年来在教育领域所思考的一切概要、结果和终点。"[61]

让·马塞的努力在第二帝国垮台之后取得了巨大进展。他在一连串的小册子[62]中概述了自己的纲领：使孩子们能对自己"选举人的职业"有所准备，并"培养懂得对一切进行思考的选举人"。他号召说："来吧，雅克·邦诺姆*我的朋友！既然你自称是国王，既然你想要共和国，那就去吧！去学习你的国王与共和派的职业吧。"[63] 为了表示多数与理性必要的融合，马塞重新找到了纲领，有时甚至是孔多塞的表达方式。依靠共济会（让·马塞亦是成员）的网络，同盟获得了巨大发展，联合了许多地方性的下属组织。单凭下述数字就足以概括它的影响：有三分之一议员在1885年加入了同盟。

民主的教育当时处于共和派行动的中心。它以使权利和事实完全一致、协调习俗与政治征服为目标。然而，只培养有觉悟和理性的选举人还不够。为了使人进入理性时代的政治中，共和派也感到应当去除这种政治的平庸性，使之脱离普通的需要和习俗的领域，并由此赋予它重要性，使它像行使理性一样以某种庄重作为前

---

* 雅克·邦诺姆（Jacques Bonhomme），此为让·马塞杜撰的姓名。"雅克"为法国男子常用的名字，而"邦诺姆"的意译是（俗语中的）先生、男人。——中译注

提。最初的公民教育课本强调了这一方面,它甚至使选举行为具有一种近乎神圣的特征。在一本被市镇学校所采用的公民教育课本中,欧仁·拉维斯让其中一个人物说道:"当我前去投票时,我感动至极。"[64] 投票必须以个人意识和纯粹理性表达为目标。保尔·贝尔曾以特别动人的言词提出了这一要求。他写道:"至关重要的是,应当激励孩子对这一至今仍被众人如此轻率对待的重大投票行为怀有宗教般的敬重……这一切应当在他身上成为如同既定的本能一样的东西,因此,当这位年轻的公民走向置于桌子上的普通白木箱时,他会感受到某种信徒在走向祭坛时感受到的情感。"[65] 这一令人惊讶的提法,不应该被理解为天真地或违反常理地否认力量均衡和利益冲突的意识形态的表达。共和派的思想不可以被理解为简单地反对阶级斗争,也不可以理解为它仅仅是围绕着对设置宗教的世俗代用品的关心来排列的。它也是以其他的紧迫性作为出发点来展开的。对于它来说,中心问题是思考理性和民主之间的关系。这正是保尔·贝尔想说的:民主只有在下述情况下才可能变得理性,即个人在克制激情的状态下进行投票,亦即要符合狄德罗和卢梭提出的公共意志的表达条件。

如果普遍选举只有通过受到足够教育的人口来行使才具有意义,那么义务教育问题就自然而然地摆上了议事日程。1871年,法兰西教育同盟的巴黎小组为此发动了一场全国性的反对无知的运动。它在1872年收集的签名超过了一百万。让·马塞当时说道:"我觉得我们应当把这一首要条款置于选举法之首。应当确立义务教育。"[66] 然而,投票权要服从于足够的教育水准并不是一个新问题。它在热月党人统治时期已经被提了出来。共和三年宪法第16条已经提出了明确的解决方法:"青年人如果无法证明其读写能力以及从事一种机械职业,即不得列入公民登记簿……这一条款将只考虑于共和十二年在共和国实施。"如此确定的条款,并未取消已经行使投票权的文盲的投票权,而且它给青少年留下了九年时间,以便让他们接受教育的义务。[67] 作出这种机械的声明尤其要求助于社会包容的标准:人们想以此表示，投票权是参与到社会以及有能力成为社会有用成员的结果。因而，它不涉及具有限制性的、力求设立某种潜在选举税的措施。它同样以"文化的"条件来确定选举权的行使。即便有位制宪议会议员担忧会设置"名副其实的科学贵族"，[68] 它也没被包含在淘汰或排除某种社会类别的逻辑之中。在恐怖的恶习之后，目标被简单定为一个能够保障自由的理性政府。多弩和布瓦西·唐格拉斯辩护说，只有专制政府或无政府状态才沉湎于愚昧无知。在他于共和四年雾月提交的《关于公共教育的报告》[69] 中，多弩意欲通过强有力地普及公共教育的行动来延伸立宪措施。此处的目标显然是使大革命产生对启蒙时代的好感，与此同时，亦使法国人产生对自身的好感。他评论说："它只是在字面上对终止已经开始的革命予以保留。"[70] 随着纳税选举制度的出现，共和三年宪法规定的条款不再有存在的理由，在共和八年被取消。19世纪三四十年代，共和派还要操心其他事情。他们在考虑理性地行使主权的条件之前不得不为废除选举税而战斗。[71] 因而，符合逻辑的是，只有在1848年之后，伴随着普遍选举的出现，选举权和教育水平之间的关系才重新得到考虑。

1849年2月，爱德华·夏尔东向议会提交了一份选举法草案的修正案，当时议会正就根据读写能力来确定投票权的条件进行讨论。[72] 此公是位引人注目的人物。作为前圣西门学说的宣讲者、一本发行量颇大的《职业辞典》的作者，他在1848年2月之后被伊波利特·卡尔诺召去担任公共教育部秘书长。因而，重述多弩在共和三年的论点的，是一位左翼共和派人士。他的修正案被极左派们联手否决，后者认为该方案包含着将来对权利予以限制的威胁，并且在夏尔东考虑的措施中只看到摆脱农村影响的意图。[73] 此外，对许多人来说，设置证明人们读写能力的简单程序亦显得颇为复杂。这些不同的障碍足以阻止这一观点的传播。然而，它悄悄地取得进展。1851年，在关于组织普遍选举的思考当中，拉马丁重述了这一观点。他在《共和国的过去、现在和未来》中写道："初级教育是公民具有精神性特征的选举税（le cens spiritualiste）。晓得读写，就是晓得理解。知识是品行的一个组成部分，智慧是至高无上的选举人的保证金。"[74] 在第二帝国时期，鉴于认为帝国的权力最终建立在无知群众的支持上，共和派和自由派多次想起这一始终公开表现出来的问题。随着1863年立法选举的临近，茹勒·法福尔采取了意欲把投票权只赋予那些能够读写者的立场。[75] 欧仁·斯皮莱则写道："在颁布普遍选举的法令之前，人们似乎应当从颁布普遍教育的法令开始。"[76] 路易·勃朗、达尔东-谢和乔治·桑也持同样的观点。[77]

虽然所有共和派人士都赞同把公共教育与普遍选举联系起来，然而其先后顺序却未能确定。应当根据受教育的事实来确定选举权的条件，打消像共和三年那样确定实施的宽限期的念头吗？或者正好相反，为使义务教育达到这样的程度，所以让这一问题具有实际已获得解决的趋势作为开始？许多人在这两种立场之间犹豫和摇摆，实际上，这两种立场诉诸极为不同的选举哲学，亦即选举究竟是权利还是职责。1865年，茹勒·西蒙首先在他关于普遍选举的报告中提出了义务教育问题。[78] 但在1871年，他从其他角度提出建议，决定能否在选民名单上登记，条件应当是获得初级教育证书。[79] 州共和派最终选择了义务教育。在这方面有许多因素要考虑。首先，在19世纪70年代初期，保守派的保留使通过选举方面的文化条件变得困难（如同在1849年或在19世纪60年代，保守派尤其担心农村的投票与城市的投票之间的均衡发生剧烈变化）。其次，教育的缺乏并非可以自动归咎于相关个人。有人说道，真正该负责任的是父母，而不是孩子。[80] 阿尔弗雷德·纳盖更广而言之地写道："通过在选民人数中扣除社会已经使其处于无知状态的人，人们将使这些人对并非是其所犯的罪行承担义务。"[81] 通过更为模糊的方式，共和派对采用可能使已经获得的权利重新受到怀疑的措施感到反感。出于同样的理由，他们亦拒绝通过引入亲手填写选票来回避这一问题。

在实行纳税选举的君主制时代，选民在折好选票之前，务必伏在投票处的桌面上亲自填写要选举的议员的姓名。但是在1848年，出于与分省的名单投票（将有许多姓名要填）和大量新选民（不少人是文盲）的加入有关的技术原因，引入了事先准备好的印制而成的选票的做法。在投票处入口有偏见地分发选票的现象经常会出现，但是所有人都觉得使用这样的投票方法有好处。[82] 正是在第二帝国时期，某些自由派人士把恢复由自己填写姓名的选票作为限制官方候选人的影响，并悄悄使大量投帝国政权赞成票的不识字的农民远离投票的手段。普雷沃斯特-帕拉多尔与费尔迪南·德·拉斯泰里在这方面起了作用。[83] 后者写道："首先，人们对文盲显示出来的过度的优越感，目前不再具有同样存在的理由。坦率地说，20多年以来，当普遍选举已经成为全体国民的政治法则时，那些不觉得学习知识仅仅就是组合几个构成某个名字的字母的人，将不配行使公民权利。"[84] 共和派并没有修正自己的思想，他们从中看到的只是一种权宜之计、一种在技术上会引起争论的效力。[85] 然而，难道他们与选举权的整个能力合格的取向决裂了吗？当然不是。有待在教育和选举之间建立联系的争论本身证明了他们残留的困惑。

1881年，当法兰西教育同盟第一次全国代表大会召开之际，让·马塞非常清楚地表明了这一点。他呼吁，普遍选举的必要条件就是普遍教育。他下结论说："当一个民族已经让普遍选举先于普遍教育到来，那么，在普遍教育使普遍选举得到完善之前，这一民族将仍处在沉沦之中。"[86] 在这一点上，甘必大对他予以严厉指责。甘必大回应道："在洗耳恭听之后，我似乎觉得您或许将超越合法的范围，因为普遍选举是一种先于合法与合乎规则地行使有教养的理性之前的权利。……片刻也不该任其谈论其原则或价值观可以依赖于整个民族的智力状态，因为这种智力状态丝毫没有权利去测定这一切。"[87] 然而，作为条件的教育与作为伴随物的教育之间的界限尤其难以划定。鉴于此，需要为1882年10月22日的法律庆贺，因为该法律事实上得以不用再在根本问题上表态。实际上，人们可以从教育成为义务之际开始预先假设一种理性传播的普遍化的出现。这种预先假设是共和派要解决的理论问题的关键。

随着免费和义务教育年限的设立,民众教育在法律上得到了确定。因为这一原因,1882年不仅仅是公共教育史上一个具有历史意义的年份——它完成了通过基佐法在1833年开始的事业,还因获得成功而在法兰西民主史上永久留名。因为使人们得以思考多数与理性之间的调和,它有助于共和派的政治哲学去发现其逻辑联系。民主的时代从此以后与历史的时代取得了一致。需要补救的延误,或需要承受的早熟不复存在。到了1882年,1848年的征服最终与共和派的理性协调一致。1848年和1882年,这两个年份立即具有相同的象征方面的重要性,体现了构成民主张力的权利和能力的两极,并使原则和效果重合在一起。

普遍选举从此之后就被第二代共和派真心实意地接受了吗?不管怎样,它毕竟找到了历史的认可和理论上的辩解理由。然而,作为先于权利行使的对教育的要求,在某些人身上同样继续存在着。例如,1884年,阿尔弗雷德·富耶赞扬了比利时的选举考试制度,希冀它有朝一日亦被应用于法国。[88] 对于所有人来说,它不管怎样依旧是一个实际问题。正是在1882年之后,共和派在让法律已经规定的东西纳入习俗方面显得最为顽强。但是,教育机器在此时并未经历名副其实的革命,法律只能使人延伸和认可已经由基佐、杜律伊和西蒙之类的人物开启的事业。当务之急是意识到正在加强的公共教育的使命。正是这一原因,使得共和派能够比过去更为有力地行动起来,通过一积极的努力来延伸学校的作用。正是在1882年之后,教育同盟经历了黄金时期,它所联合的小团体遍布法国。此外,自主性的行动形形色色。在同盟这一边,有许多民众教育方面的协会在发展,其中有科学艺术普及协会、富兰克林协会、教育之友会,等等。[89] 人们设立了成人课程,发行了廉价的丛书,[90] 编印了选举手册,[91] 创办了市镇或军团的图书馆,到处组织科学、艺术和道德方面的讲座。19世纪80年代和90年代的共和派重复了米什莱的口号,后者在1848年后呼吁道:"共和国不应该是外在的、处在表面的,它应当进入以及深入进去。"[92] 所有力量被这一任务调动起来。欧仁-斯皮莱写道:"共和派相信民主和自由,但是,他们既不加提防地相信已经实现的'至高无上的人民'的提法是一剂特效药,也不加提防地相信普遍选举以一种神奇的效力预防和纠正了一切邪恶……他们知道,民主政府想人民之所想,他们是根据人民的指示在工作。"[93]这一巨大的民众教育事业并非局限于智力的培养。人们希望,公民也是好的士兵和爱国的勇士。甘必大在1871年已经说过:"应当到处在小学教师身边安置体操教师和军人。"[94]由此,射击协会和体操协会与各种民众教育协会得以平行发展。[95]例如,1882年的法兰西教育同盟的全国代表大会——郑重其事地宣布:"以书本和利剑捍卫祖国。"参议员厄斯塔什·乔治谈到了有必要填补学校和军团之间的巨大间隔。[96]共和国就这样梦想着拥有一种全面的民众教育。共和派的教育不仅仅是造化或理性的补形术(une prothése),广义而言,它的目的就是要构建一种有效原则,来解决那种忙于构成理解力和形成社会纽带的近代民主的所有疑难。

改造人民的头脑

阿尔弗雷德·富耶为其关于选举的思考作结论时指出:"如果说普遍选举在底层必须以有能力作出选择的人为前提,那么在上层则尤其必须以值得被选择的人为前提。"[97]几乎正是通过这种符合逻辑的必然性,导致共和派关注起对于平衡尚不成熟的民主政体而言必不可少的新的精英的形成。[98]例如,甘必大说道:"民主政体当中,只有某一部分人会对公众人士的事务和行为拥有热情并予以关心。因而,有资格以某种自由的、没有任何压力的方式充当那些在普遍选举中不够进步的弟兄、没什么空暇与知识的教师、教育家与向导的,正是这些最为慎重、最具见识的人。"[99]在他们的民族与人民的传奇故事当中,埃克曼-沙特里安极为敏感地阐明了共和派的下述观点,即以一些新型、亲切而谦逊的显贵作为大众的伴随者。一如大多数共和派的领导人,他们期待着一个经过革新、既认真可靠又有教养、能够给人民提供"名副其实的参议员"的资产阶级。[100]在此，人们与勒南或泰纳的腔调可谓相距甚远。对于费里和甘必大来说，精英只是人民的"兄长"（此乃甘必大的提法），而不是人民冷淡的主人。但是，要关心的事情却是相近的：人们认为民主政体需要得到引导，法兰西社会应当重新创建一种新型贵族的等同物。在发表于1888年的论文《共和制度下资产阶级的教育》中，爱德华·马纳维里埃就这一主题提供了同时得到友人和有见识的保守派分子赞同的综合论述。关于民主的教育，以及他所称的"贵族式教育制度的'新生'"，在他看来只是同一座建筑物的两个互补部分。他的结论很好地体现了那个时期的精神状态："人们对不幸者说道：天堂已不复存在，或更确切地说，你们的天堂就在人世间，等待着你们前往。"与此同时，人们已经对他们进行了武装：人们已经赋予他们没有能力理解和行使的令人生畏的权利。因而，这种危险是巨大的。在我们看来，避免这一危险的手段只有一种，那就是让我们好好地培养他们，让我们好好地培养这些将成为我们主人的孩子。让我们为这支民主大军准备好受人尊重且值得尊重的首领，后者既不取决于他们的级别和优待，也不取决于他们的出身和财产，而是取决于他们的功绩。共和主义的学校建立与发展的基础正在于此。

该如何达到这样一种目标呢？在《激进的共和国》中，阿尔弗雷德·纳盖为呼唤国家创建真正的培养人才的地方——人们将能够从中抽取出最有能力者——而恢复了山岳派的腔调。这已经是对通过提升所有人来选择最优秀者原则的肯定。但是，该如何设想这样一种才能的储存库呢？整个事业是围绕着"创办法国的大学"这一口号有机地构成的。19世纪70年代初期，法国大学还没有真正存在。法国高等教育实际上局限于培养工程师的重点高等学校、高等师范学校和职业性学院（如法学院、医学院和药学院）。1875年，全法国所有的文学院拥有的大学生仅为238人，而理学院拥有的大学生仅为293人！[101] 这种状况在大多数人眼里看来是灾难性的。法国当时不仅缺少用来培养工业或国家机构干部的部门，而且也缺少用于培养自由职业者的部门。大学的薄弱因其他原因被视为令人不安的因素。它首先象征着法国在面对德国大学的兴起时处于下风。布特米将此概括为一个迅速成为口头禅的提法："在萨多瓦获得胜利的是柏林大学。"[102] 在大学的不足当中，人们尤其看到了精英团体不足的原因。此外，进步的共和派与有见识的保守派分子进行了同样的分析。通过提议创办真正的法国大学，他们意欲为法国配备一个政治与思想方面的阶级，简而言之，就是培养多面手。后来成为1896年改革事业重要大师的路易·里阿尔解释说，大学的特性就是产生隶属于一种普遍文化的专家。[103] 在他们看来，大学必须吸引出色的学生，避免让重点高等技术学校吸收学生中最出色的佼佼者。通过大学的重新创造，人们也希望把未来的精英集中起来。根据一种类似的精神，但伴随着更为有限的制度方面的抱负，埃米尔·布特米谈到了"逐步创建为全体国民作出表率的精英"。他写道："所有的一切均把我们重新引向于此：改造人民的头脑。"[104] 为此，他希望创办一种进行高等教育的自由大学（une faculté libre d'enseignement supérieur[*]）。通过与专科学校模式保持距离，他力求设置培养"有见识、对政治问题有判断能力、能够扎实地讨论政治问题并引导舆论的公民"的完整教育。[105] 众所周知，巴黎政治科学研究院将在这一基础上建立。[106] 伴随着更大的制度方面的抱负，所有赞成大学改革的人所追求的正是同样的目标。

1878年，改革方案围绕着高等教育协会的创立而具体化。在24名发起人当中，人们发现了一大批知名人士。保尔·贝尔、马塞兰·贝特罗、埃米尔·布特米、费斯特尔·古朗热、爱德华·拉布莱耶、欧内斯特·拉维斯、加布里埃尔·莫诺、路易·巴斯德、欧内斯特·勒南、伊波利特·泰纳得以重逢。若以政治角度观之，其视域颇为宽阔。它再次证明了就这一主题进行的思考和提出的建议的横向性特征。在作家们的支持以及大实业家的赞助下，该协会重

---

[*] 此处"自由大学"亦可译为"私立大学"，但从上下文看，译为前者似更妥。——中译注

新采用了布特米关于培养多面手精英的必要性观念，这种精英可以通过其获得的文化使他们的社会优势合法化。布特米直截了当地表达了这种社会学的目标。他写道："特权不复存在。民主将丝毫不会消退。在被迫接受绝大多数者的权利的情况下，这些自命为高贵的阶级只可能通过乞灵于最能干者的权利来保持政治支配权。在他们的特权以及传统行将坍塌的围墙背后，民主的波涛一定会遇到第二道围墙，即由显著和有用的才能、声望所带来的优势以及人们在正常情况下不可能丧失的能力形成的围墙。"[107] 进步的共和派在语言上更为谨慎。但是，就本质而言，他们的想法如出一辙。[108]

为了在新的大学里培养这种精英，人们以实证主义、乐观主义和天真的观点去相信"科学"的功效。人们期待教育终结无谓的划分并且创建以人类与社会的客观认识为中心的统一。[109] 路易·里阿尔的《大学的理论》使人想起了这些共和派的唯科学主义的先决条件。他写道："在新政体最有见识的人当中，许多人觉得，首先让它（此指科学——作者）在精英当中，继而渗透进群众当中，建立共和国与民主制所不能放弃的有意识的、坚定的和一致的公共精神。"[110] 在此，人们的确发现了重农主义者用来理解社会合理化时的方式，而这种社会合理化是同社会从上到下的高见不断传播的过程密切相关的。"[111] 在相隔一个世纪之后，同样的概念与形象为表达对能力的加冕而重新出现。在这种对精英作用的态度中，19世纪80年代的共和派审慎地恢复了基佐形成的非专门化的社会和政治精英的抱负，由此把重点放在了一般的文化上。自1871年起，布特米就讲到了组织"高等文科教育"的迫切性。[112] 阿尔弗雷德·富耶在书名令人浮想联翩的著作《古典研究与民主制度》中，给这种设想提供了标准的表达形式。在他眼里，人文教育必须构成真正的政治优先权。他解释说："文科方面的学习是以培养有见识、心系未来、受命去捍卫重要的思想或道德方面的利益，或一言以蔽之是去捍卫民族精神的利益的精英为目标的学习。民主制的主要危险当推过度的功利主义倾向。[113] 因而，真正的精英既不是财富精英，也不是依据出身来定的精英，甚至不是依据普通功绩来定的精英。它更多的是根据不可分离的道德和思想标准来界定的：对公共利益的兴趣以及长远考虑的能力（与之相反，人民当中的大多数人只关心眼前利益和个人利益）。富耶作结论道："古典方面的学习仍然是在法国内部维持具有高尚和超脱精神的精英的唯一手段，借助这一手段，人们会有优良的道德氛围，而若没了它的话，民主制则会被阴谋诡计笼罩。"[114]

自从普遍选举被当作不可逆转的制度以来，就应当对以下急迫问题作出答复：如何管理群众？如何引导他们的激情、顾及他们利益？如何避免使人民的力量堕落为民众的暴行？19世纪初，随着人民—选民的潜在增加，对个人社会出现的不安突然重新复活并加重。人们寻求着得以同时避免多数与社会细分化的共同威胁的具有补偿性的秩序原则。众所周知，社会学正是在这一背景下诞生的。涂尔干、帕累托、塔尔德、勒邦都回答了同一个问题。种族主义思想或颅相学也试图以它们的方式提出一种建立在生物学基础之上的组织原则。当时，同样的途径亦同时在所有民主国家中得以探索。但是，法国的情况在19世纪末呈现出一种特殊性。它似乎远远比其他国家更难以应用人们称为民主问题的"有机的解决方法"。大革命遗产对这一切的影响仍然相当大，抽象的普遍主义最终奠定了政治与社会方面占支配地位的表现的基础。诚然，为与上述现象反其道而行之所作的努力并非无足轻重。不少社会学家或法学家力求重建一种扎根于更有组织的社会以及新行会主义或无政府主义视野之中的新政治文化，此处的"更有组织的社会"在右派那里意味着处在传统天主教的社会环境之中（我们会由此想到拉图尔·杜潘或拉乌尔·德·拉格拉塞里），而在左派那里则意味着处在革命工团主义的社会环境之中。所有走上这一条道路的人一起谱写了19世纪末的思想史中决定性的一页。然而，他们实际上仍然处在建立共和制度运动的边缘。正是这一点，使精英建构在法国具有大多数其他国家所没有的重要性：它代表着唯一与革命原则相一致的思想上的秩序原则。因而，抽象的普遍主义与等级的绝对需要在这里找到了协调的场所。这一切促使精英问题成为法国政治文化的中心问题。

法国以注重能力的社会来对抗等级、团体或阶级社会。在法国，民事与政治平等原则和智力方面的等级制原则结合在了一起。共和派的中小学教育和大学制度是这种结合的重要操纵者，由此导致共和制的创立者们来勾画共和大业的管理责任。实际上，学校得以在绝不损害平等原则的范围内重新形成事实上的等级制。正如18世纪的哲学家，19世纪的共和派们认为的，知识的分布必须完完全全地与社会需要相吻合。[115] 区分教学课程的组织必须在政治平等不会颠覆社会秩序的情况下以确定每个人的位置为目标。人们同样在失去社会地位者的范围内留意外行的人。富耶极为清晰地表达了这一点。"应当尽可能地教育每一个人，但既不是以同样的方式，也不是以最终导致孩子无法适应未来的种种方法去教育每一个人。失去社会地位者并非受过教育的孩子，而是未得到良好教育的孩子，后者拥有无法使其获得工作的抽象知识，但缺少必需的实际知识。"[116] 失去这种类型的社会地位，对于一个民族的道德观念来说是有危害的，而且这种危害在一个民主国家当中还要更大。[117] 由此他们期待看到初等、中等、高等教育之间在组织上的区别。萦绕在富耶脑际的念头是："避免产生失去社会地位的精英，他们会成为产生一切不满的带头人。"[118] 社会秩序的条件与民主的组织条件由此重合在教育制度的重建之中。虽然近代大学的构建在1896年时是决定性的因素，但共和派随后却把自己的努力集中到了中等教育的创新上。精英的大量产生实际上正是在这一层次上进行的，大学只是用来培养精英中的高级人才。[119] 弗朗西斯科·维阿尔在具有纲领色彩的著作《中等教育与民主制》（1901）中完善地阐明了这些目标。就在被他完全搁置在第二位的职业方面的目的性背后，维阿尔在由中学进行的古典教育培养而成的中等阶级当中，看到了"同时为民主充当制动器与推动器"，并得以在实际中"控制与更正普遍选举的决定"的道德力量。[120] 古典的中等教育就这样确定了下述职责：将中产阶级构筑在意识到其"引导民众"的公民使命的阶级基础之上。"引导民众"实际上不可能单独在政治上进行。维阿尔写道："只要民众还缺少足够的文化与思考所必不可少的闲暇，那就仍然没有能力去理解和捍卫国家的重大利益……就没有时间产生政治舆论，就会接受一切事实；应当由其他人来对这些使民众心神不安的含含糊糊的本能、隐隐约约的愿望、不明确的要求进行思考，并将这些东西变成观念。"[121] 各中等阶级所处的中间状态使他们能够对民主国家的政府提供帮助，"因为他们无论是在表达民众含糊不清的愿望方面还是在理解精英非同一般的要求方面均处于最佳位置"[122]：他们是"民主国家的教育者"。[123]

处在这样一些限制之中的民主究竟意味着什么？如何在这种框架中理解人民主权和普遍选举？诚然，理性行为者的社会理想继续存在于不久的将来，而公共教育政策则以促进这一社会的出现为目标。但是，人们给精英指派的在民主制中的角色却同样模棱两可。人们一方面承认他们具有统领民主教育以及临时取代大众理性的职能，同时又赋予他们在个人主义社会的形成当中更多地具有结构性、更少地取决于形势的角色。共和派的民主哲学在此奇特地显得模棱两可。通过实际上的拒绝，并伴随着历史的辩解理由，实际的人民主权——共和派采纳了一种有限民主的理论。他们中的许多人把普遍选举理解为这样一种普通力量，即驱动以及使一种以能力为源头的创议权（un pouvoir d'initiative）的普通力量。这正是像阿尔弗雷德·富耶这样的人的观点。他写道："被称为高尚的阶级应当与这一名词相称；运动应当来自于它们，并大体上得到传播；通过这些力量的反复酝酿和引导，人民的选举以其惯性本身显示出有益之处：即有如一架调节与增大动力的机器的操纵盘。"[124] 在这种情况下，民主以最好的方式成为一种人民所赞同的政体。在1875年出版的一部冠以动人的书名的著作《统治阶级》中，共和派政论家夏尔·比戈甚至走得还要远，认为投票权的平等只是一种空想。他写道："虽然普遍选举把被投入选票箱的分量相等的选票置于全部公民手中，但它并不意味着所有人在决定国家命运方面的发言权是相等的。一些人手头只拥有属于他自己的选票——他甚至可能并非真正自由地拥有它，与之相反，另一些人不仅得到自己的选票，而且还得到所有与他们纠集在一起者的选票……受人指使者有之，指使人者亦有之；任何选举，即便是直接选举，退回到了一种名副其实的两级选举，在这种情况下，民众只是认可了由一小部分人所作的选择。"[125] 写下这几行字的人并非反动分子。他得到了在《世纪报》与《法兰西共和国报》友人的认同。对于他来说，民主制实际上归结为一种消极的权力、一种民众投票的权利。普遍选举一方面被完全地接受和承认，一方面被局限在一种几乎无足轻重的作用之中。[126] 共和国当时只是政治理性主义加上民众承认的合法性。如同议会政治哲学从另一边所证明的那样，19世纪70—90年代的共和派几乎没有脱离这种模式。

如果精英被奉为补偿性权力的等同物以及普遍选举的调节者，那么为了避免贵族或特权阶级的形成，该如何来选择他们才算合适呢？这一问题对于共和派来说曾经是根本性的。从历史上看，法国实际上始终未能产生真正的精英，只会冒出种种封闭的统治团体：起先是象征着功绩以及转变为服役阶级的贵族在18世纪的失败，继而是七月王朝统治时期用以表明资格的选举税的破产，最终是正统派想构建一种建立在英国式的社会尊重基础之上的贵族模式的企图未果。[127] 人民—精英的关系始终退化为法定的不平等（特权）或经济冲突（阶级斗争）的关系。自复辟王朝初期以来，这些问题为从巴朗特到托克维尔等最杰出人士的思考提供了素材。19世纪末，共和派们重述了这些疑问，并试图重新提出强调能力的社会组织的纲领。审查与考试为此被置于他们的世界中心。在发表于1837年的引人注目的文章《论美国的民主与法国资产阶级的民主》中，路易·德·卡内尔率先提出"选举原则"与"考试原则"的对立，在他眼中，前者构成了美国民主的特征，而后者则更为适应法国的绝对需要。他在讲到后者时指出："它本质上属于欧洲以及资产阶级政府：这是法律承认的智力方面的权利，是被引入思想领域中的竞争。"[128] 共和派们延伸了这种取向。[129] 但是，该如何将它与他们同样认可的选举原则协调起来呢？他们首先预设了提供给大部分候选人的古典教育文凭，由此导致这些获得古典教育文凭的候选人与工人候选人或只接受过初等教育者之间的对立。[130] 但是，这还极为不够。还导致了从这里开始产生的显贵精英（当选者）与能力精英（考试的胜出者）之间的冲突。实际上，它注定得在半个世纪之后，随着一个很大程度上出自国立行政学院的政治阶级的增强，并通过实现考试原则与选举原则的融合获得解决方法。但是，这种解决方法是不稳定的，因为在这种情况下，考试显得像是对于特权阶级的消遣。

社会主义者的模棱两可

应当等到 19 世纪末，普遍选举才不再受到怀疑。大多数政治家族在当时出于相互对立的理由终于接受了普遍选举。保守派之所以顺从它，是因为他们从中看到了维护自己利益的力量以及社会安定的保证。波拿巴主义最后的继承人与新的民众主义的极右派则把它作为肯定大众直觉的工具予以赞颂，在他们看来，大众直觉是唯一可能把被腐败的精英与难以理解的知识分子引入歧途的国家重新置于正道的力量。[131] 至于共和派，他们已通过发动重大的民主十字军运动克服了其原有的秘而不宣的怀疑。那些信奉大众的再生力量的人，以及那些还对多数抱有怀疑的人，也如同人民主权问题上的不可知论者和无神论者一样，对普遍选举顶礼膜拜。自此，所有人均接受了从选票箱出来的指挥力量和源于民众算术（l'arithmétique populaire）的决定。

社会主义者曾对普遍选举予以无情的揭露，现在也转而表示认同。在他们的逐渐转变当中，像茹勒·盖德这样的人的演变完全具有代表性。19 世纪 70 年代，盖德痛斥了选举的骗局。1873 年，他在《人民年鉴》中写道："在实行纳税选举的时代，资产阶级是一个尚未武装起来的参谋部,普遍选举为它提供了维护统治时所需要的选举武器。"19世纪80年代,这种敌视态度不复存在。在他当时与马克思共同拟订的《工人党纲领》中指出,曾经是欺骗工具的普遍选举可以成为一种解放手段。[132] 这种突变在19世纪90年代,即当最初的选举方面的成功开始显现之际得到进一步肯定。在巴拿马事件以及1892年市镇选举的胜利之后,盖德兴奋地谈起"着手把普遍选举作为解放者的扫帚"。[133] 在此期间,社会主义被理解为普通的共和观念的激进化,也赋予了普遍选举制度一种中心地位。[134] 此外,正是这一点,得以解释1888年社会主义者们面对布朗热主义甚嚣尘上时的模棱两可:他们对群众选择的信任妨害了他们去理解这一现象的真正含义。19世纪90年代的社会主义者们为颂扬普遍选举的开创性作用,重新弹起了19世纪70年代初期甘必大的老调。人们在《社会主义评论》中读到:"普遍选举是我们一切公共权力的根本源泉……在普遍选举之外,我们所能设想的只有绝对专制主义或无政府状态。"[135]

社会主义者当时表现为普遍选举的激进的支持者,他们超越了共和派的谨小慎微与最后的保留,期待着普遍选举的完全实现。饶勒斯在发表于《巴黎评论》的一篇纲领性文章当中宣称:"应当使普遍选举达到生命和行动的极限。"[136] 通过秘密投票方面的技术保障来确保真正的投票自由;通过终止暂留的排斥来彻底扩大普遍选举的范围;[137] 通过确立创议权和全民投票的实践来扩大普遍选举的效力。在此并未涉及甚至简短地去概述法国社会主义的政治史与思想史。但是,人们至少可以指出,社会主义者在19世纪90年代的战斗是以实现法国大革命运动以及实施民主理念为前景的。甚至连法国工人党的经济纲领亦被纳入这种视野之中。例如,生产资料的集体所有并非通过"经济"范畴的论据来说明其合理性(重新占有剩余价值、摧毁资本主义制度,等等):它基本上与1789年和1893年的原则联系在一起。它涉及"如同第三等级至少部分地使政权共和化一样,使财产共和化"——此乃茹勒·盖德的著名提法。[138] 社会主义者主要指责共和派没有把事业进行到底:在他们眼中,社会主义是共和国的实现，它丝毫不是一种在本质上与共和国不同的理想。在这一时期，他们正是根据这一精神来思考普遍选举的完善。

19世纪90年代，社会主义者首先自称是直接民主和全民投票的拥护者，竭尽全力地以这种方式通向人民主权。他们恢复了第二共和国的计划，并颂扬选民的直接表达。[139]在他们的鼓动下，市镇的全民投票得到了组织。1888年，克吕尼市镇就进行了这样的革新，它首次请求选民批准用于建立一幢分成许多套间的简陋的大房子以及安装供水设施的公债。[140]叫他们不要等待大众教育的彻底实现来扩大民主，而是希望政治参与本身成为教育手段。社会主义者还率先要求在选民名册上登记的条件，尤其是关于住所的条件要灵活。茹勒·盖德、鲁阿内、维维安尼与其他一些人为此在1894年提出了一项"以确保所谓普遍选举的普遍性为目标"的法案，他们在该法案中要求政治选举权的行使不再取决于住所。[141]他们在自己的法案中写道："有工作的游民不该继续被当作外人。他们不能一直处于在他们自己的祖国里被社会遗弃的状态之中，因为正是他们在这种其政治上的死刑取决于此的来去往返中，创造了祖国的财富与光荣。"[142]令人印象深刻的是，社会主义者在活动中明显涉及已被败坏名声的共和派的行为，后者在1850年5月强调了居住状况的要求并设置了与选举权相关的住所标准。同样颇能说明问题的，正是茹勒·盖德所在的党的议员们在1898年要求任命一个"普遍选举委员会"，它负责向众议院提出确保投票自由和可靠的措施。[143]他们当时自称是"自由行使普遍选举"的捍卫者，此言出自亚历山大·泽瓦埃斯在议会讲坛上发表的演说，而这一演说可能会使人以为出自甘必大之口，后者在第二帝国末期衷心呼吁设置摆脱一切监视和限制的投票。在19世纪的转折点上，社会主义者们曾处在为设置旨在确保投票的秘密与自由的选举技术而进行的斗争的最前列：分发印刷的选票；设立"选举隔离间"；严格地组建投票办公室。[144]他们非但远远没有把普遍选举作为简单的形式上的自由权予以批评，反而把纯粹的个人—选民作为民主理想的实现条件。正是在这种对自主选民的最终加冕，而不是在超越之中，他们看到了把共和国面貌改变为社会主义面貌的迹象。

普遍选举的共和国在19世纪末得到了认可，从此构成了法国政治不可逾越的视域。1899年，著名雕像"共和国的凯旋"在巴黎共和广场的揭幕为一次令人印象深刻的民众示威游行提供了机会，这次示威游行系具有象征意义地为该雕像的揭幕而举行。诚然，对于适合法国的政治制度的性质，仍存在着种种论战与根本对立。但是，甚至那些想置议会制度于死地的人，当他们以人民大众的健康和良知与腐化堕落以及精英们的唯智主义对抗时，也自称是全民表决的捍卫者，并以对普遍选举信仰的唯一真诚的实践者自居。普遍选举由此通过极右派的支持而异常地得到巩固。被确认为政治合法化原则的普遍选举在这之后不再有公开的敌人了吗？

普遍选举在20世纪初真的不再是任何争议的对象了吗？我们不得不指出，社会主义者对它们的功效的信仰实际上仍然极不稳固。这种信仰在19世纪90年代初期，即当他们在选举方面的期待尚颇为强烈之际达到了顶点。保尔·拉法格在1892年写道："既然工人们开始懂得它的操作，普遍选举将成为难以抵抗的武器。"[145] 1892年，在市镇议会选举与区议会的选举中，社会党候选人惊人地增加。但是，这些成功所引起的热情有如昙花一现。而这正是人们不可能停留在这一时期的文本上来理解社会党人的情感的原因。当选举方面的失望开始产生重大影响，以及普遍选举——即便是自由与受保护的——并未成为人们期待的凯旋门时，怀疑态度迅速重新露面。这一气氛的变化尤其得到了更为根本的因素的补充。19世纪末，为解释社会党人对选举的不信任的复归，有两种因素交织在了一起。就哲学方面而言，它首先很明显地显示出社会党人与共和派的价值观念维持着一种比在19世纪80年代提出的更为复杂的关系。当他们始终在社会主义当中看到共和国的实现的同时，社会党人远远没有赞同茹勒·费里之流对教育作用的信仰，并难以最终把他们的阶级斗争观和经济纲领与共和派文化的普遍主义观念协调起来。[146]

他们在哲学上也公开主张一种把他们与共和国的创立者们区分开来的更为唯物主义和怀疑论的理性主义。这正是这支队伍的主力容易与旧的布朗基主义怀疑群众头脑中存有对手观念的偏见重修旧好的原因。就政治方面而言，社会党人继续被纳入夺取政权的革命视野之中。他们面对选举的态度仍然通过策略上的考虑来控制。这两项理由解释了社会主义不会持久地与普遍选举等同。"要么通过选票，要么通过步枪"的提法晚些时候仍保留在社会党代表大会的文本当中证明了这一点。然而，如同盖德与饶勒斯之间的对立所表明的那样，社会党人的观点并非铁板一块。[147] 盖德从19世纪90年代中期起开始强调要与共和派的主题体系保持距离，而饶勒斯却进一步在共和主义范畴的延伸之中表达了社会主义的原则。后者在1904年这样表明自己的观点："普遍选举，尽管有其不确定的因素，尽管会有偏差与意想不到的事物，但它代表了光明，代表了白昼。在普遍选举当中，任何力量都有义务去表达自己，任何信念都必须和盘托出。诡计在普遍选举中只能得逞于一时：合法的演变给所有党派、所有阶级留下了时间，以纠正自己的错误、挫败阴谋以及消除谎言。"[148] 这些话表明，饶勒斯更接近的是甘必大，而不是盖德。但是，在法国社会主义中占据上风的是盖德派，而不是饶勒斯本人。社会主义者对普遍选举的偏见，在哲学上与政治上曾经要强于给共和派阵营打上标记的种种犹豫。此外，如同曾由蒲鲁东以传统方式提出的对选举权的个人主义特征的批评[149] 通过重新获得新的辩护人——此类辩护人有像普热或格里福埃勒这样的革命工团主义的积极分子，或有在贝尔·拉加戴尔的《社会主义运动》中表达看法的知识分子[150]——并且只是通过以追加的论据给它提供材料来强化这种最初的敌视。

由此，左翼人士在19世纪的转折点上再度显现出对普遍选举的怀疑，这种怀疑堪与共和派在1848—1849年间的怀疑等量齐观。令人沮丧的选举结果在某些社会主义者那里起了主要作用，而对另一些人来说，值得重视的则是德雷福斯事件。例如，夏尔·佩居伊或克雷孟梭此时带有某种不安地指出，普遍选举并未设置一种优于其他政治制度的政治制度。在《论公正》中，克雷孟梭这位政治平等的毫不妥协的捍卫者任由怨恨流露出来。在他的眼里，曾经"像白鸽一样极为清白的"民众突然重新变成了"集体暴君"。在一篇投给《白色评论》的文章当中，时为虔诚的社会主义者的佩居伊也承认了自己的困惑与苦恼，并最终呼吁以勒南的理性主义来对抗多数人的意志至上的积习。[151] 当普遍选举原则被接受之际，与它再次相伴的，更多是屈从或不知所措，而不是热情。社会党图尔代表大会与法国共产党的出现，使左派与普遍选举之间的这种距离更为突出，而1917年后革命观念的复归，给针对被认为业已异化的民众的公共意志的批评重新覆上了一道新的光泽。在近一个世纪里，一如共和国以前受到的对待那样，革命实际上仍被整个社会党左翼以及共产党人置于普遍选举之上。1968年五月风暴给这种对多数的理解重新提供了一种最终的冲动。1969年，阿兰·克里维纳由此还给一本书冠名为《选举闹剧》，而让-保尔·萨特则在《现代》杂志当中揭露道："选举，愚蠢的圈套。"[152] 只是在1976年，法国共产党在其第二十二次代表大会上，通过增加语言方面的婉转措辞，最终勉强承认，若没有普遍选举就不可能为人民谋取幸福，若反对普遍选举则会更糟。所以，对普遍选举原则没有私下想法的完全承认，在法国仅仅始于20世纪70年代末。为此，革命的观念应当最终从法国政治文化的视野中抹去。

第三章 普遍化的成果

妇女一个人的出现

在实行普遍选举的共和国中投票的只有男子。我们已经说到了妇女在 1789 年受到政治排斥时的偏见、局势和社会表象。但是，男子选举权受到承认（1848）和妇女选举权受到承认（1944）之间隔了近一个世纪，而这种间隔在别的任何地方都要小得多，这该如何解释呢？又该如何解释妇女的政治权利在法国得到承认要大大晚于许多民主遗产不甚确定或未必会有女权主义情感的国家，如印度（1921）、菲律宾（1937）或土耳其（1934）？当然更不用说重要的自由民主国家了。同一时间中的早熟与迟缓：法兰西民主的历史在这两点上蕴含着一个谜。

人们通常提出三种因素来解释妇女选举的"迟缓"：天主教的文化影响、共和派政治上的担忧和参议院制度上的阻止。人们最爱唠叨的是，天主教的影响是决定性的。它同时解释了争取妇女参政运动的弱小和抵制的力量……[1] 争取妇女参政的运动弱小吗？此乃不争的事实。在决定性与组织程度上，法国没有经历过与英国或美国争取妇女参政运动类似的运动；争取妇女参政的法国妇女从未成功地在法国形成名副其实的社会运动。但是，天主教该对此负责吗？人们几乎只看到新教先验地要更有利于妇女的解放，更加鼓励她们去要求自己的权利。但许多别的天主教国家亦很早就把选举权赋予了妇女，如波兰（1918）、比利时（1920）、爱尔兰（1922），等等。因此，没有任何东西可以证明宗教因素的特殊影响，而且也没有任何可靠的关联可以在这一领域中得到确立。历史学家的解释很容易倾向于重复参与者在这一点上的话语。对：天主教的"完形"（la prégnance）的参照，包含在一种辩解的修辞学中，而不是一种论证的逻辑之中。这正是激进与温和的共和派为使排斥妇女合法化而提出的重要论据。他们扬言，我们并不排斥妇女，我们只想与教士们带给她们的不利和落后影响作斗争。米什莱自1845年以来，已经在《论教士、妇女和家庭》中定下了这一调子。半个世纪之后，阿尔弗雷德·富耶以相近的言词概述了共和派的担忧。他写道："已经有如此之多的不能胜任者占据着政治领域，因而我在看到将妇女投入党派纷争时不无忧虑。在天主教国家里，大部分妇女的选票将是聆听她们忏悔的神甫的选票，而这些神甫本身将接受罗马的标语口号。我认为它将不能有助于进步，反而助力倒退。让我们再等等吧，我觉得这一问题尚不成熟。"[2] 甚至那些把选举权视为天赋权利的人亦出于这一动机阻止整个改革的建议。

在近半个世纪的时间里，参议院通过把妇女的投票与被教权主义的党派夺取政权的威胁等量齐观，在制度方面象征了共和派的抵制。这种策略范畴的举措不大会引起争论。此外，它在右翼那里同样感觉得到。一种天主教和保守的争取妇女参政的主张的存在，只能颠倒共和派的推论。1917年十月革命之后，整个极右党派就是这样从策略角度出发宣称支持妇女参与投票的，夏尔·莫拉斯还将此视为"能够止住巨大的集体主义机器的沙粒"。[3] 但是，难道这些考虑和保留就足以解释法国的迟缓了吗？人们可能对此表示怀疑。在许多其他国家，包括新教国家，左派亦担心妇女投票的政治后果，但他们并未因此就像法国的激进派那样采取断然措施予以阻止。因而，人们不可能满足于像西奥多·泽尔丁那样乞灵于"激进派和外省的偏见"。[4] 人们也不可能满足于简单地依据政治宣传来强调的，诸如工人国际法国支部在1906—1910年的过渡时期，为了使比例代表制成为主要的谈论话题而把妇女的要求置于第二位之类的现象。[5] 这些解释过于平庸。它们在把妇女投票问题从她们自身的历史中排除出去方面获得了了不起的成功。相关的种种偏见与考虑的确在这件事上举足轻重，但它们并非为法国所独有。

我们想在此提出另一种不大取决于形势的解释，它能够解释法国的特殊性：出于其取决于选举权的哲学和政治基础的原因，（法国）妇女的投票是以比美国、英国以及许多其他国家要早熟的方式取得的。在盎格鲁-撒克逊国家中起支配作用的功利主义的民主取向当中，妇女由于自身的特殊性而获得了种种政治权利。人们认为，她们把其固有的担忧与评价引入了政治领域。因而，正是作为某个群体的成员、特殊利益的代表，妇女才得到允许去投票。妇女的投票在此被纳入一种特殊性的代表视野之中：正是作为妇女，而不是作为个人，她们才被召到投票箱前。在法国，选举权有着其他的根源，它是从个人之间的政治平等原则中派生出来的。在这种情况下，法国式的普遍主义为妇女投票设置了一种障碍：妇女由于其特殊性而被剥夺了投票权，因为女人不是真正的抽象的个人，依旧过多地被打上性别限定的印记。由此，在各国彼此极为接近的妇女在家庭和社会中的角色表象，却分别在法国和大多数其他国家带来截然相反的结果。在法国，相关偏见起着负面作用，妨碍妇女被理解为社会的个人，使其持久地处于家仆角色，这种角色使她在与自然属性的男子的关系中被孤立，被拒之门外。而在功利主义的民主取向占支配地位的国家里，对妇女本性的偏见反而有助于把妇女确定为不同的社会群体，因其特有的社会功能而有望被纳入政治领域之中。

在法国，妇女选举的真正障碍在于难以把妇女看作个人。虽然这种抵制在大革命期间已经极易觉察，但在19世纪更为明显。19世纪40年代，人们可清楚地在最坚决的支持选举改革的人身上看出这一点。例如，普遍选举最雄辩的辩护者以及概述了共和派战斗精神的《关于选举改革方案的信》(1841)的作者之一克洛德·蒂利埃强烈反对妇女选举的观念。在经过颇为深刻的思考后，他在小册子中以极为说明问题的方式把最反动和最陈旧的论点糅和在了一起。一方面是列举已被接受的观念："女人是应当远离我们议会的混乱的孩子"、"女人天生与我们不一样"、"女人的嘴是用来微笑，而不是用来讨论的"。⁶另一方面则是激进派对出现个人社会的担忧。他写道："如果我们把政治权利赋予妇女，也就应当把公民权利赋予她们，若推而广之，还应当把这些权利赋予孩子们。于是，每户人家将是一个小型的立宪政体，晚餐的菜单也将以多数票来表决。"⁷蒂利埃在此以非同寻常的明确言词显示了抵制妇女选举的最终基础，即对激进的个人主义的担忧。在肯定性别之间的角色差别的背后，追求的是设置一种对个人主义化进程的限制。对家庭与婚姻的颂扬，在此发挥它在19世纪最为隐蔽和最为有力的手段，后者的力度远在单纯的道德主义和传统主义之上。在这一点上，绝大多数共和派分子和社会主义者几乎与保守派们没有什么区别。出于这一原因，特别能代表19世纪40年代共和派思想的加尔尼埃-帕热斯的《政治辞典》不赞同人们从社会学角度来给妇女投票定性。艾利阿·勒尼奥解释说，婚姻不仅仅是两个个体之间的一种契约规定的联系，它创造了"一种新人类"。女人在这一过程中，通过将其思想和意愿建立在丈夫的思想和意愿之中，以某种方式失去了她的个体性，她的丈夫扮演了这对配偶的代表机构的角色。勒尼奥符合逻辑地得出结论说："那些不接受这种婚姻理论的人，就无权对有朝一日妇女提出参与行使政治权利的要求表示抗议。"⁸妇女投票被理解为一种对家庭安宁的威胁。人们担心它会在家庭内部导致政治分歧，威胁到家庭的统一。配偶的政见分歧实际上被看成是一种与通奸形式相似的东西。⁹法国旧有的对多元化的不信任，就此在对看到妻子表达异于丈夫的意见的恐惧中得到了加强。

1848年，一场小型的运动显示了对妇女选举的支持。欧仁妮·尼布瓦耶、让娜·德鲁安、路易丝·科莱、阿黛尔·厄斯基罗斯先后创办了《妇女之声》和《妇女舆论》，以便就这一主题展开一场运动。¹⁰她们意识到了这种几乎是哲学上的妨碍妇女参政的特征。在一篇发表于《妇女舆论》的引人注目的文章中，克莱尔·巴扎尔强调说，真正的问题存在于这样一种事实之中，即人们不知道把妇女列入"何种自然范畴的家庭之中"才合适。她还强调说:"对妇女的确切归类让人感受到了某些困难……由于既不愿把妇女作为人类来解放,又不愿把她们作为猫、狗、老虎、狮子、蛇(有害的或家养的动物)来解放,于是,在同一时空,立法机构使妇女成为这样一种事物:对那些酷爱她们的人来说属于人类,对于那些把她们当成奴隶的人来说属于动物,对于那些以为她们没有灵魂的人来说属于植物,而对于那些摧毁她们的人来说则属于矿物。"[11]这一事业在失败之前已预先被正确地思考与理解。乔治·桑严厉地讽刺了这些要求,在她看来,只要民事权利的平等未被宣布,这些要求就还不成熟。[12]在《共和国公报》中,她以"个人的要求"和"具有贵族特征的企图"来形容争取妇女参政者的要求,提出要优先进行使悲惨和无知得以消退的全面战斗。[13]甚至连最激进的社会主义者亦显示出保留态度。卡贝回避了这一问题,含糊其词地说道:"这是一个棘手的问题;它颇为复杂,甚难解决。"[14]维克多·孔西特朗当时是唯一公开为妇女事业进行辩护的人。[15]

19世纪前半期,妇女政治解放最坚定的拥趸是圣西门主义者。他们持这一态度的理由是有教育意义的。在他们看来,受束缚的妇女的解放与无产者的解放一样,表明了新社会的到来,这两种形象象征着新事物在旧事物中的完形。[16]普罗斯佩·昂方坦在1829年在赞赏"妇女—救世主"时宣称,"正是通过妇女的完全解放,圣西门的时代即将到来。"[17]为了解放妇女,圣西门主义者对婚姻进行了激进的批评,甚至一度考虑强制其成员独身。他们的整个学说绝对不被他们的同时代人所理解,后者从中看到的只是隐居在梅尼勒蒙当高地上教派的幻影般突出的尖顶。当他们为对无产者的救济或开建大工程辩护时,昂方坦和他的友人们把青年精英中的整整一部分吸引到了他们当中。但是,他们对妇女的赞赏却让人无法理解。此外,这还过早加快了他们的运动的分裂。然而,从哲学角度来看,昂方坦已经极为强烈地预感到近代个人主义的本质,他发展了圣西门临死前的提法:"男人和女人,这就是社会的个人。"[18]对婚姻和传统家庭的批评，在他那里只是使近代个人的加冕礼得到了延伸，其中，女人代表着双重的否定。克莱尔·戴马尔根据这一精神来结束其著名的《一位妇女就妇女解放向人民发出的呼吁》（1833年）。她写道："妇女应当不仅在家庭管理中，而且还在城市和王国管理中最终获得所有权、选举权和自由与自发的信奉权。"[19]这种圣西门主义的取向完全与法国式的普遍主义相一致。它之所以遭人拒绝，只是因为它非同一般地超前于人们的精神状态，而并不是因为它与大革命的政治文化准则相抵触。另外，政治要求在首先提出世俗与经济解放的《新基督教》的作者门徒的头脑中只占据第二位。

19世纪80年代的女性主义者并未重述圣西门主义的主题。[20]此举既出于注意节制，也出于一些基本的理由。她们并没有将妇女解放与个人独立的普遍化视为同一。而且，19世纪末的法国女性主义并非铁板一块。例如，在第三共和国之初，莱昂·里歇和马里阿·德雷斯梅的温和派别主要强调获得公民权利，对投票权几乎不感兴趣。然而，有一个名字概括了1880年至1914年间（法国）妇女的政治斗争，这个名字就是于蓓蒂娜·奥克莱尔。[21]她的文章完全表明了法国争取妇女参政主张的模棱两可与局限性。她长久地在普遍主义取向和对妇女投票的功利主义的理解之间犹豫不决。就普遍主义的一面而言，她降低了性别差异的重要性，并把它限定在生育的范围。在1882年发表于《女公民》的一篇文章当中，她在这方面强烈地摈弃了妇女领域的概念。她写道："男人所做的事情，妇女也应当能够做到。与爱好烹饪的男子可以进入厨房一样，妇女必须能够关心政治、投票、立法……人类的幸福将只存在于所有人的权利平等，以及不加区别地在男女之间公平地分配职责上。"[22]然而，在她支持选举权改革的论据中，她却主要发展了功利主义的主题，强调妇女能够在政治中带来某些特殊的东西。她由此多次强调有可能从妇女投票中引出社会道德化的后果，并强调引入家庭管理中的合理原则会对公共财政产生正面的影响。19世纪80年代，她在多次张贴在巴黎的《妇女选举纲领》里甚至还提出以"母性的国家"取代

"人身牛头怪物的国家"（l'Etat minotaure），认为前者将以其深谋远虑的关心确保健康者的安全与工作，确保对儿童、老人、病人和残疾人的救助。[23]

功利主义取向不容否认地给法国女性主义打上了印记。有人说道，妇女投票使人们得以进行重大的社会改革和捍卫和平。例如，首位在重罪法庭上进行辩护的妇女马里阿·维罗纳说道："我们深信，当议会和所有代表会议有女人参加时，战争就会结束。"[24] 在一张20世纪20年代的照片上，我们可以看到一群主张妇女参政者挥舞着标语颇具特点的标语牌。这些标语道出了妇女应当投票的理由："为了取消陋室""为了向酗酒开战""为了保护儿童""为了与不道德进行斗争""为了使生活费用变得便宜些""为了捍卫家庭""为了阻止战争"。[25] 作为20世纪20年代妇女事业最激烈的捍卫者之一的约瑟夫·巴泰勒米也为把投票权赋予妇女进行辩护，提出了她们的"特殊利益"和她们的"特定品质"。他解释说，妇女注定能够在政治上发扬她们对母亲和女工的关注，根据同样的理由，妇女会通过组织工会来做这一切。因为她们有一种不同于男人的感觉，她们会给政治生活带来某些新的东西：通过优先考虑涉及家庭生活与道德的具体问题，她们限制了纯粹的党派政治的作用。[26]

这样一种妇女选举的道德和实际取向，说明了它的支持者很大程度上来自于天主教和温和派的社会环境。对于来自天主教徒圈子的人来说，妇女投票并非来自天赋权利，它仅仅与社会职责相一致。1909年组建的第一个专门从事争取妇女参政运动的全国性联盟——法国争取妇女选举联盟就是在这一基础之上形成的。[27] 强大的天主教运动同样围绕着这些主题在发展。[28] 她们的主要发言人玛丽·玛格丽特和让娜·什尼使许多妇女接受了妇女参政的主张，这些妇女的人数要远多于在其他女性主义团体影响下接受这一主张的妇女的总数。对于她们而言，妇女的解放与捍卫教会、家庭和祖国混同在了一起。此期重要的天主教法学家拉乌尔·德·拉格拉塞里把争取妇女投票的斗争纳入了全面重建民主的基础的视野,利益的代表取代了个人主义的原则("性别的利益"只是被补充到其他的诸如专业、地方等利益的范畴之中)。[29] 在与这种考虑妇女利益的概念的竞争中,家庭选举的观念也在天主教徒当中极为流行。这是另一种把投票与社会结构联系起来,并击退个人主义政治哲学的方式。拉马丁自1848年起已经提及这种可能性。他曾说道:"有朝一日,家庭中父亲的发言权将和老人、妇女和孩子一样。因为在一个建设得更好的社会里,稳定的单位并不是个人,而是家庭。"[30] 这种受博纳尔式原则影响的家庭选举观念,在天主教徒中广泛传播(勒米尔神父在1911年提交了一项这方面的法律草案[31]),它与妇女选举的观念产生了冲突。但是,策略上的考虑倾向于使妇女的投票优先于家庭投票,后者不自觉地突出了男子选举的作用,而妇女投票则反而显得有抵消男子选举作用的可能。不管怎么说,这种天主教的争取妇女参政主张的力量能够说明共和派相当程度的保留。在它本身的模棱两可当中,法国争取妇女参政的主张与普通的共和主义情感处在一种持续的脱节状态。争取政治权利平等的运动筑基于把选举权当作天赋权利的考虑之上,但它对于集体的精神状态来说过于超前。在它的维度中,占支配地位的是呼吁承认妇女政治贡献的特殊性,它显得带有行会主义的臭味,所以和共和派的普遍主义相悖。

　　法国争取妇女参政主张的乏力很大程度上与原则、论点和心态之间的错位有关。相反,在美国和英国,支持妇女选举运动的力量在于它们所展示的论点以及建立这些论点的哲学思想的统一和简明。在法国却丝毫不是如此。在法国,最为相互对立的理由却在某些环节被用作一致的观点。到了这种程度,论战经常会颠倒过来进行,赞成妇女民事方面的广泛解放的男人会觉得她们走向投票箱不合时宜,而最普通的一类厌恶女人者却并非始终反对妇女走向投票箱。小仲马以近乎夸张讽刺的方式代表了后者。在一份发表于1872年的愤怒的小册子中,他对"女性主义者"(原文如此)[32] 产生了兴趣,毫不犹豫地向妇女喊道:"你是纯粹的动物,你是挪得(Nod)

国的雌猴,你是该隐式的雌性动物。*" ³³ 然而,几年之后,他却在《杀人的女人、投票的女人》中赞同把投票权赋予她们。³⁴ 难道他在此期间转向赞同妇女的事业了吗?丝毫不是。他提出的论点压根儿没有建立在男女平等的观念之上。³⁵ 它们仅仅是应时的(应当使法国避免可能给人留下其在自由方面落后于美国的印象)或是老式的功利主义的(应当代表特定的利益——他下结论道:"在议会中得有法国妇女的代表。")他对女性的厌恶同样没有消失。小仲马的立场几乎过于极端,因而完全没有代表性。但是它以自己的方式证明了围绕着妇女投票问题可能在法国产生的模棱两可。没有任何支持改革者的阵线可以如此地在动机、论点和内心想法明显矛盾的情况下组织起来。

法国在妇女权利领域的落后更多地与这些基本的理由,而不是策略的考虑有关。英国或美国争取妇女参政者(仅以她们为例)获得的成功,通过法国的败因相应地得到解释。实际上,在这些国家,妇女的政治一体化被纳入了占支配地位的利益代表的逻辑之中,所以没有导致哲学上的决裂。例如,在1869年出版的著作《妇女的屈从地位》中,约翰·斯图亚特·密尔长篇大论地详述了社会从妇女的解放中可能得到的种种好处。两年前,他已经提交了一份这方面的法律草案。他为此在下院发表的演说的开场白中,公开指出:"我不认为投票权,以及任何其他的公共职责是抽象的权利……我的论点纯粹是功利主义的。"³⁶ 密尔丝毫不怀疑该把妇女与家庭空间视为同一。相反,他从这一实际状态出发来强调她们参与政治生活的实际好处。英国女性主义的著名人物,如福塞特夫人或潘克赫斯特夫人采用的也是相同的语言。³⁷ 在她们看来,正是男女之间性别上的差异,而不是他(她)们是相同个体的事实使争取妇女参政的要求

---

* 这句话借用了《圣经》中的故事来作比喻。据《圣经·创世纪》第4章记载,亚当、夏娃生了该隐、亚伯两兄弟,该隐因嫉妒亚伯赢得上帝青睐,杀死了亚伯,上帝就罚他漂泊到"伊甸东边挪得之地"。"挪得"在希伯来文中有漂泊、流浪之意,而后来也用"该隐"比喻杀兄弟者、谋杀者。——中译注

站住了脚。福塞特夫人写道："如果男人和女人完全相像，我们将能彻底藉由男人来代表；但由于我们与男人之间是不同的，我们的特殊性在当下的制度中无法代表。"[38] 此外，单是看她对这一主题予以辩护的小册子的标题"家庭与政治"，也概括了她的纲领：以把家庭领域的问题和价值观带进政治领域为目标。她在该小册子的结尾处强调说："总之，我之所以为把选举权扩大到妇女进行辩护，是因为我希望在妇女中增强真正的女性特征，而且还因为我希望女性与家庭的维度在公共事务中具有更大的影响，受到更多的重视。"[39] 海伦·泰勒（其母亲后来嫁给了约翰·斯图亚特·密尔）直到论据的最后，仍以她们代表着一个阶级为由来捍卫妇女的投票权。她指出："阶级代表的原则，非常有利于被视为一个阶级的构成国内人数最多的妇女的利益。"[40] 美国争取妇女参政的人们完完全全地发展了相同的主题，提出了"功利论"的论点，并强调妇女能够在公共管理中带来一些新的东西。[41] 在德国，德意志争取妇女投票权联合会的言论亦如出一辙。[42]

在其他国家中，女性主义者走得要比在法国远得多。她们既没有于蓓蒂娜·奥克莱尔之类人的抱负——此人仍然部分地受到抽象的普遍主义的影响，也没有天主教徒们的谨慎。此外，她们走向选举权的行动完全与19世纪末显现出来的对近代国家的新的理解相一致。一如在大多数其他发达国家，英国、德国和美国争取妇女选举的运动是按照公共行动的变革来估价的，后者从19世纪末开始越来越多地考虑教育、卫生、住房、健康和禁酒问题。实际上，在许多情况下，国家新的干预区域都与认为通过妇女领域可显得更为突出的事物相一致。当家庭与政治之间的距离变小时，妇女的投票权和社会改良主义就一起出现了。根据这种观点，一位美国的女性主义者把近代的统治界定为"非常大规模的家务"。[43] 换言之，把选举权扩大到妇女的目标更多的是"使民主女性化"，而不是使女性民主化。[44] 某些女性主义者甚至发展到衷心呼吁新的"母性国家"这一继普通的主权国家之后出现的发达的社会国家的形式。在19世纪80年代的德国，女性主义运动根据这一精神，推动成员加入向穷人提供救助或向盲人、病人提供帮助的慈善协会，以便使妇女在社会行动中所起的作用变得一目了然。妇女在1914—1918年战争期间扮演的角色将圆满地完成这一步骤，并得以在所有国家强化与新的福利国家的出现联系在一起、在公共秩序方面负有不可替代的职责的"爱国妇女"形象。

在盎格鲁-撒克逊国家中，的确也有策略因素要重新考虑在内。但是，它们在此仍然对支持妇女的要求起着正面的作用。例如，美国的争取妇女参政者毫不犹豫地以黑人和新移民的投票威胁进行煽动，以此充当平衡的力量。在美国，妇女投票频繁地被其辩护者提出，目的是抵消外来移民的投票以及维持白人的优势地位。争取妇女参政的主张在此并没有同普遍选举联系在一起。它甚至经常在这样一种框架中表现出来，后者主张优先使"受过教育的妇女"纳入政治生活，并接受（为确定有无投票选举等资格的）文化水平测试制度的不平等主义的辩术。[45]在英国，从1884年选举改革起对妇女的政治包容，也被当作限制选民人数增加后的危险后果的手段加以提出。妇女选举由此被理解为一种平衡的力量，而不是威胁。

功利主义的妇女选举观念很好地顺应了渐进的政治现实。虽然投票是建立在利益的代表之上的，人们实际上仍可以把利益的代表与接受渐进的获得选举权的策略区分开来。在这方面，英国的例子尤其能说明问题。虽然妇女只是在1918年才获得全国性政治选举投票权，但她们自1869年起就可以参与市镇选举（显然，从此以后，她们符合了严格的纳选举税的条件）。此外，在其被纳入政治领域之前，她们已经预先被纳入一些行政性或专业性社会组织的中间层。1870年，她们成为了地方教育委员会的选举人和被选举人，1875年，她们可以参与任命监护人理事会（boards of Guardians）的选举，这两种制度在英国人的生活中起了极为重要的作用。许多国家经历了类似的渐近式发展。[46]在美国，肯塔基州自1838年起就把教育方面的选举权赋予了家有学龄儿童的寡妇。1869年，当时仅为一个普通领地的怀俄明把政治平等赋予了妇女。而科罗拉多在1893年成为第一个作出同样决定的州（美国妇女们的投票权要到1920年才在联邦一级得到承认）。大多数欧洲国家在19世纪早期就向妇女开放了市镇选举（波西米亚于1861年、瑞典于1862年、俄国于1864年，等等）……[47]但数十年之后，才允许她们参与议会选举。整整一系列的阶段与过渡由此被安排在了妇女选举的道路之上。

法国的滞后，在很大程度上可以通过渐进主义策略的失败得到解释，形成对比的是，该策略在我们刚才提及的国家中取得了成功。这种失败并非因为女性主义运动的过激主义。相反，20世纪初，于蓓蒂娜·奥克莱尔出于对有效性的考虑，已经接受了把她的运动要求限定在寡妇和单身女人上。她写道："在迫不得已的情况下，我们会同意已婚妇女如同正在部队服役的男子一样，被剥夺投票权。"[48]此外，从1900年开始，许多法律草案重述了关于"非完整"选举权的观念。1900年，维维安尼提议允许已婚妇女参与市镇选举。[49]接着，在1901和1906年，又先后有戈特雷和迪索斯瓦步其后尘。尤其是在1909年，费尔迪南·布伊松在议院发表了一份划时代的篇幅颇大的报告。[50]他也赞成把政治投票与市镇投票区别开来。然而，这种节制丝毫无益于妇女的事业。为什么呢？原因颇为简单：妇女选举的障碍更多地是哲学上的，而不是政治上的。在和局势有关以及有偏见的保留之外，被限定在市镇范围的选举与法国的原则框架中公民身份的一种替代方法并不吻合。如果投票的行为既不是从一种能力原则——这一原则可以根据选举的性质改变，也不是从一种利益代表的逻辑——这一逻辑也赞同不同层次的介入——中派生出来的，那么政治投票权和地方投票权之间的区别就毫无意义。公民身份在法国公法中并未被分成几部分。在总的政治空间与公民社会的特殊领域之间，并没有任何形式的公共空间的位置。在英国和美国，给人以强烈印象的是，人们认为职业性的投票与政治投票的概念是强烈地互相渗透的，市镇投票权的问题是根据与任命地方教育委员会的问题相同的观点提出来的。而在法国，这些问题却是被分开来的。作为女工的妇女权利没有遇到过大的障碍就被承认。1903年，妇女由此可以充当高级劳工委员会的候选人，以及参与劳资调解委员会。从1898年开始，她们能够参与组成商事法庭，1908年，允许她们在所有商事裁判的表决中投票。[51] 因而，法国的滞后并非归因于比其他国家更为明显的反女性主义。它更多地起源于一种既具限制性又要求颇高的个人一公民的概念。

然而，1919年，情况几乎得到扭转。在一些人看来，妇女在后方的牺牲精神产生了一种爱国的和社会的债务。[52] 像巴雷斯这样的传统主义议员，甚至提出了"牺牲者的选举"的观念，建议为法国捐躯的士兵的投票权转让给他们的遗孀。在众议院，普遍选举委员会再次打开了档案袋，并在1919年提议赋予年满30岁的妇女投票权，但仅限于市镇选举。让人普遍感到意外的是，众议院甚至走得更远，并以329票对95票通过了赋予妇女以投票权，并且没有适用于男子的限制。然而，这一开端并没有结果。因为参议院随之顽固地否决了这一切。[53] 众议院态度的逆转难道是出于策略，抑或出于突发的宽宏大量？1919年的"戏剧性变化"并不易于分析。某些同时代的人想把它视为普通的阴谋诡计：对一个会导致参议院最终驳回的彻底的法案予以投票。不管相关的计谋或偶然性的作用如何，妇女投票被推迟到了第二次世界大战后。女性主义组织的压力在当时确实要远远小于大多数其他国家的相关压力。这并不令人惊讶。在法国，妇女从未进行过名副其实的社会运动。妇女一个人的解放观念，在动员性上要远远小于通过一个社会群体争取权力的观念。这也是女性主义在盎格鲁-撒克逊国家要激进得多的原因：它在此是以与其他请愿运动没有关系的姿态出现的。相反，法国女性主义的温和与弱小取决于第二性的解放所具有的更内在的特征。**后者诉诸每次都个别起作用的家庭结构的缓慢演变，它的性质与社会斗争不同。**[54]

法国在这方面显示出来的滞后，最终通过对男子过早获得选举权的补偿性反应获得解释。关于妇女投票的辩论，使19世纪前半期对普遍选举的考问中所有未讲过的内容和受压抑的人在19世纪末重新出现。注重能力倾向的趣味与对意志独立的怀疑混合在了一起，使"选举早熟说"的陈腔滥调在女性身上重新流行起来。人们由此看到克雷孟梭在同样的运动中既肯定投票权是一种天赋权利，但又认为妇女没有得到足够的教育，她们构成了非常易于摆布的掠夺物。许多共和派人士采用了相同的语言。这一时期的共和国像双重身份的人那样具有两种面目：一方面是极端的民主，另一方面是充满了保守主义的愤怒。对妇女选举权的"策略的"理解，使它得以显现出单一的面目。1919年1月，贝拉尔在参议院提出了著名的关于他为何反对妇女选举的报告。他用14点综合了一个世纪以来反对妇女选举的论据。但是，这一报告的粗暴言论难以掩饰他间接表现出来的对整个普遍选举令人震惊的、回顾性的怀疑。例如，当贝拉尔提到"妇女的选举将是未知事物中的一个巨大飞跃，它可能会像普遍选举在1848年所做的那样，导致选出一个新的波拿巴，并随之引向一个新的色当"[55]时，他只是重复了19世纪自由派的保留态度。早期的保守强烈地显露出来，因为它们以更多的坦率被表达出来，所以此次也更加高贵地标榜自己在捍卫共和制的原则。社会主义者仍然在这一问题上保持暧昧的态度令人震惊，他们使对原则的热情与被形容为权宜之计的保留合为一体。在美国和英国造成的现象正好相反。如我们已经强调的那样，妇女的投票在那里显现为一种限制普遍选举的缺陷或避免它的某些危险的手段。

1944年4月21日，为了预先考虑到的在已获得解放的市镇中的选举，驻阿尔及尔的临时政府的一项法令没有任何限制地把投票权和被选举权赋予所有的妇女。通过突然接受这一以往曾是如此之深的保留的对象，法国的政治社会在思想上转变过来了吗？人们无法相信这一点。1944年，一如在1848年和1875年，解决和终结论战的是不可逆转的情感。在没有真正从哲学上彻底合理化的情况下，普遍选举作为一种社会事实获得了第二次胜利。法律更多显示出的是妇女在社会中起作用的社会与文化转变，而不是随之而来的一场政治文化革命。

绝对的个人

选举权普遍化最明显和最强烈的环节伴随着对妇女的政治包容

而得到实现。但是，这种解放无法与这样一种广阔的历史进程截然分开：即把每个人都视为至高无上的政治主体。把选举权扩大到妇女，远非标志着一个终点，它仅仅构成了社会关系的普遍自主化，即所有个人的确都成为自主政治、法律主体进程中的决定性插曲。19世纪，这一历史也曾经是使依附于主人家庭和债务缠身的家仆与贫民摆脱困境的历史。虽然它更多的是边缘性，无甚精彩之处，但同样反映了在使自主的个人形象普遍化时显示出来的抵制。

首先是家仆。家仆融入政治领域乃极为晚近之事。在实行纳税选举的君主制统治期间，大革命时期即存在的对他们的偏见从未停止过。最高法院于1837年8月14日作出的一项判决正式确认了家仆始终不得成为选举人（即便缴纳了选举税亦如此，这一问题确切地说是针对市镇选举而提出的）。如同所有年龄在20至60岁之间的法国男子，家仆当时可加入国民自卫军。但是，他们无法问津普通的指挥权。虽然有位政论作者在1837年如是写道："当今，家仆不再是一种处境，而是一种职业"，[56]但有一点不得不承认，即这一职业仍无法与其他职业等量齐观。在资本主义突飞猛进之际，家仆的形象继续烦扰着过于简单的政治观与社会观。传统主义者颂扬家仆曾有过幸福的、被吸收到其主人家庭的神秘时代，并理由充分地谴责仅仅像其他劳动者一样行事的家仆，认为这种被称为"过路者式的奴隶"的家仆与工业造就的新无产者别无二致。[57]另一方面，19世纪30年代之初，在圣西门主义者那儿，人们梦想通过把所有劳动者连接在和劳动分工同样无人情味的相互作用之中，使始终直接依附的经济秩序简单化。在《就家仆之事致一位老友的信》当中，圣西门的门徒古斯塔夫·戴克塔尔非同寻常的表达"尚可以说还在城市与家庭之间飘荡的实业"，[58]意味深长地呼唤多种实业的变革。然而，家仆正是扮演了介于这两者之间的角色。这也是他迫不及待地消除家仆的形象，将家仆变为普通劳动者的原因（他写道，应当把家仆置于同其他劳动者一样的处境当中）。对于他来说，在近代世界里，不存在介乎家庭与市民社会之间的位置，也绝不应该有这样的位置。家仆代表着一种模棱两可的形象、"社会中的一种单独存在"以及旧事物在新事物中的痕迹。重要的是将之取缔。

1848年之后,虽然家仆成了拥有全部权利的公民,[59]但他们同样不得入选市镇议会,与此同时,也不得成为陪审团的成员。1872年11月21日的法律使这种最后的排斥得到了延伸,而1884年的市镇法则维持了对家仆当选资格的剥夺。行政法院在20世纪初的一系列判决,如同1790年立法机构做的那样,重新确定了仆役和被雇佣者之间的界限。人们迟至1930年才看到这种限制被取消,仆人成为与他人完全一样的公民。[60]处在政治权利的关系之中的仆役问题仅仅以某种果断的方式,通过下述双重事实逐渐失去影响并变得越来越模糊。双重事实之一是,相关人口数量的全面下降,之二是从事仆役职业者的女性化。[61]虽然个人观念在近代世界出现之初就得到承认,但其实际的兴盛依然是通过资本主义的发展以及与之相伴的雇佣者的普遍化,同时还根据传统家庭缓慢的解体来标出节奏。若要让妇女投票,也就应当让妻子不再与女佣混为一谈。

对贫民政治权利的承认同样是极为晚近的事情。在大革命时代,对公共救助的依赖似乎自然而然地与投票权的行使互不相容。在实行纳税选举时期,这一问题甚至无须再被涉及。但是,它在1848年之后被重新提了出来。1851年,某些保守派人士重新提出选举权能否与接受济贫所援助的事实并行不悖的问题。此后,在1873年提出的选举法草案中,杜福尔曾考虑剥夺收容所收留者的政治权利。虽然贫困与对公共救助的依赖最终没有被纳入限制选举权的理由,但这方面的偏见仍然长时期地在立法中留下痕迹。1884年4月5日的市镇法实际上规定,"受济贫所救助的"个人不得被选入市镇议会(第32条)[62]。立法机构认为,处在这种状态的人们不具备行使选举职能所必需的独立条件。那么,落后于时代立法的、因旧的难以摆脱的想法的残留而处于依附地位的个人被排除在公民之外了吗?人们要等待一个世纪之后,即在1975年才看到一项法律文本废除了这一条款。[63]历史的讽刺之处在于,这一废除纯属权宜之计,并且它在哲学上是自相矛盾的。它实际上被放入一项重要的总体上旨在有利于残疾人的"以改善残疾人社会生活为目标"的法律条款当中。立法者实际上并未真正考虑让被排斥者、家仆恢复被选资格。它特别希望让某个有效的压力集团感到满意,并有利于社会融合。能说明这样做的理由是废除对某一少数集团的歧视,而远非想把经济上处于依附地位者视为真正自由的个人、完整的政治主体的愿望。

如同哲学上的困惑终于在某些残余的范畴里具体化,在把家仆与贫民视为普通公民方面的过于迟缓的保留,亦凸显了公民普遍化所具有的既无懈可击又颇多疑点的特征。虽然这种历史的一部分从此以后宣告结束,但它仍然在某种程度上出现在我们面前。有两种人物形象,即儿童和疯子的形象,在当今象征着扩展政治权利的巨大运动尚未完成。在整个普遍选举的历史中,他们显示了那些似乎是扩大政治权利的基本界限的东西。在这两种人物形象中,依附与无法作出判断,也就是说无法体现为一个有理性的行为者,实际上以近乎纯粹的状态得到体现。在儿童和疯子中,社会范畴也可能确切地与对构成近代公民身份概念的否定叠合在一起。

让我们考虑一下精神错乱者。在精神错乱者身上,由于自身的异常,对理性的否定与最为绝对的依附形式同时遭到损伤。疯子是处于政治约束之外的,因为他自身是一种有生命的分离。人们能够想象他拥有与不管其他任何人,也就是说如同所有自主、理性的主体一样的选举权吗?这一问题在人们根据其是从医学范畴来理解精神错乱还是撇开这些前提条件不谈,只关注当事人的法律地位(禁止或监护)而使用的不同术语中被提了出来。法国的法律只承认法律地位。它在此把精神错乱者(当其受到禁止时)的案例归并到了未成年人的案例之中。因而,在投票权方面,精神错乱未被予以考虑。医学方面的前提条件在某种程度上被民事能力的司法标准所吸收与消除:政治不平等被转移和驱逐到了民事权利的领域。这与美国的情况有所不同。在美国,精神错乱与政治权利保持着复杂得多的关系,这一关系根据所在州的不同而变动。虽然有个州与法国一样把丧失选举能力与丧失民事能力联系在一起，但有三个州特意剥夺了被关闭在精神病治疗机构中的病人的投票权，21个州去除了患有精神障碍者的政治权利。[64] 由于这一原因，普遍化的成果在美国比在法国更为明显、更易于察觉。当被排除在政治领域之外的是疯子，而不仅仅是禁治产人时，他的归并问题就使得选举权的界定本身发挥了作用。在精神错乱者当中，人们所能赋予政治权利的人实际上只有彻底的抽象的个人，当事人不可能再被人从某些可以作出的定性（自主性或理性）出发来理解。开始在美国出现的争取精神错乱者政治解放运动为此渴求一种值得关注的哲学上的重要性，后者不可能在法国具有可等量齐观的东西。[65]

为了准确衡量美国在这一领域上开始显现出来的革命，应当回想起民主建设中的"人口质量"观念在该国曾具有的历史重要性。1870年后，当选举方面的种族歧视在法律上被废除后，南方的不少州想方设法采用种种计谋继续排斥黑人，例如进行文化水平测验、实施"祖父条款"（grandfather clauses），等等。但是，在这些计谋以及看到盎格鲁-撒克逊的美洲被大量移民所占据的担忧——后者引起了诸如"一无所知"（know nothing）之类的强大运动——之外，存在着作为极为深刻的动机的意识，即认为社会归根结底取决于个人的素质，因为民主赖以建立的绝非别的任何事物，它赖以建立的既不是传统，也不是被继承的制度。正是这一原因，在对曾不时地使白人美洲震惊的移民数目感到恐惧之外，美国对于人种改良主义者来说是其负有使命的地方。[66] 无害的民主（safe democracy）的观念在那里曾经甚为重要。一种近乎保健医生式的民主概念更多的是在美国，而不是在其他国家发展起来的。对于智商测试或各种性质的测验的偏爱来自于对确定人口质量的担心，这种担心与作为禁止让精神错乱者拥有选举权的担心如出一辙。这一政治世界目前正在失去平衡。

1965年，投票权利法案规定了包括政治平等、禁止一切诸如意欲排斥黑人的州所实施的文化水平测验那样的制度在内的条款。[67] 关于不让精神错乱者拥有投票权具有歧视特征的问题，也不可避免地被提了出来，即便事实上法律文本规定的限制在过去执行得颇为不力。[68] 1976年，在宾夕法尼亚，由一位被认为是因为在选举注册时以精神病医院作为住处而落选的候选人提起的诉讼，宣告了论战的开始。[69] 这一论战仍然还在大大升级。但它的结局似乎已经被勾勒了出来。虽然各州在确定选举资格方面的自由没有被重新提出来讨论，但越来越多的法学家倾向于认为只有涉及年龄、国籍和居留的条款，才可以被视为绝对客观和非歧视的。[70] 相关论证并不复杂。排斥精神错乱者所依据的原则是：具有理性的选举者对民主生活而言至关重要。各州在接受这一原则方面是自由的。但是，它有无可争辩的实施手段吗？这正是法学家们要争论的地方。他们解释道，把精神错乱者排除在外要么过于宽泛，要么过于狭窄。之所以说过于宽泛，是因为精神错乱并非必然包含所有机能的一种同等的受损，由此光有医学标准是不够的。如果至关重要的目标是剔除丧失理性的个人，那么禁令的适用范围注定得大大扩展。它同时提出了一个难以解决的问题，即是否应当让所有人都去接受能力测试——公平起见，这样做实际上是需要的。换言之，在绝对的政治平等和被严格理解的强调能力的理论之间，不存在可妥协的法律上的解决方法。这正是解除涉及精神病人和/或被收容的精神病患者的禁令显得不可抗拒的原因。始自这一时刻，根据纯粹的个体性来理解，选举者终于得以成为没有资格上的限制并独立于一切对自主或能力标准进行参照的个人。

这真的是政治权利扩大的"最后界限"吗？对此丝毫不能肯定。实际上这一切会使人想到，年龄标准有朝一日亦会被当作具有歧视性的事物。通过通告废除一切在年龄方面的限制性标准（例如涉及退休的最低年龄），相关运动已经开始在老龄者一端得到肯定。类似的要求很快也会由年轻人提出。在某些国家，如在巴西，获得投票权的年龄已经被降低到16岁。那么，人们究竟将在何处止步呢？能力的界限远未停止消退。甚至在法律没有铭记这种致力于消除能力方面的界限的演进之前，人们近日已看到赋予孩子的虚拟政治空间（les espaces de politique-fiction）在成倍增加。根据统计，1991年，法国已有540个儿童市镇议会，另有500个类似的议会正在筹备之中。[71] 就国民教育部而言，它正遵循联合国关于儿童权利公约的建议，把准政治权利赋予公立中学学生。[72] 与此同时，未成年人在民事方面的司法能力或至少是他作为有资格的对话者的能力，在某些领域呈现出开始得到承认的趋势。例如，1987年7月22日的法律规定，审理夫妻财产案件的法官须考虑"孩子就父母离婚之事所表达的情感"[73]——（不过，确定以13岁作为相关的年龄门槛）。人们经常在论据后面提到把教育事业扩大到政治领域的益处。实际上，这是种在轮廓日益清晰的政治领域的新的、最终的扩展，而公民与个人亦由此混为一谈。普遍选举的征服的最后插曲即在这一领域展现出来。如果说普遍选举的社会史早已终结，那么它的人类学的历史实际上仍然还在公开表现出来，并被嵌入把个人从家庭最后的限定中拉出来的历史之中。最后的终点是："公民身份"一词的两种含义协调一致；投票权与国籍完全叠合；国家中身份低微的成员、未成为选举人的公民不复存在。为了达到这一目标，丝毫不需要争论不休或明确提出要求。平等的绝对必要的成果，以及歧视的萦念已在上面想好了途径。国家不再承认任何内部的区分，只有用以区别本国与外国人世界的边界构成其独特性。[74]

最终的区分的确还继续存在于国民之中：这就是"好公民"与被判处剥夺民事与政治权利的个人之间的区分。但是，这是一种平等原则以内的区分。那些严重违法者把自己置于了社会契约之外。他们自己脱离了道德共同体。自大革命时期以来，投票权就已这样与没有受到某些判决的条件连在一起。当时，被认为最应该受到排斥的与破产有关的不法行为是：中断合同。[75] 由于纳税选举的背景使这一问题在数量上相对化，最终或暂时剥夺民事能力的多种惩罚在19世纪前半期依然极为模糊不清。正是1849年3月15日的法律，尤其是1852年2月2日的法律，通过采用相当宽泛的排斥（exclusion）的概念，首次严格地使其法典化。在这之后，这种法制至今只经历了缓慢的演变：通过顺应社会道德与刑法典的变化以及遵循对社会联系的认识的变动（法国获得解放之后，被控曾与纳粹德国占领当局合作的四万法国人以叛国罪被剥夺公民权，后者即属于为此而专门设定的惩罚）。根据相关法律，数十万人不得不远离投票箱。实际上，被注销者的人数因为技术原因非常有限。[76] 但是，出于刑罚动机而产生的政治排斥，作为在数量上并非可忽略不计的现象，同样继续存在着。令人惊奇的是，尽管当今社会的刑罚哲学依然坚持社会赎罪（rechat social）与重新接纳被判刑者的观念，某些判决却导致当事人最终从候选人名单中被划掉。[77] 选举法由此构成道德上的社会契约概念最终的庇护所。如同刑法曾长期坚持流放的刑罚一样，选举法依然默默地坚持排斥（ostracisme）的处罚。[78] 罪犯们还可以像以前的消极公民那样说道：“你们已把我们从社会契约中除去。"不管怎么说，他们以自己的事例表明，由于社会敌人的形象与外国人的形象可能叠合，在国内外之间划定边界依然颇为复杂。

公民权的界限

普遍化的工作是双重性的。如果说它以使每个人都成为选举人为目标，那么通过公民身份领域以社会关系之个体性的速度扩展，普遍化的工作同时伴随着绝对必要的界限的确立：民族认同（l'identiténationale）的确立。由此，不可能在1848年把民族性的显露与不公开的人民主权要求分开。这两种运动只能相互交错地存在。政治平等的工作只有当它背靠一种能够独自显示确切终结的界限时，才会变得难以抵挡。普遍主义信条的确在19世纪得到很好的支持，而和平代表大会的大型典礼亦显示了乌托邦——一个其乐融融的世界——的生机。但是，这些愿望依然与政治平等要求以及公民身份的普及有一定距离：它们平凡地表达了民族之间和平相处的愿望，却丝毫没有把各民族的特性重新提出来讨论，也没有通过一个世界规模的民主政府的念头来使自己得到延续——有了这样一个政府，人类公民将直接对自己的命运负责。换句话说，如果外国人未被明确地得到界定，就不存在能表现出来的公民。平等化进程的开始同时又是归属标准的彻底结束。在此，丝毫没有适宜于法国或西方历史的东西。正是逻辑学和人类学上不可分离的前提条件，在罗马、古希腊或苏美尔的政治代表制中起着创立者的作用。人们同样不可能把公民身份的历史与对国籍概念的理解分开。然而，关于国籍概念的纯法律的历史相当令人失望。自从近代国籍概念——其确定了个人与国家间的政治联系类型——与作为个人效忠关系的旧的国籍观之间的区别很好地得到标明以来，[79] 没有出现什么有待理解的难懂之处。为确定加入国籍的标准，根据客观的人口数据（例如，可能有利于同化外国人）以及对民族特性基础的稳固性变动不定的理解所决定的规则，地方与血缘的标准结合在了一起。这一领域中的法制史并未给深入理解公民身份观念带来有价值的东西。诚然，它在（作为种族事实或作为文化现实的）民族观念的含义上既不缺少论战，也不缺少考问，但是，它没有通过19世纪法国任何大规模的哲学争论的中心贯通起来。1889年6月26日的法律得以投票通过的条件清楚地显示了这一点。[80] 在征服普遍选举的时代，关于政治平等与身份隔离之间的关系的性质，困扰着人们思想的重大问题并非获取国籍的条件，而是殖民地中"土著"的民事地位。虽然获取国籍的方式可能变化不定，但它们实际上不会产生任何可与行使投票权等量齐观的东西。一切在法律上和哲学上均颇为清楚：投票者为法国人，而非外国人；两者之间的区分是根据显而易见、无可争议的标准来进行的——国内与国外明确地隔开。但是，这种概念与现实中清晰的布局完全被由殖民地的事实造成的形势所打乱。后者实际上导致了国籍、公民状态（la civilité）与公民身份之间前所未闻的关系。法国殖民地中的土著一边在法律上被视为法国的国民，一边却享受不到任何宗主国公民的政治权利，并往往在生活中受到与民法典的规定相去甚远的特定规则的支配。[81] 他们的这种混合处境使其政治地位一直很低。那么，该如何显示他们这种混合处境的特征呢？法学家们一边显示出足够的机敏与灵巧，一边几乎只能承认他们对解决该问题固有的困惑。

这些关于公民身份的前所未有的考问，只有从19世纪后半期普遍选举的出现与殖民地急剧扩展的背景出发，才能了解其真正的规模。在大革命期间，这一问题实际上从未被摆上台面。为了确定安的列斯群岛、圭亚那和留尼汪的地位，人们极为自然地接受了无条件同化的观点。首先是相关领地与宗主国古已有之的联系。自18世纪以来，这些殖民地向巴黎或凡尔赛派遣了代表，以便在当局和印度公司的近旁捍卫他们的利益。杜尔哥与内克由此本能地想到在争取省级议会改革运动搅得法国动荡不安的同时设置殖民地议会。此外，与当时人口数量居欧洲首位的法国相比，这些殖民地的人口简直不足挂齿。法国当时是一个重要的对外移民国家，而且它没有感到任何外来人口的威胁。在象征性层面上，共和二年的巨大冲击导致了奴隶制的废除，使得有色人口获得公民身份。[82]尤其国民公会的议员们最终丝毫不对种植园主分离主义的微弱愿望让步：同化政策给后者的意图设置了一个无法逾越的断点。[83]共和三年宪法通过肯定"殖民地是共和国不可分割的部分"（第六条）很好地表达了同化主义者的精神状态。在这之后不久，这些殖民地符合逻辑地划分为省份，它们各自的特性也如同宗主国各省原有的特性一样被打碎。一些殖民地为构成某一个省而被重组，与此相反，圣-多明戈却组成了七个省。种族和领土的普遍主义取得了胜利。这一胜利在理论上的确不无保留，在实践上也是如此。这些由获得解放的奴隶充当的"新公民"依然被置于政治生活之外。而且，他们的公民身份的获得具有某些限制性的条件：例如，在军队中服役或继续从事农耕劳动。冷酷的瓜德罗普总督维克多·于盖，一个坚定的罗伯斯庇尔派分子，当时清楚地阐明了公民普遍主义公开的宽宏大度与看待被认为不能获得投票权的民众时实际上的保留之间存在的差异。他在1797年以怀疑的口吻说道："应当假设他们有着足以享受宪法赋予法国公民权利的教养。但不幸的是，他们才勉强越过本能的界限。"[84]奴隶制在执政府时期的恢复通向了大倒退。但是，自由的黑人以及黑人与白人的混血儿，与宗主国的不管何种公民一样继续参与选举人民的代表。七月王朝依然深受同化主义理论的感染。如果说1833年4月24日的殖民宪章设置了某些适于殖民地的机构（例如，取代省议会的殖民地议会），那么，同日公布的另一项法律则承认殖民地土著拥有与宗主国的法国人同样的政治权利。一项准备让被解放的奴隶在10年后才能享受政治权利的条款，甚至未经重大讨论就被否决。确实，白人的政治优势几乎未受到威胁。显然，无论就总体来看，还是就某个地方而言，自由的有色人种仍然是少数，而且因为纳税选举制度的实施，他们中能够成为选举人的人数则还要少得多。

一切在1848年后发生了改变。普遍选举的出现以及奴隶制的最终废除，突然改变了出生于宗主国的人与土著的选举关系。对处于政治仲裁境况中的土著因素的担忧，突然使大种植园主感到不安。不过，这种冲击仅限于安的列斯群岛或留尼汪等老的殖民地。实际上没有多少黑人被列入选民名册，投票者则更少。因而，白人远未被排除，1850—1870年，即便一股为表示抗议而出现的强大弃权倾向在白人当中得到发展时亦是如此。1857年，在位于马提尼克岛的法兰西堡举行的市镇选举中，有11名白人当选，其面对的混血和黑人当选者共16名。[85]但是，黑人在立法选举中对选举的参与则明显少得可怜。第一次世界大战后，在瓜德罗普和马提尼克，人们还经常会碰到弃权率高于60%的情况。[86]数目方面的威胁已经相当程度上通过这种残留的漠不关心而被减弱。这一问题由此得以缓慢地、持续地失去影响。随着1946年的重新省份化，这些领地与宗主国的最终同化得以顺利进行。[87]大革命的遗产对最老的殖民地产生了重大影响，使得同化最终在犹豫不决者那里没有显得不可抵抗。在这些领地里，对黑人或混血儿的政治权利的承认，被纳入了扩大选举权的总体进程之中。

对于19世纪形成的殖民地，这一问题被人以截然不同的观点提出。

首先，法国大革命普遍主义的冲动从未和殖民地与宗主国的关系史相互影响。此外，在阿尔及利亚的例子中，如同在非洲或东京[*]一样，它涉及的是世俗与宗教文化与西方全然不同的国家。这些国家的家庭模式（一夫多妻制）、财产形式、道德价值观念体系是建立在根本不一样的规范基础之上的。那么，人们能够赋予这些土著什么样的政治地位呢？第二帝国，尤其是后来的第三共和国的殖民哲学[88]承认与尊重他们的不同，同时接受这样的观点，即应当通过他们自己的世俗规则来管理土著。但是，它其实继续被纳入长时段的同化视野之中，殖民事实纯经济和功利主义的取向，在理论上是被否决的。那么难道应当逐渐考虑赋予土著与土生土长的法国人相同的政治权利吗？如果不是的话，又该如何解释能够在法律上成为法国国民的个人，在拥有国籍的所有属性的同时却没能成为公民呢？选举普遍化的概念本身，在此以根本的方式处在被考问之中。这正是法律和政治困惑超过了普通的社会排斥的原因。土著的投票问题，只有在通过转移和使对数目的旧有恐惧激进化，以及通过在19世纪末和20世纪前期使原先的幻想突然重现时才会再次发生。即便这一重要的方面一直保持到现在，那它亦只构成了事物的一个方面。在提出近代普遍主义空想的界限问题时，实际上，真正被追求的正是公民状态与公民身份的关系。人们在阿尔及利亚的例子中，也能像在其他例子中一样，清楚地看到这一切。

阿尔及利亚是第一个大的"后大革命的"法国殖民地。自1836年以来，在人们的印象中，阿尔及利亚的土著并非外国人。法庭把他们视为"régnicoles"或"法国的国民"。这种身份在一项奠基性的文本，即1865年7月14日的元老院决议中是约定俗成的。该决议的第一条规定："穆斯林土著是法国人；不过，将继续以穆斯林的法律来管理。"[89]德兰格尔在其报告中通过提及"在战场上形成的

---

[*] Tonkin，此系越南北部旧地区名。——中译注

纽带"[90]，庄严地宣布："作为昔日之臣民的阿尔及利亚人，现在是法国人。"既像国民一样受到法律保护，同时又享受到针对外国人的法律保障的好处，阿尔及利亚人也可以担任文职和军事职务。但是，只要他们继续以其独特的身份被统治，他们就不被承认是公民。[91]为了成为公民，就得加入国籍，并接受法国世俗法律的管理。入籍的要求被满足的当然不多：从1865到1875年，仅有371名阿尔及利亚的穆斯林被接受入籍。需要指出的是，1865年的文本通过在这两种身份之间建立一种严格的对称，确立了犹太教徒和穆斯林的平等。但是，自1870年以来，著名的克雷米厄法令通过集体承认北非犹太人法国公民身份，全面调整了他们的处境。不过，克雷米厄与居埃东也一度考虑过穆斯林土著的集体入籍问题。可是，由于害怕会导致一个将敲响法国统治丧钟的"阿拉伯共和国"的出现，他们很快就放弃此念。犹太人的世俗同化与阿拉伯人的世俗同化的确以在数量上大相径庭的方式存在。在前一种情况中，它涉及的是少数人，而阿拉伯人口却占据多数。在这两种情况中，同化的术语本身并不具有相同的含义，亦不会导致相同的短期后果。但是，这实际上也承认了伊斯兰教和犹太教之间在"世俗能力"上的区别。那么，人们因而就能够认为在决定公民权的行使时，公民状态的标准要高于国籍的标准，以及把伊斯兰教作为在本质上不同于犹太教或基督教的宗教了吗？但是，另一方面，难道不应该承认，法国影响力的根深蒂固，意味着人们通过允许穆斯林最终和平地同化到法兰西民族当中，就能够以选票来换取他们手中的步枪了吗？实际上，长期同化，而不仅仅是出于实际原因的同化视野，一直在显现。但是，它显得操之过急。自相矛盾的是，在这方面最开放的却是右翼。自由派经济学家保尔·勒洛瓦-博里厄由此主持了一个积极致力于赋予阿尔及利亚的穆斯林选举权利的组织——法国保护殖民地土著协会。保守派与君主派通常反对坚持其信仰，且人数众多的穆斯林民族，反对"共和派与不信神的"贪婪移民，在这一场合中，他们恢复了近似于过去赞颂良知未泯的农民、揭露进步主义精英的厚颜无耻之徒的那种腔调。至于共和派，他们仍然在普遍主义理想与实际的保留之间左右为难，他们从未表达其殖民主义哲学所导致的理论困难。

直到第一次世界大战结束后不久事情才有所进展。1919年2月4日，考虑到阿尔及利亚穆斯林组成的义务兵或志愿兵的重要性，法国议员们投票通过了一项有利于阿尔及利亚土著[92]获得政治权利的法律。人们由此事先假设士兵的战斗补偿了由伊斯兰教造成的礼仪差别。实际上，人们首次容许土著在很大程度上与他们传统世俗和宗教规则相联系的同时，赋予了他们与其他法国人一样的政治权利。但是，作为抵偿，人们强制他们要符合某些经济、社会或智力条件，这些条件所依赖的是纳税选举或有能力限制的选举的逻辑。除了应当实行一夫一妻制者或单身汉，"阿尔及利亚土著"——人们仍然这样称呼他们——必须满足下列六项条件之一：已在军队中服役；会用法语读写；是地主或拥有乡村财产的农夫、在城市中拥有房产以及已列入营业税交纳者名册；拥有一项公职；曾被授予一项选举产生的公共委任；法国勋章的获得者。然而，法国公民的资格并非自动地被赋予：它必须成为紧急要求（une demande expresse）的对象。和1865年的文本通过后一样，没有多少阿尔及利亚人谋求从这一法律中受益。这正是几年后，即在1937年1月，属于社会党人的国务部长莫里斯·维奥莱特——他曾在1925—1927年间担任阿尔及利亚总督，因而熟知那里的情况，并执着地支持同化政策——宣布政府要在无须抵偿、无须放弃程序或以个人名义提出紧急要求的情况下，赋予某几类有意向的阿尔及利亚人法国公民身份。此举所针对的尤其是阿尔及利亚的士兵，[93]大约有2万人。在一篇发表在《人民报》上的访谈录中，维奥莱特宣称："我们想实现的改革的首要目标是拉拢新形成的穆斯林精英，并使他们加入法兰西民族……这不涉及把投票权赋予人数众多的阿尔及利亚土著。这种特权只可能逐渐被赋予：这些占压倒多数者尚处于此等贫困之中，因而选票对他们来说显得毫无意义。他们的选票将会被随之而来的首位煽动者所支配……就这样把至少有200万尚未做好准备的人抛入选举斗争,将是一种愚蠢的冒险。"[94] 有位与维奥莱特一样热忱地为土著事业辩护的人,甚至也近乎本能地恢复了19世纪40年代对普遍选举惊恐不安者的腔调与措词。可以这么认为,阿尔及利亚的特殊性与其说取决于种种从伊斯兰教[95]派生而来的宗教或文化变数,毋宁说取决于把这些人送回到前民主时代的全面拟古。在维奥莱特看来,阿尔及利亚土著只是应当被逐步引向启蒙时代的中世纪农民。[96] 他认为,存在着一个可对法国人与土著、犹太人、穆斯林或基督徒加以衡量的共同尺度,他们彼此间的集体性区别在于文明程度。不过,他的提案未被讨论。

维奥莱特极为符合逻辑地反对建立专门的土著选民团,认为"这将是组织一场两种意识形态之间的内战"。不过,法国解放时的立法机构却恰恰以此作为方向。1944年3月7日,一项临时政府的法令以个人的名义赋予下述阿尔及利亚人法国公民身份:公务员,高等教育文凭或专利权持有者,传统的首领,商会与农会成员或劳资调解委员,勋章获得者。[97] 这一法令明确规定,这些新公民在涉及个人地位与财产时,以他们的法律和习俗来处理(例如,他们可以继续一夫多妻)。[98]1946年10月5日的选举法在把阿尔及利亚选民分成两个选民团时,从这一文本中找到了依据。在第一个选民团中,有非穆斯林的法国公民以及根据1944年法令以个人名义获得法国公民身份的穆斯林。被列入第二个选举团中的则是所有其他穆斯林法国人。每个选举团选出的代表人数相等。人们由此得出了一种折中的解决方法,这一方法把精英的同化与群众的公民身份的次等化糅合了起来。20世纪50年代突然显示出这种平衡并不可能,而且,既然对领地的简单统治被撤开,同化的途径就只有在不同于它的反面以及最终结果(即一个被认为是至高无上的国民可能的分裂)的方式下存在。在这一点上,法学家将比政治领导人更为英明。自20世纪初以来,《殖民立法、学说与判例汇编》公开对当局的意图提出了忠告,强调在法律上不可能确定居中的身份、完整的国籍与部分公民身份折中的妥协，以及法律文本的缺乏条理。从这一观点来看，阿尔及利亚的悲剧在成为普通政治错误之前，首先由竖在巨大的法律和理论空白之上的历史幻想与文化方面的幼稚孕育而成。这方面的重要之处，与其说在对解决阿尔及利亚事件的判断力上，不如说在对其不可避免的终点的理解力上。

在这一点上，存在着阿尔及利亚非殖民化进程的特殊性。较之其他国家的殖民地或法国的其他殖民地，阿尔及利亚的非殖民化进程最为明显地遇到了极度的理论上的盲目轻率。正是在涉及阿尔及利亚的例子时，应用于殖民事实之上的雅各宾式的普遍主义矛盾以最为不同寻常的方式显示了出来。一种没有公民状态的公民身份观念在此显示出了它的极限。即便它依然与强制的、小小的和解以及半真半假的言论的混合物联系在一起，殖民主义观念在法国通过引向拉穆雷特提及的"哲学上的近亲关系"，始终背靠着尽可能纯粹的公民身份观，并从共同生活这一人与人之间平等发展不可或缺的遥远与美好结局的特殊形态中分离出去。在应用于阿尔及利亚的法国式殖民观念中存在着下述幻想和希望：建立一个消除种族或文化障碍的新型民族，以便创造一种前所未有的博爱，以此作为抽象普遍主义的最终结局。

在更早的时候，以及在缺少戏剧性的情况下，分叉点已经在其他领土上存在。但是，自1848年以来，同化的观念也被应用于非洲大陆。1848年，在塞内加尔，所有年满21岁的有色人种都已经得到了投票权。[99] 确实，这一殖民地的规模极为有限：它只有数千居民。但是，与安的列斯群岛上的人不同，这里的相关人员并不是以法国民事法律的规则来管理的，而且他们中的大多数人信仰伊斯兰教。不过，阿拉戈与舍尔歇并未因为采取此项措施而引起任何震动。此外，这一措施在任何时期均未引起任何批评与评论，如同预料中的一样，它显得很平常。在1848年人们的头脑当中，塞内加尔实际上是以与对付安的列斯群岛相同的方式被考虑的。这是一个老的殖民地——1789年，圣-路易的居民已经向制宪议会呈交了一份陈情书，而自由的土著已经加入当地的民兵，参与了对英国人的战斗——人们当时很少考虑到伊斯兰教。19世纪末殖民扩张的发展，使这一历史遗留产生了问题。虽然没有人否认1848年采取的措施的合法性，但人们却感到不安，因为对它可能被其他殖民地作为援引的例子。对于"塞内加尔土著的政治地位究竟是有前途的模式还是一个例外"这一问题，法学家与政治家一致倾向于后者。著名的殖民问题专家阿尔蒂尔·吉罗谈到了"独特的和不合理的特权"。立法机构则通过将其只限定在该殖民地某些市镇居民来限制这种土著公民身份的影响。[100] 在整个第三共和国时期，政治权利实际上与公民权利联系在一起，它们的断开显得像是一种异常和极为可怕的事情。人们于是考虑，只有获得公民身份，也就是说获得投票权的土著法国人才能取得宗主国法律中的民事地位。但是，这只是一种理论上的观点。19世纪，实际上不存在任何向各殖民地土著开放的入籍程序。[101] 殖民地土著未被视为外国人，但他们也无法成为百分之百的法国人。印度支那或非洲土著的法国公民身份只是在20世纪初才得到承认。[102] 相关程序极具限制性（即便后来为在第一次世界大战期间曾加入法国军队作战的土著作了一点使其更加灵活的修改亦是如此），而且还包含一种唯意志论的措施。由此，这一新的立法所产生的影响微乎其微：就1925年而言，在整个非洲、交趾支那与东京的土著中，被赋予法国国籍者竟只有36人！尽管如此，人们同样在继续赞颂法国的宽宏大度以及宗主国与殖民地组成的庞大共同体。

这一切在法国解放后险些得到改变。现时的情况虽已面目全非，但同样没有人愿意把非洲和印度支那的殖民地引入类似阿尔及利亚的途径。第四共和国的创立者们以为通过法兰西联邦的概念可找到解决方法。1946年10月27日，宪法第80条赋予所有殖民地的居民"法兰西联邦公民"的资格。由此标明了一种有别于法国公民身份或潜在的当地公民身份的新型公民身份，后者名义上终结了对土著世俗方面的排斥。但是，没有人能够赋予这一概念坚实的法律内容，并回答它所引起的下述问题：如何对这样一种与任何国籍均不相符的公民身份进行思考？如何避免把法兰西联邦看成唯一能够接受公民身份与国籍多样性的联邦体制？[103] 出于政治上的担忧，人们提出了法兰西联邦的观念，此种观念已经产生了纯粹名义上的公民身份概念。[104] 就这些问题，应当等到1956年通过一项基本法律，即所谓的德费尔法得到阐明。[105] 该项法律的目标是平息紧张状态以及人们认为会日益高涨的请愿。阿尔迪在向众议院提出的报告中指出："充当共鸣箱的不再只有伊斯兰教，而是全体发展中国家。"[106] 政府打算先行一步，并提出两项根本措施：确立普遍选举与建立统一的选民团。这无论在理论上还是政治上都是一种革命。但是，随之而来的是接受一种演变，即朝向殖民地的独立，或至少是朝向殖民地单纯的结合形式进行的演变。由此，承认土著的公民身份，将与放弃同化主义的观念并驾齐驱。人民共和党议员皮埃尔-亨利·泰让以最为清晰的方式在讲坛上表达了此种意思。他强调："当这一文本经投票通过时，法国将在海外最终与同化政策决裂，而这一政策自国民公会以来始终是法国的传统政策。"[107] 法国当时不再害怕成为"其殖民地的殖民地"（此乃爱德华·赫里欧的著名提法）了吗？出生于宗主国的人口会被大量殖民地土著压倒的忧虑消失了吗？的确没有。可是，20世纪50年代，人们开始想到，实际上预防造成人数上的威胁的唯一办法在于设置根本性的差别。那么，人们此后就认为信仰、传统、生活方式，简而言之即一切构成礼仪的东西都能够勾勒出人与人之间不可逾越的障碍，阻止他们归属于同一个国家了吗？20世纪50年代，伊斯兰教的特殊性或土著习俗的特殊性并未显示具有决定性的障碍。对历史上的世俗化工作以及生活习惯已被工业现代化所打乱的信念，在当时依然是不可动摇的。同化道路上的主要障碍明显在于经济方面。一位议员在1956年的辩论中直截了当地表达了这一点："应当有勇气说出我们尚未决定实施的乃是生活水平的同化。"[108] 这意味着问题的核心在于拒绝经济与社会方面的重新分配。

我们在此更为深刻地触及了公民身份的观念。在共同的习俗、被分享的历史以及和睦相处的居民所居住的领土——所有这一切都是国籍概念力求表达的事物——表达的简单的相近（la simple proximité）背后，公民身份除了诉诸面对共同敌人并肩战斗的观念外，还涉及更为严格的共存观念：国家最终是一个被接受的再分配空间。公民身份从中获得根源的社会性，不仅仅是普遍主义的社会纽带，也是共同体分配与再分配的社会纽带。近代公民不仅是一个福利国家的成员，也是一个民族的成员，两者不可分离。这正是公民身份不可消除的界限得以通行之处。[109]它在民族还未成为一个再分配的国家时贯穿了民族内部本身，并在这之后区分了不同的再分配形式。关于土著选举的论战史带来了这方面最明显的证明。只有伴随着国家被认可的终结，对普遍选举的征服才会宣告结束。

对殖民地中土著的政治地位的考问，显示出人们不可能在与公民身份观念分割开来的情况下对国籍予以思考。那么是否有可能反过来设想与国籍标准分离的公民身份的形式呢？建立在这种分离之上的新的公民身份的界限存在吗？这正是赞成赋予已在法国居留了一段时间的移民以地方选举权的人所器重的。他们在逗留的外国人与国民之间确定了一种居中的社会参与类型。在他们看来，这种建立在劳动与居留基础之上的社会参与，说明了承认特定的公民权利的理由。1981年提出的"110条建议"中，弗朗索瓦·密特朗根据这一精神允诺赋予已在法国领土上居留五年以上的移民市政选举的投票权。20世纪70年代初以来，下述欧洲国家已走上了这一道路[110]：爱尔兰（1973），瑞典（1975），丹麦（1981），荷兰（1986）。这一观念既宽宏大度，同时亦有坚实的基础。它的推动者提出了选举权具有不可分割的特点，含蓄地表明希望移民依据等同于曾在19世纪使工人阶级得以完全进入国民当中的程序，从其边缘性中摆脱出来。他们同样强调，移民缴纳了捐税，因而他们有权利对其所在市镇的建造与规划发表意见。需要强调的是，这一建议所涉及的人数甚为可观，因为三分之二居住在法国的外国人在法居留的时间已超过一年（80%子女出生在法国）。

赋予长期在法国定居的移民以地方选举权的计划来自一种值得

赞赏的意愿。但人们有时出于宪法秩序的理由认为这样做是不能允许的，因为赋予外籍公民地方选举权会使他们间接参与到一部分人民代表的任命上来——参议员是间接地由地方上的当选者选举产生的。以对宪法第三条的书面解释为依据的论点并不缺少法律效力。但是，关键之处并不在此。这一问题也不在于简单地确认一项措施是否具有早熟的特征——过分超前于既存习俗，会导致以更具哲学色彩的理由对这种选举权原则予以考问：不可能否认外国人的范畴。在纯公民状态的标准之上建立一种甚至是有限的投票权会直接通向这里。这一切将回过头来掏空国籍观念的所有内容，因为人们认为社会被直接从整个文化记事与整个历史中抽离出来，并单纯地被合拢到日常生活的公共领域之中。这同时否认了一个在本质上不同于市民社会的政治社会的存在，尤其是如果市民社会是根据"差异主义"（différentialiste）模式（也就是说，作为文化上成分不同的个人与团体的简单并列）来领会时更是如此。于是，一种统一性与集体特性的原则：社会性与地方性（le local）成为非常抽象的范畴，这种范畴的设立完全不再自相矛盾地成为一种融合的证据，而是反过来如同一架制造人与人之间的冷漠的巨大机器一样在运行，它必然会引起对同样的痉挛的异常反应。区别"地方性公民"与"全国性公民"，则回到了否定处在历史和政治复杂性之中的公民身份概念本身。[111] 这一切同时导致在民族（机械地以合拢到一种既无可争议又具有限制性，以及在种族或文化上差别明显的特性之上为目标）与市民社会（对于个人而言，将是一个绝对未分化的地方）之间建立一种危险的对峙。如果外国人的形象遭到否认，如果外国人在政治上不被考虑为外在于国家，就不可能有民主的公民。否则，后者只会以最野蛮的方式，以部落、种族或人种的形式，并通过深深地勾勒出民族观念最原始的面貌而得到承认。与这种幻象相反，只有两种方式积极地构想出居住在某一社会当中的外国人的必要融合：其一是通过取得国籍方式进行的政治同化，随着其入籍，外国人被认为已纳入一种历史和政治文化之中；其二是在经济和社会方面融入市民社会之中。第三种途径不可能存在。

如同国籍一样，人们未对公民身份众说纷纭。但是，公民状态同样亦无可非议：它来自对把个人纳入经济交互作用中或一块土地上的简单承认。人们在这一点上可以寻思，赋予移民地方投票权的计划是否不是对政治同化和公民融合的同化能力双重失望的结果。实际上给人以强烈印象的是，那些已把这种地方投票权付诸实施的国家皆属于同化主义色彩最淡的国家，对于这些国家来说，这样做好像是为了去除内疚，或对其入籍条例的严格提供一种补偿。与之相反，在美国这一无疑是最具有同化主义色彩的西方国家中——因为只要在美国居住和工作三年即可获得其国籍，赋予移民以地方投票权的想法就显得毫无意义。此外，语言本身也容易让人感受到这一点。人们说的是"移民的投票"，而非"外国人的投票"，好像移民更多的是一种社会类别，而不是法律类别，或好像它意味着在法律上不大可能的由外国人和本国人组成的混合存在。人们意欲以这种投票权来弥补的实际上正是公民状态的不足。由于不知如何解决住房、就业、城市空间的整治等问题，人们只得求助于他们认为能使这些困境得以改观的融合形式。此外，就法国的情况来看，这种视野被纳入这样一种政治文化的基本历史特征之中：政治具有吸收社会问题的永恒倾向。但是，由于彻底地遵循这种倾向，针对外国人的地方公民身份的观念反而使其种种局限和矛盾更加突出。

对于1995年"欧洲公民身份"的展望——这种公民身份已被1991年12月的马斯特里赫特条约所采纳，是否会以其他方式导致公民身份的划分，与因赋予移民市镇选举的投票权而造成的公民身份的划分性质相同呢？显然，事情并非如此。因为它涉及的是新的联盟公民身份的确定。[112] 后者实际上丝毫没有包含各国的公民身份，它仅仅是通过表明前所未有的政治集合（l'ensemble politique）——此集合体是以12国共同体作为出发点来组建的，它既不是真正的联邦国家，又不是超级民族国家——在法律上的复杂性与各国公民身份重合。欧洲联盟的公民身份是一种与民族观念分离的公民身份，但它与"欧洲民族"主权所表达的理论层面是相符的。因为它在欧洲议会的选举权中得到了体现,并且也与由规章的颁布和特有的司法进程构成的司法空间相吻合。在此,对欧盟公民身份的承认仅仅有助于填平已经为欧共体利益而实施的罕见的主权转让和与之相应的民众认可的缺失之间的鸿沟。它使人们得以弥补惯常声称的欧洲民主赤字。不管怎样,人们在此无须重新回到针对这种恢复平衡的行动形式的辩论之中("欧洲公民身份"的发展或各国政治控制的简单加强),就能够懂得公民身份观念的多样化退回到了标志着欧洲建设之发展的主权形式的复杂化。

根据实际居住地(即便不是相关国家的侨民)把市镇选举的投票权和被选资格赋予共同体国家中的国民,意义全然不同。[113] 虽然欧盟确立了一种超国家身份的地位,但它并未自动地在国家以下的层面上确立共同体的制度。这一措施的含义与就文化而言在盎格鲁-撒克逊的欧洲和北方的欧洲根深蒂固的市镇管理中的民事概念是一致的。通过其"前政治"本质,市镇投票在这些国家可以与行使政治公民权分开。语言本身有时体现了这种区别。在德语中,"市民"的概念历史上从未与"公民"的概念混同。[114] 所以,地方投票权的意义在德国与在法国是不同的。在法国,公民身份的政治束缚依然在从地方到全国的各个级别存在。在这样一种统一的公民身份概念当中,为在市镇选民名册上登记而修改与国籍相关的条例,只有在下述情况下才有意义:即此举被设想为完整的欧洲公民身份得以实现的第一步,即便欧盟在文化上仍然被理解为由坚持其文化认同的各民族组成的集体,它仍倾向于选举权仅仅由居留标准来确定。人们不可能停留在只向欧洲的居留者开放市镇投票权。应当合乎逻辑地、逐渐地把这种措施扩展到其他政治选举(省议会、大区议会、国会的选举)。法兰西式的普遍主义只能够设想处在一种整体的形式之下的公民身份。在马斯特里赫特协定导致的必要的宪法改革背后,在法国,人们只有在要求最严、疑问最多的视野中,即实现真正的联邦制的空间视野中,才能找到它的意义。

结论 一种奇特的普遍主义

从何时开始，普遍选举成了一种不可逆转的结果？普遍选举的征服史又是在何年何月宣告结束？对于这些问题的回答并不像其显示的那样简单。实际上有多种历史重叠在了一起，每一种历史都有其特有的时间性。我们已经使得三种历史交织在一起。首先是法律和制度史，其次是认识论的历史，而第三则是文化史。法律和制度史的界限最易于确定。但为此还应当区分构成这一历史的两种记录。一方面选举作为社会的焦点，是争取融合与认可的斗争目标。历史的这一部分并非平铺直叙的征服史。实际上在其起点，也就是说法国大革命期间普遍选举即已在原则上得到认可，但随即遭到严厉的质疑。这一历史伴随着重新怀疑与大倒退的终结而止住了脚步。人们在这方面应当记住以下年代或日期：首先是1848年，正是在这一年里，纳税选举时期宣告终止，普遍性原则在去除了大革命时期的模棱两可后重新得到表达；其次是1851年12月2日，正是在这一天，1850年5月31日所颁布的邪恶的法律被以某种方式废除；最后是1875年11月30日，众议院议员选举法在这一天通过，最终巩固了这些成果，并由此标志着对普遍选举的郑重确认。但是，选举的法律史也被纳入一种人类学的视野，即一种个人社会实现的视野之中。它发端于团体不再被作为政治代表基础的18世纪,并因1944年法国妇女投票权的通过得以延长。诚如我们已经强调的那样,这是远远没有结束,并且依照社会问题个人化的巨大进程来衡量的历史。在我们看来,它的完全实现还须与那种没有资格限制的人(l'homme sans qualité)占主导地位的出现联系在一起,这是一种纯粹的个人(pur individu),不考虑年龄、性别以及其他有生命的存在所具有的特征。在孩子与疯子进入民事领域的背后,为了在政治方面协调不同种类的生物(他们当中的每一种注定被理解为具有特定权利)的所有利益,历史甚至可能借道于与表现自然界或动物世界的途径一样的意想不到、未经勘探的险径。[1]

认识论的历史是对普遍选举的正当性——一种人们作出决定与选择的最理想的程序——予以承认的历史。它在下述两极之间摇摆晃动:其一是多数与理性的关系问题,其二是合法性的问题。在孟德斯鸠关于人们选择统治者的首要法则背后,值得永久纪念的是1882年的义务教育法。该项法律使人预见到每个公民皆能成为有理性的并意识到其责任的选举人。但是,这一历史依然难以预见结果。在简单地放弃某些对行使人民主权的怀念或对作为合法化程序的选举的共识之外,设立最终决定权的主张表明,对多数在作出最佳选择方面的能力的既隐蔽又真实的怀疑,实际上仍继续存在。这种怀疑所体现的确实不再是过去那种大众与精英之间的对立。它从此以后被列入诸多新的对立种类之中,或至少伴随着一些新词,例如,当普通人阻止"笨蛋"(cons)的世界表明其对民主的怀疑,当出类拔萃的英明作为大多数人的胆小、盲目甚至懦弱的对立物被赞颂,当某些阶层的人的落后或奴役被人痛惜,抑或当对可以通过公民投票决定的事情的界限表现出不知所措的反应时即是如此。

普遍选举的文化史最终与选举实践的历史混同起来。它结束于人们可以对普遍选举习以为常之时。这完成于何时呢?在回答这一问题时,有许多因素可以被考虑在内。首先是时间因素。例如,在19世纪60年代,人们经常听到这样的说法:选举是一种因过于新奇而无法被真正理解的制度。在 19 世纪 70 年代，它仍然被理解为一种神秘与不可预测的力量。在这一点上，普遍选举只是到了 20 世纪初才趋于平常。选举技术标准对于判断普遍选举是否已成为习惯也具有决定性。人们应当阻止舞弊，熟练掌握投票技术，保障选举者的选择自由。在此，文化史完全被嵌入了物质史之中。

看到这三种历史在法国被如此分离和移位，无疑令人感到惊讶。已重叠的这三种历史并没有展现规则的关系，其显示的仅仅是一种非同寻常的创新与拟古、先进与迟缓的错综复杂的混合。它们如同会对政治深度产生影响的"用于建筑的沉重板块"一样，伴随着撞击声时而彼此分开，时而互相靠近。这种状况与大多数西方民主国家的普选史具有的特征——相对的统一性以及渐进性——形成了反差。我们已经充分说明了对社会的选举—融合的征服具有的极为早熟的特征与赋予妇女投票权的迟缓之间产生差距的原因。但是，还有其他一些应当在结论中提及的令人印象深刻的差距。首先是存在于法律史和物质史之间的差距。在 1848 年和通过设置秘密写票室正式保障选举自由之间大约隔了四分之三世纪，而在英国，从重要的《1867 年改革法案》到以《投票法令》(1872) 采用秘密投票之间，仅仅间隔了五年。

本书所要探讨的是选举权的思想史，而不是选举的技术与实践。其他研究者已经开始在探索这些同样引人入胜的对象。[2] 对于下述研究对象，我们知之甚少：投票物质条件（选举办公室、选票、投票箱、点票）、选民名册的管理、候选人的推荐方式、舞弊的类型。[3] 选票与装选票的信封的式样，秘密写票室的存在由此不可思议地成了充满激情的论战对象。在共和三年即首次提出的秘密写票室直到 1913 年才在法国采用。[4] 议会曾用数百个小时来讨论选票的印刷方式、信封的规格以及技术上的特征。19 世纪末，虽然对"好的代表制"的形态（名单投票、比例代表制，等等）的考问在大部分涉及投票权的讨论中占有最为突出的地位，但在选举权之行使的近代技术形态设置中显示出的滞缓和不太明显的保留（这里也包括共和派人士的类似态度）也同样值得关注。在普遍投票原则不再重新受到怀疑的时刻，这些态度表明了在那些甚至曾是最初的宣传者身上残留的困惑。普遍选举的技术史和政治史之间的差别在法国尤其显著。实际上，在大多数其他民主国家，人们都能看到，秘密写票室和印刷的选票几乎在投票权扩大到大多数人的同时即被采用。[5]我们在讲到英国的情况时已经提到了这一点。但是，对于德国、比利时、美国、挪威等国来说，情况同样如此。此外，人们还可以看到，民主征服在法国的早熟已悄悄地被非同寻常的模棱两可与斤斤计较的预防措施所抵消和平衡了。唯一能够被当作具有与法国相似的历史时差的国家是那些拉丁美洲国家。在拉丁美洲，普遍选举于19世纪早期就时有颁布，但是，名副其实的选举舞弊的制度化却奇异地限制了这种民主冲动的意义。在某些拉丁美洲国家中，被正式要求对法国榜样的效仿，不乏使人茫然不知所措之处：好像对法国式的普遍主义的庆祝，注定也要与接受它的病理学以模棱两可的过度发展同时进行。

在1848年普遍选举的创立与它真正被广泛和最终接受之间，相隔了一个多世纪。这种迟缓有着非同寻常之处，即它丝毫无法通过社会历史的因素来加以解释。否则，社会史就应当倒过来研究了：我们已经表明，对普遍选举最晚的保留或批评实际上不合常情地来自左翼，而不是来自右翼。问题的实质何在呢？它在于政治理性主义的完形以及使其与公共意志的主权观念保持一定距离的张力。民主教育的计划已经使人得以减少或掩盖这种张力，但却没有消除它。人们可以说，对多数不信任的根源更多地在于思想方面，而不是社会方面。法兰西政治文化决定构成的张力，使得提出关于民主的实证理论变得极为困难。民主可以被作为一种约束或一种乌托邦加以赞颂，但却从未被理解为一种优越的政治组织形式，或被理解为一种更优秀的统治技术。它只能在社会学（社会的平定）、历史学（经验的不可逆转性）或目的论（理想社会的实现）的论据基础上得到辩护。在法国存在着一种特殊的对民主的认识论的问题。既然好的政府只能出于理性，实际上就难以把多数的至高无上作为政治进步的条件。在法国政治传统当中,阿兰因为认为常识的支配构成了一种理想,以及呼吁当局遵循"可怜者们的率真的看法"而极为孤立。[6]这正是在民主教育事业的背后,对科学的崇拜持久地具有重新覆盖政治领域的趋势的原因。在右翼那里,它尤其以专家治国论的形式显示出来;而在左翼那里,它长期以来通过无产阶级科学或群众领路人式的党的概念,以及通过理性主义和乌托邦的并驾齐驱得到了肯定。在第一次世界大战后不久,人们看到对民主的考问给予回答的前者得到了充分发展,[7]而后者则在马列主义中得以系统化。[8]在这两种情况中,一种共同的符合教学法的政治行动观占据着支配地位,在别的地方,这种共同的政治行动观亦解释了长期以来在国家的专家政治与共产主义世界的关系中留下痕迹的默契。蒙塔朗贝尔像有预感似地说道:"一旦某个政党在法国登台执政,它不会把法国当作牺牲品或战利品来对待;它往往会把法国当作一名小学生来对待。它为自己设立了国家的教育家,使国家处于其监护之下,并觉得自己有权利把国家须想、须知和须做的一切教给国家。"[9]相关事物在此得到了很好的理解。

作为普选思想史所要阐明的法兰西民主,在此发现了它的特殊性及其模棱两可的根源。此外,陪审团制度的变化相应地证实了这一切。实际上陪审员与选举人这两种人物在代议制政府史上是无法分开的。一种相同的多数与能力之间的关系在每种情况当中均在起作用。我们已经强调,在大革命期间,制宪议会议员曾平行地对待投票权与民众陪审团这两个问题。在大多数民主国家当中,这两种历史同样是不可分离的。[10] 19世纪前半期,陪审员为划定投票权领域的界限提供了参照。在七月王朝时期,主张改良的自由派人士根据1827年的陪审团法为政治能力观念赋予一种内容。[11]与之相反,对由陪审团的判断导致的反常结果的批评,使用了与为主张限制选举的扩大而提出来的相同论据。[12]但是,1848年之后,一切都发生了改变:关于陪审团立法开始承认其相对于投票权立法的落后。由此,1848年8月7日的法律不允许家仆以及不会读写的个人担任陪审员。1853年6月4日的一个法律条文在这些排斥之外又加上了一条：自动排除以打短工为生者。[13] 这些限制延续了一个多世纪，直到1978年才被最终废除。[14] 人们同时看到，从19世纪末开始，有一种极为明显的倾向——把某些不法行为作轻罪处理，缩小了人民陪审团对专业法官的干预范围。像加布里埃尔·德·塔尔德或拉乌尔·德·拉格拉塞里这样的法学家自称是这一运动的捍卫者，他们明确地希望看到以科学专家取代陪审员。[15] 我们不可能在此对陪审团的历史进行详述。但是，应当在此着力强调第三共和国的法学家们在希望扼杀，或至少是严厉限制这种制度方面已到了这样的程度，好像它事关通过将其限定在一个越来越小的领域，从而为多数（派）权力的出现驱魔。[16] 此外，法国的特殊性极为牢固。

法国式的政治理性主义是建立在这样一种确信之上的，即普遍利益因为体现了社会的"真理"，无法被人从特定的利益，或从个人投票本能地想要表达的利益中推断出来。所以，选举权在法国并非来自普遍利益的建构：它本质上具有社会隶属和对以前王权的一种集体占有的性质。这与英国的情况大相径庭。在英国，选举权首先退回到特定利益绝对必要的代表权，而普遍利益则只是特定利益简单的复合体。因为每个个体都被假设为自身利益最佳的判断者，其投票有助于普遍利益的形成，并由此有助于社会的良性运行。人们在此看到了关于政治的两种认识论模式的对立。在英国，投票权以严密的方式背靠着一种知识理论（常识的经验论）和一种普遍利益的概念（特定利益的复合体）。由此可见，甚至是最为激进的民主，亦能够具有一种功利主义类型的基础。在发表于1776年的小册子《作出你的抉择》中，约翰·卡特率先明确宣布赞同普遍选举，并强调每个个体都应当投票，因为他是唯一知道何者对其最为有利的人。保守派亦可能以同样的方式同意让工人们以团体作为基础获得选举权，因为他们承认，工人们是唯一能够合适地表达其阶级利益的人。约翰·斯图亚特·密尔把这一点作为其要求扩大选举权的论据的中心，他在1866年就第一个选举改革方案进行讨论时指出，通过这一事实，即"每个阶级皆了解一些未被其他人所了解的事物，而且每个阶级均多少有些特殊的利益"，证明选举改革是合理的。[17] 与之相反，法兰西民主无法扎根于启蒙思想家们的理性主义以及大革命提出的具体化的普遍利益的概念。[18] 这是历史呈现出骤变、跳跃形式的原因，而这种形式与英国选举的扩大中渐进、规则的特点形成了反差。

多数与理性之间的紧张最终要胜过把普遍选举和民众政府混同的倾向。普遍选举实际上一直被暗暗地理解为一种权力的行使模式，而不是一种任命领导人的制度、一种合法化的程序或一种最终仲裁权。由于行政权概念的特殊性始终未得到考虑——得到考虑的只有立法权[19]——因此很难同时区别技术能力领域和政治权力领域，并且也难以在政治权利内部区别两类事物：那些属于管理事件与不确定的政治艺术类事物与那些属于产生限定行动框架的规则范围的事物。在法国，在构想政治领域方面存在着巨大的困难。政治领域在对其特殊性，即对规范的社会发明进行理解时，有着诸多麻烦。它始终具有这样的倾向：被平淡无奇地重叠到管理的范畴，同时使政治平等的理想变得难以置信。如果说政治领域只是诸多社会领域中的一种，并因此从属于某种特定的手段，那么，普遍选举实际上只是一种乌托邦或蛊惑人心的宣传。政治平等无法建立在才华与能力不可能相等的基础之上，除非与列宁一起梦想厨娘也精通管理国家。它只有在这种情况下才具有意义，即如果人们通过构成集体生活中一种有限经验的框架，也就是确立与形成社会联系的框架，反过来把政治空间理解为与管理或技术空间全然不同的空间。这种在确认政治的特殊性方面的困难同时通过持久的平衡表现出来，即肯定重大原则与这些原则经由一系列审慎的微不足道的安排显示出来的实际变化之间的持久平衡。例如，在不同的历史时期，在关于投票地点（在市镇、区或省）的技术讨论中，曾经强烈感觉得到的正是二元性。在把普遍选举看得很神圣的同时，人们担心会看到选举人要么是过于放纵自己，要么是过分屈从人们所惧怕的影响力。[20] 在民主教育的热忱背后，法兰西民主的模棱两可就这样不停地产生破坏作用，并使其无法再清醒地反思自己。

虽然社会包容的绝对必要与政治平等的原则自1789年以来就已得到肯定，很早就构成了一种整体化民主（une démocratie d'intégration）框架，但向执政民主（une démocratie gouvernante）的转变在法国却始终颇成问题。换句话说，如同宗教一样的民主很早就取得了胜利，但作为政治制度的民主则很晚才被人接受。它实际上应当等待由第五共和国宪法来使人民主权的意义得到重新审视。当今，这些问题显得只有通过代表制形态的有色镜才能触及，好像它只涉及寻求最终忠于自身的原则和目标的最佳实施方式。但是，它们有时在事件中仍然会显现出来。整体化民主的首要成果在某些方面甚至还显得更脆弱。虽然普选的思想史有可能已经结束，但民主的思想史在某种程度上还处在最初的探索阶段。也许正是通过这一不重要的证明的侧面，法国式的普遍主义才真正具有意义。如果说法国人在1789年创造了平等，那么他们随后建立的更多是近代民主的病理学与问题一览表，而不是解决方法一览表。这正是法兰西民主提出的一种奇特的普遍主义：它体现的远非一种模式，更多的是政治现代性焦虑的汇编。

注　释

导言：平等的革命

1. 参见 L.Dumont, *Essais sur l'individualisme. Une perspective anthropologique sur l'idéologie moderne*, Pairs, Éd. du Seuil, 1983。

2. J.Guadet, *Du suffrage universel et de son application dans un monde nouveau*, Paris, 1871, p.4.

3. 转引自女权主义者奥克莱尔（Hubertine Auclert）的文章"Le féminisme et les croyances républicaines", 该文载于 *Le Radical*, 1906 年 9 月 17 日。

4. 参见 T. H. Marshall, "Citizenship and social class"（1949）, 重刊于 *Class, Citizenship and Social Development*, New York, Anchor Books, 1965。

5. 关于这一点, 参见 Albert Hirschman 的研究, *Deux siècles de rhétorique réactionnaire*, Paris, Fayard, 1991。

6. 要指出的是, 当皮埃尔·勒鲁在 1830 年发明"社会主义"一词时, 更多地是将之与个人主义, 而不是资本主义形成对照。参见 A. Le Bras-Chopard, *De l'égalité dans la différence, le Socialisme de Pierre Leroux*, Paris, Presses de la F. N. S. P., 1986。亦请参看马克思用来为通过普遍选举治理的市民社会的*抽象概念*感到惋惜和将之与建立在真正的社会关系之上的共产主义相对立时使用的经典术语（见他的 *Critique du droit politique hégélien*）。

7. 在数量极为繁多的文献当中, 尤其可参见下列著作中的评述：M. I. Finley, *Démocratie antique et démocratie moderne*, Paris, Payot, 1976, 以及 Ch. Bruschi, "Le droit de cité dans l'Antiquité: un questionnement pour la citoyenneté aujourd'hui", in *La Citoyenneté*, Paris, Fondation Diderot et Fayard, 1989。

8. 我们也希望以这种方式回应勒内·雷蒙（René Rémond）在下述文章当中提出的令人兴奋的邀请："Pour une histoire idéologique du suffrage universel. D'une utopie contestée au consensus relativisé", in *Itinéraires. Études en l'honneur de Léo Hamon*, Paris, Economica, 1982。

9. 这一有时被认为出自 Hubert Languet，但更多地是被认为出自迪莱西-莫奈之手的著作在被翻译成法文时书名如下：*De la puissance légitime du prince sur le people et du people sur le prince*（1581）。我引用的即为这一法文版在 1977 年的重印本。

10. 其全名为：*Recueil de Maximes véritables et importantes pour l'institution du Roy contre la fausse et pernicieuse politique du Cardinal Mazarin*。我们引用的是它 1663 年的第二版。关于 Joly，可参见 J.-B. Brissaud 的研究成果：*Études de droit public.Un liberal au XVIIe siècle, Claude Joly (1607—1700)*, Paris, 1898。

11. 我们还可参阅其 *La Politique du clergé en France*（1681）。

12. 然而，应当强调在《为反抗暴君的自由辩护》出版前几年出自一位马丹战争诉讼案的著名法官 Jean de Coras 之手的下述文献的出版：*Question politique: s'il est licite aux sujets de capituler avec leur prince*, rédigé vers 1569（见 M. Kingdon 校勘的版本，Genève，Droz，1989）。这是发表于圣巴托罗缪大屠杀前的唯一重要的关于抵抗权的文献。关于契约理论的这些最初的雏形，可参见 H. Morel, "La théorie du contrat chez les monarchomaques", 载 *Mélange Henri Morel*, Aix-Marseille 大学出版社，1989，作者强调了加尔文派教徒的契约理论与卢梭的契约理论之间的差别。参阅同期的 R.A.Jackson, "Kingship and *Consensus populi* in Sixteenth Century France", *Journal of Modern History*, vol. XLIV, n°2, 1972 年 6 月；Q.Skinner, *The Foundations of Modern Political Thought*, Cambridge University Press, 1978 年，2 卷；以及更早的但始终有参考价值的下述作品：P.Mesnard, *L'Essor de la philosophie politique au XVIe siècle*, 第三版，Paris, Vrin, 1977；G.Well, *Les theories sur le pouvoir royal en France pendant les guerres de Religion*（1891），nouv.éd., Genève, Slatkine, 1971。

13. *Vindiciae contra tyrannos*, p.106.

14. 同上书，p.125。

15. 一部分联盟成员出于恼怒最终也不合常情地由反对转而赞同这些"前民主的"主题。例如可参见著名的 Frcnçois De Cromé 的小册子，*Dialogue d'entre le maheustre et le manant*, de 1593（P. Ascoli 校，Genève, Droz, 1977）。关于这些属于加尔文派教徒的联盟成员，可看下述论著：F.J.Baumgartner, *Radical Reactionnaries: The Political Thought of the French Catholic League*, Genève, Droz, 1976；

S.Rials. "Aux origines du constitutionnalisme écrit: réflexions en marge d'un projet constitutionnel de la Ligue (1588) ", *Revue d'histoire des facultés de droit et de la science juridique*, n°8, 1989。

16. 参见马扎然的支持者的文集, *La Fronde, Contestation démocratique et misère paysanne*, Paris, Édhis, 1983。尤其可参看其中主要涉及纯政治的对立与民主观念的表达的第一卷。关于最近的相关解释,参见 Ch.Jouhaud, *Mazarinades, la Fronde des mots*, Paris, Aubier, 1985。

17. *Recueil de Maximes véritables et importantes pour l'institution du Roy* [...], p.131.

18. 特别见其第 16 和 17 封信,日期分别为 1689 年 4 月 15 日和 1689 年 5 月 1 日, "De la puissance des souverains, de son origine et de ses bornes"。关于朱里厄 (Jurieu),参见 Fr.Puaux, *Les Défenseurs de la souveraineté du people sous le règne de Louis XIV*, Paris, 1917, 以及 *Les Précurseurs français de la tolerance au XVIIe siècle*, Paris, 1881; R.Lureau, *Les Doctrines politiques de Jurieu (1637—1713)*, Bordeaux, 1904; 最近的一部相关好书是: G. H.Dodge, *The Political Theory of the Huguenots of the Dispersion with Special Reference to the Thought and Influence of Pierre Jurieu*, New York, Columbia university Press, 1947。

19. 第 18 封信,1689 年 5 月 15 日,转引自 Fr.Puaux, *Les Défenseurs de la souveraineté du peuple* [...], p.42。

20. 转引自 Fr.Puaux, *Les Défenseurs de la souveraineté du people* [...], p.37。

21. 指出加尔文派教徒在其思考政治的方式上也更接近于经院哲学,而不是加尔文,至关重要。在他们身上存在着一种他们的神学与他们的政治哲学之间的不容否认的分离,这一分离可从策略的角度得到解释。加尔文实际上一直强调权力的神圣性,而且他将之与一切契约理论相对立。参见 M.-É.ChenevièreE, *La Pensée politique de Calvin*, nouv.éd., Genève, Slatkine, 1970。

22. Marsile De Padoue, *Le Défenseur de la paix* (1324), J.Quillet 校勘本, Paris, Vrin, 1968 年, p.110。

23. 关于弑杀暴君问题,参见 J.-Fr. Juilliard, *Recherches sur l'idée de tyrannicide dans l'Antiquité et l'Occident medieval*, Paris, 1965, 2 卷 (打字文本, 该文本系存在 Cujas 图书馆的学位论文); J.Quillet, "Tyrannie et tyrannicide dans la pensée politique médiévale tardive (XIVe- XVe siècle) ", *Cahiers de philosophie politique et juridique*, n°6, 1982, Centre de publications de l'université de Caen。同样可与 Roland Mousnier 关于弑杀暴君与巩固绝对君主制的关系的极为富有启发性的推论相联系,参见他的 *L'Assassinat d'Henri IV.14 mai 1610*, Paris, Gallimard, 1964。

24. 人们由此在 *Polycraticus* 中读到:"暴君具有一种撒丹的形象……他在大部分时间当中应当被处死。……不仅诛戮暴君可以得到允许,而且这是一种恰当和正义的行为。……不过,当教士们扮演暴君的角色时,出于对圣事的尊重,世俗的裁判权不得撤除他们。"

25. 参见该书由 R. M. Kingdon 校勘的最新版本,Genève,Droz,1970。R. M. Kingdon 在序言当中清楚地显示,反抗权的主题可以被纳入极为不同的视野当中。虽然农民战争的再浸礼派首领以它的名义为民众起义辩护,但加尔文派教徒考虑的是一种"符合宪法的"抵抗,在这种抵抗当中,对合法权力的抵抗只可以是官员或政府权力的参与机构的事情。关于这一点,也可参见 Julian H. Franklin(éd.),*Constitutionalism and Resistance in the Sixteenth Century: Three Treatises by Hotman, Beza, and Mornay*, New York, Pegasus, 1969。

26. *Les Soupirs de la France esclave qui aspire à la liberté*(1689),deuxième mémoire,"De l'oppression des peoples",标明日期为 1689 年 9 月 15 日。

27. Prologue,1574 年法文版第 9 页(1977 年巴黎,Édhis 再版)。关于 Hotman,参见 D. R.Kelley, *François Hotman. A. Revolutionary's Ordeal*, Princeton University Press, 1973。

28. 转引自 J.H.Franklin 的著作,*Jean Bodin and the Sixteenth Century Revolution in the Methodology of Law and History*, New York, Columbia University Press, 1963。

29. 关于这一点,可参见 L.Rothkrug 的佳作,*Opposition to Louis XIV. The Political and Social Origins of the French Enlightenment*, Princeton University Press, 1965。

30. Saint-Simon, *Projets de rétablissement du Royaume de France*, in *Écrits inédits*, Paris, 1881—1893, t. IV, p.198.

31. 同上书,p.199。

32. 从加尔文教徒赞扬三级会议以及希望复活神秘的选举君主制的 l'antiquomanie 到奥古斯坦·梯叶里对古代市镇自由的称颂,由此而来存在着一种共同的倾向。犹如应当把在政治方面彻底确立新事物的观念作为不能忍受的东西加以驱除。

33. Denis Richet, "La monarchie au travail sur elle-même", 载 K.Baker 主编的 *The French Revolution and the Creation of Modern Political Culture*, 卷一: *The Political Culture of the Old Regime*, Oxford, Pergamon Press, 1987。

34. 此外,亚里士多德式与中世纪的特征当然是决定性的。某位作者(例如苏亚雷斯)这样解释道:"应当以两种不同的方式去思考民众。"他解释说,人们可以怎么将他们视为"自愿地汇集在一个单一的政治团体之中的人",要么将其视为"人的简单集合"。在他看来,如果这些人只构成一种集合,那么他们就没有组成一个政治团体,因而人们就无法认为他们有权制订法律。这一权力只属于组成政治团体的人民，而不属于个人的简单汇合。(转引自 Q.Skinner, *The Foundations of Modern Political Thought*, t. II, p.181)。我们要指出的是，在人民一团体的对立之中，代表制实际上以特殊的角度被提出，因为作为政治职责的代表被纳入了社会团体的建构本身之中。例如，继亚里士多德之后，帕多瓦的马西尔在肯定真正的立法者是人民的同时，亦认为人民自然而然地由其多数(*pars valentior*)或理性(*sanior pars*)来代表。

35. *Vindiciae contra tyrannos*, pp.61—62.
36. 参见 P.Viollet, *Histoire des institutions politiques et administratives de la France*, Paris, 1890, t.I。
37. Paris, 1848. Reproduit l'article "Conciles" publié dans le tome III de l'*Encyclopédie progressive*.
38. 关于这一点，参见 A.Vacant 和 F.Mangenot 的 "Élection des évêques", 载 *Dictionnaire de théologie catholique*, Paris, 1924; J.-J.Bourassé, *Dictionnaire de discipline ecclésiastique ou Traité du gouvernement de l'Église*, Paris, 1856; 以及 J.-H.Prompsault, *Dictionnaire raisonné de droit et de jurisprudence en matière civile ou ecclésiastique*, Paris, 1849。这方面最近的出色的综合分析见 J. Gaudemet, *Les Élections dans l'Église latine des origines au XVIe siècle*, Paris, F.Lanore, 1979。
39. 关于这些选举，我们可从下述论著中获得宝贵的技术性的信息：L.Moulin, "Les origines religieuses des techniques électorales et délibératives modernes", *Revue internationale d'histoire politique et constitutionnelle*, nouv.série, t. III, 1953 年 4—6 月，以及 "La science politique et le gouvernement des communautés religieuses", *Revue internationale des sciences administratives*, 1951, n°1。
40. 此外要指出的是，这些特征同样存在于意大利市镇民主的开端之中。参见下述著作：E.Ruffini, *I sistemi di deliberazione collettiva nel medioevo italiano*, Turin, 1927, 以及 D.Waley, *The Italian City Republics*, 3e éd., Londres, Longman, 1988。
41. 参见 L.Moulin, "*Sanior et maior pars*. Note sur l'évolution des techniques électorales dans les ordres religieux du VIe au XIIIe siècle", *Revue historique de droit français et étranger*, 1958. n°3-4(文章分成两部分)。在 1215 年，拉特朗宗教评议会曾通过颁布敕令批准了这种对理性(*la sanior*)与多数(*la major pars*)的等同："一经核对，当选者将取得不管是所有的人，还是教会议的大多数或最有资格的成员(即 *sanior pars*)的同意。"
42. 由此导致了对教会作为选择方式的抽签制度原则的反感。关于这一点，请参见 L.Moulin 的名著("*Sanior et maior pars* [...]"), R.Caillois 的进一步研究, *Les Jeux et*

les Hommes, Paris, 1958, 以及 B.Manin, "Les élections, les élites et la démocratie: sur le caractère aristocratique des élections", 载 *Les Limites de la démocratie*, Paris, Calmann-Lévy（……）关于这一问题的更现代的理解, 参见 A.R. Amar, "Choosing representatives by lottery voting", *The Yale law Journal*, vol. XCIII, n°7, 1984 年 6 月。

43. 参见 J.Dhondt, "Élection et hérédité sous les Carolingiens et les premiers Capétiens", *Revue belge de philologie et d'histoire*, 1939, t. III, 以 及 Y.Sassier, "Au temps de Hugues Capet et des premiers Capétiens", 载 *L'Élection du chef de l'État en France de Hugues Capet à nos jours*, entretiens d'Auxerre 1987, Paris, Beauchesne, 1988。

44. 参见 R. A.Jackson, *Vive le Roi! A History of the French Coronation from Charles V to Charles X*, Chapel Hill, Univ. of North Carolina Press, 1984。

45. 关于这一极为复杂的问题，请参阅旧的、但始终有参考价值的 A.Bavelier 的著作: *Essai historique sur le droit d'élection et sur les assemblées representatives de la France*, Paris, 1874（Genève, Megariotis Reprint, 1979）, 该著作对市镇作了一个出色的综述；另还可看下述著作: A. Christophle, *Une election municipale en 1738. Étude sur le droit municipal au XVIIIe siècle*, Paris, 1874; A.Luchaire, *Les Communes française à l'époque des Capétiens directs*, Paris, 1911（réimpression Bruxelles, Culture et Civilisation, 1964）; Ch.Petit-Dutaillis, *Les Communes françaises. Caractères et evolution des origines au XVIIIe siècle*, nouv.éd., Paris, Albin Michel, 1970。

46. 参见 H. Babeau, *Les Assemblée générales des communautés d'habitants en France, du XIIIe siècle à la Révolution*, Paris, 1893, 以及 Fr. OlivierR-Martin, *Les Ordres, les pays, les villes et communautés d'habitants*, Paris, 1948（réimpression Paris, Loysel, 1988）。

47. 此外，人们饶有兴趣地看到，他的言论在大革命期间被引用的次数超过了洛克。参见 P.Carrive 最近的综述: *La Pensée politique d'Algernon Sidney*, Paris, Méridiens Klincksieck, 1989, 以及 Jonathan Scott 下述重要传记的最后一部分: *Algernon Sidney and the Restoration Crisis, 1677-1683*, Cambridge University Press, 1991。

48. 转引自 R.Derathé, *Jean-Jacques Rousseau et la science politique de son temp*, Paris, Vrin, 1974, p.43。

第一编 第一章

1. 即生为法国人或后来成为法国人；已年满 25 岁；在城市或区内拥有住所一年以上；在王国内任何一个地方，至少已经缴纳了相当于三个工作日价值的直接税，并须提出纳税收据；不处于奴仆的地位，亦即不处于被雇佣的奴役地位；已登记在其住所地的市乡政府国民自卫军花名册上；已经宣读了公民誓言。该宪法还规定，受起诉者以及破产者、无支付能力者自动地被剥夺其民事权利。

2. "代表"条目。

3. *De l'intérêt social*（1777），载 E.Daire, *Physiocrates*, Paris, 1846, t. Ⅱ, p.953。在其《关于贸易的对话》中，魁奈谈到了"所谓的民族的批发商"。他写道："批发商外在于他的祖国；他与他的同胞做生意与同外国人做生意一样。"或者还有："零售商懂得保持他们的收益，并让这些收益避免交税。由此，他们的财产只属于他们自己，而不是属于祖国。"（载 E.Daire, *Physiocrates*, t. Ⅱ, pp.155—177）。

4. *De l'intérêt social*，载 E.Daire, *Physiocrates*, t. Ⅱ, p.953。

5. 同上，p. 952。

6. *De l'ordre social*, discours Ⅹ, Paris, 1777, p.405. *De l'intérêt social* 是该著作的续篇。

7. Bâle, 1779. 关于重农学派致力于省级议会改革的文献，可参见下述论著：A. Esmein, *L'Assemblée nationale proposée par les physiocrates*, séances et travaux de l'Académie des sciences morales et politiques, 1904 年 9—10 月；E. F-Genovese, *The Origins of Physiocracy*: *Economic Revolution and Social Order in Eighteenth Century France*, Ithaca, Cornell University Press, 1976；G.Fiorot, "Le assemblee rappresentative nel pensiero politico dei fisiocrati", *Assemblee di Statie Istituzione rappresentative*（actes du colloque de Pérouse 1982），Rome, 1983；M.-C. Laval-Reviglio, "Les conceptions politiques des physiocrates", *Revue française de science politique*, n°2, 1987；L.Cheinisse, *Les Idées politiques des physiocrates*, Paris, 1914. 亦可参见 P.Renouvin, *Les Assemblée provinciales de 1787*, Paris, 1921, 以及 L.de Lavergne, *Les Assemblées provinciales sous Louis XVI*, Paris, 1879。

8. 1778 年 7 月 12 日敕令。其任命方式将国王的任命与自行遴选结合在了一起。这种经验在 1779 年 7 月 11 日扩大到了 Guyenne 行政区。

9. Le Trosne, *De l'administration provinciale et de la réforme de l'impôt*, p.329.

10. Turgot, *Mémoire sur les municipalitiés*（撰于 1775 年，1788 年出版），重刊于 G.Schelle, *Œuvres de Turgot et documents le concernant*, Paris, 1922, t. Ⅳ, p.583。

11. 同上书，p.585。重农学派成员对土地财产的强调，标志着英国式的有产公民与法国式的有产公民之间的一种区别。在其《回忆录》当中，杜尔哥认为，不动产只对它们赖以置办的土地具有价值，它们不是真正的财产："房屋是一种收不回本金的财产。对房屋的修缮一年到头，以及年复一年都会越来越多地夺走一部分价值。在过了近百年之后，这幢房子就得整个重建。"（p.601）在不动产之外，"可动的财富与才能一样，是转瞬即逝的。"（p.584）。

12. 同上书，p.619。

13. Condocret, *Vie de Turgot*, 载 *Œuvres de Condorcet*, 由 Arago 与 O'Connor 出版, Paris, 1847, t.V, 第 114 页。

14. 载 G. Schelle, *Œuvres de Turgot*, t.V, p.536。

15. 此外要强调的是洛克的财产观念的极为模棱两可的特点。洛克赋予了"财产"一词两种极为不同的含义。它一会儿在极为宽泛的含义上来理解——于是，除奴隶之外的一切人皆为某种事物的所有者，一会儿又在更具限制性的含义上来理解，即仅仅被应用于*有产者*（地产或不动产的拥有者）。关于这种模棱两可，可参见 C.B.Macpherson 在其下述著作中的经典的分析：La Thérorie politique de l'invidualisme possessif de Hobbes à Locke, Paris, Gallimard, 1971。人们还将指出，约翰·卡特赖特在英国第一个揭露了洛克的模棱两可，并率先明确宣布一种建立在人格之上的选举权。（参见他 1776 年的小册子 *Take your Choice*）。

16. 关于议会的职责，这项法令推广了在贝里和居延（Guyenne）的经验，并规定在每个行政区设置一个省级议会（une assemblée provinciale，另一种所谓的省议会（des assemblée départements）与市镇议会皆隶属于它。国王的代表（le procureur-syndic）在大部分基本权限方面（如公共工程、慈善工场与流浪者收留所、税款的分摊等）实际上取代了地方长官（l'intendant）。参见 J. Egret, *La Pré-Révolution française* (*1787—1788*), Paris, P.U.F., 1962, 以及 C. Bloch, *Les Assemblées municipales de 1787; leur caractère économique, leur fonctionnement*, 载 *Études sur l'histoire économique de la France* (*1760—1789*), Paris, 1900。同时可参阅 G.Schelle, *Œuvres de Turgot* [...], 以及 G.Weulersse, *La Physiocratie sous les ministères de Turgot et de Necker* (*1774—1781*), Paris, 1950。

17. 载 *Œuvres de Condorcet*, t.XI, p.170。

18. 同上书，t.VIII, pp.128—129。同样的观点在其 *Vie de Turgot* 中也得到了清晰的辩护, t.V, pp.178—179。

19. 同上书，t.IX, p.14。

20. 国家档案：284 AP 2, dossier 10。

21. *Préliminaire de la Constitution. Reconnaissance et exposition raisonnée des droits de l'homme et du citoyen, Versailles*, juillet 1789, p.37。此外，他在发表于 1789 年的 *Vues sur les moyens d'exécution* 当中写道："应当把纳税的公民视为社会大企业的股东，他们拥有社会大企业的资金，他们是社会大企业的主人，而社会大企业正是为了他们而存在的。"（p.113）。

22. "行使公民权或享有这种能力的天然条件为下列 5 条：是有产者；既未受到指控，也未被证实有任何罪行；未在法律上被宣布受到了神经错乱或愚钝的伤害；达到了民法赋予其自行支配其财产的权利的年龄；既不依附于任何个人，也不依附于任何团体。"（载 *Œuvres de Condorcet*, t. IX, p.207）。

23. 1789 年 10 月 22 日在议会上的演说。当时另一位热忱地为有产公民理论辩护的作者是经济学家 Germain Garnier, 此人后来还翻译了亚当·斯密的著作。请参见其著作 *De la propriété dans ses rapports avec le droit politique*, Paris, 1792。该书对当时赞同把投票权仅赋予有产者的论据作了最为精心推敲的综合。

24. 近期关于制宪会议议员对财产公民观念的演化的佳作当推 Roberto Martucci, "Proprietari o Contribuenti? Diritti politici, elettorato attivo ed eleggibilità nel dibattito istituzionale francese da Necker a Mounier, ottobre 1788-septembre 1789", 载 *Storia del diritto e teoria politica*, 1989, vol. II, Milan, Giuffrè, 1991。另可参见 F.Lacroix, *Les Économistes dans les assemblées politiques au temps de la Révolution*, Paris, 1907。

25. 在 *Le Régime electoral des États généraux de 1789 et ses origines*（*1302—1614*）, Paris, 1952 一书当中，Jacques Cadart 认为，"也许只有某些流动工人和某些接受社会救济者未被列入纳税者名册：这种例外还是值得怀疑的。"（p.106）。关于对纳税者名册的注册条件这一重要问题技术方面的看法，可参考 M. Marion, *Les Impôts directs sous l'Ancien Régime, principalement au XVIIIe*, Paris, 1910。

26. 然而，1789 年 4 月 13 日专为巴黎市颁发的条例是个例外。在其第 13 条当中规定须以证据证明一种官职、在大学、委员会或职业当中的级别、师傅身份证或本金至少相当于 6 锂的人口税的收据，方得参加他所在地区的初级大会。

27. Michelet, *Histoire de la Révolution française*, Paris, Gallimard, "Bibl.de la Pléiade", 1961, t. I, pp.77—78。

28. 不过人们可参看下述基本著作：J. Cadart, *Le Régime electoral des États généraux de 1789 et ses origines*（*1302—1614*），以及参见 Augustin Cochin 的文章 "Comment furent élus les deputes aux États généraux", 重刊于 *Les Société de pensée et la démocratie moderne*, Paris, Copernic, 1978. …Fr.Furet, "La monarchie et les elections: position des problèmes", 载 K.Baker 主编的 *The French Revolution and the Creation of Modern Political Culture*, vol. I: *The Political Culture of the Old Regime*, Oxford, Pergamon Press, 1987。

29. Paris, s.d.（edition illustrée）, t. I, p.90。

30. 参看 1788 年 11 月召开的第二次显贵大会的记录，即足以很好地理解这一点（其转载于 Réimpression de l'ancien Moniteur, Paris, 1854, 32 vol, 随后在 Moniteur 上摘要发表, t. I, "Introduction historique")。讨论主要围绕代表制的形式展开：三级会议的组成、召集的形式、选举日程。选举条件很少被讨论。

31. Œuvres de Mirabeau, M. Mérilhou 主编, Paris, 1825, t. Ⅶ, pp.6—7。
32. 对于这一基本论点，参见 Tocqueville 在 L'Ancien Régime et la Révolution 中的经典分析。他在书中谈到："一种集体的个人主义，这种集体的个人主义为我们所认识的名副其实的个人主义准备了原动力。"François Furet 在其下述著作当中以极富启发性的方式发展了这一观点：La Révolution de Turgot à Jules Ferry, 1770—1880, Paris, Hachette, 1988。
33. 这种区别说明了选举在 1789 年 4 月得以比在 1791 年宪法投票通过后更为广泛的原因。它为此不再是"民主的"。它的合目的性仅仅在于别的地方。这种差别曾使共和派史学家感到困惑。由于未能很好地理解"古代的"选举与"现代的"选举之间的区别，他们曾被迫从受操纵的角度分析这一问题。例如，A. Aulard 曾在其下述著作中指出："似乎可信的是，王权曾隐隐约约地具有借助普遍选举来对付资产阶级的反对、借助无知来对付启蒙思想的念头。"参见其 Histoire politique de la Révolution française, Paris, 1901, p.30。
34. 众所周知，托克维尔多次强调了这种延续性，以此为基础把法国式的人民主权批评为绝对君主制不合法的统治的延伸。在他眼里，把自由主义与民主赋予法国所存在的困难就在于这种转移。
35. 关于这一问题，可参见 R.Mortier 的论文 "Diderot et la notion de people", Europe, 1963 年 1 月，以及 "Voltaire et le peuple"，载 The Age of Enlightenment, Studies presented to Theodore Besterman, Oxford et Édimbourg, 1967; 也可见 Images du people au XⅧ^e siècle, actes du colloque d'Aix-en-Provence des 25 et 26 octobre 1969, Paris, 1973, 以及 D.E.A. d'Élisabeth Fleury 的回忆录, Le Peuple en dictionnaires (fin XⅦ^e—XⅧ^e), E.H.E.S.S., 1986 年 9 月（由 R.Chartier 主编），此书汇集了从法兰西学院版等多种版本的辞典当中抽取的材料。
36. 近代人类学发源于减少这种困惑与麻烦的企图之中。参见 M.Duchet, Anthropologie et histoire au siècle des Lumières, Paris, Flammarion, 1971。
37. 参见他的 Dissertations pour être lues: la première sur le vieux mot de patrie; la seconde, sur la nature du people, La Haye, 1755。
38. Rétif De La Bretonne, L'Andrographe, La Haye, 1782, p.12。
39. 见 "Grèce, citoyen, Rome" 的文稿摘要，其转载于 E.Sieyès, Textes choisis, présentation de R. Zapperi, Paris, Éd. des Archives contemporaines, 1985, p.81。

40. 1789 年 11 月 11 日的言论，载关于省形成的讨论集（议会档案，t. IX, pp.747—748），选编本议会档案 *Archives parlementaires de 1787 à 1860. Recueil complet des débats législatifs et politiques des Chambres françaises*，由 M. Mavidal 和 E. Laurent 出版。

41. 重刊于 SIEYÈS, *Qu'est-ce que le tiers état?*, Paris, P.U.F., 1982, p.9。

42. 同上书，p.89。

43. 关于这一点，请参阅 P.Higonnet 的经典著作，*Class, Ideology and the Rights of Nobles during the French Revolution*, Oxford, Clarendon Press, 1981, 亦可见 A. de Baecque, "Le discours anti-noble (1787—1792). Aux origines du slogan: Le peuple contre les gros", *Revue d'histoire moderne et contemporaine*, 1989 年 1—3 月。

44. J.-B.Salaville, *L'Organisation d'un État monarchique ou Considération sur les vices de la Monarchie française*, s.l., 1789. 转引自 J.-J. Tatin-Gourier, *Le Contrat social en question. Échos et interprétations du contrat social de 1762 à la Révolution*, Presses Universitaires de Lille, 1989, p.117。

45. *La Sentinelle du people*, n°1, 转引自 J.-J. Tatin-Gourier, *Le Contrat social en question*, p.119。

46. 参见休谟的文章 the *Populousness of Ancient Nation*, 载 *Essays, Moral, Political and Literary*, Indianapolis, Liberty classics, 1985 (pp.377—464)，休谟揭露了自由人—奴隶的鸿沟，这一鸿沟把公民之间的平等建立在排斥大多数人的基础之上。

47. 国家档案: 284 AP 3, 卷 2, 卷宗 1, 标题为 "Gouvernement par procuration"。

48. 这正是无法苟同 Cornélius Castoriadis 的观点的原因。Cornélius Castoriadis 认为，总之，在古希腊的民主观念当中，奴隶制问题仅仅是偶然出现的。参见他的文章 "La *polis* grecque et la creation de la démocratie", *Le Débat*, 1986 年 1—3 月。孟德斯鸠亦谈到过奴隶: "我们不可能把那种人假定为是人，因为如果我们把他们假定为是人的话，人们会以为我们自己不是基督徒。"(*De l'esprit des lois*, livre XV, chap. V, Paris, Gallimard, "Bibl. De la Pléiade", 1951, t. II, p.494)。

49. 见手稿 "La nation", 国家档案: 284 AP 3, 卷 2, 卷宗 3。对古代民主的这种批评，在 1793 年春天，当对新宪法进行讨论时被许多演说家充分地重复。自 1791 年 8 月的修订以来，这些主题被提了出来。巴纳夫赞颂了代议制，并于 1791 年 8 月 11 日通过批评斯巴达指出: "一部分人民的纯粹的（亦即直接的）民主，只可能通过另一部分公民绝对与有效的民事和政治上的奴役存在。"(*A.P.*, t. XXIX, p.366)。

50. 见手稿 "Travail: ne favorise la liberté qu'en devenant representative", 国家档案: 284 AP 2, 卷 13, 卷宗: *Travaux*。

51. *Observations sur le rapport du comité de Constitution, concernant la nouvelle organization de la France*, Versailles, 1789 年 10 月 2 日, pp.34—35。

52. *Opinion de Sieyès sur plusieurs articles des titres IV et V du projet de Constitution*, Paris, 共和三年热月 2 日, 第 5 页。他还写道:"经常不变的是, 如同把不同的代表堆积在同样的人身上就是减少他的自由, 尽可能地让人代表自己就是扩大他的自由。" (p.6)

53. *A.P.*, t. VIII, p.594. 在这一点上, 西耶斯的思考由此标志着与 18 世纪 80 年代相比有了某种演变。他当时指出:"若要成为公民, 就应当认识人类的组合关系, 尤其是人们作为其成员的社会的关系。那些无法培养, 或人们无法将其培养到具有这种认识的人, 则仅仅是*劳动伙伴*。他们会令人恼怒地误解召集他们来商议的社会目标。但是, 难道我们拒绝把公民资格赋予十分之九的国民吗? 不要以情感的表达取代理性……我们恳请政府把这些人类的动物完全改变成公民, 以便使他们积极参与到社会利益当中; 因为如果人们只能当其知道自己想要什么才可能确立意志, 在基本公民与那些只是通过造化的益处成为公民的人之间显然存在着一种巨大的差别。"(该摘要的标题为:"Citoyens électeurs, éligibles", Archives nationals: 284AP3, dossier 2, chemise 2)。

54. 西耶斯解释说, 妇女与儿童因为这一原因而被排斥在政治参与之外, 即便在他看来, 它只涉及一种与妇女有关的偏见。关于这一点请参见本书后面的章节。

55. *Observations sur le rapport du comité de Constitution...*, p.20.

56. *Observations sur le rapport du comité de Constitution...*, pp.20—21.

57. "on voit que le nouvel ostracisme respeote tous au lieu que celui des anciens les attaquait tous", note-t-il (同上书, p.31)。

58. 这一提法见西耶斯的《什么是第三等级?》, p.88。

59. 同上书, p.90。

60. 另两项条件诉诸于意志的自主: 已经成年; 未处于仆役状态(在此应加上不言明的性质相同的第三项条件, 即性别条件)。关于这些不同点, 可参看本书后面的章节。

61. 亡命异乡的新教徒的后裔的情况归属于这一类别。例如, 邦雅曼·贡斯当就以这种方式获得了法国国籍。

62. 关于这一点, 请参阅 M.Vanel 的奠基性著作 *Histoire de la nationalité française d'origine. Évolution historique de la nation de Français d'origine du XVIe siècle au Code civil*, Paris, 1945. 同时参见 *Recueils de la Société Jean-Bodin* 的章节, *L'étranger*, t. IX 和 X, Bruxelles, 1958; C. Danjou, *La Condition civile de l'étranger dans les trios derniers siècles de la monarchie*, Paris, 1939; A. Mathiez, *La Révolution et les étrangers*.

Cosmopolitisme et defense nationale, Paris, s.d（大约在 1920）。

63. 西耶斯在这方面走得更远，因为他认为所有定居在法国土地上的外国人，只要其能被某个市镇所"收养"，即可成为法国公民（参见 *A.P.*, t. Ⅷ, p.205）。

64. 1791 年宪法规定，对于外国人，公民宣誓可能就足够了。参见第二编第 4 条："立法权出于重要的考虑，可以赋予某个外国人一份入籍证书，其条件仅为在法国定居，并在法国进行公民宣誓。"

65. 参与的这一方面在 1790 年 4 月 30 日被塔尔热从边境人口状态的思考出发而列入。（参见议会档案，t. XV, p.340）其逻辑与旧制度时期授予国籍证书或市民证书时采用的逻辑相同，它们的根源同样与经济考虑有关。参见 J.Boizet 的论文，*Les Lettres de naturalité sous l'Ancien Régime*, Paris, 1943。1793 年宪法（第 4 条）从自己的角度规定了收养一名儿童或赡养一位老人可行使法国的公民权。

66. 参见 1790 年 8 月 12 日的训令的第 14 条："积极公民资格继续存在，但只要公民未进行公民宣誓，其行使暂时中止。"

67. 当时从历史角度看待国籍问题者为数不多。一位如同克莱尔-托纳尔的自由主义者因写下了下述文字而相对地成为另类，他写道："人们通过两种方式，即财产与习俗依附于他的祖国。……如果说人们通过其不被禁止的拥有成为公民，那么他们还可通过长期居住、通过众多的亲缘关系，以及通过来自其父辈的继承成为公民。"（Clermont-Tonnerre, *Analyse raisonnée de la Constitution française*, *Œuvres complètes*, Paris, 共和三年, p.267）。

68. 1792 年 8 月 24 日的议会会议（议会档案，t. XLⅧ, p.689）。

69. 参见文件合集，*La Révolution française et l'émancipation des Juifs*, Paris, Édhis, 1969, 8 卷。和 R. Badinter 的综合分析, *Libres et égaux…l'Émancipation des Juifs, 1789—1791*, Paris, Fayard, 1989 以及 P.Girard, *La Révolution française et les Juifs*, Paris, Laffont, 1989。

70. 转引自 M.Vanel, *Histoire de la nationalité française d'origine*, p.6。

71. 然而，人们将指出，当 Brunet de Latuque 于 1789 年 12 月 21 日在议会要求对一项反对把非天主教徒排除在某些职责之外的动议进行投票表决时，他说道："先生们，你们不希望宗教信仰对某些公民是一种排斥的理由，而对另一些公民又是一种接纳的理由。"（见议会档案，t. X, p.694）。他注意到了新教徒的情况，但丝毫没有考虑到犹太人。这一点在某种程度上表明，犹太人问题的"私人化"或"宗教因素的弱化"代表着已经在理解他们的民事与政治状况方面前进了一步。

72. 议会档案，t. X, p.756。

73. 参见 1790 年 1 月 28 日的法令，该法令规定："所有以葡萄牙、西班牙和阿维尼翁犹太人的姓名被识别的犹太人,继续享有他们至今享有的权利,——鉴于此,其将继续享有积极公民的权利。"(这一措施在 1790 年 8 月 12 日的训令当中被重申)。

74. 参见上面引用的同一法令的文本。1790 年 1 月 28 日,勒夏普利埃为波尔多犹太人作了辩护:"它只涉及保留已经取得的权利。"(议会档案, t. XI, p.364)。

75. 关于这一点,请参阅 A.Farge, *Vivre dans la rue à Paris au XVIIIe siècle*, Paris, 1979,"Nomades et vagabonds", *Cause commune*, n°2, 1975, 以及 C.Paultre, *La Répression de la mendicité et du vagabondage en France sous l'Ancien Régime*, Paris, 1906。

76. 关于这一点,人们可从下列论著当中获得许多饶有兴趣的内容:O.Hufton, *The Poor of Eighteenth Century France, 1750—1789*, Oxford, 1974, 以及他的文章"Begging, vagrancy, vagabondage dan la law: an aspect of the problem of poverty in eighteenth century France", *European Studies Review*, n°2, 1972。同样见 M.Vovellé, "le prolétariat flottant à Marseille sous la Révolution française", *Annales de démographie historique*, 1968。La Rochefoucault-Liancourtr 在 1789 年认为,贫民占人口的 13%。

77. 参见 J.Bardoux 的论文, *Vagabonds et mendiants devant la loi*, Paris, 1906。

78. 1791 年 10 月的刑法列举了导致剥夺公民权利的刑罚。

79. 公民身份的这种道德内涵使人得以理解一项表面上看颇为奇特的提案:莫里修道院院长在 1789 年 12 月提议戏剧演员和刽子手没有当选资格(这一点可见 1789 年 12 月 23—24 日的辩论),这些职业当时被一些舆论视为本质上是不道德的。

80. 1789 年 10 月 22 日(议会档案, t. IX, p.479)。

81. 1789 年 10 月 20 日(议会档案, t. IX, p.469)。应当指出的是,为计算三个工作日而被考虑的税金与涉及地产或不动产的所有者一样,亦涉及有用益权者(les usufruitiers)或房屋承租人。这些没有财产的人,只要他们的工资高于地方当局规定的平均工资即得缴纳三个工作日的税金。

82. 参见他的著作 *Paysans de l'Ouest. Des structures économiques et socials aux options politiques depuis l'époque révolutionnaires dans la Sarthe* 中的章节 "Les citoyens passifs dans les campagnes", Le Mans, 1960。其他的局部信息证实了这种确认。因而, J.-R.Suratteau 的分析令人难以苟同,根据他的估计,因为缴纳选举税而被排斥的总人数为 270 万(参见他的文章 "Sociologie électorale de la Révolution française", Annales E.S.C., 1968 年 3—6 月)。这一数字有失夸大,尤其是它代表着一种对消极公民人数的全面的估计时更是如此。然而, 对人数的削减产生强烈影响的更多的是居住条件,而不是税金条件(相当于三个工作日价值的总金额实际上诉诸于此)。

83. 近期关于消极公民人数的综合分析,可参见 Patrice Gueniffey 的论文, *La Révolution*

française et les élections. Suffrage, participation et élections pendant la période constitutionnelle(*1790—1792*), Paris, E.H.E.S.S., 1989, 2 卷。据 Gueniffey 估计,消极公民约占达到投票年龄人口的近 40%(而一般被认为的比例是 1/3)。

84. J. Jaurés, *Histoire socialiste de la Révolution française*, Paris, s.d., t. I, p.387.
85. 同上书, p.399。
86. 里昂出版, 1790 年(1967 年 Paris, Édhis 再版)。
87. 同上书, p.5。
88. 同上书, p.14。
89. 1790 年 1 月 25 日的演说(议会档案, t. XI, p.319)。罗伯斯庇尔利用这一机会发表了他在制宪议会的首次重要演说。
90. 人们将注意到,面对取得选举权的纳税额条件这一问题,宪法委员会在 1789 年 12 月 3 日提议,凡缴纳相当于所要求的直接税的价值的一种公民税(un tribut civique)者,可在积极公民名册上登记(参见 Buchez 和 Roux, *Histoire parlementaire de la Révolution française*, Paris, 1834—1838, 40 卷——后见 Buchez 与 Roux 此书的删节版之 t. III, pp.438—439)。它希望由此表明通常与个人的社会地位联系在一起的对公共事务的兴趣也能够来自个人的自愿活动。这一提议由于担心其可能会产生操纵的危险(由某人为其他人缴纳公民税)而被否决。但是,人们注意到,提出作为等同物的缴纳公民税这一事实,改变了取得选举权的纳税额的条件的涵义:自愿向国家缴纳一种其遵从的逻辑与士兵公民准备为国捐躯的逻辑相同的税。西哀耶斯在其 1789 年 10 月 2 日的 *Observations sur le rapport du comité de Constitution* 当中表现出赞同自愿税的原则。
91. 最初,一种分成三级的制度甚至得到了考虑:第一级是区(canton)议会,其以从 200 名积极公民中选一名选举人的比例选出派往县(district)议会的选举人;在第二级中,县议会选定参加省议会的选举人,而立法机构的代表则由这些省议会(其成员限制在 81 人)选定。在第一级,有 440 万积极公民;在第二级,大约有 22000 名县议会成员,最后是 83 个省议会的 6561 名成员。这一方案实际上在共和八年宪法当中将被重新采用。
92. 银马克相当于 50 锂,其相当于 50 个工作日(20 苏一天)的价值。
93. 转引自 Buchez 和 Roux, t. III, p430。
94. 1789 年 10 月 29 日的演说(议会档案, t. IX, p.598)。
95. 1789 年 10 月 29 日的演说, p.597。
96. 1791 年 8 月 11 日的演说,(议会档案, t. XXIX, p.357)。
97. 该宪法规定,凡要成为居民人数超过 6000 人的城市中的选民,须得分别是有产者和有用益权者。前者得拥有在纳税名册上得到估价的相当于当地 200 个工作日价值的财产，后者得是在同一纳税名册上估价有相当于 150 个工作日价值的住宅的承租人。对居民人数不到 6000 人的城市，这些数字则在 100 至 150 个工作日价值之间。为成为农村中的选民，则应当是有产者或与小城市所要求的价值标准相等的收入的有用益权者，或就是拥有估价为 400 个工作日价值的收入的佃农或分成制租田者。

98. 不甚重要的是，例如，有些演说者指出，卢梭在其可能被选为代表之际，也会因没有足够的财产而无法成为选民。

99. 1791 年 8 月 11 日的演说（议会档案，t. XXIX，p.368）。

100. 同上书。巴纳夫在此提及了某些议会成员的担心，这些议会成员害怕取消银马克会使得一种社会刺激的因素消失。

101. 转引自 M. Gauchet, *La Révolution des droits de l'homme*, Paris, Gallimard, 1989, p.212。

102. 1791 年 8 月 11 日的演说（议会档案，t. XXIX，p.358）。

103. 此外极为能说明问题的是看到我们不拥有任何显示初级议会或正在商议的选举大会的图片，而有数以千计的版画在颂扬公民之间的平等。这种肖像学上的不平衡极为强烈地显示了公民身份的象征维度（平等与包容）对其制度维度（选举参与）的优势。另一方面，投票权的行使未被设想为一种堪与街头压力或俱乐部的压力相比的政治行动的重要手段。

104. 转引自 J. Belin, *La Logique d'une idée force, l'Idée d'utilité sociale pendant la Révolution française*, Paris, 1934, p.459。

105. 同上书，p.460。

106. 同上书，p.137。

107. 1789 年 10 月 28 日的演说（议会档案，t. IX，p.596）。对作为社会融合的仪式的公民登记的思考，被纳入了个人主义的个人包容在社会当中的视野。相反，重大的革命节日庆祝的主要是作为主权的集体主体的人民。

108. 参见 Cl. Leffort, *L'Invention démocratique*, Paris, Fayard, 1981。

109. 议会档案，t. IX, p.479。

110. 参见 G. Michon, *Essai sur l'histoire du parti feuillant, Adrien Duport*, Paris, 1924。

111. 议会档案，t. XXIX, p.366。

112. 同上书，p.367。

113. 转引自 G. Weulersse, *La Physiocratie sous les ministères de Turgot et de Necker* (1774—1781), p.112。

114. 国民自卫军方面可资参考的著作为数甚少，在近期出版的这方面的著作当中，尤其值得注意的有下列论著：L. Girard, *La Garde nationale, 1814—1871*, Paris, Plon, 1964, 以及 G. Garrot, *La Garde nationale: une institution de la nation* (*1789—1871*), Nice, 1979。

115. 1790 年 12 月 6 日法令（J.-B. Duvergier, *Collection complète des lois, décrets, ordonnances, règlements, avis du Conseil d'État*, t. Ⅱ, p.94）。
116. 1790 年 12 月 6 日议会会议（议会档案，t. XXI, p.252）。
117. 转引自 Buchez 和 Roux, t. Ⅲ, p.434。
118. *Moniteur*, 1790 年 1 月 28 日, t. Ⅲ, p.492（在这一点上，议会档案提供了一种略有不同的表达方式）。
119. 1790 年 2 月 28 日关于军队的组织的法令之第 7 条规定："所有连续服役 16 年，且未受处罚的军人，将充分享有积极公民的权利，并将免除与财产和税金有关的条件。"（Duvergier, t. Ⅰ, p.111）。
120. 他说道："我认为，人们可以给与纳税和财产有关的条件限制例外。如果这种例外是普遍的，它可能会产生这样的事情，即一名士兵在退役时重新处于仆役状态；而我们已经确定要剥夺处于这种状态者积极公民权利的理由，对于这位退役的士兵还将继续存在。"（1790 年 1 月 28 日议会会议，议会档案，t. XI, p.740）。
121. 同上。
122. 1791 年 4 月 20 日，拉博·圣-埃蒂安提交关于国民自卫军的组织报告时这样解释说："因为在原则上，一个社会的成员，通过进入社会许下了关注社会之中的个人，因而也就是社会的安全的诺言，而社会中每一位成员则关注这位公民本身的安全，拒绝剥夺他的公民称号；而既然这一社会的每位成员皆为积极公民，那么放弃其义务就会被认为是放弃其称号；他就不再是积极公民。"（议会档案，t. XXV, p.221）。
123. 1791 年 4 月 28 日议会会议（议会档案，t. XXV, p.389）。
124. 以军事委员会和宪法委员会的名义作于 1791 年 8 月 3 日的议会大会。
125. 他提议从巴黎的由军饷养活的国民自卫军开始，组建一支正规军，由此确保他们的物质保障与职业。人们于是从国民自卫军公民转向了职业军人。
126. 1792 年 7 月 30 日的会议。转引自 A. Soboul, "La Révolution française, problème national et réalités socials", 载 *Actes du colloque Patriotisme et nationalisme en Europe à l'époque de la Révolution française*, Paris, Société des études robespierristes, 1973, p.42。自 1792 年 7 月 11 日以来，巴黎市政当局把所有提出要求的已武装起来的公民编入了国民自卫军。
127. Duvergier, t. Ⅳ, p. 334。16 年的服役期参照了 1790 年 2 月 28 日的法令。（参见上文）。

128. Duvergier, t. Ⅳ, p.349. 在当选资格与成为（第二级的）选民或议员上，仍维持 25 岁的年龄标准。

129. 参见 J. Servan, *Le Solda-Citoyen*, Paris, 1780, 以及 *Projet de Constitution pour l'armée des Français*, s.l.n.d.（被提交给国民议会军事委员会的文本）。关于这一点，特别参见 de. Guibert, *L'Essai general de tactique*, Paris, 1770（de Guibert 伯爵的主要著作已经由 J.-P.Charnay 冠之以 *Stratégiques* 的标题结集出版，Paris, L'Herne, 1977）。

130. 第 2 条（Duvergier, t. Ⅳ, p.330）。

131. 例如，可参看郎热内在稿月 21 日的演说当中所说的："我们中有谁还能够忍受受到极度的愚昧、卑劣的贪婪和放荡的狂热折磨的政治会议的可憎场景呢？盲目者应当由有眼光者来引导；拥有智慧者应当不允许让其他人来充当向导……讨好民众的时代已经过去……乞丐大军和在济贫所群居的人的好政府竟来到政治大会表达其对供养他们的人的财产的愿望。"（*Moniteur*, t. XXV, p.196）。

132. 布瓦西·唐格拉斯在稿月 5 日的演说（*Moniteur*, t. XXV, p.93）。

133. 同上。在稿月 23 日的演说当中，多努采纳了同样的观点。他说道："人民的代表们，你们并没有把人民分为好几个阶级；你们并没有对任何人关上初级大会的大门；相反，你们维持了所有有固定住处的劳动者的政治权利。"（*Moniteur*, t. XXV, p.214）。

134. 布瓦西·唐格拉斯在稿月 5 日的演说（*Moniteur*, t. XXV, p.93）。

135. 人们在此把难以梳理的技术问题、与税收的最低门槛的存在联系在一起的冻结效应搁在了一边。此外，现实与税收立法的字面含义之间的差距在大革命期间往往非常之大。关于这一点，可参阅 Patrice Gueniffey 的论文，*La Révolution française et les élections*。

136. *Moniteur*, t. XXV, p.92.

137. 转引自 F. Brunel 的资料丰富的文章中提到的一本不知其名的小册子里的表述。F.Brunel 的这篇文章是 "Aux origines d'un parti de l'ordre: les propositions de Constitution de l'an Ⅲ"，载巴黎第七大学 1984 年 5 月 24—26 日学术讨论会讨论集，*Mouvements populaires et conscience sociale*, Paris, Éd.Maloine, 1985。

138. 其发展了一个 1797 年在 *Journal d'économie publique, de morale et politique* 杂志当中被概述的主题，"Notions exactes sur la propriété"（t. Ⅵ, pp.333—350），重刊于 *les Œuvres du comte P.L.Roederer*, Paris, 1858, t. Ⅱ, pp.335-349。除了农业或工业的不动产，勒德雷尔还区别了"知识与才能的资本"。

139. Alexandre De Laborde 的著作，*De la représentation veritable de la communauté, ou*

Du système de nomination aux deux Chambre, basé sur la propriété (Paris, 1815),该书致力于同样的问题,但没什么原创性,只是概述了英国的制度。

第一编 第二章

1. 载 Œuvres de Condorcet, t. VIII, p.130。
2. 参见基佐在回应谈到普遍选举不可抗拒的胜利的加尔尼埃-帕热时发出的斥责:"普遍选举原则本身是如此地荒谬,以至于任何主张普遍选举的人本身亦不敢完全接受与忍受它。不存在实行普遍选举的一天。不存在所有的人,不管其如何均被召集去行使政治权利的一天。"(1847年3月26日在众议院的论述,载 Fr. Guizot, *Histoire parlementaire de France*, Paris, 1864, t. V, p.380)。
3. 关于经典的罗马法与近代主体法之间的鸿沟,参见 Michel Villey 的研究成果,尤其是他的 *La Formation de la pensée juridique moderne, nouv.éd.corrigée*, Paris, Montchrétien, 1975。
4. 参见 R.-H.Tison 对此从历史角度进行的出色的说明,参见其 *Le Principe de l'autonomie de la volonté dans l'ancien droit français*, Paris, 1931。
5. Ch.Beudant, *Le Droit individual et l'État*, Paris, 1891, p.146. 关于对意志自主理论予以批评的取向,参见 E.Gounot 的经典之作, *Le Principe de l'autonomie de la volonté en droit privé*, Paris, 1912。
6. L.Duguit, *L'État, le droit objectif et la loi positive*, Paris, 1901, 第462页。
7. E.Sieyes, *Préliminaire de la Constitution française*, p.23。
8. E.Caro, *Problèmes de morale sociale*, Paris, 1887(第二版), p.190;同时亦可参见 Ch.Renouvier, *La Science de la morale*, Paris, 1869,卡罗与茹勒·巴尔尼一起完美地表达了19世纪末共和主义哲学的康德主义。
9. 社会关系与自然关系混同在秩序的社会之中。正是这一点使人得以理解近代公民权较之古代权利的某些"倒退"。
10. 把康德引入法国的最重要的人物之一茹勒·巴尔尼把《权利学说》《道德形而上学》的第一部分)描述为1789年原则的哲学。Paul Janet 在 *Histoire de la science politique dans ses rapports avec la morale*(第三版, Paris, 1887, t. II, p.582)亦表达了同样的观点。
11. E.Kant, *Doctrine du droit*, alinéa 46, éd. Philonenko, Paris, Vrin, 1971, p.196 (我在此参考了 J.-P.Lefevre 的译文,该译文载于 A.Tosel 主编的 *Kant révolutionnaire, droit et politique*, Paris, P.U.F., 1988)。
12. 如同人们已经显示的那样,在这种情况当中,社会取向同样具有一种人类学的维度,因为它为理解边缘性几乎遵循了野蛮世界—文明世界的区分。

13. 参见他于 1793 年 4 月 29 日在国民公会上从对宪法草案的分析入手对"何谓法国公民"的思考。他为把一个词同时用于指称"统治者的成员"以及"属于社会团体的一切人,亦即既不是外国人,也未在民事上死亡的人"感到遗憾。他说道:"我的结论是,由西耶斯发明的积极公民的称谓甚至在今天还将有用;它将在我们的宪法语言当中散发光芒。完全应当记住的是,'积极的'一词并非仅仅依据财产方面的区别;它非常确切地表达了某些永恒的理性所规定的、公共意志无法自制地确定的条件的汇合。"(议会档案,t. LXⅢ,p.562)。康德以相同的观点理解积极—消极的对立。在这之后,在对共和三年宪法进行讨论时,托马斯·潘恩意味深长地发问道:"如果只有那些被列入公民登记簿以及符合在初级议会中投票所要求的住所和纳税条件者被称为'法国公民',那么其余的人该称作什么呢?"(共和三年获月 19 日的会议,Moniteur,t. XXV,p.171)。

14. 参见勒夏普利埃所说的:"当前的状况、将在公共教育方面进行的改革,可能使人期望人们将远在 25 岁之前就能够履行公共职责。而且,我认为,成年的年龄标准应当定在 21 岁。"(议会档案,t. Ⅸ,p.478)。

15. 关于这一点,参阅 Ph.Sagnac, *La Législation civile de la Révolution française* (*1789—1804*), Paris, 1898, 以及 M.Garaud, *La Révolution et l'égalité civile*, Paris, 1953。

16. 1790 年 8 月 5 日在设立新的法律秩序框架内的讨论(议会档案,t. XⅦ,p.621)。

17. 同上。

18. 1791 年 4 月 5 日的演说,载 *Moniteur*, t. Ⅷ, p.56。(我们更喜欢采用载于 *Moniteur* 上的文本,而不是《议会档案》中的文本,因为后者在刊登这一演说时准确性要稍逊一筹)。

19. 关于这一点,参见 P.Murat, "la puissance paternelle et la Révolution française: essai de régénération de l'autorité des pères", 载 *La Famille, la loi, l'État, de la Révolution au Code civil*, 文章由 I.Théry 和 C.Biet 汇集并出版, Paris, Imprimerie nationale, 1989; M.Garaud, *La Révolution française et la famille*, Paris, P.U.F., 1978; É.Masson, *La Puissance paternelle et la famille sous la Révolution française*, Paris, 1911(这是一篇出色的论文,尤其是它关于 1792 年 8 月 28 日法令的探讨更是如此)。

20. 这一点可参看 Berlier 饶有趣味的小册子 *Discours et projet de loi sur les rapports qui doivent subsister entre les enfants et les auteurs de leurs jours, en remplacement des droits connus sous le titre usurpé de puissance paternelle*, Paris, 1793 年 2 月;同样可参看由 Cambacérès 在国民公会所作的关于民法典的第一个草案的介绍(载 P.-A.

Fenet, *Recueil complet des travaux préparatoires du Code civil*, Paris, 1827, t. Ⅰ)。这位作者只是让人们去关注卢梭:"根据自然法则,父亲只有在他的帮助对其子女来说必不可少时才是其子女的主宰。过了这一期限,他们即彼此平等……于是,儿子完全地独立于父亲,他该给予父亲的只是尊重,而不是服从。"(*Discours sur l'origine des fondements de l'inégalité parmi les hommes*, Paris, Garnier-Flammarion, 1971, p.224)。

21. 参见第四章 "De la puissance paternelle", *du Deuxième Traité du gouvernement civil*。人们将会反过来想起洛克和卢梭曾强烈地批评政治权力的性质与家长权力的性质相同的观念。

22. 相反,人们在此把排斥变得头脑简单的老人的选举权问题搁置在了一边,因为这一问题归结为禁止神经错乱者和弱智者投票的问题。

23. 载 *Œuvres de Condorcet*, t. Ⅸ, p.207。

24. 第五章,同上,t. Ⅻ, pp.425—426。

25. 参见 Legrand Du Ssulle 博士, *Étude médico-légale sur l'interdiction des aliénés*, Paris, 1881, 以及 P.Petot, *Histoire du droit privé. Les Incapables, cours de droit*, Paris, 1951—1952。

26. 在 19 世纪,除了精神错乱,挥霍者也可能受到禁止(当今已不再如此,他们只可能被提供指定监护人)。

27. 1852 年 2 月 2 日关于选举立法机构代表的法令规定:"被禁治产人不得被列入选民名单……(第 15 条)。"在共和三年至 1852 年间,这一问题在法律上仍然不明确。

28. 被禁治产人(受到监护的成年人)不得被列入选民名单(选举法典第 L.5 条),被判处指定监护的人(在财产方面需要有人监护的成年人)没有被选资格,并不得成为市镇议会成员。(选举法典第 L.O130 和 L.230 条)。

29. 载 *Œuvres de Condorcet*, t. Ⅷ, p.142。

30. 根据一项通过 1579 年布洛瓦(Blois)条例而成为惯例的过去的判例,修道士一旦发下神圣的誓愿,即意味着在世俗社会中的死亡。

31. 关于这一点,参见 A.Aulard, "la Révolution française et les congrégations", *Revue politique et parlementaire*, 1903 年 5 月, 以及 P.Nourrisson, *Histoire légale des congrégations religieuse en France depuis 1789*, Paris, 1928。

32. 参见 Duvergier, t. Ⅰ, p.286。

33. 1791 年宪法规定:"法国公民的资格将因加入各种骑士团的外国骑士团,或各种以验明贵族身份、以门第区别以及要求发宗教誓愿为前提条件的外国团体而消失。"(因此牵涉到一种与马耳他骑士团相同的骑士团)。

34. 据沃邦个人估计，在 18 世纪之初，男女家仆共有 150 万人。在其日期注明为 1780 年 1 月 8 日的 *Tableau de la population de la France*（Édhis 再版）当中，J.-J.Expilly 个人估计有 1026 万（原文如此，但此处有误，应为 102.6 万。——中译注）成年男性家仆与男性侍者。在其小册子 *Députation aux Etats généraux* 当中，勒德雷尔则统计说，在每 3 万居民当中有 1 千名男性家仆。通过依据由 P.Léon 在 *l'Histoire économique et sociale de la France*（Paris，P.U.F.，1970，t. Ⅱ）一书当中提供的数据，我们可以得出在 1789 年有 80 万成年男性家仆的估计。
35. 关于这一点，参看由下列著作提供的数据：A.Daumard 和 Fr.Furet，*Structure et relations sociales à Paris au XVIIIe siècle*，Paris，Armand Colin，1961；J.-P.Gutton，*Domestiques et serviteurs dans la France de l'Ancien Régime*，Paris，Aubier，1981；以及 S.C.Maza，*Servants and Masters in Eighteenth Century France: the Uses of Loyalty*，Princeton University Press，1983。
36. E.Sieyés，*Observations sur le rapport du comité de Constitution* [...]，p.22.
37. 可进一步参看关于对妇女的政治排斥的详述。
38. 在间隔了两个世纪之后，保尔·布瓦写道："实际上，对家仆的排斥是一项民主措施；它阻止了主人让自己的票数得到加倍或进一步增加。"（*Paysans de l'Ouest*，p.227）在 1788 年 11 月举行的第二次显贵大会召开之际，大多数机构已经宣布把家仆排斥在选举程序之外。
39. 由下述著作提供的关于 1757 年的估计：J.-P.Gutton，*Domestiques et serviteurs dans la France de l'Ancien Régime*，p.180。这一比率随后因不识字的农村人口涌入城市而明显下降。
40. 同上书，（可与由 Fr.Feret 和 J.Ozouf 在下述著作中汇集的数据进行比较：*Lire et écrire. L'Alphabétisation des Française de Calvin à Jules Ferry*，Paris，Éd. de Minuit，1977，2 卷）。
41. 参见 Fr.Bluche 和 J.-Fr.Solnon，*La Véritable Hiérarchie sociale de l'ancienne France。Le Tarif de la première capitation*（*1695*），Genève，Droz，1983.
42. 这些辩论的主要部分已收入由 D.Wootton 主编的 *Divine Right and Democracy。An Anthology of Political Writing in Stuart England*，Londres，Penguin Classics，1986。同时也可参阅 O.Lutaud，*Cromwell，les niveleurs et la République*，Paris，Aubier，1978。虽然平等派排除了家仆的投票权，但人们注意到，他们同样提出了废除家仆身份。因而，对平等派而言，这是一次势必会扩大政治权利的经济改革。
43. 洛克关于家仆的投票权的立场是不稳定的。在其 *Deuxième Traité du gouvernement civil* 当中，他仔细地把家仆与奴隶区分开来。但是，奴隶的概念却由此极为宽泛，它实际上指的是一种并非仅仅通过其来源(在战争中被俘获的战俘)来界定,也通过其对主人的依附来界定的仆役状态。

44. 1790 年 6 月 12 日的会议(议会档案,t. XVI, p.201)。

45. 同上。

46. 卢梭曾在 1743 年在驻威尼斯的大使馆担任秘书。他对此写道:"确实,如同他的宫内侍从官是他的家仆和靠他生活一样,我曾是法国驻威尼斯大使德·蒙太古先生的家仆……但是,虽然他们和我均是家仆,我们并非就是他的奴才。"(1767 年 1 月 5 日的信,转引自 J.-P.Gutton, *Domestiques et serviteurs dans la France de l'Ancien Régime*, p.12)。

47. 在达朗贝尔修订的《百科全书》"家仆"条目当中,清楚地对家仆与佣人进行了区别。但是,特雷武(Trévoux)的辞典从它的角度,以对立推理证实了这种阐明当时所具有的新近的特点。在世纪之初,这种区别在该辞典的字里行间实际上还是模糊不清的。它指出:"家仆"一词"包含所有在某一个人门下,组成他的家庭、居住在他的家中或被认为是居住在他家中的人,如秘书、雇工、商人。"

48. 1789 年 10 月 27 日的会议(议会档案,t. Ⅸ, p.590)。

49. 同上。

50. Duvergier, t. Ⅰ, p.286.

51. 1791 年 6 月 9 日的会议(议会档案,t. XXVII, pp.78—79)。

52. 同上,P.79。

53. 1791 年 6 月 13 日法令的第 7 条如是指出:"那些无论以何种头衔与王宫中的家庭服务相联系的人,以及那些因为从事同样性质的服务而领取仆人的报酬或享受特殊待遇者,如果他们当选为立法机构的成员,将必须作出选择。"(Duvergier, t. Ⅲ, p.19)。

54. 参见 1792 年 8 月 27 日立法议会会议(议会档案,t. XXXXIX, p.25)。

55. 1792 年 8 月 27 日法令(同上,p.35)。

56. 它被收入议会档案,t.L, pp.671–672。同样可参看一位"皮肖先生"的请愿书,该请愿书提出:"人人平等应当是全面的,人数众多的仆役阶级,与其他社会团体的成员一样,可以享有人的一切不可剥夺、不受时效约束的权利。"(议会档案,t. XXXXIX, p.463)。

57. 他写道:"贵族老爷从未富裕到足以收买绝大多数爱国的家仆。何谓一个庞大、统一的民族中间的懦弱、卑下的奴才乞求的声音?这是有人在玷污整个民事上的仆役状态……我们所收集的针对我们的同样的诡辩,同样将对利用至福千年说信奉者的工厂的人数众多的工人不容置辩。"(《家仆请愿书》,议会档案,t.L, p.671)

58. 同上书。

59. J.Barlow, *Lettre à la Convention nationale sur les vices de la Constitution de 1791*（其被作为 1792 年 11 月 7 日会议纪要的附录，载议会档案，t. LIII, p.286）。
60. Condocret, *Exposition des principes et des motifs du plan de Constitution*（1793 年 2 月），载 *Œuvres de Condorce*, t. XII, p.387。
61. 他说："家仆状态不应该剥夺政治权利。在主人和家仆之间确实存在着某种依附关系；但是，这种关系是自愿的和瞬间的……在任何家仆没有主人自由的地方，均存在着管理方面的滥用。"（1793 年 4 月 29 日的报告，议会档案，t. LXIII, p.565）
62. T.Guiraudet, *De la famille considérée comme l'élément des sociétés*, Paris, 1797, 共和五年，p.192。还可参见勒德雷尔在其下述著作当中对这一作品所作的饶有趣味的考订的概要：*Journal déconomie publique, de morale et de politique*（n°35, t. IV, pp.341—354）。
63. 国民公会成员 Jean-Charles Bailleul 根据这一精神指出："对于家仆来说，整个的世界就处在他所服务的家庭之中。"（*Moyens de former un bon domestique*, 第二版，Paris, 1814, p.252）
64. T.Guiraudet, *De la famille comme l'élément des sociétés*, p.162。
65. 由此同样导致了在法律上思考资本主义的空间的困难。它本身也处在两个世界之间。雇主本人颁布他的内部条例，把工厂视为一个纯属私人的场所。与此同时，商业法典和民法典也把企业作为一个社会场所。（依据其传统立场的逻辑，Guiraudet 希望"家庭的法则扩大到制造业的领域"。）
66. 在其充当 *Défense des droit de la femme* 一书导言（该书出版于 1792 年，trad. Française Paris, Payot, 1976）的致塔列朗的信当中，Mary Wollstonecraft 第一个强调了法国在 18 世纪的对妇女的崇拜完全与对妇女的排斥相一致。妇女在其劣势方面受到过分赞扬，好像其是造化的一种"美丽的缺陷"。关于这一点，参阅 M.Dupont-Chatelain, *Les Encyclopédistes et les femmes*, Paris, 1911（Genève, Slatkine 重印，1971）。
67. 参见 E. 和 J.De Goncourt, *La Femme au XVIIIe siècle*, Paris, 1862。
68. Rétif de Labretnonne, *Les Gynographes ou Idées de deux honnêtes femmes sur un projet de règlement proposé à toute l'Europe, pour mettre les femmes à leur place, et opérer le bonheur des deux sexes*, La Haye, 1777, p.41。
69. 第 3 和 56 条。关于这一点，请参阅 F.Aubert 的评论，*Sylvain Maréchal, passions et faillite d'un égalitaire*, Paris et Pise, Nizet et Goliardica, 1975。
70. P. Choderlos De Laclos, *De l'éducation des femmes*, 此文由 Chantal Thomas 提供介绍，Grenoble, Jérôme Millon, 1991。

71. 人们可参考下述这些有用的大革命时期的文本汇编: *Les Femmes dans la Révolution française*, 1789—1794, Paris, Édhis, 1982, 2 卷。*Paroles d'hommes (1790—1793)* ——此书内容极为丰富, 包含了百来篇小册子、文章和通告等等, 由 É. Badinter 提供说明的 *Paroles d'hommes (1790—1793)*, Paris, P.O.L., 1989; D.Godineau, *Les droits de l'homme sont aussi les nôtres. Recueil sur les droits des femmes pendant la Révolution française*, Aix-en-Provence, Alinéa, 1989. 同时也可参阅 P.-M.Duhet, *Les Femmes et la Révolution, 1789—1794*, Paris, Julliard, "Archives", 1791, 以及 S. Blanc 下列著作中的参考书目, *Les Femmes et la Révolution française*, Paris, Bibliothèque Marguerite-Durand, 1989 年 3 月。

72. Fr.Poulain de la Barre, *De l'égalité des deux sexes* (1673), Paris, Fayard, 1984, pp.9—10.

73. 同上书, p.96。

74. E.Sieyès, *Observations sur le rapport du comité de Constitution* [...], pp.19—20。

75. "Sur l'admission des femmes au droit de cité", 发表于 n° V, 1790 年 7 月 3 日。《1789 年协会报》(*Le Journal de la société de 1789*) 已在 1982 年全部由 Edhis 出版社重刊。

76. 同上, p.7。此外, 孔多塞因而还把发展教育作为扩大公民身份和深化民主的关键。

77. 同上, p.3。

78. 同上, p.2。

79. Olympe De Gouges, *Les Droits de la femme. À la Reine*, s.l.n.d. (1791 年 10 月), p12。

80. 参见 J.-M.Lequinio, *Les Préjugés détruits*, Paris, 1792 (第十四章, "Des femmes")。

81. "Sur l'admission des femmes au droit de cité", *Le Journal de la société de 1789*, p.7。

82. 同上, p.10。

83. 参见 Hippel, *Über die bürgerliche Verbesserung der Frauen*, Berlin, 1792。

84. J.-J.Rousseau, *Émile* (livre V), 载 *Œuvres complètes*, Paris, Gallimard, "Bibl.de la Pléiade", 1969, t. IV, p.737。

85. 此文出自 L.-M.Prudhomme 之手, 发表于 n°83, 1791 年 2 月 12 日的 *des Révolutions de Paris* (重刊于 É. Badintér 主编的选集, *Paroles d'hommes [1790—1793]*)。

86. 参见下述论著: J.B.Landes, *Women and the Public Sphere in the Age of the French Revolution*, Ithaca, Cornell University Press, 1989; É.Guibert-Sledziewski, *Révolutions du sujet*, Paris, Méridiens-Klincksieck, 1989 (请注意 "La femme, sujet civil et impossible sujet civique" 一章); D.Godineau, "Qu'y a-t-il de commun entre vous et nous? Enjeux et discours opposés de la différence des sexes pendant la Révolution française (1789—1793)", 载 *La Famille, la loi, l'État, de la Révolution au Code civil*;

L.Hunt, "Révolution française et vie privée", 载 M.Perrot, *Histoire de la vie privée*, t. IV, Paris, Éd.du Seuil, 1987, 以及 "L'axe masculine/féminine dans le discours révolutionnaire", 载 *La Révolution française et les processus de socialisation de l'homme moderne*, actes du colloque de Rouen du 1988 年 10 月 13—15 日, Paris, Messidor, 1989。H.Hufton, *Women and the Limits of Citizenship in the French Revolution*, Toronto University Press, 1992。

87. Ch.Nodier, "De l'influence des femmes dans un gouvernement représentatif", 此文发表在下面这本书的第二版, J.-A.De Ségur, *Les Femmes, leur condition et leur influence dans l'ordre social, chez les différents peuples anciens et modernes*, Paris, 1825, t. IV, p.228。

88. "De l'influence des femmes [...]", 载 J.-A.De Ségur, *Les Femmes, leur condition et leur influence* [...], p.243。

89. 参见 P.Petot, *Histoire du droit privé. Les Incapables*。

90. P.Guyomar, *Le Partisan de l'égalité politique entre les individus, ou Problème très important de l'égalité en droits et de l'inégalité en fait*, Paris, 1793 (1793 年 4 月 29 日的会议的第三个附录, 议会档案, t. LXIII, pp.591—599)。

91. P.Guyomar, *Le Partisan de l'égalité politique* [...], p.591.

92. 同上书, p.592。

93. 同上。

94. 参见他的第二封 *Lettres d'un bourgeois de New-Haven à un citoyen de Virginie* (1787), 载 *Œuvres de Condorcet*, t. IX, p.16。

95. David Williams, *Observations sur la dernière Constitution de la France, avec des vues sur la formation de la nouvelle Constitution* (1793 年 4 月 29 日的会议的第二个附录, 议会档案, t. LXIII, p.586)。

96. 他指出: "这些由造化本身赋予妇女的私人功能事关社会的一般秩序。"(议会档案, t. LXXVIII, p.50) 妇女在这一时期意味深长地被禁止携带武器, 其中包括梭镖; 她们当中的某些人为这一事实而要求作为士兵—公民的投票权进行辩护。共和三年牧月 4 日 (1795 年 5 月 23 日) 的法律将进一步肯定妇女不得出席任何政治集会。

97. 完全符合逻辑的观点。如果妇女被限定在家庭领域, 她们应当被剥夺构成对公共领域的参与的一切: 即不仅是投票权, 而且还有请愿权和集会权 (积极公民身份即由这些不同的权利所构成)。

98. 议会档案, t. LXXVIII, p.51。

99. 1793 年 11 月 17 日的演说, 后收入 *Paroles d'hommes (1790—1793)*, p.181。

100. 参见 M.Cerati, *Le Club des citoyennes républicaines révolutionnaires*, Paris, Éd. sociales, 1966。

101. 议会档案，t. LXXVIII, p.51。

102. 参见 A.-M.De Bergh, *Le Comité de législation et le droit de la famille dans les deux premiers projets de Code civil*, Paris, 1956（法学学位论文）。

103. T.Guitaudet, *De la famille considérée comme l'élément des sociétés*, p.8. 吉罗代原为米拉波的合作者，曾在执政府时期担任外交部的秘书长。

104. 同上书，p.201。

105. Ch.Théremin, *De la condition des femmes dans les Républiques*, Paris, 共和七年, p.58。但是，与之相反，泰雷曼承认妇女的特殊性可以确立一种对公共生活特殊类型的融合。他写道："既然妇女无法成为代表，就应当以别的方式使她们对代表制度产生兴趣。"（p.60）。他在这一意义上建议，她们可以被赋予某些公共委员会，以使他们妇女的"固有能力"更有价值。因而，在他身上，对妇女一个人的政治排斥伴随着一种包容社会的妇女—团体的方案。在法国大革命期间，某些妇女的要求亦具有同样的含义。（参见人权区妇女活动分子们以"共同的实利"的名义要求妇女能够起一种作用："她们希望占据其在社会秩序中的位置"——转引自 D.Godineau, "Qu'y a-t-il de commun entre vous et nous?"，载 *La Famille, la loi, l'État, de la Révolution au Code civil*）。关于这种转向，可参看本书后面的章节《普遍化的成果》。

106. 关于民法典、妇女和家庭，参见下列论著：*La Famille, la loi, l'État, de la Révolution au Code civil*；M.Garaud 和 R.Szramkiewicz, *La Révolution française et la famille*, Paris, P.U.F., 1978; J. BONNECASE, *La Philosopbie du Code Napoléon appliquée au droit de famille*, Paris, 1928。

107. Mme De Staël, *De la litérature considérée dans ses rapports avec les institutions sociales*（1800），第四章，第二部分，"Des femmes qui cultivent les lettres"，载 *Œuvres complètes de Madame la baronne de Staël-Holstein*, Paris, 1838, t. I, p.301。

108. P.Lerebours-Pigeonnière, "La famille et le Code civil", 载 *Le Code civil, 1804—1904. Livre du centenaire*, Paris, 1904, t. I, p.267。

109. 鉴于这一原因，本人不同意 Yvonne Knibiehler 的解释，后者在 18 世纪末医学话语令人沮丧的作用当中看到一种漫长的约束妇女传统、法国大革命初期与民法典颁布之间女性主义衰退的原因返老还童的到来。（参见他的文章 "Les médecins et la 'nature feminine' au temps du Code civil", *Annales E.S.C.*, n°4, 1976 年 7—8 月）。

第一编　第三章

1. *Mémoire pour diminuer le nombre des procès*，Paris，1725，p.36.
2. 同上书，pp.30—31。
3. 特别参见第四部分"Interprétation des lois"，以及第五部分"Obscurité des loi"，法文第一版出版于 1766 年。
4. Le Trosne，*De l'ordre social*，p.23.
5. *Maximes du docteur Quesnay*，载 E.Daire，*Physiocrates*，t.Ⅰ，p.390。
6. 参见 L.-Ph.May，*Le Mercier de La Rivière（1719—1801）．Au origines de la science économique*，Paris，Éd.Du C.N.R.S.，1975，以及 J.-M.Cotteret，*Essai critique sur les idée politiques de Le Mercier de La Rivière*，Paris，1960。
7. *L'Ordre naturel et essentiel des sociétés politiques*，nouv.Éd.，Paris，1910，pp.82—85。
8. *L'Ordre naturel et essentiel des sociétés politiques*，p.345.
9. 关于这一点，参阅 A.Kubota，"Quesnay disciple de Malebranche"，载 *François Quesnay et la physiocratie*，Paris，Ined，1958，t.Ⅰ，pp.169—196。也可参考 L.-Ph.May，"Descartes et les physiocrates"，*Revue de synthèse*，1950 年 7—10 月。
10. Le Mercier De Larivière，*L'Ordre naturel et essentiel des sociétés politiques*，p.346.我们同样要提请大家注意的是，魁奈是"大百科全书"中"明证性"条目的编纂者。他对此提出了下述界定："明证性一词意味着一种自身即如此清晰与如此明显，以至于任何人都无法反对的确实性。"
11. "存在着两种确实性：信仰与明证性。信仰教会了我们不可能通过理性之光得到认识的真理。明证性则局限于自然的认识。"（*Encyclopédie* 中"Évidence"条目）。
12. 1767 年 6 月 5 日致 Damilaville 的信，载 D.Diderot，*Correspondance*，Paris，Éd.De Minuit，1962，t.Ⅶ，p.75。狄德罗继续说道："我以为，他一直认为只有明证性才是专制统治唯一的平衡力。"狄德罗毫不犹豫地把勒梅西耶当作"新的梭伦"。
13. 关于此点，可参考 Ph.Raynaud 在其论文 "La Déclaration des droits de l'homme" 中的出色评论，载 *The French Revolution and the Creation of Modern Political Culture*，t.Ⅱ：*The Political Culture of the French Revolution*（Colin Lucas éd.），Oxford，Pergamon Press，1988。
14. Voyer D'Argenson，*Considérations sur le gouvernement ancien et présent de la France*，Amsterdam，1764，p.142.
15. 参见他的文章 "Autour des origines idéologiques lointaines de la Révolution française：élites et despotism"，*Annales E.S.C.*，1969 年 1—2 月。

16. D'Holbach, *Politique naturelle ou Discours sur les vrais principes du gouvernement*, Londres, 1773, 转引自 D.Richet, "Autour des origines idéologiques [...]", *Annales E.S.C.*, p.20。对此, 也可参见 Edgar Faure 的分析, 他很好地描述了"没有受委托人的群众"(法国人)和"没有授权的代表"(议会)之间"不稳定的契约", 参见 E.Faure, *La Disgrâce de Turgot*, Paris, Gallimard, 1961。
17. 参见 B.Manin, "Montesquieu", 载 Fr.Furet 和 M.Ozouf, *Dictionnaire critique de la Révolution française*, Paris, Flammarion, 1988。也可参考出色的汇编 *Montesquieu dans la Révolution française*, Paris, Édhis, 1990, 4 卷。(在 1785—1814 年间出版的关于孟德斯鸠的论文集)。
18. 参见 G.Bonno, *La Constitution britannique devant l'opinion française, de Montesquieu à Bonaparte*, Paris, 1931。
19. 载 G.Schelle, *Œuvres de Turgot* [...], t. V, p.536。
20. (Livingston) *Examen du gouvernement d'Angleterre, comparé aux Constitutions des États-Unis. Où l'on réfute quelques assertions d'un ouvrage de M. Adams, intitulé: Apologie des Constitutions des États-Unis d'Amérique, et dans celui de M. De Lolme intitulé: De la Constitution d'Angleterre, par un cultivateur de New-Jersey*, Londres, 1789。利文斯顿的这部著作驳斥了亚当斯的书, 后者曾想亲自回应杜尔哥质问普赖斯的信。全部文本让人感到方便地重新聚集了法国式政治理性主义和英国、美国式的观念之间思想论战的要点。为了使之更加完整, 人们还可再加上一部马布里的著作: Mably, *Observations sur le gouvernement et les lois des États-Unis d'Amérique*, Amsterdam, 1784。对美国的批评在此获得了它最初的经典表述。
21. *Examen du gouvernement d'Angleterre* [...], p.76.
22. 同上。
23. 同上, p.177。
24. 载 *François Quesnay et la physiocratie*, t. II, p.949。
25. *L'Ordre naturel et essentiel des sociétés politiques*, p.99。
26. La Harpe, *Discours de réception à l'Académie française*, 转引自 G. Gusdorf, *Les Principes de la pensée au siècle des Lumières*, Paris, Payot, 1971, p.490。
27. P.Bénichou, *Le Sacre de l'écrivain, 1750—1830. Essai sur l'avènement d'un pouvoir spirituel laïque dans la France moderne*, Paris, José Corti, 1973。
28. 参见 *Encyclopédie* 之 "Gens de lettres", "Mandarins" 和 "Lettrés" 等条目。
29. 关于18世纪的哲人们的神话, 参见 G.Benrekassa, "Le rêve d'une élite: quelques avatars du mythe mandarinal aux XVIIe et XVIIIe", 载 *Le Concentrique et l'Excentrique*:

marges des Lumières, Paris, Payot, 1980。当然，入门之作，当推 Quesnay, Despotisme de la Chine。

30. Lezay-Marnezia, *Le Bonheur dans les campagnes*, Neufchâtel, nouv.éd., 1788, p.2. 亦可参见 L.S Mercier 的论述，*Le Bonheur des gens de letters*, Paris, 1766。

31. 出版自由因而更多地是一项个人权利。它建立了一种产生明证性、通向理性的社会方式。参见 L.S.Mercier 的 *Tableau de Paris* 的章节 "Monsieur le Public" 中的: "公众并非那些迷恋于在理解之前进行评判的人们。各种意见的对立，乃是真理的声音被宣告以及没有消除的结果。但是，这种公众为数甚少。"(nouv.éd., Amsterdam, 1783, t.Ⅵ, p.305)

32. Fr.Quesnay, *Œuvres économiques et philosophiques*, éd. Oncken, Francfort, 1888, p.646.

33. 参见他的值得关注的一章 "De l'instruction économique et de son efficacité"，载 *Première Introduction à la philosophie économique* (1771), Paris, 1910, pp.136—163。

34. Le Mercier De Riviere, *De l'instruction publique*, Paris 和 Stockholm, 1775, p.13.

35. 同上书，p.34。

36. Garat, *Mémoires historiques sur le XVIIIe siècle sur M.Suard*, Paris, 1829, 2e éd., t.Ⅱ, p.94. 参见 P.Teyssendier de la Serve 的重要著作，*Mably et les physiocrates*, Paris, 1911。

37. L.S.Mercier, *L'An 2440*, Paris, 1787, t.Ⅱ, p.61.

38. Baudeau, *Idées d'un citoyen Presque sexagénaire*, Paris, 1787, p.21.

39. 同上书，p.22。

40. 关于这一点，可参看两位作者分别在其下述著作中的详述: M.Gauchet, *La Révolution des droits de l'homme*, pp.161—162; S. Rials, *La Déclaration des droits de l'homme et du citoyen*, Paris, Pluriel, 1989, pp.228—233。关于制宪议会围绕这一条款展开的辩论，可参阅，A.de Baecque, W.Schmale 以及 M.Vovelle, *L'An I des droits de l'homme*, Paris, Presses du C.N.R.S., 1988, pp.157—160。

41. 关于公共意志概念的历史，人们主要可参看 A.Postigliola, "De Malebranche à Rousseau: les apories de la volonté générale et la revanche du 'raisonneur violent'", *Annales de la société Jean-Jacques Rousseau*, Genève, 1980, vol. XXXIX; P.Riley, *The General Will before Rousseau. The Transformation of the Divine into the Civic*, Princeton University Press, 1986, 以及 *Will and Political Theory*, Cambridge (Mass.), Harvard University Press, 1982; J.Shklar, "General Will", 载 Ph.Wiener (éd.), *Dictionnary of the History of Ideas*, 1973, vol. Ⅱ。

42. "Droit naturel" 条目。
43. 对这一点，可参阅 I.André-Vincent 极能说明问题的文章 "La notion moderne de droit naturel et le volontarisme (de Vitoria et Suarez à Rousseau) ", *Archives de philosophie du droit*, n°8, 1963。
44. J.-J.Rousseau, *Du contrat social, Écrits politiques*, 载 *Œuvres complètes*, Paris, Gallimard, "Bibl. De la Pléiade", 1975, t. III, pp.842—843。
45. 参见他出色的著作: *Men and Citizen. A Study of Rousseau's Social Thought*, Cambridge University Press, 1969。
46. 参见 *Œuvres complètes*, p.1019。
47. 同上书，p.838。在其《社会契约论》(第 1 卷第 9 章——原文如此——中译注) 当中，他通过表达某种困惑指出: "对于一切主权行为内的单纯的投票权这一公民无法被剥夺的权利，我还有许多有待思考的地方，但是，这一重要的问题需要单独写一部论著，而且我亦无法在这一论著当中说定一切。"
48. 载 *Œuvres complètes*, p.638。
49. *Contrat social* 第一版，载 *Œuvres complètes*, p.307。
50. 《社会契约论》，载 *Œuvres complètes*, p.439: "但是当社会团结的纽带开始松懈而国家开始削弱的时候，当个人利益开始为人所感觉而一些小社会开始影响到大社会的时候；这时候，公共利益就起了变化并且出现了对立面。投票就不再由全体一致所支配了，公意就不再是众意。" 关于在卢梭那里作为调和不同的个人之间的偏爱以及融合他们之间的差别的体系的公共意志，可参阅 A.Philonenko, *Jean-Jacques Rousseau et la pensée du malheur*, Paris, Vrin, 1984（尤其可参见第 3 卷中题为《论好的一体化》的那一章），以及 B.Grofman 和 S.L.Feld, "La volonté générale de Rousseau, une perspective condorcétienne", 载 *Colloque international Condorcet, mathématicien, économiste, philosophe, homme politique*, Paris, Minerve, 1989。
51. *Du Contrat social*, 载 *Œuvres complètes*, p.439。
52. 同上书，p.441。
53. 参见《社会契约论》第一版，载 *Œuvres complètes*, p.286。
54. 这正是它无法被代表的原因，"法律既然只不过是公意的宣告，所以十分显然，在立法权力上人民是不能被代表的" (*Du Contrat social*, 载 *Œuvres complètes*, p.430)。但要指出的是，卢梭还继续道: "但是在行政权力上，则人民是可以而且应该被代表的，因为行政权力不外是把力量运用在法律上而已。" (同上)。
55. 同上书，p.395。
56. 关于这一点，参见 J.Shklar 的评论, *Men and Citizens*, pp.184—185。

57. 致米拉波的信，1767 年 7 月 27 日。
58. 参见 R.Derathé, *Le Rationalisme de J.-J.Rousseau*, Paris, 1948。
59. 参见 R.Carré De Malberg, Contribution à la théorie générale de l'État, Paris, Sirey, 1922，2 卷（reed. C.N.R.S., 1975）。
60. Sieyè, Vues sur les moyens d'exécution don't les représentants de la France pourront disposer en 1789, s.l., 1789, p.21. 这两个用语在下面这本书中同样对应, Délibérations à prendre dans les assemblées de bailliage, Versailles, 1789, pp.61—62。
61. 参见随后的章节。
62. 勒德雷尔尤其感觉到了这一问题。他清楚地看到了在大革命期间显示出来的抽象与实际之间极为特殊的关系已到了可能具有危险性的地步。在 1791 年 8 月关于复审的辩论当中，他在议会内如是指出："如果你们能够把代表的观念与选举的观念区别开来，那么你们就让其消失吧，但你们这样做至少会使你们能为保卫宪法提出的最打动人的概念变得模糊不清。先生们，请你们注意这一点。能感觉到的真理是所有无法被感觉的政治真理最好的卫士。"（1791 年 8 月 10 日的演说，载《议会档案》，t. XXIX，p.323）。
63. *Vie de Turgot*，载 *Œuvres de Condorcet*，t. V，p.211。
64. Avertissement pour *L'Homme aux quarante écus*, dans l'édition des *Œuvres complètes de Voltaire*（éd. Kehl），载 *Œuvres de Condorcet*，t. Ⅳ，p.299。
65. 分成两期在 *Le Journal d'instruction sociale* 上发表（1793 年 6 月 22 日和 7 月 16 日）。
66. 载 *Œuvres de Condorcet*，t. Ⅷ，p.118。
67. 被收入 *Œuvres de Condorcet*，t. Ⅸ。他在 1793 年 6 月 1 日发表的文章《关于选举》当中最后一次复述了这些主题，此文载于 *Journal d'instruction sociale* 的第一期。
68. Paris, 1785. 这一著作并被收入 Arago 和 O'Connor 编辑出版的 *Œuvres de Condorcet*。
69. 参见孔多塞在其编辑的《伏尔泰著作集》当中作出的评述。他赞扬伏尔泰在缺乏科学手段的情况下已经弄清楚了应当借以经过的道路。（载 *Œuvres de Condorcet*，t. Ⅳ，p.267）。
70. 关于这一 19 世纪中的主要问题，可参看本书的结论。
71. 转引自 E. LEBÈGUE, *Thouret*（*1746—1794*），Paris, 1910, p.232。
72. Roberspierre, *Sur le gouvernement représentatif*（1793 年 5 月 10 日），载 *Textes choisis*, Paris, Éd. Socials, 1974, t. Ⅱ, p.142。
73. *Moniteur*, t. XⅦ, p.742。
74. 其全名为：*L'Heureuse Nation, ou Relations du gouvernement des Féliciens*；people

souverainement libre sous l'empire absolu de ses lois，Paris，1792，2 卷。

75. *L'Heureuse Nation* [...]，t. I，p.108。
76. 他写道："在一个新的太阳照亮菲里西安之前，最广泛地被政治作家们所接受的制度是，在每个民族当中，'代表国家的人士'的称号只能适应于土地所有者。"（*L'Heureuse Nation* [...]，t. I，pp.108—109）。
77. 同上，p.110。
78. *L'Heureuse Nation* [...]，p.126。

第二编 第一章

1. 该数据来自 1791 年 6 月 17 日的《宇宙箴言报》(*Le Moniteur universel*)（t. VIII，p.78）。
2. 西耶斯在他的《适用于巴黎的宪法的若干想法》(*Quelques Idées de Constitution applicables à la ville de Paris*，凡尔赛，1789 年 7 月底）首先探讨了这一问题。他写道："作为政治社会之基础的初级议会不应当听任汇集在一起的公民人数过多所产生的混乱和无秩序。"（第 2 条）。他首先建议人数最多为 600 人。
3. 关于议会投票的技术，参见 Patrice Gueniffey 的学位论文，*La Révolution française et les élections. Suffrage, participation et élections pendant la période constitutionnelle (1790—1792)*，巴黎，E.H.E.S.S.，1989，2 vol（该论文即将由巴黎社会科学高等研究院出版）。例如，选民应召去选定被迫始终呆在选举大会之中的人；那些片刻的缺席者可能会有在轮到他时错过其机会的危险。由于必须要选出会议的工作人员和安排会议日程，开会的时间很长。
4. 杜波尔的演说载于《议会档案》(*Archives parlementaires de 1787 à 1860. Recueil complet des débats législatifs et politiques des Chambres françaises*，《议会档案》系由 M.Mavidal et E.Laurent 出版。在未确切说明的情况下，本书使用的《议会档案》指的是其第一系列），t. IX，pp.480—482。
5. A.Duport，*Première Suite de la motion sur les assemblées provinciales et municipalités*，巴黎，1789 年 10 月，p.13。
6. 议会档案 t. XXIX，p.366。
7. 西耶斯，*Observations sur le rapport du comité de Constitution, concernant la nouvelle organisation de la France*，凡尔赛，1789 年 10 月 2 日，p.32。
8. 同上书，p.32。
9. 参见 É.Charavay，《巴黎的选举大会》(*Assemblée électorale de Paris*，t. III：1792 年 9 月 2 日—共和霜月 17 日，巴黎，1905 年）。他引用了罗伯斯庇尔在 1792 年 8 月让人提出并使之获得通过的旺多姆区的一项决议："第一条：在原则上，所有人民的受委托人必须直接由人民任命,即由初级议会任命,只是因为局势的必要,才采用由选举大会的中间人来选定国民公会代表的方式。第二条:为了尽可能预防与这种制度相联系的弊端,选民以高声唱票和当着公众的面来选举"(p.iv)。

10. 1791年8月11日的演说(议会档案,t. XXIX, p.366)。
11. 从1791年8月26日至1792年8月12日(立法议会时期),共有84次会议;而在1792年8月被选出的选举人,在1792年9月2日至1793年8月8日间共出席了191次会议(P. Gueniffey的计算)。这种负担解释了某些第二级的选举人发起了请愿运动,要求补偿其在选举大会上花费的时间的赔偿金。
12. 从É. Charavay的三卷本著作《巴黎的选举大会》(*Assemblée électorale de Paris*,巴黎,1890—1905年)中,我们可获得关于议会选举运作的全部信息,该著作叙述了1790年11月18日至共和二年霜月时期的历史。
13. 从未付诸实施的1793年宪法决定直接选举国民议会的议员。但不合常情的是,第二级的选举大会仍然被告知其要选举地方权力机关(市镇的管理者和官员没有代表身份)。
14. 参见圣-茹斯特(Saint-Just)著作全集,巴黎,Gérard Lebovici,1984,pp.415—441。
15. 载罗伯斯庇尔选集,巴黎,Éd, sociales, 1974, t. II, pp.141—156。
16. 圣-茹斯特:《关于法国宪法的演说》(*Discours sur la Constitution de la France*),载于其著作全集,p.424。
17. 出处同上,p.423。
18. 参见共和三年热月1日至9日的辩论(*Moniteur*, t. XXV, pp.246—307),我们将以 *Moniteur* 这一缩写指 *la Réimpression de l'ancien Moniteur*,巴黎,1954年,32卷本。
19. *Moniteur*, t. XXV, p.246.
20. 1790年8月16—24日的法律。
21. 关于这一点,可参阅M.Edelstein在其下述论文中提供的信息:"Vers une sociologie électorale de la Révolution française: la participation des citadins et des campagnards (1789—1793)",载近现代史杂志(*Revue d'histoire moderne et contemporaine*),1975年10—12月号,以及"La nationalisation de la participation lectorale des Franais (1789—1870)"(即将发表于 *Revue d'histoire moderne et contemporaine*)。还可参看已被引用的P.Gueniffey 与J.-R.Suratteau 合著的关于大革命的著作,以及J.-Y. Coppolani关于帝国的著作。
22. 人们注意到,Judith Shklar 也通过公民身份尤其具有一种象征性的融合特征的事实解释了美国何以弃权率之高,由此导致了在为取得投票权对各种各样的人进行巨大的动员与这种投票权++随后实际上使用率不高之间的差距。(参见 J. Shklar, *La citoyenneté americaine. La Quête de l'intégration*, Paris, Calmann-Lévy, 1991)。

23. Peuchet, "Élections",载 1791 年 6 月 17 日的 *Le Meniteur universel*, (*Moniteur*, t. Ⅷ, pp.675—676)。作者将这种不足与 1789 年 4 月积极参与大会作了对比,并承认了他的困惑。他写道:"人们难以设想参加选举大会的人数会随着政治权利取得进展和巩固而变得更少。很难确定人们接连地表现出来的对他们中的大部分人似乎尤其注定要拥有它的选举权冷漠的原因。人们感到惊讶的是有人已经使公民的活动具有一种抽象的特性,不用以同等权利实际参与权力的组织。"

24. 从 1795 年到 1799 年,有 9 个在法国控制之下的共和国接受了宪法。

25. 对此,可参阅由 J.Godechot 在下述著作中的论述: *Les Institutions de la France sous la Révolution et l'Empire*,巴黎,P.U.F.,1968 年,p.552。若要更详细地了解关于这一宪法试验台的细节,可参阅 R.Guyot 的论文 "Du Directoire au Consulat. Les transitions",载 *La Revue historique*,1912 年 9—10 月号,以及 H.B.Hill 的论文 "l'influence française dans les Constitutions de l'Europe (1795—1799)", 载 *La Révolution française*,1936—1937 年(文章分为两部分)。

26. 共和四年雾月 3 日(1795 年 10 月 15 日)的法律已经剥夺了拒绝宣誓的教士、临时被注销的流亡者以及流亡者的父母的选举权。

27. 1800 年 1 月 10 日(编号ⅩⅩⅩⅡ, t. Ⅳ).A.Aulard 在其法国大革命政治史(*Histoire politique de la Révolution française*),巴黎,1901 年,第 706 页中已作出这一说明。本人尚未发现比这更早的使用场合。

28. 参阅他的首篇批评共和八年宪法的文章,该文载 *Le Mercure britannique*,编号 ⅩⅩⅩ,1799 年 12 月 10 日,t. Ⅸ, pp.429—430。

29. 1800 年 1 月 10 日的文章, *Le Mercure britannique*, p.475 页。

30. 《国民报》(*La Gazette nationale*) 或《宇宙箴言报》(*le Moniteur universel*), 共和八年霜月 4 日, p.252。

31. 同上, 共和八年霜月 10 日, p.276。

32. 参阅 Boulay De La Meurthe, *Théorie constitutionnelle de sieyès. Constitution de l'an Ⅷ*, 巴黎, 1836 年 8 月。

33. 关于雾月派人士立场的出色分析,参见 J.Bourdon 的 *La Constitution de l'an Ⅷ*, Rodez, 1942 年;关于这一时期的辩论,可参阅 J.-R.Suratteau 发表在 *Les Annales historiques de la Révolution français* (1951, 1952, 1955, 1958) 中的关于共和四年、共和五年选举的文章,以及他的著作 *Les Élections de l'an Ⅵ et le coup d'État du 22 floréal* (1789 年 5 月 11 日),巴黎,Les Belles-Lettres, 1971 年。

34. 参见国家档案馆中以"西耶斯遗赠"名义集中保存的西耶斯的手稿，其标号为284 AP5，卷宗2中的 Notes concernant la Constitution de l'an Ⅷ。
35. 同上，$F^0 44$。
36. 同上，见载有 Observations constitutionnelles dictées all citoyen Boulay de la Mearthe 的笔记本。
37. 同上。
38. *La Gazette nationale ou le Moniteur universel*，共和四年雨月22日，p.592。关于勒德雷尔的代议制政府理论，参见 L.Jaume, *Échec au libéralisme.Les jacobins et l'État*, Paris, Éd.Kimé, 1990年。
39. 参阅其 *Quelques Considérations sur l'organisation sociale en général et particulièrement sur la nouvelle Constitution*，巴黎，共和八年，转引自 *Œuvres philesophigqes de Cabanis*，巴黎，P. U. F., 1956年，t.Ⅱ。亦可见 M.Regaldd, "Lumères, élite, démocratie: la difficile position des idéologues", XVIIIe Siècle, $n^0 6$, 1974年。
40. 同上书，pp.473—474。
41. 同上书，p.474。
42. 同上书，p.481。
43. 该法案以两种方式限制了宪法当中的条款。在名单上注销公民的权力被取消（这里确实提出了程序问题），而且人们还把在共和八年组成最初的法定社团的人作为合法选举人加了不同的名单上。
44. 引自 J.-Y.Coppolani, *Les Élections en France à l'époque napoléonienne*，巴黎，Albatros, 1980年，p.214。
45. 引自 A.Thibaudeau, *Mémoires sur le Consulat*，巴黎，1827年，t.Ⅱ, p.289，关于波拿巴的选举哲学，可参见 J.-Y.Coppolani, *Les Élections en France* [...]，以及 G.D.Wright, "Les élections au corps législatif sous le Consulat et le Premier Empire", *Revue d'administration*, 1983。
46. 除了被选出的成员，专区的选举团包括由第一执政任命的终身成员（或至少是10年任期）；各省的选举团可以包括在该省30名纳税最多者当中挑选的20名成员。专区选举团在500名居民中有一名成员（其规模最低与最高人数分别为120人和500人），而省级选举团则为1000名居民当中有一名成员（其规模最少200人，最多300人）。通过合计区级选举团和省级选举团成员的人数，我们可得出其大约为7万人的总数。关于这一人口的社会学分析，可参见 L.Bergeron 和 G.Chaussinand-Nougret, *Les "masses de granit"*. *Cent Mille Notables du Premier Empire*，巴黎，Éd.de l'E. H.E.S.S, 1979年。

47. 关于这一点，可参见 J.-Y.Coppolani, *Les Élections en France*［...］，该著作对帝国时期选举问题的分析令人耳目一新。
48. 关于区级（最初一级的）选举大会，J.-Y.Coppolani 引用了在 1810 年近 85% 的弃权率。由区级议会以两轮制的多数无记名直接投票方式进行的治安法官的选举，似乎更能动员该区的居民，当选者对他们的日常生活可能具有一种极大的重要性。
49. 正是在这种对"有精神力量的人民"的依靠当中，波拿巴维持了一种与山岳派政治文化的联系，而这种联系使他始终在雅各宾派的继承人那里得到某种好感。

第二编　第二章

1. "对该法案的讨论美好且生机勃勃，并开启了饶有趣味、给人启迪的辩论的先河，这些辩论吸引了公众的关注，而且对于国民来说，其有如一堂生动的宪政课"（Ch.de Rémusat, *Mémoires de ma vie*，巴黎，Plon, t.Ⅰ, p.316）。
2. 关于该讨论及其内容，请参阅 P.Duvergier De Hauranne, *Histoire du gouvernement parlementaire en France*（1814—1848），巴黎，1860 年，t.Ⅳ, pp.21-60, 以及 A.De Vaulabelle, *Histoire des deux Restaurations*, 巴黎，1860 年，t.Ⅳ, pp.175-189, 392-399。
3. 基佐也得到内阁的授命，在报刊上为该法案进行辩护。参见其在 1816 年 12 月 31 日和 1817 年 1 月 23 日的《宇宙箴言报》上公开发表的两篇文章。关于基佐在这一法律的起草与投票通过中所起的作用，参见其 *Mémoires pour servir à l'histoire de mon temps*, 巴黎，1858 年，t.Ⅰ, pp.166-171。
4. 议会档案，系列二，t.Ⅻ, p.561。
5. Mallet du Pan, "France. Observation générales sur le nouveau système législatif de cette république"，《不列颠信使报》（*Le Mercure britannique*），编号ⅩⅩⅫ, 1800 年 1 月 10 日，t.Ⅸ, pp.492-493。
6. Necker, *Dernières Vue de politique et de finance*，载于由 M.Staël 男爵出版的《内克全集》，巴黎，1821 年，t.Ⅺ, p.14。
7. 同上书，p.21。
8. Necker, *Dernières Vue de politique et de finance*, p.16, p.18.
9. "De la loi sur les élections", *Le Censeur européen*, 1817, t.Ⅰ, p.294。
10. Fr.Guizot, *Mémoires pour servir à l'histoire de mon termps*, t.Ⅰ, p.166.
11. Ch.De Rémusat,《我的一生的回忆》（*Mémoires de ma vie*）的手稿。其关于 1817 年的引人入胜的章节的主要部分不幸地未被收入 Pouthas 出版社出版的 5 卷本《雷米扎回忆录》当中。完整的手稿复制件可在国家图书馆找到。在此引用的段落见其编号为

14418，f096 的 *Nouvelle Acquisitions françaises*.
12. B.Constant,"Loi sur les élections",*Le Mercure de France*,1817年1月18日,t.Ⅰ,p.116。
13. 1817年1月27日在贵族院中的演说（议会档案，系列二，t. XVIII, p.320）。
14. Bourdeau,（来自上维埃纳省的议员），1816年12月19日在议会中的演说（议会档案，系列二，t. XVII, p.652）。Lally-Tollendal 在贵族院根据同样的意思争辩说："在现状当中，以及从省级选举团开始算起，当今法国只有16000直接的选民，而新的法律将召集10万选民！"（1817年1月25日的演说，载议会档案，系列二，t. XVIII, p.221）。
15. 关于这一门槛的历史，参见 P.Simon, *l'Élaboration de la Charte constitutionnelle de 1814*, 巴黎，1906年，以及 Clausel De Coussergues, *Considération sur l'origine, la rédaction, la promulgation et l'exécution de la Charte*, 巴黎，1830年6月15日。
16. "Loi sur les elections", *Le Mercure de France*, t. Ⅰ, p.117。邦雅曼·贡斯当就直接选举写了许多文章，除了在此引用的文章外，人们亦可参阅他在以下论著中的详述：*De l'esprit de conquête et l'usurpation*（1814），*Principes de politique applicables à tous les gouvernements représentatifs*（1815年5月）和 *Réflexions sur les Constitutions et les garanties, avec une esquise de Constitution*（1814—1818）。
17. "代议制政府的特性就是从国民当中抽取出由其最有见识的人组成的精英，把他们汇集在社会体系的顶端，汇集在一种神圣的、群氓的激情无法进入的大厅内部，并让他们在里面大声地就国家利益进行商议。"（Victor de Broglie, *Ecrits et discours*, Paris, 1863, t. Ⅱ, p.78）。
18. "Loi sur les élections", *Le Mercure de France*, t. Ⅰ, p.117；关于这一点，亦可参见 *Réflexions sur les Constitutions et les garanties*［…］，巴黎，1814—1818。
19. 在其1817年1月25日在贵族院发表的演说当中，布瓦西·唐格拉斯说道，伴随着两级选举，"你们将会有由无产者或至少是缴纳的税金甚少者组成的初级议会，这一议会必然会选出那些最接近于他们的人"（议会档案，系列二，t. XVIII, p.290）。
20. 基佐写道："选举的目的显然是把最有能力以及最值得全体民众信赖者派到国家的中心。"见 *l'Encyclopédie progressive*（1826年）中的"选举"条目，这些内容后被收入 *Discours académique, suivis des discours prononcés pour la distribution des prix au concours général de l'Université et devant diverses sociétés religieuses et de troits essais de philosophie littéraire et politique*, Paris, 1861, p.395。
21. 1817年1月17日的演说（议会档案，系列二，t. XVIII, p.320页）。
22. 1817年11月28日的演说（议会档案，系列二，t. XVII, p.562）。

23. 布尔多（Bourdeau）1816 年 12 月 19 日的报告（议会档案，系列二，t. XVII，p.650）。
24. Article "Élections" *de l'Encyclopédie progressive, in Discours académiques* [...]，p.396.
25. Duvergier De Hauranne, *Histoire du gouvernement parlementaire en France*, 巴黎，1860 年，t. IV，p.26。
26. "Loi sur les elections", *Le Mercure de France*, t. I, p.124.
27. Rémusat, *Mémoires de ma vie*, t. I, p.315.
28. 同上书, pp.315—316。
29. 于 1819 年 2 月 20 日被提出的提案（参阅议会档案，系列二，t. XXIII, p.85），关于该提案所引起的辩论，可见 A.De Vaulabelle, *Histoire des deux Restaurations*, t. V, pp.13—22，以及邦雅曼·贡斯当为此而写的批评性的小册子 *De la propositon de changer la loi des élections*, 巴黎，1819 年。在德卡兹内阁垮台之后，巴泰勒米的创举构成了其导致 1820 年关于双重投票的法律的反动的第一个阶段。
30. 例如，可参见夏多布里昂的文章："Sur les elections", 载 *Le Conservateur*, 1819 年，t. IV, pp.612—633。
31. 除了人们可在夏多布里昂的文章《关于选举》中发现的丰富的统计资料，莱内同样在其 1819 年 3 月 23 日在众议院发表的演说当中提供了许多信息。（议会档案，系列二，t. XVIII，尤其是 p.347）。
32. 极端保王党人提供了一种关于这种困难的政治解释，这一解释说道，这一切使大量农村的支持保王党的选民打消了前去投票的念头。
33. 参 见 Sh.Kent, *The Elcetion of 1927 in France*, Cambridge (Mass.), Harvard University Press, 1975。
34. 该数据见于 L. Miginiac, *Le Régime censitaire en France, spécialement sous la monarchie de Juillet*, 巴黎，1900 年。
35. 基佐在一封写于 1852 年 4 月 26 日的致阿伯丁勋爵的信中被引用和评论的数字，其被引用于以下论文之中：D.Johnson, "Guizot et Lord Aberdeen en 1852, Échange de vues sur la réforme électorale et la corruption", 载《近现代史杂志》(*Revue d'histoire moderne et contemporaine*), 1958 年 1 月—3 月号，这一统计数据同样也被收入 le *Tableau comparatif des élections*, 巴黎，1848 年。
36. 拉布尔多纳耶 1816 年 12 月 28 日在众议院发表的演说（议会档案，系列二，t. XVII, p.737），关于极端保王派对普遍选举的态度的最初取向，我们可以参阅以下论著：S.Rials, "Les royalistes français et le suffrage universel au XIX e siècle", *Pouvoirs*, 卷 26, 1983 年以及 J.-J.Oechslin, *Le Mouvement ultra-royaliste sous la Restauration*.

Son idéologie et son action politique（*1814—1830*），巴黎，1960 年。

37. 里夏尔 1817 年 1 月 2 日在众议院发表的演说（议会档案，系列二，t. XVIII, p.12）。
38. 1817 年 1 月 2 日的演说，p.16。
39. 1816 年 12 月 26 日在众议院发表的演说（议会档案，系列二，t. XVII, p.705）。
40. 1816 年 12 月 30 日在众议院发表的演说（议会档案，系列二，t. XVII, p.769）。
41. 1816 年 3 月致其父亲的信（维埃勒当时在议院中是可代替沃勒朗提案的方案的辩护者）。该信，载 *Mémoires et correspondence du comte de Villèle*，巴黎，1888，t. I, p.489。在其写于 1816 年 3 月 20 日的另一封信当中，他写道："公共利益要求议员们应当在最富裕和最有见识的阶级当中挑选。何谓达到这一结果的手段呢？这就是召集底层的阶级前去选举，上等阶级在任何时间以及任何国家当中对底层阶级产生的影响均大于在中等阶级身上产生的影响，与其他阶级不同，后者既嫉妒高于它的阶级，同时又被低于它的阶级所嫉妒；尤其应当予以消除的正是中等阶级，因为它在任何地方均是革命的和一知半解的。"(t. III, p.8)
42. 然而，不可否认地是在西部与中部地区存在着一些拥护正统派的人。例如，可参见下述著作中提供的饶有趣味的资料：B.Fitzpatrick, *Catholic Royalism in the Department of the Gard, 1814—1852*，剑桥大学出版社，1983 年以及 D.Higgs, *Ultra-royalism in Toulouse*：*from its Origin to the Revolution of 1830*，Baltimore, John Hopkins University Press，1912。
43. 1816 年 12 月 30 日在众议院发表的演说（议会档案，系列二，t. XVII, p.769）。
44. 1816 年 12 月 28 日在众议院发表的演说（议会档案，系列二，t. XVII, p.738）。
45. 1817 年 1 月 2 日在众议院发表的演说（议会档案，系列二，t. XVIII, p.15）。
46. 1820 年 6 月 29 日的法律重建了两种选民团：其一是由缴纳 300 法朗的纳税人组成的专区选民团；其二是由前一种选民当中纳税最多的 1/4 人组成的省级选民团。省级选民团选定 172 名议员，而专区选民团则选定 258 名议员（18000 名最大的纳税人由此可两次投票，并单独选出众议院中的 2/5 议员）。关于围绕这一方案展开的激烈辩论，可参看以下论著：J.Fievée, *Examan des discussions relatives à la loi des elections pendant la session de 1819*, Paris, 1820; l'abbé de Pradt, *De l'affaire de la loi des élections*, Paris, 1820。
47. 见 A.Spitzer 的文章 "Restoration political theory and the debate over the Law of the double vote", *Journal of Modern History*，1983 年 3 月以及 E.Newman, "The blouse and the frock coat: the alliance of the common people of Paris with the liberal leadership and the middle class during the last years of the Bourbon Restoration", *Journal of Modern History*, 1975 年 3 月。

48. 参见他 1831 年 2 月 25 日的演说，见 *Œuvres de Berryer, Discours parlementaires*, Paris, 1872 年, t. I, pp.91—99。

49. 这一估算由下列著作所提供：L.Miginiac, *Le Régime censitaire en France, spécialement sous la monarchie de Juillet*。

50. 1831 年 3 月 3 日在众议院发表的演说（议会档案，系列二，t. LXVIII, p.194）。

51. 1817 年 1 月 3 日在众议院发表的演说（议会档案，系列二，t. LXVIII, p.23）。

52. 同上书, p.25。

53. *Mémoires et correspondance du comte de Villèle*, t. I, p.474.

54. 1816 年 12 月 26 日在众议院发表的演说（议会档案，系列二，t. XVII, p.700）。

55. 这是自由派毫不理解的地方。例如，维勒曼感到惊奇地写道："由此，人们已经看到有一些人在要求如此民主的选举，看到这些人堕落为劳工与日工，并同时为法国未被分成阶级和不平等的等级感到遗憾。"(Villmain, Le Roi, la Charte et la Monnarchie, Paris, s.d., p.5)相反，对于保守派来说，这两者之间存在着一种符合逻辑的联系。

56. 1816 年 12 月 30 日的演说（议会档案，系列二，t. XVII, p.770）。

57. 同上书, p.771。

58. 同上书, p.772。

59. 博纳尔如是指出："在市镇或者省里纳税最多者应当单独地在选举当中合作，这与其说是根据直接或间接委托的形而上学的权利，不如说是根据其财产的实际权利。就此而言，社会如同这样的股份公司，在这种股份公司当中，具有决定性的一些股份提供了在企业董事会中的独有的投票权。"（1816 年 12 月 30 日的演说，议会档案，系列二，t. XVII, p.773）。

60. 1817 年 2 月 2 日的演说（议会档案，系列二，t. XVIII, p.12）。

61. *Appel au parti national*，重刊于 *La Gazette de France*, 1832 年 3 月 28 日。这一《呼吁书》也被称为《法国宪法之根本基础宣言》，它复述了已经由 Lourdoueix 在其《呼吁法国反对舆论分裂》（巴黎，1831 年）当中已仔细推敲的理论。

62. *Déclaration et logique de la Gazette de France*, procès devant la cour d'assises de Paris, 巴黎, 1833 年, p. XXIV。

63. 关于对七月王朝时期的正统派们的分析，可参见以下论文：H.Carpentier De Changy, *Le Parti légitimiste sous la monarchie de Juillet*, Université de Paris- XII -Créteil, 1980 年，4 卷本（该论文已于 1985 年由国家图书馆制作成缩微胶片）；此外，Adhémar 伯爵的著作 *Du parti légitimiste en France et de sa crise actuelle*,（巴黎，1843 年）对正统主义的不同倾向提供了一种极富启发性的综合论述。

64. 载于 1832 年 3 月 27 日（星期二）和 3 月 28 日（星期三）的 *Le Journal des débats politiques et littéraires*，两篇文章均刊登在第一版。
65. 1832 年 3 月 27 日《论战报》的文章。有人在 3 月 28 日强调："通过以一种不值一提的手段使民主激情得到满足，人们完全有摧毁整个代议制政府的趋势。"
66. 1832 年 3 月 28 日的文章。
67. 这一三重的批评尤其在基佐的下述著作当中得到很好地表达: *Des moyens de gouvernement et d'opposition dans l'état actuel de la France*，巴黎，1821 年。
68. Fr.Guizot, *Philosophie politique: de la souveraineté*，载 *Histoire de la civilization en Europe*，罗桑瓦龙（P.Rosanvallon）校勘，巴黎，Pluriel，1985 年，p.370。
69. Fr.Guizot, *Élections*，见《进步主义百科全书》(*Encyclopédie progressive*)（1826），转载自 *Discours académiques* [...]，p.385。
70. 同上书，p.384。
71. 同上书，p.406。
72. Fr. Guizot, *Histoire des origines du gouvernement représentatif*，巴黎，1855 年，t. I, p.98。
73. Fr. Guizot, *Histoire des origines du gouvernement représentatif*, t. II, pp.149—150.
74. 同上书，t. II, p.133。
75. Fr. Guizot, "Des garanties légales de la liberté de la presse"，*Archives philosophiques, politiques et littéraires*，1818, t. V, p.186.
76. *Histoire des origines du gouvernement représentatif*, t. I, p.124。
77. 参见 J.Habermas, *L'Espace public*，巴黎，1978 年（特别见 p.111）。
78. "Du droit de suffrage dans la famille"，手稿第 18 章, *Philosophie politique: de la souveraineté*。
79. 同上。
80. Émile Faguet 在其著作 *Politiques et moralistes du XIXe*（巴黎，s.d., t. I, p.322）中将这种表述的提出归之于基佐，但我无论是在基佐的演说还是著述当中均未发现其出处。
81. Fr. Guizot, *Mémoires pour servir à l'histoire de mon temps*, t. I, p.215。
82. 他那个时代的自由派以这种论据来解释美国的普遍选举。但是，他们揭露了其会在未来产生的危险。基佐在 1834 年说道："美国政府在这一特定环境中，亦即其社会处于刚诞生的状态，对于美国来说是一个美好的政府。因为这是一个新生的社会、年幼的社会。"(Fr. Guizot, *Histoire parlementaire de France*, Paris, 1864, t. II, p.223)

347

83. "De la démocratie dans les sociéte modernes", *La Revue française*, 1837 年 11 月, p.270, 关于有能力合格公民更充分的详述, 可参见 P.Rosanvallon, *Le Moment Guizot*, 巴黎, 伽利马出版社, 1985 年.

84. Article "Élections" *de l'Encyclopédie progressive, in Discours académiques* [...], p.391.

85. 基佐在刊登于 *La Revue française* 中的文章认为: "它将其列入基本成分的有智力、科学、财富、斟酌、传统、公共信仰……".

86. J.-Ch.Bailleul, *Dictionnaire critique du langage politique*, Paris, 1842, article "Capacités".

87. 在 1827 年, 关于能力的问题体系实际上被颠倒. 它被应用于民事方面的组织(设立陪审团即被纳入这方面的组织), 而不是政治方面的组织, 在后一种组织当中, 有产显贵(而不是严格意义上的有产公民)的形象占据着支配地位. 关于这一点, 可参看对这一法律将付诸投票之际, 1827 年 1 月 22 日到 30 日在众议院和 4 月 11 日到 17 日在贵族院进行讨论时的极为有意思的辩论. (议会档案, 系列二, t. II et L)

88. O.Barrot, *Mémoires posthumes*, 巴黎, 1875 年, t. I, p.256.

89. 正是出于这一考虑, "进步主义的"保守派在七月王朝末期与基佐分道扬镳. 参见 R.L.Koepke, "The short, unhappy history of progressive conservatism in France, 1846—1848", *Canadian Journal of History*, 1983 年 8 月.

90. Fr.Guizot, *Histoire parlementaire de France*, t. III, p.105.

91. 人们实际上注意到, 在这一时期当中, 在参照财产方面存在着一种极为明显的转变. 它越来越少地指称一种根深蒂固的前提条件, 而是具有转变成能力的标志的倾向. 这种转变在诸如邦雅曼·贡斯当或基佐这样的重要的自由派作者身上极为明显. *Le Censeur européen* 在 1817 年在回应 "财产是最不会具有模糊性的标志, 因为它以提供知识的教育以及与公共事务联系在一起的利益为前提" 时发问道: "何谓人们可以看出某个人有足够的能力成为省一级的选民的标志呢?" ("De la loi sur les élections", t. I, p.290) 确实, 巴纳夫也在大革命期间以相近的观点来理解对财产的参照 (参见他在 1791 年 8 月 11 日的演说). 人们由此可以区分出三种取得选举权的纳税额: 诉诸于有产公民的纳税额、确立了对显贵的加冕的纳税额以及力求明确规定有能力程度限制的公民的界限的纳税额.

92. 参见 1831 年 4 月 19 日的法律的第 4 条, 这一条款成了广泛的争论的对象. 表示是收入还是税金赋予了选举能力, 实际上并非一回事. 然而, 在实际当中, 各种类型的收入或家产并非同样地被征税, 土地继续承担着一种负担更重的税金. 关于这一问题, 可参阅以下两部出色的著作: Sh.Kent, *Electoral Procedureunder Louis-*

  Philippe, New Haven, 1937 年；L.Miginiac, *Le Régime censitaire en France, spécialement sous la monarchie de Juillet*。

93. 关于缴纳选举税的选民的社会学，可参阅以下论著：Sh.Kent, *Electoral Procedure* […], 也可见 "Electoral lists of France's July Monarchy, 1830—1848", *French Historical Studies*, 卷 7, 1971 年春季第一号；P.Meurito, *La Population et les lois électorales en France de 1789 à nos jours*, 巴黎, 1916 年；A.-J.Tudesq, "Les listes électorales de la monarchie censitaire", *Annales E.S.C*, 1958 年 4—6 月号，以及 "Les structures sociales du régime censitaire", in *Mélanges Labrousse, Conjoncture économique et structures sociales*, 巴黎, 1974 年。

94. 为了将七月王朝时期的选民与复辟王朝时期的选民作一个比较，请参阅：*Manuel de l'électeur ou Analyse raisonnée de la loi du 19 avril 1831*, 巴黎, 1831 年。这一著作通过职业、取得选举权的纳税额的水平以及 1830 年的选民的分类，为相关情况提供了一幅极为确切的图表。

95. B.Constant, *Commentaire sur l'ouvrage de Filangieri*, in *Œuvres de Filangieri*, 巴黎, 1840 年, t. III, p.210。

96. P.Leroux, article "Élection", 载 *Encyclopédie nouvelle*, 巴黎, 1843 年, t. IV, p.727。

97. 尤其可参阅在下述著作中的详述：*Doctrine de Saint-Simon. Exposition. Première année. 1828—1829*, C.Bouglé 和 E.Halévy 校勘, 巴黎, 1924 年。

98. 与此同时，政治平等可能仅仅建立在某一种怀疑主义的基础之上。在缺乏可普遍接受的明确的区别原则的情况下，选票箱面前的平等显得像是政治权利的分配当中最可以接受的标准。从这一观点来看，普遍选举并未被肯定地要求成为最好的拨给政治权利的制度，而只是被要求为使争议缩小到最低程度的制度。

99. 1817 年 1 月 2 日的演说（A.P., 系列二, t. XVIII, p.5）。

100. 1817 年 1 月 3 日的演说（A.P., 系列二, t. XVIII, p.19）。

101. 关于这一方面，人们可以回想起在大革命期间的某些时候出现的要求使（第二级的）选民得到酬劳的请愿。

102. 《古代人的自由与现代人的自由之比较》"我们不再可能享有古代人由积极和不断参与集体权力构成的自由。至于我们的自由，必须由安宁地享有个人的独立构成。"（载 B.Constant, *Cours de politique constitutionnelle*）人们可能注意到，多努在一年前，在一篇发表于 *Le Censeur européen* 的长篇大作 "Des garanties individuelles dues à tous les members de la société" 当中详述了同样的主题。（t. IX et X, 1818）。

103. 对此观点，可参阅 S.Holmes 的著作, *Benjamin Constant and the Making of Modern Liberalism*, 纽黑文, 耶鲁大学出版社, 1984 年。

104. *Réflexions sur la paix intérieure*(*1795*)，载 *Œuvres complètes de Madame la baronne de Staël-Holstein*，巴黎，1838 年，t.Ⅰ，p.58。

105. 参阅 Thérémin，*De l'incompatibilité du systéme démagogique avec le système d'économie politique des peuples modernes*，巴黎，共和 8 年，pp.7–8。

106. 1831 年 8 月 5 日在议会中的讲话，*Histoire parlementaire de France*，t.Ⅰ，p.316。

107. Rémusat，"De l'esprit de réaction，Royer-Collard et Tocqveville"，*La Revue des Deux Mondes*，1861 年 8 月 15 日，p.795。

108. 由此导致了空论派分子身上的民主观念主要的两义性。作为社会民主（社会中的民事平等制度），它构成了"符合宪法的政府的唯一基础"，而且应当为看到它"完全地显露出来"感到高兴。（参见鲁瓦耶-科拉尔 1822 年 1 月 2 日的著名演说）。从这一观点来看，法国甚至是"最伟大的现代民主社会"（基佐于 1842 年 8 月 18 日发表的演说，载 *Histoire parlementaire de France*，t.Ⅲ，p.685）相反，作为政治民主、多数的权力，它只是一种无政府和破坏性的原则。

第二编　第三章

1. *Le Globe. Journal de la doctrine de Saint-Simon*，1831 年 2 月 14 日，第 45 号。

2. E.Labrousse，*Le Mouvement ouvrier et les theories socials en France au* ⅩⅨ *e siècle*（1815–1851），巴黎，C.D.U.，1952 年。

3. 引自 L.Chevalier，*Classes laborieuses, classes dangereuses*，巴黎，Hachette，"Pluriel"，1978 年，p.598。

4. 它在《组织者》(*L'Organisateur*) 的办公室里被大肆宣言，并于 1831 年 2 月 3 日被《环球报》所转载。夏尔·贝朗热在被列为梅尼勒蒙塘（Ménilmontant，此为巴黎 20 区一街区名，该街区在 19 世纪中期为劳动者手工业者的居住区——中译注）的捍卫者之后，是圣西门主义者在兰斯的推动者。

5. *Pétition d'un prolétaire à la Chambre des deputes*，p.15。

6. *Le Globe*，1830 年 10 月 31 日。米歇尔·谢瓦利埃在此评述了 1831 年 10 月 25 日具有前兆性的事件。

7. 该文收入 Saint-Marc Girardin：*Souvenirs et réflexions politiques d'un journaliste*，第 2 版，巴黎，1873 年。关于蛮族的主题，可参见下列论著：P.Michel，*Un mythe romantique, les barbares*（*1789–1848*），里昂，P.U.L.，1981 年以及 R.A.Lochore，*History of the Idea of Civilization in France*（*1830–1870*），Bonn，1935 年。1834 年 4 月里昂工人起义后，《论战报》重新谈到了 "scènes de la vie d'un people barbare"（参见 P.Ganz，*L'Insurrection d'avril 1834 vue par le "Journal des Débats" et "le*

Constitutionnel", mémoire du Centre de formation des journalists, 巴黎, 1970 年)。

8. Saint-Marc Girardin, *Souvenirs et réflexions politiques*[...], pp.144—147.

9. Saint-Marc Girardin, *Souvenirs et réflexions politiques*[...], p.148.

10. 这封信是写给《论战报》的主编贝尔坦的，后被收入 J.Rancière, *La Parole ouvrière, 1830—1851*, 巴黎, U. G. E. 10/18, 1976 年, pp.56—73。

11. 这份报纸是工人运动史主要的史料来源，近期已由 Edhis 出版社以两卷本的形式再版。参见 1831 年 12 月 25 日的文章。

12. 1848 年 2 月 10 日 的 *Le Correspondant*, 转引自 P.Pierrard, *1848 ... Les Pauvres, l'évangile et la Révolution*, 巴黎, Desclée, 1977 年, p.28。在奥扎南看来，如同它以前与皈依蛮族联系在一起一样，教会必定会转向人民大众。关于这一点，参看 P.Michel, "Civilisation chrétienne et barbarie dans l'Œuvre d'Ozanam" 载于 *Civilisation chrétieene Approche historique d'une idéologie, XVIII-XX siècle*, Paris, Beauchesne, 1975。

13. 转引自 P.Michel, "Civilisation chrétienne et barbarie [...]", 载 *Civilisation chrétieene*。

14. 对于该问题的最初探讨，可参见 R.B.Rose, "*Prolétaires* and *Prolétariat*: Evolution of a Concept, 1789—1848", *Australian Journal of French Studies*, 卷 18, 1981 年第 3 号, 以及 G.Matoré, *Le Vocabulaire et la société sous Louis Philippe*, Genève, 1951 年。

15. L.S.Mercier, *Néologie ou Vocabulaire des mots nouveaux, à renouveler, ou pris dans des acceptions nouvelles*, 巴黎, 共和九年 (1801), t. II, p.380。

16. A.Ott, *Dictionnaire des sciences politiques et sociales*, 巴黎, 1855 年, t. III, col.544。

17. Société Des Amis Du Peuple, *Procès des quinze*, 巴黎, 1832 年, p.3 (1832 年 1 月 10 日的庭讯)。

18. 参见《公民 G. 德雅尔丹就共和主义协会发表的演说》，该演说于 1833 年 4 月 8 日在巴黎重罪法庭审理人民之友协会事件时当庭发表。还可参看德雅尔丹于 1835 年 4 月就"无产阶级"在 *La Tribune* 上发表的系列文章。

19. 关于此期的共和主义或社会主义思想，已有的最为便利的基础是巴黎 Edhis 出版社出版的资料汇编丛书 *Les Révolutions du XIXe siècle* 中涉及 1830—1834 年的第一辑（12 卷本），此辑收入了从 1830 年 7 月到 1834 年 4 月起义期间发表的近 500 篇抨击性短文。该资料汇编丛书 12 卷本的第二辑涉及 1834—1848 年间的内容, 10 卷本的第三辑涉及 1848 年的内容，均已出版。在这套抨击性短文的汇编之外，还可加上由被提交到巴黎重罪法庭审判的 1834 年 4 月的被告的诉讼案的报告与总结等构成的信息宝库，在所有报告、审讯记录、公诉状以及案件笔录的汇编当中，编得最好的当属由 15 卷组成的这一涉及 1834—1836 年的内容的汇编。

20. *Procès des citoyens Vignerte et Pagnerre, members de la Société des droits de l'homme et du citoyen*, 巴黎, s.d., p.12（1834 年 2 月 22 日审讯）。

21. L. S., *Aperçu sur la question du prolétariat*, 载 *La Révolte de Lyon en 1834 ou la Fille du prolétaire*, 巴黎, 1835 年。人们在这一文本当中读到了一句早于恩格斯的一个著名文本的值得注意的话："无产阶级构成了我们社会的基础。它无所不在；它与我们共存；它不会离开我们；这是一种幽灵。"

22. Ledru-Rollin, "Profession de foi devant les électeurs de la Sarthe"（1841 年 7 月）, 载 *Discours politiques et écrits divers*, 巴黎, 1879 年, t.Ⅰ, p.1。

23. F.Lamennais, *Le Pays et le Gouvernement*, 巴黎, 1840 年, p.49。

24. 同上书, pp.92—93。

25. 参见 F.Lamennais, *De l'esclavage moderne*, 巴黎, 1839 年 12 月。在这篇的在为选举改革而激动的背景下发表的抨击性文章当中, 拉默内将被剥夺投票权的个人与古代奴隶作了对比。"现代的"区分（无产阶级）与"古代的"区分（奴隶）之间的对照同样处在了此期整整一部分政治与经济思考的中心。关于这一问题, 可看下述两本开拓性的著作：Charles Comte, *Traité de législation*, Paris, 1826, 4 vol.（其最后一卷完全致力于对奴隶的思考）以及 A. Villeneuve-Bargemon, *Economie politique chrétienne*, Paris, 1834, 3 vol.

26. 例如可参见人权与公民权协会的小册子：*Des fortifications de Paris*, 巴黎, 1833 年。

27. F.Lamennais, *Le Pays et le Gouvernement*, p.62。

28. *Le Journal du people*, 1841 年 4 月 1 日, p.1。

29. Société Des Amis Du Peuple, *Procès des quinze*, p.9。

30. 引自 W.H.Sewell, *Gens de métiers et révolutions. Le langage du travail de l'Ancien Régime à 1848*, 巴黎, Aubier, 1983 年, p.270。

31. 引自 I.Tchernoff, *Le Parti républicain sous la monarchie de Juillet*, 巴黎, 1901 年, p.203。

32. A.Roche, *Manuel du prolétaire*, Moulins, 1833 年, p.3。

33. Compte rendu d'un banquet démocratique, *Le Journal du people*, 1840 年 7 月 5 日。

34. 伴随着 Chapuys-Montlaville 对西耶斯作出的重要研究。

35. Laponneraye, *Lettre aux prolétaires*, prison de Sainte-Pélagie, 1833 年 1 月 1 日。科尔默南采用了同样的语言。他写道："普遍选举, 在此就是整个共和国。兼职、闲职、国家元首年俸、高薪、年金等统统将不复存在, 开销的预算将严格限定在必须的范围之内。"（参见在自助者天助之协会支持下出版的 *Les Trois Dialogues de maître Pierre*, 巴黎, 1833 年 12 月, p.12）。

36. *La Revue républicaine*, t. III, 1834 年（第一章），以及 t. V, 1835 年（第二章）。
37. *La Revue républicaine*, 第一章, t. III, p.296, 以及第二章, t. V, p.62, p.65。
38. 关于这一点，请参阅 W.H.Sewell, *Gens de métiers et revolutions*。
39. 例如，可参看比歇的弟子 Auguste Ott 在下述著作中的饶有趣味的详述：*Des associations d'ouvriers*, 巴黎, 1838 年, 以及 *Appel aux homes de bonne volonté*, 巴黎, 1840 年。
40. 引自 J.Rancière, *La Nuit des prolétaires*, 巴黎, Fayard, 1983 年, pp.195—196。
41. P. J. Proudhon, *De la capacité politique des classes ouvrières*, nouv. éd., 巴黎, 1873 年, p.191。
42. 亦可参见代表圣西门主义观点的 Jean Terson 的小册子, *De la réforme électorale*, 巴黎, 1839 年。
43. G.Biard, *De la réforme électorale selon les libéraux et selon les travailleurs*, 巴黎, 1839 年, p.11, p.15。
44. *Manifeste de la Société des amis du people*, Paris, 1830, p.16.
45. A.Mie, *De la souveraineté du people dans les élections*, Paris, 1830.
46. *Lettres de M. M. de Saint-Roman et Cormenin, sur la souveraineté du people*, Paris, 1832, p.13. 科尔默南是七月王朝时期最受欢迎的共和主义作家之一，请参阅 P.Bastid, *Un juriste pamphlétaire, Cormenin, Précurseur et constituant de 1848*, 巴黎, 1948。
47. *Lettres de M. M. de Saint-Roman et Cormenin* [...], p.16.
48. 同上。
49. 参见宪章第 69 款之第 5 与第 7 节。
50. 凡居民人数超过 1000 人的市镇，若其居民人数在 1000—5000 人之间，其选民人数只增加 5%，若其居民人数在 5000—15000 人之间，其选民人数只增加 4%，若其居民人数超过 15000 人，其选民人数只增加 3%。由此，在一个人数为 1000 人的市镇中可有 100 名缴纳选举税的选民，在人数为 10000 的市镇当中只有 500 名选民，而在 10 万人的市镇当中则仅有 3250 名选民。
51. 在致力于研究这些选举的为数甚少的论著当中，尤其值得关注的是 A.-J. Tudesq 的下述文章："Institutions locales et histoire sociale: la loi municipale de 1831 et ses premières applications", *Annales de la faculté des letters et des sciences humaines de Nice*, n°9—10, 1969 年, pp.327—363。人们还可参阅同一作者写的 "La vie municipale dans le Sud-Ouest au début de la monarchie de Juillet", 以及 Ph.Vigier 的文章, "Élections municipales et prise de conscience politique sous la monarchie de Juillet", 这两篇文章

均被收入 *La France au XIXe siècle. Mélanges offerts à Charles-Henri Pouthas*，巴黎，1973 年。信息最为丰富的原始文献是以下两份官方报告：A.Thiers, *Compte rendu au Roi sur les elections municipales de 1834*, Paris, Imprimerie royale, 1836，以及 MontalIvet, *Compte rendu au Roi sur les elections municipales de 1837*, Paris, Imprimerie royale, 1839。

52. 人们将注意到，在市镇自由于 1789 年前始终富有生命力的法国南部，参与率并没有显得要更高一些。人们就此可以认为，在以前的市镇传统与近代投票之间并不存在延续性。

53. 引自 Ph.Vigier, "Élections municipals et prise de conscience politique sous la monarchie de Juillet"，载 *La France au XIXe sièle. Mélanges offerts à Charles-Henri Pouthas*, p.279。下阿尔卑斯省和罗纳河口省的省长作出了类型的观察报告。

54. 一份在 1837 年市镇选举之后发表的 *Relevé comparatif de la composition politique des conseils municipaux des principales communes* 指出，在当选者中，68.7% 属立宪派，13.1% 属正统派，18.2% 属民主的反对派。

55. L.Blanc, *Histoire de dix ans*, 第 6 版，巴黎，1846 年，t. II, p.265。

56. A.-J. Tudesq, "Institutions locales et histoire sociale [...]", *Annales de la faculté des letters* [...], p.328.

57. 1833 年 7 月 24 日《国民报》。后收入 *Œuvres politiques et littéraires d'Armand Carrel*, 巴黎，1857 年，t. III, p.521。

58. 阿尔芒·卡雷尔讲到了通过深思熟虑或轻率冒失的欢呼行事的"没有得到组织的主权、半野蛮的权力"。他写道："欢呼是粗俗的形式，而可悲地是，国民自卫军每年均得应召以这种落后的形式对统治制度表明态度……那些人们已经将其驱除出选民团者，人们无法把他们从国民自卫军当中赶走，而且，人们应当至少每年一次地去重视他们。"（载 *Œuvres politiques et littéraires d'Armand Carrel*, t. III, pp.521—522）。

59. 1831 年 1 月 21 日的报告（议会档案，系列二，t.LXVII, p.49）。

60. 《1832 年 11 月 25 日呈给国王的报告》统计道，国民自卫军成员共为 5729052 名，其中常备役为 3781206 人，预备役为 1947846 人。因市镇而异，受常备役控制的成年男子的百分比在 30%—80% 之间。而在服常备役的国民自卫军成员当中，穿军装的成员、配有武器的成员和完全得到装备的成员则分别只有 519549 人、623291 人和 318734 人（这些数字参见 L.Girard, *La Garde nationale*, 1814—1871, Paris, 1964, pp.211—212）。

61. *Manuel general des elections de la Garde nationale pour 1834*, 巴黎，1834 年，p.2。

62. 1837 年 4 月 14 日《论战报》，引自 L.Girard, *La Garde nationale*, 1814—1871, p.263。

63. 很不幸，人们仅拥有唯一一部在这方面很出色的专题研究著作，这就是 Georges Cottereau, *La Garde nationale dans le département des Bouches-du-Rhône sous la monarchie de Juillet*（thèse de droit），Aix-en-Procence，1951 年。但是，人们可在面更广一些的专题论著当中找到有用的信息，其中最值得注意的有下述两种著作：J.Vidallenc, *Le Département de l'Eure sous la Monnarchie constitutionnelle, 1814—1848*，Paris，1952，A. Daumard, *La Bourgeoisie parisiennne de 1815 à 1848*，Paris，1964。

64. 在许多情况下，得到装备的国民自卫军成员仅占其总数的 10%—20%。

65. 1837 年 4 月 28 日的《国民报》(*Le National*)。

66. 1838 年 9 月 1 日的《国民报》。

67. 1839 年 3 月 19 日的《国民报》。

68. 关于这次运动的组织与显现，可参阅 A.Gourvitch 的系列文章，"Le mouvement pour la réforme electoral（1838—1841）"，*La Révolution de 1848*, t. XI，XII，以及 XIII，1914—1918 年。

69. 根据我们的估算，照搬由中央委员会制定的模式的请愿书在数量上要比仿效巴黎国民自卫军的文本的请愿书多两倍（参见国家档案，C 2169 至 C 2175）。

70. 在 1841 年，众议院还接到了含有 113127 人签名的众多请愿书（参见《数据摘要》，国家档案：C 2186）。

71. Cl.Tillier, *Lettres au système sur la rèforme électorale*，载 *Pamphlets*（*1840—1844*），Marius Gerin 校勘，Paris 和 Nevers，1906 年，p.61。关于蒂利埃这位极能代表外省左派的共和主义情感的人物，请参见 M.Gerin, *Claude Tillier*（*1801—1844*），*pamphlétaire et romancier clameyeinois*，Nevers，1905 年以及 H.L.MAPLE, *Claude Tillier, Literature and Politics in a French Province*，Genève，Droz，1957。

72. Cl.Tillier, *Lettres au système* [...]，载 *Pamphlets*（*1840—1844*），p.60。

73. Compte rendu d'un banquet démocratique，1840 年 7 月 5 日的《民众报》。在同样的精神方面，可参见 C.Pecqueur，非常具有代表性的小册子 *Réforme électorale. Appel au people à propos du rejet de la pétiton des 240 mille*，巴黎，1840 年。

74. 1846 年第 8 版；亦可见其发表于 1842 年的作品：*Avis au contribuable*。

75. 1847 年 11 月 30 日的演说，载 Ledru-Rollin, *Discours politiques et écrits divers*，t. I，p.342。

76. 1841 年 7 月 11 日的《民众报》。

77. Stendhal, *Mémoires d'un touriste*，Bordeaux，1837 年。拉马丁从他的角度说道："人们可以使一杯水腐臭，但无法使一条河腐臭。"

78. Laponneraye, *Lettre aux probétaires*, p.4. 他写道:"在君主制度下,存在着非常高的待遇,存在着更大的开销;存在着对国库收入的挥霍浪费。而在共和制度下,其待遇与公务员必不可少的花销是成比例的,开销是有限制的,国库收入审慎地被分摊,因为国民本身在监督它的分摊。"(第3页)

79. Villèle, *Lettres d'un contribuable adressées à la «Gazette du Languedoc»*, Toulouse, s.d.(1839年10月)。他在信中写道:"我们自1830年以来所听任的代表方面的垄断,使我们的直接税的税金增加到了1亿零400万法朗,间接税的税金增加到5400万法朗。"(第二封信,p.9)。同时可参看他发表于1841年的 *Manifeste contre le monopole électoral*,在同样的正统主义言论方面,可参看此期正统派主要的思想家Ferdinand Béchard 的下述两部著作: *Réforme électoral*, Paris, 1843, *De la Réforme administrative et électoral*, Paris, 1848。

80. 关于正统派与选举改革的关系,除了维埃莱和贝里耶的回忆录,还可参看 A. D'Adhémar, *Du parti légitimiste en France et de sa crise actuelle*, 巴黎, 1843年。

81. 其也以《改革主义手册》之名著称,这一由《法兰西报》与《日报》制订的"宣言"印了100万份。

82. 该文以附录方式被收入 P.Leroux 的下述著作: *Trois Discours sur la situation actuelle de la société et l'esprit humain*, 载 *Œuvres de Pierre Leroux*, 巴黎, 1850年, t. I。

83. *L'Atelier*, 1840年10月第2号, p.11。

84. 参见 Pr.Duvergier De Hauranne, *De la réforme parlementaire et de la réforme électorale*, 巴黎, 1847。

85. 参见在左翼议员委员会编撰的下述小册子中提供的统计与详情: *Projet de réforme électorale*, 巴黎, 1839年9月12日。

86. 蒂利埃在这一点上承认了他的困惑。对于"人们该如何获得普遍选举?在此是否存在一种物质上的可能性?"等问题,他回答道:"伴随着两级选举,普遍选举将易于付诸实施。"(Cl.Tillier, *Lettres au système* [...], 载 *Pamphlets* [1840—1844], p.89)。《工场》的主编也讲到了同样的事情(参见其文章"De la souveraineté du people", *L'Atelier*, 1842年4月, pp.58—59)。

87. Chapuys-Montlaville, *Réforme électorale. Le principe et l'application*, 巴黎, 1841年, p.75。

88. 来自国民自卫军的请愿书最后要求在"无须进入一种完全的组织的细节的情况下",所有国民自卫军成员均为选民,好像这些确定选举权的组织方面和技术方面的问题是次要的。

89. 见他们在1878年2月24日发表的演说,这些演说后收入 *Discours politiques et*

écrits divers de Ledru-Rollin 的第二卷。

90. 关于这一点，见由 P.Bastid 在下列著作中提供的信息: *Un juriste pamphlétaire, Commenin, précurseur et constituant de 1848*, Paris, 1948, 以及 Garnier-Pagès 在其下列著作中的叙述: *Histoire de 1848*, éd, illustrée, Paris, s.d., t. II, pp.2—4. 其近期的说明可参看 Alain Garrigou 的下述文章: *Le brouillon du suffrage universel. Archéologie du décret du 5 mars 1848*, 载 *Genèses* 第 6 期，1991 年 12 月。

91. 科学院在 1848 年 4 月 3 日听取了 Cauchy 所作的报告，这一报告涉及的是由一些论文作者就解决新的选举中存在的在分析与统计选票方面的困难提出的方法。在强调了其显示出来的技术障碍之后，报告人简洁地指出: "人们应当作出的结论是，在选举活动当中是否不可能印制对其具有某种重要性的选举而言必不可少的精确符号？……我们不认为是不可能的。"(*Comptes rendus hebdomadaires des séances de l'Académie des sciences*, t. XXVI, Paris, 1848, p.400)

92. 关于对普遍选举的到来的接受，人们在专门涉及 1848 年的地区性的专题论著当中发现了许多传闻。关于这一问题，在被参考的大量相关专题论著当中，我们尤其要注意的是下述论著: M. Agulhon, *La République au village*, Paris, Ed.du Seuil, 1979（第二版）; A.Charles, *La Révolution de 1848 et la Seconde République à Bordeaux et dans le département de la Gironde*, Bordeaux, 1945; E.Dagnan, *Le Gers sous la Seconde République*, Auch, 1928—1929, 2 vols.; Fr. Dutacq, *Histoire politique de Lyon pendant la Révolution de 1848* (*25 février –15 juillet*), Paris, 1910; J.Godechot et alii, *La Révolution de 1848 à Toulouse et dans la Haute-Garonne*, Toulouse, 1948; R.Lacour, *La Révolution de 1848 dans le Beaujolais et la campagne lyonnaise*, Lyon, *Album du Crocodile* 专刊, 1954—1955; G.Rocal, *1848 en Dordogne*, Paris, 1934, 2 vols; F. Rude et alii, *La Révolution de 1848 dans le département de l'Isère*, Grenoble, 1949; Ph. Vigier, *La Seconde République dana la région alpine, étude politique et sociale*, Paris, P.U.F., 1963, 2 vols., et *La Vie quotidienne en province et à Paris pendant les journées de 1848*, Paris, Hachette, 1982。

93. 其日期为 1848 年 3 月 13 日。

94. 《共和国公报》，1848 年 3 月 19 日，第 4 期。该宣言由拉马丁起草。福楼拜在《情感教育》当中写道: "在废除奴隶制之后，废除无产阶级。人们曾有过仇恨的时代。应当开始爱的时代。"(Paris, Gallimard, "Folio" 1978, p.331)

95. 《共和国公报》，1848 年 3 月 30 日，第 9 期。

96. 然而，下述简短的综合论述值得关注: G.Vauthier, "Cérémonies et fêtes nationales sous La Seconde République" 载 *La Révolution de 1848*, t. XVIII, juin-juillet-août

1921。

97. 参见 R.Lacour, *La Révolution de 1848 dans le Beaujolais et la campagne lyonnaise*, (第二编, p.36)。

98. 参见 Ph. Vigier, *La Seconde République dana la région alpine, étude politique et sociale*, t. I, p.199。

99. 《共和国公报》, 1848 年 4 月 22 日, 第 19 期。

100. Lamartin, *Histoire de la Révolution de 1848*, Paris, t. II, p.346.

101. 除了已经被引用的专题论著, 我们还可参看下述论著: "Les élections à la Constituante de 1848 dans le Loiret", 载 *La Révolution de 1848*, t. II, 1905—1906, 以及 Ph. Vigier 与 G. Argenton 合著的 "Les élections dans l'Isère sous la Seconde République" 载 F. Rude et alii, *La Révolution de 1848 dans le département de l'Isère*。

102. 例如, 可参看由 G.de Berthier de Sauvigny 在下述著作当中汇集的见证: *La Révolution parisenne de 1848 vue par les Américains*, Paris, Comité des travaux historiaues de la Ville de Paris, 1984, 以及当时的英国大使诺曼比侯爵的回忆: *Une année de Révolution, d'après un journal tenu à Paris en 1848*, Paris, 1858, 2 vol。

103. 《共和国公报》, 1848 年 4 月 25 日, 第 20 期。

104. 在已登记的 8220664 名选民当中投票者为 6867072 人。

105. Charles de Coux, "Du cens électoral dans l'intérêt des classes ouvrière" 载 *L'Avenir*, 6 avril 1831, p.1. 德·库克斯是基督教政治经济学派的创始人之一。

106. 其以下述标题出版: Réforme électorale, municipale, départementale et communale, Paris, 1840, p.39。

107. 参见他的著作: Les Luttes de classes en France, 1848—1851。

108. 此文于 1855 年 6 月 8 日刊登在 *Neue Oder Zeitung* 上。

109. 关于选举在这些国家中的意义, 参见下述论著: G.Hermet, A. Rouquié, J.Linz, *Des élections pas comme les autres*, Paris, Presses de la F.N.S.P., 1978, R. Lomme, "Le rôle des *elections en Europe de l'Est*", 载 *Problèmes politiques et sociaux*, 第 596 号, 1988 年。

110. 自 1849 年以来, 选举就这样以极为明显有别的纲领使双方形成对比。

111. 关于这一要点, 见 P.Pierrard 在其著作 *1848 ... Les Pauvres, l'Evangile et la Révolution* 中的综合论述。还可参见 E. Berenson 撰写的著作 *Populiste Religion and Left-Wing Politics in France, 1830—1852*, Princeton University Press, 1984, 以及他近期发表的文章 "A new religion of the left: Christianity and social radicalism in France, 1815—1848", *The French Revolution and the Creation of Modern Political*

Culture, vol. Ⅲ (Fr. Furet et M. Ozouf éd.): *The Transformation of Political Culture*, 1789—1848, Oxford, Pergamon Press, 1989。

第三编 第一章

1. 1848 年 9 月 30 日的 "Chronique de la quinzaine", p.169。
2. 1848 年 9 月 19 日 的 *L'Assemblée nationale*, 转引自 R.Balland, "De l'organisation à la restriction du suffrage universel en France (1848—1850)", 载 *Réaction et suffrage universel en France et en Allemagne (1848—1850)*, 见 *Bibliothèque de la Révolution de 1848*, t. XXⅡ, Paris, 1963, p.81。
3. 1848 年 12 月 2 日的 *L'Opinion publique*, 转引自 A.-J.Tudesq, *L'Élection présidentielle de Louis-Napoléon Bonaparte, 10 décembre 1848*, Paris, Armand Colin, 1965, p.226。
4. 1849 年 1 月 3 日的 *L'Assemblée nationale*, 转引自 R.Balland, "De l'organisation à la restriction [...]", 载 *Réaction et suffrage universe* [...], p.91。
5. 根据维克多·雨果写于 1849 年 2 月的 *Chose vues* 中的转述, Paris, Gallimard, "Folio", 1972, t. Ⅲ, p.125。
6. 1848 年 9 月 30 日的 "Chronique de la quinzaine", p.168。
7. 他在 1849 年 5 月的选举之后写道:"选举结果可能使人无以表达。好公民准备把他的脑袋裹在大衣里面,并对民众不抱希望。"(*Le Conseiller du people*, t. Ⅰ, p.89)
8. 1848 年 11 月 20 日的 La République, 转引自 A.-J.Tudesq, *L'Élection présidentielle de Louis-Napoléon Bonaparte* [...], pp.118—119。
9. 见其在 1848 年的所有文章, 重刊于 *Mélanges, articles de journaux, 1848—1852*, t. Ⅰ, 载 *Œuvres complètes de P.J.Proudhon*, Paris, 1868, vol. XⅦ。
10. 欧仁·斯皮莱指出:"整个共和派必须在几乎没有同意它在自身堕落的情况下采用这种提法。"(E.Spulier, *Histoire parlementaire de la seconde République*, Paris, 1891, p.19) 巴黎社会主义-民主派委员会在 1849 年 2 月 24 日的宴会当中通过的纲领在其第一条里指出:"共和国高于大多数人的权利"。关于这一点,可参见本书后面的相关章节的详述。
11. 关于这一时期, 参见 A.Leney, *Louis-Napoléon Bonaparte et le ministère Odilon Barrot*, 1849, Paris, 1912。
12. *L'Opinion publique*, 1850 年 5 月 1 日。
13. 关于 1850 年法案的制订, 参见 R.Balland 的长文, "De l'organisation à la restriction [...]", 载 *Réaction et suffrage universel* [...], 也可参见 Henri Laferrière 的论文, *La Loi du 31 mai 1850*, Paris, 1910, 以及 P.Raphaël 的文章, "La loi du 31 mai 1850",

Revue d'histoire moderne et contemporaine, t. XIII et XIV, 1909—1910。

14. 1850 年 5 月 14 日的 "Chronique de la quinzaine", p.761。
15. 同上书, p.763。
16. *Compte rendu des séances de l'Assemblée nationale legislative*, 1850 年 5 月 24 日会议, t. VIII, p.149。
17. 同上, p.152。
18. 参见其 1850 年 5 月 22 日的演说(*Compte rendu* [...], t. VIII)。
19. *L'Assemblée nationale*, 1850 年 1 月 22 日, 转引自 R.Balland, "De l'organisation à la restriction [...]", 载 *Réaction et suffrage universel* [...], p.116。
20. A.De Lamartine *Le Passé, le present, l'avenir de la République*, Paris, 1850, p.187。
21. 同上书, p.188。
22. 他在 1850 年 5 月 24 日说道:"存在着一种纠正普遍选举之巨大缺陷的措施,这就是恢复智力方面的等级制的两级选举。"(*Compte rendu* [...], t. VIII, p.153)
23. 1850 年 5 月 3 日的 *La Patrie*, 转引自 R.Balland, "De l'organisation à la restriction [...]", 载 *Réaction et suffrage universel* [...], p.137。
24. 此外,梯也尔在他的演说当中明确地涉及了 1791 年。
25. 梯也尔,1850 年 5 月 24 日的演说(*Compte rendu* [...], t. VIII, p.156)。
26. 凡因为侮辱和粗暴对待行使公权者而被定罪者不得拥有选举权,因违反取缔骚扰法以及关于俱乐部的法律而被定罪者,或因为流浪和行乞而被定罪者,同样如此。此外,住所证明的条件可能给家仆、日工,甚至在家中居住的儿子的登记造成困难。
27. 1850 年 5 月 31 日的 "Chronique de la quinzaine", p.952。
28. 人们在保存在国家档案馆的"反对 1850 年限制普遍选举的法律的请愿与抗议"卷宗(其编号为 C 2300 至 C 2314)当中可找到许多有意思的相关资料。在这项法律被投票通过后,人们目击了一场一直延至 1851 年秋天的新的请愿运动(参见国家档案:C 2317 至 C 2323)。此外,在国家图书馆的版画陈列室内,Vinck 的收藏品含有许多关于这一主题的版画,尤其可参见其目录当中 tomeVII, 2, 编号从 15.943 到 15.962 的几幅。另外,还可参见 R.Huard 的下述专题论文:"La defense du suffrage sous la seconde République: les reactions de l'opinion gardoise et le pétitionnement contre la loi du 31 mai 1850(1850—1851)", *Annales du Midi*, t. LXXXIII, 1971 年 7 月—9 月。
29. 由当时的内政部长 Thorigny 先生于 1851 年 11 月 4 日在议会宣读的信,转引自 J.Clère, *Histoire du suffrage universel*, Paris, 1873, p.101。
30. 参见 Cl.Digeon, *La cirise allemande de la pensée française, 1871—1914*, Paris, P.U.F.,

1959。同时也可参见 A.Bellessort, *Les Intellectuel et l'avènement de la troisième République*, Paris, 1931, 以及 M.Mohrt, *Les Intellectuels devant la défaite de 1870*, Paris, 1942。

31. 创建于1829年的天主教自由派的杂志。在1871至1876年间,《通讯报》在思想方面起了重要作用。它代表其成员包括卡米耶·德莫(此人为蒙塔朗贝尔的女婿)、夏尔·德·拉孔勃、阿尔贝·德·布罗伊等人的温和的右派。作为其自由主义色彩逊于《两个世界评论》的杂志,《通讯报》当时为国民议会的多数派的情感定下了基调。参见 C.A.Gimpl, *The Correspondant and the Founding of the French Third Republic*, Washington DC, The Catholic university of America Press, 1959, 以及 J.Pradon, "L'École du *Correspondant*", *Revue d'histoire politique et constitutionnelle*, t.V, 1955年4—6月。

32. G.Sand, *Journal d'un voyageur pendant la guerre*, Paris, 1871, p.168(1870年22月5日的杂志)。

33. E.Renan, *La Réforme intellectuelle et morale*, 载 *Œuvres complètes d'Ernest Renan*, Paris, Calmann-Lévy, t.Ⅰ, 1947, p.360, p.385。关于这些主题,同样可参看勒南的《哲学对话》,勒南的这一作品详述了可称之为"尤其是一种神学的错误"(p.609)和一种由科学支配的社会的必要性(参见 p.608)的民主观念之间的对立。

34. 除了出自 Castellane、Guadet、Foulon-Ménard、Lachaume、Petit、Saint-Pé、Taine 等人之手被更久远地引用的著作,人们尤其可有选择地参看下列两部篇幅巨大的著作当中的相关内容:E.Naville, *La Réforme électorale en France*, Paris, 1871; P.Ribot, *Du suffrage universel et de la souveraineté du people*, Paris, 1874。

35. 人们尤其可考虑发表在《通讯报》上的两大系列文章:其一是 Dupont-White 所写的《普遍选举》系列,(作者在1872年3月10日和11月25日就此发表了四篇文章);其二是 J.Paixhans 所写的《多数主权与自由政府、选举法》(作者在1873年12月25日和1874年1月10日就此发表了四篇文章)。还可参见发表得要晚一些的由 Ch.De Lacombe 撰写的文章《普遍选举与利益的代表》,载1876年11月25日的《通讯报》(文章非常具有代表性)。对于1871—1875年这一段时期,载于《通讯报》上的《政治半月谈》和《两个世界评论》上的《半月大事记》同样构成了理解围绕普选权所展开的争论的弥足珍贵的史料来源。

36. 1871年9月8日的信,载 G.Flaubert, *Correspondance*, Lausanne, Éd. Rencontre, 1965, t.ⅩⅣ, p.130(也可参见他在1871年4月29日、9月6日和14日、10月4日的信件)。关于福楼拜,以及勒南和泰纳对普遍选举的态度,人们可在下述论著当中发现极好的相关评论:A.Compagnon, *La Troisième République des Lettres*, de

Flaubert à Proust, Paris, Éd. du Seuil, 1983; R. POZZI, "La critica al suffragio universale nel pensiero politico francese del secondo ottocento", *Annali della Facoltà di Scienze Politiche*, Universita di Perugia, t. XIX, 1982—1983; L.Fayolle, "L'aristocratie, le suffrage universel et la decentralization dans l'Œuvre de Taine", 载 R.Pelloux (éd), *Libéralisme, traditionalisme, décentralization*, Paris, Armand Colin, 1952。

37. 1871 年 4 月 29 日致乔治·桑的信, 载 G.Flaubert, *Correspondance*, t. XIV, p.68。
38. Renan, *Réforme intellectuelle et morale*, 载 *Œuvres complètes*, t. I, p.371。
39. Dupont-White, "Le suffrage universel" (第一章), *Le Correspondant*, 1872 年 3 月 10 日, p.871。
40. 参见 J.Rohr, *La Candidature officielle sous le Second Empire (1852—1870)*, mémoire de D. E. S. de science politique, Paris, Faculté de droit et des sciences économiques, 1963 年 10 月 (consultable à la bibliothèque Cujas)。
41. 例如见路易·德·卡尔内在《普遍选举与独裁》一文中的思考。他写道:"在我们看来,这一经历几乎没有开始……从 1848 到 1863 年,普遍选举在其几乎可能改变它的真正面貌的特殊条件下在运行。"(*Le Correspondant*, 1865 年 7 月 25 日, p.697)。
42. 由此导致了关于选举的小册子或文章的首次繁荣。它们的基调是质疑与保持距离,其占支配地位的是不知所措。除了路易·德·卡尔内的文章《普遍选举与独裁》, 也可参见载于《通讯报》, 由 Albert De Broglle 撰写的文章《普遍选举的外交》(1863 年 1 月 25 日) 和《官方候选人及其危险》(1868 年 4 月 10 日); 另可见 L.De Gaillard 的两篇文章: "La candidature officielle en France" (1863 年 12 月 25 日) 以及 "Le suffrage universel et les partis" (1869 年 7 月 25 日)。在 *La Revue des Deux Mondes* 上,有五篇文章非常值得关注: Charles de Rémusat 著, "Les élections de 1863" (1863 年 7 月 15 日); A.Lefèvre-Pontalis 著, "Les loi et les moeurs électorales en France" (1863 年 12 月 1 日); D'Ayen 公爵 著, "Du suffrage universel, à propos d'un livre de M.Stuart-Mill" (1863 年 7 月 1 日); E.Duvergier De Hauranne 著, "a démocratie et le suffrage universel" (1868 年 4 月 15 日); E.Aubry-Vitet 著, "Le suffrage universel dans l'avenir et le droit de représentation des minorities" (1870 年 5 月 15 日)。
43. Dupont-White, "Le suffrage universel" (第一篇文章), *Le Correspondant*, 1872 年 3 月 10 日, p.857。
44. A.Boucher, "Quinzaine politique", *Le Correspondant*, 1874 年 3 月 10 日。
45. 参见 L.De Gaillard, "Le suffrage universel et les partis" (载 *Le Correspondant*, 1869 年 7 月 25 日):"没有人喜欢看到社会、政府和政党受一位不公开其名、威力无比、无责任心以及临时的宣判者的控制,人们很希望相信以及不停地重复提到的这位宣判者就是全体国民，但其实每个人都感到这位宣判者的真正的名字叫'未知数'。"

46. "选举统计学"一词似乎于 1848 年被首次使用（参见 A.-J.Tudesq 的文章：*L'Élection présidentielle de Louis-Napoléon Bonarparte* [...]，这篇文章使人注意到了一篇刊登在 1848 年 12 月 17 日的 *Le Mémorial bordelais* 上的以此为题的文章）。

47. 重刊于 F.Herold, *Le Vote des villes*, *Étude de statistique électorale*, Paris, 1864。因为注意到反对官方候选人的投票尤其在居民人数超过 4 万人的城市里表现突出，作者指出："普遍选举越是自由和有见识，其选举结果就会越有利于自由民主。"（p.16）

48. *La Revue politique et littéraie*（la "Revue bleue"），1874 年 1 月 3 日，pp.641—643。

49. 参见 Léonce de Lavergne 于 1874 年秋季在 *Le Journal des économistes* 上公开发表的信件，重刊于 1874 年 12 月 4 日的 *Le Temps*。

50. "选举统计学"在这一时期的尝试仍然相当粗糙。应当等到 Henri Avenel 的下述著作问世：*Comment vote la France. Dix-huit Ans de suffrage universel*（1876—1893），Paris，1894，这种选举统计学才取得意味深长的进展。这是真正奠定选举社会学的文献。

51. 1874 年 5 月 16 日出版的《文学与政治评论》中的《一周政治》很好地概括了共和派的观点："我们处在共和国里，我们希望继续呆在共和国之中；在必要的情况下，目前的选举法完全能满足我们的需要……左翼要求关于权力转让的法律以及关于第二院的法律。至于选举法，左翼丝毫没有提出要求；而是接受它、服从它，并等待其余一切问题得到解决时再提出这一问题。"（pp.1077—1078）

52. 除了关于破产者和被定罪者没有资格的常用限制，杜福尔方案拒绝把选举权赋予被收容所、济贫院或其他公共救助机构所收容的个人以及因流浪或乞讨被定罪的个人。

53. Charles De Mazade, "Chronique politique"，1873 年 6 月 14 日。*La Revue des Deux Mondes*，1873，t. IV，p.962。

54. "关于宪法审查的委员会"，即"30 人委员会"，于 1873 年 12 月 4 日由议会选出。这一委员会的文件构成了关于第三共和国初期的政治史的基本史料。该委员会的会议记录在国家档案馆被编入以下三种登记册之中，即 C*I611-612-613。从 1873 年 12 月到 1875 年 5 月召开的这些会议至今尚未成为任何系统研究的对象。

55. 该委员会第一次会议中的发言构成了一部名副其实的由保守派对普遍选举发出的批评的选举。这些批评因为审议通常是秘密的而更加无所顾忌。孔比埃把普遍选举视为"一种致命的礼物，在这种礼物当中含有许多容易引起激动和产生诱惑的成分"；谢斯纳隆揭露它为"压迫人的多数"；塔耶朗认为，"普遍选举仅仅是一种威胁和一个谎言"；塞尚把"批评多数的专制"确定为目标；吕西安·布伦则指出："普遍选举是一种粗暴的平等的行为，这一行为构成了明显的不平等。"

56. 转引自 G.Hanotaux, *Histoire de la France contemporaine*, Paris, s.d.., t. II, p.467。

57. 首任主席热阿尔丹在 *La Gazette des tribunaux* 上发表了两篇引起轰动的文章，此人是极少数公开要求回到纳选举税的制度上去的人之一。

58. 第四次会议，1873 年 12 月 24 日（此出引述的在 30 人委员会上的发言，系根据手写的会议纪要）。

59. 第七次会议，1873 年 12 月 24 日。

60. 这一表达方式出自 J.Foulon-Ménard, *Fonctions de l'État. Quelles sont leurs limites? Quelle est leur nature? dans la Société moderne*, Nantes, 1871。该书作者以附录的形式发表了一份题为《普遍选举不再有违理性》的法律草案，该草案提出了两级选举、恢复复数投票。勒南后来以极为赞赏的态度引用了这一作品。

61. 这一表达方式见诸于 1871 年 7 月 15 日尚博尔伯爵的《宣言》。它在 30 人委员会成员的口中不断被重新提及。

62. 第二十一次会议，1874 年 2 月 2 日。

63. 参见德莫子爵在第六次会议上提出的建议，1873 年 12 月 22 日。

64. 瓦丁通，第七次会议，1873 年 12 月 24 日。

65. G.de Belcastel, *À mes électeurs. Cinq Ans de vie politique, votes principaux, propositions, letters et discours*, Toulouse, 1876, p.35.

66. B.Basdevant-Gaudemet, *La Commission de Décentralisation de 1870*, Paris, P.U.F., 1973.

67. "一堆散沙并非是一个民族；而普遍选举肯定在各组成部分之间既没有凝聚力，又没有固定关系的一堆散沙。"（1871 年 2 月 26 日致贝特洛的信）

68. A.de Gobineau, *La Troisième République française et ce qu'elle vaut*, Paris, 1907, p.108.

69. 参见 J.-B.Lachaume 的下述著作——他的著作的标题即为一种纲领: *Le Suffrage universel rationalisé ou suffrage universel transformé en suffrage censitaire, sans cesser d'être universel, autrement dit suffrage composite*, Paris, 1867（reed. Mâcon, 1878）。爱德华·珀蒂从自身角度出发写道: "以数字显示的投票是最后的纠正方法。它没有剥夺任何人的投票权，而且突出了智力。"（É. Petit, *Quelque mots sur la pratique du suffrage universel*, Paris, 1873, p.7, p.8）

70. 这种复数投票制度曾一度在比利时实施。参见 E.Villey, *Législation électorale comparée des principaux pays d'Europe*, Paris, 1900, pp.95—99。

71. 1871 年致《两个世界评论》主编的信，载 Fr.Hartog, *Le XIXe siècle et l'histoire. Le Cas Fustel de Coulanges*, Paris, P.U.F., 1988, pp.276—280。

72. 第四次会议，1873 年 12 月 12 日。

73. 塔尔贝，1874 年。弗兰克里厄将在 1875 年 11 月举行的政治选举法的最终讨论当中成为反对派主要的发言人。

74. "Chronique de la quinzaine", 1873 年 12 月 31 日 (*La Revue des Deux Mondes*, 1874, t., p.221)。

75. "Chronique de la quinzaine", 1874 年 2 月 15 日, t. I, p.951。

76. 该报告在 *Annales de l'Assemblée nationale* 上重新刊载, t. XXX, 1874 年 2 月 21 日至 3 月 28 日, annexe n°2320, pp.202—217。

77. *Annales de l'Assemblée nationale*, t. XXX, p.203。随后的所有引文均来自这份报告。

78. *Le Temps*, 1874 年 5 月 28 日, p.1。

79. 参阅 1874 年 5 月 30 日的《半月大事记》，载《两个世界评论》，该《半月大事记》指出："应当予以提防的是，伴随着这种直至在细节上亦精工细作的形式上的奢侈，人们有时会极为盲目地行事，人们不知道该排除谁，人们以为只排除了可能危险的选民，如果可能的话，以及排除那些有人将赋予他们双重投票的人。"（1874, t. II, p.481）关于理解这居中的自由主义取向的出色的引论，也可在托克维尔研讨会的成果当中发现，这一研讨会在 1868、1873、1874 年多次研讨了选举立法的方案。

80. *Annales de l'Assemblée nationale*, t. XXX, p.207.

81. Albert de Broglie，转引自 1874 年 5 月 31 日的 *La République française*。

82. 1874 年 6 月 4 日，在议会第一次对政治选举法方案进行的讨论之中 (*Annales de l'Assemblée nationale*, t. XXXI, p.305)。

83. 卡斯特拉纳侯爵是唯一以反动观点对其予以揭露的演说者。他说道："本委员会不是要反对多数的统治，而是力求去顺应它……因此，会有一系列或许是有用的，但公众很可能视之为是烦人的预防措施。而且还会导致一连串小小的圈套，这些圈套恶意地以普遍选举为目标，并希望天真的人们在未觉察的情况下陷入圈套之中。"（1874 年 6 月 3 日的论述, *Annales de l'Asemblée nationale*, t. XXXI, p.269）

84. 第一份报告后收入 *Annales de l'Assemblée nationale*, t. XIX, annexe n°1913, p.143 页下引文。夏布罗尔的补充报告后收入 *Annales de l'Asemblée nationale*, t. XXX, annexe n°2268, p.71 页下引文（由埃尔努尔领导的第二个地方分权委员会自 1871 年起开始其工作）。

85. 该委员会在这方面涉及了伊利诺依州 (l'Illinois) 的立法。

86. 佩尔诺莱是比例代表制最热忱的鼓吹者之一，他甚至提议，凡有两个子女以上的家庭的父亲拥有 3 票。

87. 由市镇选举法确定的住所条件造成了这样一种不合常情的结果，以至于在 1875 年

11月30日的政治选举法投票通过后,市镇选举中的选民受到的限制要多于政治选举当中的选民。1884年4月5日的法律才着手把两种选民名单给统一起来。1884年3月31日确定的名单分别有10062425名市镇选举的选民和10204228名政治选举的选民,亦即只有141803人只享有政治选举的选举权(这一信息由下列著作所提供:L.Morgand, *La Loi municipale, Commentaire de la loi du 5 avril 1884*, Paris, 1887—1888, t. I, p.121)。

88. J.Ferry, 1874年6月17日的论述, *Annales de l'Assemblée nationale*, t. XXXII, p.250。
89. 1837年7月18日的法律规定,在下述情况下,即在市镇出现合并或分离、征收非同寻常的捐税以及决定借贷的情况下,请缴纳税金最多者与市镇议会商议相关事宜,其参与人数与市镇议会成员的人数相等。
90. 1874年6月19日, *Annales de l'Asemblée nationale*, t. XXXII, p.278。
91. 在巴比特退隐之后,一个新的宪法委员会被任命。这一委员会包括了人数要少得多的正统派成员,并把一些共和派成员,如费、西蒙、舍雷等等纳入其中。该委员会以一份由里加尔和马尔塞尔在1875年7月22日提出的报告结束了自己的工作,导致11月30日的政治选举法得以投票通过的在议会的最终讨论于1875年11月8日到30日进行。
92. 1875年11月8日, *Annales de l'Assemblée nationale*, t. XLII, p.38。
93. 1875年11月11日的《法兰西共和国报》。
94. 转引自 J. Clère, *Histoire du suffrage universel*, Paris, 1873, p.103。
95. 在这方面,《时代报》的辩护立场极具代表性。在为介绍泰纳关于普遍选举的第一篇文章(泰纳的小册子《论普遍选举与投票方式》首先是以分别刊载在1871年12月2、3、4日的该报上的3篇文章的形式发表的)所加的按语里,该报告知读者道:"我们丝毫没有考虑重复泰纳先生如此明智和具有洞察力的评论;普遍选举有许多缺陷,但是,应当忍受它,应当与它现存的状态共处。在选举权方面,一旦被让与了就既无法被收回,也无法修改。所有一切限制、一切修改,均会产生一种革命的危险,而且这种危险要超过它被认为可驱除的危险。"(*Le Temps*, 2 décembre 1871, p.1)两年后,通过批评杜邦-怀特在《通讯报》上提出的观点,《时代报》还指出:"重要的不再是*在原则上*对普遍选举进行深思熟虑。我们不是在1848年。民众选举已经存在。问题并非在于如此之多地去了解它是好是坏,是危险的还是有益的,而是了解自由之友是否把它舍弃给了主张独裁的人以及革命者。"(*Le Temps*, 28 juillet 1873, p.1)
96. 《通讯报》, 1875年12月10日, p.1051。
97. 《通讯报》, 1873年5月25日, p.667。
98. Victor de Broglie, *Vues sur le gouvernement de la France*, Paris, 1870, p. XLII(这

一文本系在作者去世之后才出版，并只在1860年以石版印刷版的方式印了没多少份）。

99. 1874年6月4日，*Annales de l'Assemblée nationale*，t. XXXI，p.290。

100. *Annales de l'Assemblée nationale*，t. XXXI，p.291。

101. 特别参见 *Le Développement de la Constitution et de la société politique en Angleterre*，Paris，1887，以及 *Essais d'une psychologie politique du people anglais au XIXe siècle*，Paris，1922。

102. 男子的普遍选举在1884年改革法案通过之后仍未真正地获得。多次投票只是在1945年才在英国被取缔（这一制度使选民可在其符合所要求的财产、住所或工作条件的选区投票；由约瑟夫·张伯伦竟然得以在七处地方投票!）甚至应当等到1848年，政治上的个人主义才通过废除大学选区在法律上取得成功（剑桥与牛津大学一直到此时仍在议院拥有其专门的代表）。

103. 普雷沃斯特-帕拉多尔从他的角度指出："民主社会的倾向是或迟或早把选举权赋予组成这一社会的所有公民。"（Prévost -Paradol，*La France nouvelle*［*1868*］，Paris，Garnier，1981，p.173）

104. 这一表达方式在下列著作当中被采用：E.D'Ichtal，*Souveraineté du people et gouvernernent*，Paris，1895。

105. Victor de Broglie，*Vues sur le gouvernement de la France*，p.28。

106. 他写道："普遍选举具有这样一种优势，即人们既无法发明，也不能提出任何超过它的事物来诱惑民众的想象，以及煽动者们无法要求得到任何更彻底的认识和满足最大多数的人的意愿的手段。因而，从这一观点来看，普遍选举是一种具体秩序与公共治安的手段，其对于因为革命而精疲力竭以及渴望休整的民族来说有着可观的好处。"（Prévost -Paradol，*La France nouvelle*，p.174）

107. 见其关于普遍选举的饶有趣味的文章："Les elections de 1863"，*La Revue des Deux Mondes*，1863年7月15日。

108. É.Vacherot，"La situation politique et les lois constitutionnelles"，*La Revue des Deux Mondes*，1874年12月1日，p.591。

109. A.Rondelet，*Les Limites du suffrage universel*，Paris，1871，p.7。

110. 参见 D.R.D.Saint-Pé 颇能显示他们的天真的评论："那里人们能够窃窃私语，通过远离公众与远离工人来表达思想，那里就没有任何人像我这样认为和表示普遍选举既是最神秘的谜，同时又是最可怕的冒险。但是，当帷幕拉开，当公众出现在那里，信仰的标识就一下子由黑变白；普遍选举于是成为存在着最自然、最简单、最出色的因素的事物，成为人们期待的最神奇的特效药、一种肯定有效与无与伦比的安宁、进步和秩序的工具。"(*Les Ouvriers et le suffrage universel. Études socials politiques*, Paris, 1870, p.112—113)

111. V.Hugo, 1850 年 5 月 18 日的演说,载于 *Compte rendu des séances de l'Assemblée nationale législative*, t. Ⅷ, p.73。在《悲惨世界》当中,他写道:"使骚乱化解在它的根源之中,"它导致了"种种战争……像边境战争一样的街头战争的消失。"(关于这一点,参阅 R.Journet 和 G.Robert 的佳作, *Le Mythe du people dans les Misérables*, Paris, Éd. sociales, 1964)

112. 1850 年 5 月 4 日,这一论据在不少被提交到议会办公室的请愿书里也普遍存在。法莱斯(Falaise)的居民恳求议员们"使法国免遭动乱",而一份来自埃纳(l'Aisne)的请愿书则警告说:"这是针对国家法律的合法而持久的起义……这是摆上议事日程的内战。"图鲁兹的《文明报》以人们在别的地方重新发现的方式指出,这一法案"把公民分成两种社会等级",以及"它确立了工人与老板之间的区别……在其在促进生产的两种力量之间播下了对立的种子。"(国家档案馆:C2300)

113. "Réponse à une amie"(Nohant, 1871 年 10 月),*Le Temps*, 1871 年 11 月 14 日。

114. 1878 年 2 月 24 日发表的演说,载 L.Blanc, *Discours politiques*(*1847—1881*),Paris, 1882, p.299。

115. 1877 年 10 月 9 日的演说,载 *Discours et plaidoyers politiques de M. Gambetta*, Paris, t. Ⅶ, 1882, pp.282—283。

第三编　第二章

1. 转引自 É.de Girardin, *L'Ornière.Questions de l'année 1869*, Paris, 1871, p.403。

2. 1870 年 4 月 5 日关于全民投票的论述,载 *Discours et plaidoyers politiques de M.Gambetta*, Paris, t. Ⅰ, 1881, p.223。

3. *Temps* 的文章,1869 年 5 月 5 日出版,议会选举前夕。

4. 在对政治选举法草案进行的第一次磋商当中,路易·勃朗甚至公开说道:"何谓普遍选举?我们的答复是它同时是一种职责、权利和义务。说它是一种职责,是因为这是一种同时具有社会与个人特征的行为。"(1874 年 6 月 4 日的议会会议,*Annales de l'Assemblée nationale*, t. XXXI, p.297)

5. J.Ferry, *La Lutte électorale en 1863*, 载 *Discours et opinions de Jules Ferry*, Paris, 1893, t. Ⅰ, p.92。

6. 共和主义理念当中"国民公会派"与"美国派"之间的对立,首次于 1834 年在《共和评论》当中被提出(t. Ⅰ, pp.150—151)。在作者看来,国民公会派诉诸于直接民主以及经济平等的理想,而"美国派"则建立在个人主义原则、代议制政府以及唯一的政治平等(普遍选举)的基础之上。在第二帝国时期,伊波利特·卡尔诺与爱德华·拉布拉耶通过充当"美国派"的排头兵,重述了这种区别,力求由此划定一条(美国的)共和主义理念与(国民公会的)社会主义方案之间的分界线。

7. 人们知道应当区别以利特雷、罗班和维卢伯夫为中心的《实证哲学评论》的派别与聚集在皮埃尔·拉菲特、罗比内、奥迪福朗和塞梅里等人周围的《实证政治》杂志的派别。

8. 在1879年的一篇文章《论共和国的持续性》当中,他还写道:"普遍选举有两种途径,即直接途径与间接途径:直接途径是有害的,它把普遍选举引向没有远见、缺乏能力、不公正的平均化,以及在民族之间的生存竞争之中,使沉迷于普遍选举的人民遭受种种灾难。"(此文后收入 É.Littré, *De l'établissement de la Troisième République*, Paris, 1880, pp.520—521)

9. 同上书,p. 517。

10. *La Politique positive. Revue occidentale*, prospectus, 1872年4月, p.2。

11. 同上。同样可参看 Eugène Sémérie 下述两本同一类型的小册子:发表于1870年11月4日的 *Fondation d'un club positiviste*, Paris 和1871年4月发表的 *La République et le Peuple souverain*, Paris。另可见其于1872年11月28日发表的一篇文章《公爵党与共和国》,内有这样的言辞:"伴随着他们对始终把权利与多数同一的卢梭的理论的顶礼膜拜,民主派以给注定会杀死他们的步枪装上子弹来度过一生。"(载 *La Politique positive*, t.Ⅰ, p.253)还可参看费理的批评文章《执政的共和派》(同上, t.Ⅰ, p.260页下引文)。

12. 对于这个决定性的问题,尤请参阅下述论著: P.Barral, "Le positivisme de Comte et de Ferry", *Romantisme*, n°21—22, 1978(特别号 *Le [s] Positivisme [s]*); L.Legrand, *L'Influence du positivisme dans l'Œuvre scolaire de Jules Ferry*, Paris, Marcel Rivière, 1961; C.Nicolet, *L'Idée républicaine en France*, Paris, Gallimard, 1982; J.Eros, "The positivist generation of French republicanism", *Sociological Review*, Ⅲ, 1955, pp.255—277。人们可以无须参考 D.G.Charlton 关于实证主义史的著作,此书虽然经常被引用,但资料欠多,分析不够。

13. 1873年2月28日在国民议会上的演说,载 *Discours et plaidoyers politiques de M. Gambetta*, t.Ⅲ, 1881, p.286。

14. 转引自 E.D'Eichtal, *Souveraineté du people et gouvernement*, p.2。

15. Prévost-Paradol, *La France nouvelle*(1868), Paris, Garnier, 1981, p.199(此为需要强调的作者)。同样可参看维克多·德·布罗伊:"关于其实质本身……在同一时间和同一国家里,不可能存在两种政府。近似立宪君主制的共和国、近似共和国的立宪君主制以及其不同之处只在于宪法和行政权力的连续性的制度，正是一直为自由之友所有的唯一抉择。"（*Vues sur le gouvernement de la France*, 第 LXXXII）同样的口吻也出现在 E.Caro 的下述著作：*Les Jours d'épreuve, 1870—1871*, Paris, 1872（参见题为《真民主与假民主》的文章），或者参看 É. 拉布拉耶发表于 1872 年的著作《立宪问题》。

16. 转引自 D.Halévy, *La Fin des notables*, Paris, André Sauret, 1972, t. I, p.134。

17. 参见他于 1872 年 8 月 1 日发表在 *La Revue des Deux Mondes* 上的文章 "La République et les conservateurs"（此文后收入 *La République conservatrice*, Paris, 1873）。

18. 参见 *Révisions constitutionnelles, 11 août 1884*（volume séparé des *Annales de la Chambre des députés*）。

19. *Discours et plaidoyers politiques de M.Gambetta*, t. I, p.225。

20. A.Naquet, *La République radicale*, Paris, 1873, p.11。在 1884 年 8 月 11 日的辩论中重述这些主题的自然是波拿巴主义者与右翼。

21. G.Sand, "À propos de l'élection de Louis Bonaparte à la présidence de la République"（文章日期标明为 1848 年 12 月 21 日），载 *Questions politiques et sociales*, Paris, 1879, p.291。

22. G.Sand, *Journal d'un voyageur pendant la guerre*, p.168（1870 年 11 月 5 日的杂志）。

23. 载 *Questions politiques et sociales*, p.295。她继续道："至于我们，我们应该严肃地审视这种出乎意料的人民主权的行为，以及不要任由我们因厌恶和气馁而感到惊讶。很快就会有人说人民是疯子，农民是傻子。"维克多·雨果在其《可怕的年份》的序言中从自己的角度出发，通过简洁地指出"人民处于上面而大众处于下面"，对大众与人民作了对比。

24. 如同他在其 *Pages d'histoire de la Révolution de février 1848*, Paris, 1850, 当中说的"尽可能地往后推迟"那样，路易·勃朗同样强烈地为推迟投票日期进行辩护。

25. 这一请愿书在 1848 年 3 月 15 日重新刊登在《共和国公报》第 2 期的头版。关于 1848 年春季选举的延期问题，参见 M.Dommanget, *Les Idée politiques et sociales d'Auguste Blanqui*, Paris, 1957。

26. 要指出的是，塞梅里赞颂了布朗基。

27. F.Pyat, *Aux paysans de la France*, 在 1849 年 2 月 24 日的宴会上向农民发表的简短演说, s.l.n.d., p.1。

28. E.Tenot, *Le Suffrage universel et les Paysans*, Paris, 1865, p.13。

29. G.Sand, *Journal d'un voyageur pendant la guerre*, p.25（1870 年 9 月 24 日的杂志）。1848 年，她已经以这种观点进行思考。参见她在 1848 年 3 月 9 日致历史学家亨利·马

尔丹的信:"乡村的人口……并没有主动性。他们并不知道。这是为变得肥沃而期待着阳光的土块。"(G.Sand, *Correspondance*, Paris, Garnier, 1971, t. Ⅷ, p.332)

30. 参见 P.De La Gorce 在 *Histoire du Second Empire*, Paris, 1903, t. Ⅵ, p.116。

31. E.Sémérie, *La République et le Peuple souverain*。他写道:"至高无上的人民就是农民,而普遍选举导致了 la paganocratie。"(第19页)此外,他还写道:"农民几乎天生不具有公民生活的秉赋。他丝毫不理解使城市激动、行事与鼓动起义的重大的人类问题……城市与乡村在政治上的区别,有如医学上的大脑与胃的区别。因而,在已经令人对此大笑之后,它在今天甚至令平等主义者亦对这一点印象深刻。"(p.17, p.15)。塞梅里同时写道:"一种新的无神论变得必不可少,这就是针对'多数'之神的无神论。"

32. 泰纳由此在 1871 年 12 月 5 日的一篇文章当中指出:"农村人口的无知与盲从令人震惊……农民整天忙于田间,而农业劳动把人的思想钉在了土地上。"(此文后收入 H.Taine, *Du suffrage universel et de la minière de voter*, Paris, 1872, p.25)勒南在 1870 年 9 月从他的角度指出:"我更喜欢人们对准屁股踢上几脚的农民,而不是由普遍选举使其成为我们的主人的像我们的农民那样的农民。农民究竟是什么?它是已经把这一政府强加于我们,并使我们忍受了20年的文明的低级成员。"E. et J.Goncourt, *Journal. Mémoires de la vie littéraire, 1864—1878*, Paris, 1956, t. Ⅱ, p.595)共和派、自由派和保守派为使农民对帝国承担责任而重逢。关于这种观点,参见 D.Saint-Pé, *Les Paysans et le Suffrage universel*, *Études sociales et politiques*, Paris, 1869。

33. 出版于 1888 年的《土地》。这部小说尤其包含了第二帝国末期的内容。关于这一极为严厉的文本,参见 F. Boissin, *Le Paysan dans le roman contemporain*, Paris, 1888, 以及 G.Rrobert, *La Terre d'Émile Zola. Étude historique et critique*, Paris, 1952。在 19 世纪 70 年代,茹勒·盖德是少有的以进步主义方式描绘农民的人之一,他使人联想到农民怀有对巴黎公社的暗地里的同情。(参见他出版于 1871 年的 *Livre rouge de la justice rurale*)。

34. 1885 年 8 月 30 日在波尔多的演讲,载 *Discours et opinions de Jules Ferry*, t. Ⅶ, pp.41—42。这一演说将激烈地遭到不少共和派人士的批评,这些共和派人士觉得其对农村的投票的信任过于乐观。

35. 关于这一问题, E.Berenson 的文章 "Politics and the French peasantry: the debate continues", *Social History*, vol. Ⅻ, nº, 1987 年 5 月, 非常有用地搞清楚了 1960 年代以来的著作与争论。人们将根据征兆注意到, 19 世纪的共和派已经降低了当代历史学家揭示的农民对 12 月 2 日政变的抵制的重要性(参见 T.W.Margadant, *French*

Pensants in Revolt.The Insurrection of 1851, Princeton University Press, 1979)。

36. 参见 A.Thabault, 1848—1914, *L'Ascension d'un people. Mon village, ses hommes, ses routes, ses écoles*, Paris, 1944, 以及 J.-J.Weiss, *Combat constitutionnel 1868—1886*, Paris, 1893(尤其参看非常值得注意的 pp.103—111,作者在这几页里显示了农民具有这样一种特征,即"关心其建立在明确的利益、习俗和伦理之上的实际的政治",相反,其他类别的人们则关心"观念的政治,或时尚的政治";该作者在这一基础上确切地分析了拿破仑三世对农民的政策。在作者看来,农民的政治行为远非愚蠢,相反,它是合理的,并且是卓有成效的)。

37. 1870 年 4 月 19 日在青年宴会上的演讲,载 *Discours et plaidoyers politiques de M. Gambetta*, t. I, p.253。

38. 1872 年 9 月 25 日的演讲,同上书,t. III, p.87。

39. A.Fouillée, "la philosophie du suffrage universel", *La Revue des Deux Mondes*, 1884 年 9 月 1 日, pp.104—119。

40. E.Renan, *Prière sur l'Acropole*(1876), 载 *Œuvres complètes d'Ernest Renan*, Paris, Calmann-Lévy, t. II, 1881, p.21。

41. 1871 年 6 月 26 日的论述,载 *Discours et plaidoyers politiques de M. Gambetta*, Paris, t. II, 1881, p.21。

42. 由《晨报》发起的全国性的征文大赛(参见:*L'Éducation de la démocratie. Mémoires primés au concours*, Paris, s.d.)。

43. Rabaut Saint-Étienne, *Projet d'éducation nationale*(1792 年 12 月 21 日),重刊见 B.Baczko, *Une éducation pour la démocratie, textes et projets de l'époque révolutionnaire*, Pair, Garnier, 1982, p.298。

44. 参见 M.Ozouf, *L'Homme régénéré. Essais sur la Révolution française*, Paris, Gallimard, 1989 以及 *L'École de la France.Essais sur la revolution, l'utopie et l'enseignement*, Paris, Gallimard, 1984; D.Julia, *Les Trois Couleurs du tableau noir*, la Révolution, Paris, Belin, 1981; B.Baczko, "Former l'homme nouveau. Utopie et pédagogie pendant la Révolution française", *Libre*, 8, Payot, Paris, 1980。同时也可参阅 J.R.Vignery, *The French Revolution and the Schools.Educational Policies of the Mountain, 1792—1794*, Madison, 1965。

45. 其于 1793 年 7 月 13 日在国民公会上所作的报告。这一报告后收入 Robespierre, *Textes choisis*, Paris, Éd. sociales, 1973, t. II, (ici p. 159)。

46. Mirabeau, *Travail sur l'éducation publique*, 载 B.Baczko, *Une éducation pour la démocratie* [...], pp.72—73。

47. 1794 年 4 月 20 日关于 "La théorie du gouvernement démocratique" 的报告，*Moniteur*, t. XX, p.263。
48. Rousseau, *Du contrat social*, livre II, chap. VII.
49. 参见在近期出版的下述著作中的出色的梳理：Ph.Stock-Morton, *Moral Education for a Secular Society. The Development of "Morale Laïque" in 19th Century France*, Albany, Suny, 1988。
50. 关于这一点，请参见 C.Kintzler, *Condorcet, l'instruction publique et la naissance du citoyen*, Paris, Le Sycomore, 1984; Fr.Vial, *Condorcet et l'éducation démocratique*, Paris, 1906 (Slatkine 重新修订), 亦可见 B. Baczko, *Une éducation pour la démocratie* [...], 以及 D.Julia, *Les Trois Couleurs du tableau noir, la Révolution*。我们同时也可参见 O.Gréard, *La Législation de l'instruction primaire de 1789 à nos jours*, Paris, s.d., t. I, *1789—1833*, 以及 A. Sicard, *L'Éducation morale et civique avant et pendant la Révolution* (*1700—1808*), Paris, 1884。
51. 他于 1792 年在其《关于公共教育的总体组织的报告》当中写道："只要存在着会不服从他们独自的理性、将外人的看法作为他们自己的看法的人，这些装出来的看法就不会成为有用的真理。人类同样将被分成两类人，即进行思考的人与相信别人的人，或主人与奴隶。"（载 B.Baczko, *Une éducation pour la démocratie* [...], p.185）
52. *Journal d'instruction sociale* 的简介，1793，pp.9—10。
53. 参见 M.Vallois, *La Formation de l'influence kantienne en France*, Paris, s.d.（1924）和 J.-L.Fabiani, *Les Philosophes de la République*, Paris, Éd. de Minuit, 1988。关于康德首次被引入法国的研究，请参阅 Fr.Azouvi 和 D.Bourel, *De Königsberg à Paris. La Réception de Kant en France* (*1788—1804*), Paris, Vrin, 1991。
54. 关于让·马塞和教育同盟的历史，主要可参看 K.Auspitz, *The Radical Bourgeoisie. The Ligue de l'enseignement and the Origins of the Third Republic, 1866—1885*, Cambridge University Press, 1982 以及 J.Macé, *La Ligue de l'enseignement à Beblenheim, 1862—1870*, Paris, 1890（其重现了许多关于该同盟的起源的有意思的文献）。也可参见 A. Dessoye, *Jean Macé et la fondation de la Ligue de l'enseignement*, Paris, 1883, 以及 É.Petit, *Jean Macé, sa vie et son Œuvre*, Paris, s.d.
55. 他在 1848 年初的文章后收入 J.Macé, *L'Avènement du suffrage universel, janvier-février 1848*, Paris, 1879。
56. 文章载于 *L'Industriel alsacien*, 1861 年 12 月，重新刊载于 J.Macé, *La Ligue de l'enseignement à Beblenheim* [...], p, 36。
57. 同上书，p.15。

58. Placard Illustré, "Un grand ami des enfants: Jean Macé", s.d.
59. 这些信件重刊于 J.Macé, *La Ligue de l'enseignement à Beblenheim* [...], p.30。
60. 同上书, p.204。
61. E.Spuller, "Histoire de la Ligue de l'enseignement", *Éducation de la démocratie*, Paris, 1892, p.190.
62. J.Macé, *Les Idées de Jean-François*, Paris, 1872—1873, 8 卷。
63. 同上书, t. Ⅶ: *Jacques Bonhomme à ses députés.La France à Jacques Bonhomme*, Paris, 1873, p.45。
64. P.Lalot（此为欧内斯特·拉维斯的笔名）, *La Première année d'instruction civique*, Paris, 1881（第三版）, p.145。
65. P.Bert, *De l'éducation civique. Conférence faite au palais du Trocadéro le 6 août 1882*, Paris, p.15.
66. J.Macé, *Les Idées de Jean-François*, t. Ⅳ: *La Vérité du suffrage universel. Avant, pendant et après*, Paris, 1872, p.53.
67. 最初定为 6 年, 这一期限经国民公会的讨论被延长。
68. 夏尔·拉克洛瓦, 共和三年穑月 24 日的讨论（*Moniteur*, t. XXV, p.227）。
69. 重刊于 B.Baczko, *Une éducation pour la démocratie* [...]。
70. 同上书, p.513。
71. 据我所知, 只有夏尔-安托万·泰斯特恢复了这种想法。在其于 1833 年在巴黎出版的《共和国宪法草案》中, 这位比奥纳罗蒂和伏瓦耶·达尚松的友人写道:"平等的基本原则希望每个属于国民, 并拥有运用理性的能力者皆为公民并组成人民, 问题不再在于人们根据何种迹象才能够承认某人完全具有推理能力以及真正地属于国民。"（p.11）他的方案的第 8 条对第一项条件作出了答复:"在……年之后, 任何出身于法国者, 若没有证明其接受了国民教育, 即不得被允许进行公民宣誓, 以及不得享有公民权利。"（p.46）
72. 1849 年 2 月 15 日被弃置的方案. 参见 *Procès-verbaux de l'Assemblée nationale*, Paris, 1849, t. Ⅷ（讨论 pp.84—87）。
73. 其承认因为这一原因而对采用这样一种措施持保留态度的雷米扎在几年后指出:"正是在农村的选民当中, 其要求人们能够读写的法律将遭到最大限度的孤立。"（"Les élection de 1863", *La Revue des Deux Mondes*, 1863 年 7 月 15 日, p.264）
74. A.De Lamartine, *Le Passé, le présent, l'avenir de la République*, pp.247-248（斜体由他本人所确定）。但是, 拉马丁反对一切对人民大众的"追溯既往的排斥"。
75. 转引自 P.De La Gorce, *Histoire du Second Empire*, t. Ⅳ, p.209。

76. E.Spuller, *Histoire parlementaire de la seconde République*, p.20.
77. "我们从一开始就没有懂得在普遍选举当中存在着困惑与'巨大'(de colossal)。至于我,我对看到普遍选举在 1848 年在没有强制性的免费教育的条款的情况下得到确立感到遗憾。"(G.Sand, *Journal d'un voyageur pendant la guerre*, p.163; 1870 年 11 月 5 日的日记)
78. 参见他 1865 年 4 月 8 日的演说,该演说后收入 *La Politique radicale*, Paris, 1868。若要对在 19 世纪的关于教育与投票权的关系的辩论或立法予以比较,可参看: E.A.Poulopoulo, *Le Vote des illettrés*, Paris, 1923。
79. 1871 年 12 月 15 日与梯也尔一致提出的提案。重新刊载于 *Annales de l'Assemblée nationale*, Paris, 1872, t. VI, annexe n°714。在他们之前,埃罗德与克拉特里已相继提出过方向与之相同的提案(前者在 1869 年提出,后者在 1870 年提出;这两个人都提出把具有读写能力的个人列入选民名单,并在实施这一措施之前规定一个过渡期)。
80. 茹勒·费里、甘必大、茹勒·西蒙以及主要的共和派人士为此在于 1870 年 2 月 21 日提交的关于免费和义务教育的法案(*Annales su Sénat et du Corps législatif*, session de 1870, t. II, p.40)中提出剥夺那些未让其子女履行就学义务的父母担任市镇中的公职的资格。
81. A.Naquet, La République radicale, p.172(参阅全章 "De l'instruction primaire")。
82. 关于这些问题,见下述奇特而资料丰富的著作: Alexandre Pilenco, *Les Moeurs électorales en France. Régime censitaire*, Paris, 1928, 以及 *Les Moeurs du suffrage universel en France (1848–1928)*, Paris, 1930。
83. 参见 Prévost-Paradol, *La France nouvelle*(见第二卷第一章《论选举权》),以及 F.De Lasteyrie, *Le Paysan. Ce qu'il est, ce qu'il devrait être.Petite Etude morale et politique*, Paris, 1869。
84. F.De Lasteyrie, *Le Paysan*, p.115.
85. 当拉马丁在 1850 年写道:"学会读写的义务、亲自填写选票的指令,在未来的法律可能规定的那些道德保障之列"时,他并未得到人们的效仿(Lamartine, *Le Passé, le présent, l'avenir de la République*, p.247)。
86. 让·马塞 1881 年 4 月 21 日的演说,重刊于 *Discours et plaidoyers politiques de M. Gambetta*, t. IX, 1883, p.188。1885 年,让·马塞始终没有改变意见。他说道:"这一切说起来令人悲伤。但是,普遍选举在我国确实来得过早了一些:这是一个早产儿。在拥有普遍选举之前,应当有 30 年的义务教育。可我们在拥有义务教育之前却竟然有了 33 年的普遍选举……我们应当做的正是这种普遍选举的教育。"(J.Macé,

Bulletin de la Ligue française de l'enseignement, n°31, 1885 年 6 月和 8 月, p.197)

87. 1881 年 4 月 21 日甘必大对让·马塞的回应, 载 *Discours et plaidoyers politiques de M. Gambetta*, t. IX, pp.199—200。

88. 在他下述关于"选举哲学"的文章当中:"La philosophie du suffrage universel", *La Revue des Deux mondes*, 1884 年 9 月 1 日, pp.124—125。比利时 1883 年 8 月 24 日的选举法确立了一种考查智力方面的能力的制度。由一个审查委员会对候选人进行与选举有关的考试, 这一考试包括以下关于比利时的伦理、历史与地理, 以及关于制度、阅读、写作和计算方面的简单问题。某些文凭的拥有者和某些职业的从业人员可免试。应当指出的是, 一项取得选举权的纳税额条件当时继续存在于比利时的立法当中。而通过了选举考试则得以超然地考虑这一条件(与之相反, 纳选举税者可免政治考试)。

89. 人们可在下列著述中获得有用的相关信息: P.Marie, "La bibliothèque des Amis de l'instruction du III ᵉ arrondissement", 载 P.Nora 主编, *Les Lieux de mémoire*, t. I, *La République*, Paris, Gallimard, 1984, 以及在 *Lectures et letteurs du XIXe siècle: la bibliothèque des Amis de l'instruction*, actes du colloque du 10 novembre 1984, Paris, Bibliothèque des Amis de l'instruction du III ᵉ arrondissement, 1985。关于富兰克林协会 1860—1899 年的历史, 请参阅 C.Aude 和 D.Passion 的两部回忆录(E.N.S.B., Villeurbane, 1977 和 1978 年)。

90. 主要参看由维克多·普潘在 1863 年大力推广的著名的"国民丛书"以及从 1877 年起盛行一时的"民主丛书"。

91. 从普遍选举史的角度来看, 对选举手册予以研究特别饶有趣味。这些手册以自己的方式对准民主的教育这一目标。它们往往是名副其实的关于道德和政治教育的小型论著。最早的选举手册出版于 1817 年(*Manuel électoral à l'usage de MM. Les électeurs des départements de la France*, Paris)。参见国家图书馆以"la cote Le8"的编号收藏的手册类的收藏品。

92. 转引自 E.Spuller, *Éducation de la démocratie*, p.130。

93. 同上书, p.140。

94. 1871 年 6 月 26 日的演说, 载 *Discours et plaidoyers politiques de M. Gambetta*, t. II, p.23。

95. 关于这一点, 请参阅 P.Arnaud 主编, *Les Athlètes de la République, Gymnastique, spot et idéologie républicaine, 1870—1914*, Toulouse, Privat, 1987(尤其可参考 B.Maccario 撰写的文章"Gymnastique, sport et éducation populaire.Le combat de la Ligue de l'enseignement"); A.Ehrenberg, *Le Corps militaire. Politique et pédagogie*

en démocratie, Paris, Aubier, 1983; P.Chambat, "La gymnastique, sport de la République?", *Esprit*, 1987 年 4 月; B.Lecoq, "Les société de gymnastique et de tir dans la France républicaine（1870—1914）", *Revue historique*, n°559, 1986; J.Thibault, *Sport et éducation civique, 1870—1970*, Paris, Vrin, 1972。

96. 参见他的报告 "L'éducation gymnastique et militaire", *Bulletin de la Ligue française de l'enseignement*, n°10, 1882 年 4 月 1 日, pp.73—76。
97. "La philosophie du suffrage universel", *La Revue des Deux Mondes*, 1884 年 9 月 1 日, p.129。
98. 参见 Ch. Charle 的作品, *Les Élites de la République, 1880—1900*, Paris, Fayard, 1987, 以及 *Naissance des «intellectuels», 1880—1900*, Paris, Éd.de Minuit, 1990。
99. 1872 年 9 月 26 日在格雷诺布尔的演讲, 载 *Discours et plaidoyers politiques de M.Gambetta*, t. Ⅲ, pp.110—111。
100. 关于这方面, 参看 J.- P.Rioux 在下述著作中的极为公正的评述: *Erckmann et Chatrian ou le Trait d'union*, Paris, Gallimard, 1989, p.117。
101. É.Maneuvrier, *L'Éducation de la bourgeoisie sous la République*, Paris, 1888, p.384。
102. 该数据转引自 G.Weisz, *The Emergence of Modern Universities in France, 1863—1914*, Princeton University Press, 1983, p.22。该著作汇集了对这一主题较好的研究。
103. É.Boutmy 和 E.Vinet, *Quelques Idées sur la creation d'une faculté libre d'enseignement supérieur. Lettres et programme*, Paris, 1871, p.5。同时亦可参见 E.Lavisse, *La Fondation de l'université de Berlin: à propos de la réforme de l'enseignement supérieur en France*, Paris, 1876。
104. 参见 L. Liard, *L'Enseignement supérieur en France, 1789—1893*, Paris, 1894, t. Ⅱ, pp.355—357。
105. É.Boutmy 和 E.Vinet, *Quelques Idées sur la creation d'une faculté libre d'enseignement supérieur*, p.6。
106. 同上书。不过, 人们要指出的是, 虽然布特米的目标与那些想创办法国的大学的人的目标相同, 不少共和派人士仍将批评私立政治科学院, 觉得该院过于受到学生的社会出身的影响（关于这一点, 请参阅 A.Bellessort, *Les Intellectuels et l'avènement de la Troisième République*, Paris, 1931, pp.72—73）。
107. 参见 P.Favre, *Naissances de la science politique en France, 1870—1914*, Paris, Fayard, 1989; T.R.Osborne, *A Grande École for the Grands Corps. The Recruitment and*

Training of the French Administrative Elite in the Nineteenth Century, New York, distribué par Columbia University Press, 1983, 以及 P.Rain, *L'École libre des sciences politiques*, Paris, F.N.S.P., 1963。

108. É.Boutmy 和 E.Vinet, *Quelques Idées sur la création d'une faculté libre d'enseignement supérieur*, p.15。
109. 例如，莱翁·布尔热瓦觉得问题在于在一个"意志被操控在至高无上的大众之手"的国家，以及想法被零乱地分散在这一人数巨大的群众之中的国家里确保"意识和意志的统一"。何谓其解决方法呢？其解决方法存在于"一种强有力的高等教育的组织之中"。(1892 年 3 月 11 日在参议院关于大学的法案的讨论中发表的演说，载 L.Bourgeois, *L'Éducation de la démocratie française*, Paris, 1897, pp.54—55)
110. 勒南在 1864 年的一篇文章《法国的高等教育》(此文后收入勒南全集的第一卷)中第一个提出了这种纲领。同时可参见 L.Rétat, "Renan et les problèmes de l'enseignement supérieur", *Commentaire*, n°27, 1984 年 10 月。欧内斯特·拉维斯将在 19 世纪 80 年代和 90 年代重述这些主题和勒南的这些论点。
111. L.Liard, *L'Enseignement supérieur en France*, t. II, p.344.
112. 参见 M.Ozouf, "Le concept d'opinion publique au XVIIIe siècle", 载 *L'Homme régénéré. Essais surla Révolution française*。
113. É.Boutmy 和 E.Vinet, *Quelques Idées sur la création d'une faculté libre d'enseignement supérieur*, p.6。
114. A.Fouillée, *Les Études classiques et la Démocratie*, Paris, 1898, p.1.
115. 同上书, p.224。
116. 关于这一点，参看下述著作中的出色说明：H.Chisick, *The Limits of Reform in the Enlightenment: Attitudes towards the Education of the Lower Classes in Eighteenth-Century France*, Princeton University Press, 1981。人们将注意到，大革命期间的大部分教育改革方案(尤其是孔多塞、塔列朗和罗姆的方案)继续把教育水准与社会组织和劳动分工的严格要求紧密连接在一起。
117. A.Fouillée, *Les Études classiques et la Démocratie*, p.62.
118. 他写道："我们拥有足够多的通过中学会考者，足够多的'知识方面的无产者'，却没有增加快乐的心灵的数目。"(同上书, p.163)。富耶进一步指出："民主当然不在于取消和拉平一切智力教育和德育教育方面的差别，不在于为所有的人而缩小和降低眼界，不在于使所有的人变为凡夫俗子。人民在这种民主当中将一无所获；相反，人民最大的利益是具有某种高于其自身的事物，在这一事物当中，他能够向往和达到一种并非封闭、并未设立特权阶级的上等阶级……使整个教育变为初级与平民教育、克服教育领域中的一切等级制、使精英消失在教育之中是危险的,这在一个共和国当中尤其如此。"(pp.231-232)人们将注意到面对存在知识分子过剩的危险的极端不安,以及让教育达到使每个人各安其位的程度的意愿似乎在这一时期极为突出。关于18世纪的这个问题,可参阅 H.Chisick, *The Limits of Reform in Enlightenment*[...]。

119. 参见 S.Citron, "Enseignement secondaire et idéologie élitiste entre 1880—1914", *Le Mouvement social*, n°96, 1976年7月—9月。在其于1925年出版的著作 *La Barrière et le Niveau* 当中,爱德蒙·戈贝洛第一个揭露了这种等级化教育组织的设想的阶级特征。

120. Fr.Vial, *L'Enseignement secondaire et la Démocratie*, Paris, 1901, p.61.

121. 同上书, p.64。

122. 同上书, p.65。

123. 同上书, p.68。

124. A.Fouillée, "La philosophie du suffrage universel", *La Revue des Deux Mondes*, 1884年9月1日, p.127。

125. Ch. Bigot, *Les Classes dirigeantes*, Paris, 1875, p.244。

126. 这一问题成了18世纪末的不少"社会学家"关注的中心,它涉及伊祖雷之类的人在《现代国家》(第二版,1895年)中的苦心完成但仍欠合理的理论,或者是塔尔德之类的人在《舆论与群众》(1901)中的深刻得多的思考。

127. 关于这一模式,参见 D.C.Moore 的概论, *The Politics of Deference. A Study of the Mid-Nineteenth Century English Political System*, Hassocks(Sussex), Harvester Press, 1976。

128. 于1837年刊载在《两个世界评论》上,后收入 *Des intérêts nouveaux en Europe depuis la Révolution de 1830*, Paris, 1838, t. I, p.137。他继续说道:"也许,未来将看到被作为要么是政治上,要么是行政上的等级制的不同等级之被选资格条件强行规定的科学的测验。于是,国家统治权将始终获得一种超越它的界限。"

129. 例如,可参看社会改革家 Jean-Baptiste Godin 在其下述著作中作出的详述: *Le Gouvernement. ce qu'il a été, ce qu'il doit être*, Paris, 1883(在其《论职业与能力》一章当中,他建议系统地把会考程序与选举程序作为同一种选择程序的两个环节连接起来)。

130. 因而,它并非仅仅涉及一种阶级对立。人们在这一点上可以对下述资料详实的文章予以讨论:M.Offerlé, "Illégitimité, et légitimation du personnel politique ouvrier en France avant 1914", *Annales E.S.C.*, 1984年7月—8月。

131. 人们可在巴雷斯的下述文集当中找到他的这种取向的很好的例子: Maurice Barré,

Scènes et doctrines du nationalisme, Paris, 1925, 2卷。

132. 参见 "Le programme du parti ouvrier", 载 J. Guesde, *Textes choisis, 1867—1882*, Paris, Éd.sociales, 1970, p.117。

133. J.Guesde, "Révision sociale", *Le Socialiste*, 1893年1月1日。关于茹勒·盖德和他的友人对普遍选举的态度, 人们可在下述著作当中发现饶有趣味的内容: Cl. Willard, *Le Mouvement socialiste en France (1893—1905): les guesdistes*, Paris, Éd. sociales, 1965。

134. 盖德在1898年写道: "在一切依仗共和国名声的党派当中, 只有一个党派真正地、完全地是共和派, 因为只有它愿意, 以及只有它能够创立真正的共和国、全面的共和国。这就是社会主义党工人党。"(J.Guesde, "République et socialisme", *Le Socialiste*, 1898年9月4日)

135. H.Aimel, "Le suffrage universel et la revolution sociale", *La Revue socialiste*, vol. XV, 1892, p.567. 他继续道: "普遍选举, 这就是民主制度的灵魂本身。它是明天的社会主义制度之必不可少、无法避免的基础。"

136. J.Jaurés, "Vues politiques", *La Revue de Paris*, 1898年4月1日, p.580。

137. 饶勒斯指出: "应当降低实际上排斥了处于流动状态的无产阶级的选举权的住所条件。"(同上)此外, 与盖德一样, 饶勒斯赞同妇女参加选举。

138. "République et socialism", *Le Socialiste*, 1898年9月4日。关于作为法国大革命的观念与运动之延伸, 以及作为工业化和阶级斗争之产物的法国的无产阶级, 参见下述论著当中的分析: T.Judt, *Le Marxisme et la gauche française*, 1830—1891, Paris, Hachette, 1987, 以及M.Perrot的分析, "On the formation of the french working calss", 载 I.Katznelson 和 A.Zolberg, *Working Class Formation. Nineteenth Century Patterns in Western Europe and the United States*, Princeton University Press, 1986。

139. 见傅立叶主义者的小册子: V.Considerant, *La Solution ou le Gouvernement direct du people*, Paris, 1850年12月, 以及 M. Rittinghausen, *La Législation directe people ou la Véritable Démocratie*, Paris, 1850年12月, 也可参见赖德律-洛兰的小册子, *Du gouvernement direct du people*, Paris, 1851, 德·热拉尔丹的小册子 *L'Abolition de l'autorité par la simplification du gouvernement*, Paris, 1851。前三个文本在19世纪90年代的社会主义文献当中经常被引用。人们也可以参看路易·勃朗在下述著作当中对它们作出的回应: Louis Blanc 在 *Du gouvernement direct du people par lui-même*, Paris, 1851(重刊见 *Questions d'aujourd'hui et de demain* 的第一卷, Paris, 1873)。

140. 关于 19 世纪 90 年代的社会主义中的直接民主观念以及这些市镇投票的经验，参见 I.Bullock 和 S.Reynolds, "Direct legislation and socialism: how british and french socialists viewed the referendum in the 1890's", *History Workshop*, n°24, 1987 年 10 月; Gavard, "Les formes nouvelles de la démocratie", *La Nouvelle Revue*, 1892 年 5 月 15 日; A.Sarraut, *Le Gouvernement direct en France*, Paris, 1899（资料翔实的论文），直接民主观念尤其在让·阿列曼、保尔·布鲁斯、伯努瓦·马隆与爱德华·瓦扬等人身上表现出来（参看他们的著作以及下述两篇发表在《社会主义评论》第 9 卷中的文章: É.Laveleye, "Le referendum", 1889 年 3 月，以及 A.Bonthoux, "La legislation directe", 1889 年 3 月）。

141. 在众议院提出的旨在确保所谓的普遍选举的普遍性的法案，见 *Annexe au process-verbal de la séance du 30 janvier 1894, Impressions*, n°337。人们注意到，与 1874 年的共和派一样，他们承认住所条件对于市镇选举可能更为严格，在这方面谈到了"住所的见习期"的合法性。该提案指出："假如人们拒绝给我在一个我所不属于、我只是路过、我只是在昨天住过以及明天将不再居住的一个地方（不管它是在城市还是农村）的管理当中的介入权：这一点就说明了原因。"

142. 同上书，p.3。

143. 1898 年 7 月 4 日提出和通过的法案（参见 *Annales de la Chambre des députés, débats parlementaires, session ordinaire de 1898*, t.Ⅱ, pp.300-301）。（一个具有同样名称的新的委员会在 1902 年根据社会党人的提议重新被任命）。

144. 参见 1902 年 6 月 23 日提交的社会党人的两项提案：前一项提案"旨在确保投票的秘密与自由"；后一项提案"旨在确保选举行为的真诚"。（众议院，*Annexes au procès-verbal de la séance du 23 juin 1902, Impressions*, n°ˢ 113 和 114）

145. 1892 年 11 月 14 日致 Jules Guesde 的信，转引自 Cl.Willard, *Le Mouvement socialiste en France* […], p.71。

146. 关于社会党人在区别共和主义价值观与共和主义党派方面的困难，参见 A.Bergounioux 和 G.Grunberg, *Le Long Remords du pouvoir.Le Parti socialiste français, 1905-1992*, Paris, Fayard, 1992。

147. 参见 P.Birnbaum, "La question des élections dans la pensée socialiste", 载 *Critique des pratiques politiques*, Paris, Galilée, 1978。

148. J.Jaurés, "La socialisme et le radicalisme en 1885", *Discours parlementaires* 的介绍, Paris, 1904, t.Ⅰ, p.96。

149. 关于蒲鲁东对普遍选举的有机论的批评，参看其汇编在下列文集中的文本: *Mélanges, articles de journaux 1848-1852*, t.Ⅰ, Paris, 1868, 另可参阅其"政治遗嘱"：*De la capacité politique des classes ouvrières*，Paris，1865。
150. 艾米尔·普热在其发表在 *Père peinard* 上的文章以及小册子当中，不无蔑视地诋毁"投票的家伙"以及指责普遍选举把权力赋予了"头脑不清者"和"行动迟缓者"。
151. 参见 Ch.Péguy，"Le ravage et la reparation"，*La Revue blanche*，1899 年 11 月 15 日（后收入 *Œuvres en prose complètes* 卷 1，Paris，Gallimard，"Bibl. de la Pléiade"，1987），亦可见其文章 "De la raison"，载 *Cahiers*（系列三中的第四册，1901 年 12 月 5 日）。
152. *Les Temps modernes*，1973 年 1 月。

第三编　第三章

1. 参见 André Leclère 在下述少有的致力于分析法兰西之特性的著作之一当中提供的解释：*Le Vote des femmes en France. Les Cause de l'attitude particulière à notre pays*，Paris，1929。
2. A. Fouillée，*La Revue*，1910 年 7 月 1 日，pp.454—455（回答由名为 *La Revue* 的杂志向全体作家、大学教员和政治家提出的下述问题："法国妇女应当投票吗？"）。
3. 转引自 S.C.Hause 和 A.R.Kenney，*Women's Suffrage and Social Politics in the French Third Republic*，Princeton University Press，1984，p.218。
4. Th.Zeldin，*Histoire des passions françaises，1848—1945*，t. I：*Ambition et Amour*，Paris，Recherches，1978，p.418。
5. 参见 Ch.Sowerwine，*Les Femmes et le socialisme，un siècle d'histoire*，Paris，Presses de la F.N.S.P.，1978，pp.122—125（"La S.F.I.O.et la politique des droits des femmes"），以及 *Sisters or Citizens? Women and Socialism in France since 1876*，Cambridge，1982。
6. Cl.Tillier，*Lettres au système sur la réforme électorale*，载 *Pamphlets*（*1840—1844*），Marius Gerin 校，Paris 和 Nevers，1906，p.99。他在结尾处发问道："有谁曾经看到过一种在薄纱帽之下栖身的政治观念？"
7. 同上书，p.100。
8. É. Regnault，"Mariage"，*Dictionnaire politique*（由 Garnier-Pagès 作序），Paris，1842，p.570。
9. 勒尼奥如是写道："在思考婚姻的真正含义时，妇女有着不同于其丈夫的意愿，以及丈夫有着不同于其妻子的意愿，即犯有一种精神上的通奸罪。"（同上）。蒲鲁东也从这一角度来进行思考："假设妇女可以在人民议会当中的投票与其丈夫相悖，就是假设他们已处于不和谐状态，并准备离婚。"（Proudhon，*La Pornocratie ou les Femmes dans les temps modernes*，Paris，1875，p.59）

10. 参见 É.Thomas, *Les Femmes en 1848*, Paris, 1948。人们同样可在下述著作的综合论述当中获得可资参考的内容。M.Albistur 和 D.Armogathe, *Histoire du féminisme français du Moyen Âge à nos jours*, Paris, Des Femmes, 1977。

11. Claire B.(Bazard), "De la difficulté de définir la femme", *L'Opinion des femmes*, n°2（1849年3月), p.2。

12. 见其致中央委员会成员的信（巴黎, 1848年4月中旬), 她在信中有力地阐述了在1848年为何妇女要求政治权利的时机尚未到来。载 *Correspondance de George Sand*, Paris, Garnier, 1971, t. VIII, pp.400—408。

13. 参见《共和国公报》的社论: *Bulletin de la République*, n°12, 1848年4月6日。

14. *Société fraternelle centrale, Sixième Discours du citoyen Cabet. Séance du 19 mars*（1848), s.l.n.d., p.14。

15. 参见宪法委员会1848年6月12日的会议记录: "孔西特朗先生说, 在一项人们同意赋予乞丐、家仆投票权的宪法里, 不允许妇女拥有投票权是不合逻辑与不公正的。"(P.Craveri, *Genesi di una costituzione, libertà e socialismo nel dibattito costituzionale del 1848 in Francia*, Naples, Guida editori, 1985, p.192)

16. 关于这一点, 参见 M.T.Bulciolu, *L'École saint-simonienne et la femme。Notes et documents pour une histoire du dôle de la femme dans la société saint-simonienne, 1828—1833*, Paris, Goliardica, 1980（其包含饶有趣味的对文本的选择); J. D'Ivray, *L'Aventure saint-simonienne et les femmes*, Paris, 1930; M.Thibert, *Le Féminisme dans le socialisme français de 1830 à 1850*, Paris, 1926。

17. 普罗斯佩·昂方坦致夏尔·迪韦尔热埃的信, 重刊于 M.T.Bulciolu, *L'École saint-simonienne et la femme*, p.54。昂方坦在另一个文本当中指出: "上帝赋予我这样的使命, 即呼吁让无产阶级和妇女有一种新的命运, 使他（她）们进入神圣的人类大家庭——迄今为止, 他（她）们尚被排斥在这一大家庭之中, 或仅仅在这一大家庭中被当作次等的成员。"也可参阅 E. A. Casaubon, *Le Nouveau Contrat social ou Place à la femme*, Paris, 1834。

18. 转引自 M.T.Bulciolu, *L'École saint-simonienne et la femme*, p.10。这一提法将持续在圣西门主义者的文本里被重述。

19. 重刊于 M.T.Bulciolu, *L'École saint-simonienne et la femme*, p.195。也可参见最近的修订本, Cl.Démar, *L'Affranchissement des femmes*, 由 V. Pelosse 汇编, Paris, Payot, 1976。

20. 关于这一时期, 参见 S.C.Hause 和 A.R.Kenney, *Women's Suffrage and Social Politics in the French Third Republic*（关于该主题最完整的作品); L.Klejaman 和 F.Rochefort,

L'Égalité en marche. Le Féminisme sous la troisième République, Paris, Presses de la F.N.S.P., 1989; P.K.Bidelman; *Pariahs Stand up!*; *the Founding of the Liberal Feminist Movement in France, 1858—1889*, Westport (Conn.), Greenwood Press, 1982; S.Grinberg, *Historique du mouvement suffragiste depuis 1848*, Paris, 1926。

21. 参见 S.C.Hause, Hubertine Auclert, *The French Suffragette*, New Haven, Yale University Press, 1987。
22. *La Citoyenne*, 1882年2月19日，载 H.Auclert, *La Citoyenne, Articles de 1881—1891*, Paris, Syros, 1982, pp.85—86。
23. 首次发表于1885年8月15日的 *Le Rappel*。
24. M.Vérone, *Pourquoi les femmes veulent voter*, Paris, 1923, p.15.人们可以注意到的是，在《女公民》这一由蓓蒂娜·奥克莱尔创办的报纸的每一期均有这样一幅图画，画面中分别有一男一女各自把一张选票投入选票箱。人们在男人的上方可读到"战争"一次，而在女人上方则是"和平"一词。在选票箱的上方，有一条告示写着："世界的和平、社会的和谐，只有在将帮助男人制订法律的妇女被包含在选举之中时才会存在。"
25. 由改善妇女命运与争取妇女权利协会编写的标语牌（玛格丽特-迪朗图书馆的收藏品）。
26. 参见 J.Barthélemy, *Le Vote des femmes*, Paris, 1920（这是一部重要并具有代表性的著作）。
27. 例如，参见由该联盟在1925年市镇选举时发表的《告选民书》。正是为了更好地承担保障儿童、改善医院、建造廉价住房、保持街道清洁的责任，活动分子们才为获得投票权进行辩护。
28. 参见 S.C.Hause 和 A.R.Kenney, "The development of the catholic women's suffrage movement in France, 1896—1922", *The Catholic Historical Review*, 1981年1月（出色的综合），以及 A.M.Sohn, "Les femmes catholiques et la vie publique: l'exemple de la Ligue patriotique des Françaises", 载 *Stratégie des femmes*（ouvrage coll.）, Paris, Tierce, 1984。
29. 参见 R.De La Grasserie, "De l'admission des femmes au suffrage politique", *La Revue féministe*, 1896（由从2月15日至9月15日间发表的6篇系列文章组成的研究）。
30. 转引自 J.Landrieu, *Le Vote familial*, Lille, 1923, p.13（该著清楚地介绍了19世纪末20世纪初关于这一问题的所有辩论与提议），同时也可参见 A.Toulemon, *Le Suffrage familial ou suffrage universel integral. Le Vote des femmes*, Paris, 1933。这方面的简短的综述，参见 A.Béjin, "L'idée du vote familial en France de 1850 à

1950", *Population et Avenir*, 1990 年 9—10 月。

31. 参见 J.-M.Mayeur, *Un prêtre démocrate, l'abbé Lemire*（1853—1928），Paris, Casterman, 1968。

32. "女性主义"（féminisme）一词在 1837 年由傅立叶所创造，但它尚不符合目前的用法。

33. Alexandre Dumas fils, *L'Homme-Femme*, Paris, 1872, p.176. 这一作品获得了巨大的成功，先后出了 43 版。

34. 发表于 1880 年。这一标题不合常情地影射了刑法典中著名的第 324 条，该条款规定，丈夫对自己在通奸时当场被抓的妻子犯下的谋杀罪是"可以宽恕的"（因为其没得到应有的回报）。

35. 这正是艾米尔·德·热阿尔丹在 *L'Égale de l'homme. Lettre à M. Alexandre Dumas fils*, Paris, 1881 中对他予以指责之处。在 1872 年，热阿尔丹已经先后在 *L'Homme et la Femme*；*l'homme suzerain, la femme vassale*，以及 *L'Égale de son fils* 当中反驳了小仲马的第一本小册子（由这两位作者在 1872 至 1881 年间所发表的 5 个文本使人很好地了解此期的论战状况）。

36. J.S.Mill, "The admission of women to the electoral franchise", 1867 年 5 月 20 日，载 *Public and Parliamentary Speeches*, vol. Ⅰ（Collected Works, vol. ⅩⅩⅧ）, Toronto, University of Toronto Press, 1988, p.152。

37. 福塞特夫人由此在《欧洲的妇女问题》当中写道："选举权并不是被英国妇女作为一种抽象和不可剥夺的权利来要求的，它是在一种机会的基础上被要求的。"（伦敦，1884 年，p.4）关于英国妇女获得选举权，可参看下列几种近期出版的论著中的出色的综述：R.Fulford, *Votes for Women, the Story of a Struggle*, Londres, Faber 和 Faber, 1967；A.RosenO, *Rise up, Women! The Militancy Campaign of the Women's Social and Political Union*（1903—1914），Londres, Routledge 和 Kegan Paul, 1974；C.Roven, *Women's Suffrage and Party Politics in Britain, 1866—1914*, Londres, Routledge 和 Kegan Paul, 1967；S.Holton, *Feminism and Demovracy. Women's Suffrage and Reform Politics in Britain, 1900—1918*, Cambridge University Press, 1986。

38. M.G.Fawcett, *Home and Politics*（大约写于 1890 年）。这一文本后收入由 J.Lewis 主编的出色的文集，*Before the Vote Was Won：Arguments for and against Women's Suffrage, 1864—1896*, Londres, Routledge 和 Kegan Paul, 1987, p.419。

39. 载 J.Lewis, *Before the Vote Was Won* […], p.423。关于这一点，也可参见福塞特夫人撰写的标题为 "Men are Men and Women are Women" 的另一篇文章（1909 年，重新

刊载于同一文集），以及 Mary Stopes 的小册子, *The Spheres of "Man" in relation to that of "Woman" in the Constitution*.

40. H.Taylor, *The Claim of Englishwomen to the Suffrage Constitutionnaly Considered*, 载 J.Lewis, *Before the Vote Was Won* [...], p.25。

41. 关于美国妇女的选举史，我们尤其可参阅 E.C.Stanton, S.B.Anthony, M.J.Gage, *History of Women Suffrage*, New York, Arno Press, 1969, 6 卷本（其系 1881—1920 年的版本的翻印本）。该著至今仍为这方面的基本著作，并包含许多文献。以及 E.Flexner, *Century of Struggle: the Woman's Right Movement in the United States*, Cambridge (Mass.), The Belknap Press, 1959; D.Morgan, *Suffragists and Democrats. The Politics of Woman Suffrage in America*, Michigan State University Press, 1972。致力于研究各个不同的州当中的相关问题的专题论著令人失望。关于争取妇女参政权运动中的观念，最出色的著作当推 A.S.Kraditor, *The Ideas of the Woman Suffrage Movement, 1890—1920*, New York, Columbia University Press, 1965。

42. 参见 R.J.Evans, *The Feminist Movement in Germany, 1894—1933*, Londres 和 Beverly Hills, Sage Paul., 1976。

43. *Government is only housekeeping on the broadest scale*（Frances Willard, 转引自 A.S.Kraditor, *The Ideas of the Woman Suffrage Movement* [...], p.68）。

44. 参见 S.Holton, *Feminism and Democracy* 中出色的章节 "Feminising Democracy"。

45. 例如，参见 Mrs.Stanton 在这一问题上的极为鲜明的观点。

46. 关于这一问题的出色的综述见下列资料翔实的著作：L. Franck, *Essai sur la condition politique de la femme*, Paris, 1892。

47. 在后一类情况当中，妇女的选举得服从高于男子的选举税的条件。

48. H.Auclert, *Le Vote des femmes*, Paris, 1908, p.40.

49. 符合逻辑的是，维维安尼将不得不提出可投票的是寡妇和单身妇女，但是，他判断道，这些妇女比已婚妇女更深地受到教士的影响。因为这一提案，于蓓蒂娜·奥克莱尔同时愚蠢地觉得自己反过来受到了赏识。

50. Ferdinand Buisson, *Rapport fait au nom de la Commission du suffrage universel chargée d'examiner la proposition de loi tendant à accorder le droit de vote aux femmes*, Paris, Chambre des deputes, 1909（其包含了数量极多，且极为有意思的文件的附录，这些文件附录在这一报告于 1911 年以书的形式重新出版时未被收入）。

51. 关于这方面的好的文献资料，见布伊松的报告，以及 L.Franck, *Essai sur la condition politique de la femme*, 还有 J.De Massia De Ranchin, *Extension à la femme du droit*

de suffrage en matière communale, Perpignan, 1912。

52. 参见 S.C.Hause, "Women who rallied the tricolor: the effects of World War I and the French women's suffrage movement", *Proceedings of the Western Society for French history*, s.l., vol. VI, 1979（存于玛格丽特-迪朗图书馆）。

53. 参阅 Virginia Cox 的学术论文 *Le Mouvement pour le suffrage féminin pendant l'entre-deux-guerres*, Université de Paris- X-Nanterre, 1982（存于玛格丽特-迪朗图书馆）。

54. 参见 S.C.Hause, "The limits of suffragist behavior: legalism and militancy in France, 1876—1922", *The American Historical Review*, vol.LXXXVI, n°4, 1981 年 10 月。

55. A.Bérard, *Rapport fait au nom de la commission chargée d'examiner la proposition de loi adopée par la Chambre députés*, Paris, Sénat, 1919。

56. M.Mittre, *Des domestiques en France, dans leurs rapports avec l'économie sociale, le bonheur domestique, les loi civiles, criminelles et de police*, Paris, 1837。

57. 关于这一点，参阅 Fr. Pérennès, *De la domesticité avant et depuis 1789*, Paris, 1844 年 9 月。也可参见 Grégoire 院长的评论，*De la domesticité chez les peuples anciens et modernes*, Paris, 1814。

58. G.D'Eichtal, *Deuxième Lettre à un vieil ami sur les domestiques*, Paris, s.d., p.4（刊载于 *Publications saint-simoniennes* [1830—1836]. *Extraits de l'Organisateur, 1829—1831*, s.l.n.d.）也应当把 19 世纪 30 年代关于仆役状态的思考与当时吸引经济学家的关于奴隶制和自由的雇佣劳动之间的关系的辩论连接在一起。

59. 然而，这一问题仍然还间接地敞开。在 1874 年，当对市镇选举法予以讨论之际，报告人夏布罗尔由此提议按规定不要把仆人与住在家里的儿子列入选民名单，通过责成他们采取特定的活动，以及通过这种程序上的斤斤计较显示他还是在公民身份的限度内来考虑家仆的（*Annales de l'Assemblée nationale*, t. XXXII, p.506, pp.584—587）。

60. 1930 年 1 月 8 日法令。

61. 参见 T.M.Mc Bride, *The Domestic Revolution. The Modernisation of Household Service in England and France* (1820—1920), Londres, 1976。也可见 P.Guiral 和 G.Thuillier, *La Vie quotidienne des domestiques en France au XI Xe siècle*, Paris, Hachette, 1978。在 1800 年，男性家仆占家仆总数的一半，而在 1851 年与 1901 年则仅占 32% 和 17%。与此同时，家仆相对于人口的数目亦占其 1/3（参见 M.Cuisenier 的论文，*Les Domestiques en France*, Paris, 1912，这是一部资料详实的论著）。

62. 相关人员的数目不可忽略。在 1883 年，共计有 1405500 位贫民受到济贫所的救助（数据由 J.Bardoux 提供，见 *Vagabonds et mendiants devant la loi*, 第 41 页）。

63. 1975 年 6 月 30 日的法令。

64. 患有精神障碍者是从一个极为混杂的整体以及术语的不确定出发来理解的，相关的术语有："癫痫患者"、"疯子"、"白痴"、"低能儿"、"精神错乱者"、"患有精神障碍者"等等（我们提供的是 1978 年的数字）。人们将注意到，加拿大宪法以及大多数拉美国家的宪法包含了对属于同种类型的投票权的医学上的限制。关于这些措施的历史，可参看：A.Amiable, *De la capacité électorale en France et des restriction nouvelles à y apporter*, Paris, 1911）。

65. 在加拿大，这种变动同样在进行之中。加拿大联邦法院实际上已判决选举法的下列条款，即拒绝把投票权赋予那些在加拿大被称为"享有有限责任继承权的"（benéficiaires）受监护或被强制收容的精神病人的条款为违宪（1987 年 10 月 17 日）的法令，人们估计，由于这项法律，有五万精神疾病患者得以在 1988 年的立法选举中投票。

66. 参见 D.J.Kevles, *In the Name of Eugenics*, Londres, Pelican, 1986。安德烈·齐格弗里德喜欢这样说到，在 20 世纪 30 年代，为了理解美国，始终应当手持一本圣经和一本优生学的教材（参见他的著作，*Les États-Unis aujourd'hui*, Paris, 1927, 该著作用一章的篇幅详细论述了这一问题）。

67. 选举权的规定在法律上仍属于各州的权限。联邦的法律只有在这些规定违背建立在第 14、15 条与第 19 条休整条款基础之上的关于不歧视的原则时，才可以干预。参见 L.S.Foster, *The Voting Rights Act*: *Consequences and Implications*, New York, Praeger, 1985。

68. 大部分选举法未规定任何在法律上把精神错乱者排除在选民登记之外的确切程序。

69. 关于这一情况，见美国民权委员会、宾夕法尼亚咨询委员会: *The Last Suffrage Frontier*: *Enfranchising Mental Hospital Résidents*: *a Report*, Washington DC, US Commission on Civil Rights, 1978 年 6 月。

70. 关于这一点，可参阅出色的技术方面的文章 "Mental disability and the right to vote", *The Yale Law Journal*, vol.LXXXVIII, n°8, 1979 年 7 月。也可参阅 B.Ennis 和 L.Siegal, *The Rights of Mental Patients. The Basic ACLU Guide to a Mental Patient Rights*, New York, An American Civil Liberties Handbook, 1973。

71. 他们甚至被再聚集在一个中心组织，即 "儿童与青年议会全国协会" 之中。

72. 1991 年 2 月 18 日的法令承认他们的基本公民权利: 集会权、结社权、言论和出版权。关于这一问题的总体情况，参看 "Les droits de l'enfant", 载 *Problèmes politiques et sociaux*, n°669, 1991 年 12 月 13 日。

73. 在此应当提请注意的是，新的权利公约的第 12 条规定，有必要赋予儿童 "在与之相关的各种法律程序或行政程序当中直接地，或通过其代表间接地被听取其意见的可能性"。英国在 1989 年投票通过，并在 1991 年 10 月 14 日开始生效的《儿童法案》，通过赋予儿童一种配备权利的个人的法律地位，将这些儿童的不同权利予以了组织和合理化。

74. 人们有意在这一关于选举权的扩大的记叙中把处在其与某些职责的行使的联系之中的投票权问题搁在一边。这一视野中的关键问题是军人的选举问题。相关立法在 19 世纪已有了很大的演变（参见 J.-P.Charnay 的概述，*Société militaire et suffrage politique en France depuis 1789*, Paris, Sevpen, 1964）。众所周知，军人在 1875 年至 1945 年间被排除在投票之外。但是，这一点与公民权利方面的排斥毫无关系。除了避免压力与操纵的考虑本身，立法机构尤以从根本上把具有选举性质的立法权与军人象征着依附于它的特征的行政权分开为目标。这种区分的意愿随之与当选资格联系在了一起：参见至今仍涉及某些职责的不同类型的"不能兼任"（选举法第 L.46 sq. 条）。

75. 参见米拉波 1789 年 10 月 27 日在制宪议会上的演说。人们将以具有轶事性质的方式注意到，社会主义者皮埃尔·勒鲁在 1849 年提议剥夺判有通奸罪的男子的投票权，好像该男子已处于一种情感上的破产（参见 A. Le Bras-Chopard, *De l'égalité dans la différence, le socialisme de Pierre Leroux*, Paris, Presses de la F.N.S.P., 1986, p.18）。

76. 参见在致力于研究这一问题的为数甚少的文章中的一篇所提供的信息，该文章是 Ph.Ardant, "Les exclus", *Pouvoirs*, n°7, 1978。若想很好地理解注销的行政程序，请参阅：*L'Aide-mémoire à l'usage des délégués de l'Administration au sein des commissions administratives chargées de la révision des listes électorales*。

77. 某些美国法学家在这一基础上提出把罪犯的案例与精神疾病患者的案例同等对待，以便无条件地使所有的个人返回公民的空间之中，参见 *Report Relative to Voting by Prisoners and the Mentally Ill*, 1974 年 12 月 30 日，也可参阅 "The disenfranchisement of ex-felons: citizenship, criminality and 'the purity of the ballot box'", *Harvard Law Review*, 1989 年 4 月。

78. 由 1885 年 5 月 27 日的法律设置的流放刑在于把重新犯罪的犯轻罪者终身驱逐出本土。关于这项法律的意义和作用范围，参见 Robert Badinter, *La Prison républicaine*, Paris, Fayard, 1992。

79. 参见 M.Vanel 的奠基之作：*Histoire de la nationalité française d'orgine*, Paris, 1945, 以及 J.Boizet, *Les Lettres de naturalité sous l'Ancien Régime*, Paris, 1943。

80. 这一法律致力于一种极为开放的使外国人获得法国国籍的设想。

81. 关于第一种取向，参见在下述论著当中的概论：A.Girault, *Principes de colonisation et de législation coloniale*, Paris, 1927, 5卷, 以及 H. Solus, *Traité de la condition des indigènes en droit privé*, Paris, 1927。

82. 共和二年雨月16日的法令规定："所有殖民地的黑人奴隶的被奴役状态一律废除；因此，居住在法国殖民地上的所有男子，无论其肤色如何，均为法兰西公民，并享有宪法所确保的一切权利。"在这项法令之前，没有任何东西阻止身份自由的黑人投票——但此类黑人为数甚少，1792年8月23日的法令明确规定，"凡自由的公民，不管其肤色如何以及处于何种地位（处于仆役状态者除外），均得参与选举国民公会的投票。"不过，人们将注意到，意见极为分歧的制宪议会在1791年春天，在激烈的辩论（其进行于1791年5月7—14日）之后，对明确宣布在这一问题上的立场存有顾虑。

83. 布瓦西·唐格拉斯在共和三年第一个提出这种表达方式，这一表达方式随后将概括法国对殖民地的政策："同化"。

84. 转引自 A.Pérotin-Dumon, "Le mal antillais et la Révolution française", *Les Temps modernes*, 1984年12月。也可参见作者另一部著作, *Être patriote sous les tropiques: la Guadeloupe, la colonisation et la Révolution: 1789—1794*, Basse-Terre, Société d'histoire de la Guadeloupe, 1985. Alejo Carpentier 很好地描述了 Victor Hugues 在其小说《启蒙的世纪》当中的这种模棱两可。

85. 转引自 V.Schoelcher, "Suffrage universel et élections", *Polémique coloniale, 1871—1881*, Paris, 1882, t.I, p.53. 为了使本土居民安心, V.Schoelcher, 最后说道："作为最不容置疑的证据的数字表明，白人种族的成员远未被多数所压垮。"

86. 这一信息由下列著作提供：A.Girault, *Principes de colonisation et de législation coloniale*, t.II, p.561。

87. 请参阅 V.Sablé, *La Transformation des isles d'Amérique en départements française*, Paris, 1955。

88. 更为亲土著运动的观点的综合论述，可参见 Paul Leroy-Beaulieu, *De la colonisation chez les peuples modernes*, 第四版, Paris 1891。

89. J.-B.Duvergier, *Collection complète des lois, décrets, ordonnances, règlements, avis du Conseil d'État*, （以下简称 Duvergier）1865, p.405。关于这一问题的更全面的探讨，可参见 Ch.-R.Ageron, *Les Algériens musulmans et la France*（*1871—1919*）, Paris, P.U.F., 1968, 2卷。（尤其可参见其第一卷中的第13章 "L'assimilation civique des musulmans, le problème de la naturalization et de la representation politique"）。

90. 该报告后收入 Duvergier, 1865, pp.405—415。

91. 然而，1866 年 12 月 27 日关于外国人与穆斯林的市镇代表的法令赋予他们某种在市议会中的选举产生的代表（另一项颁布于 1884 年 4 月 7 日的法令显示了更多的限制）。
92. 参见 de Steeg 在参议院的报告（后收入 Duvergier，1919，pp.61—62）。
93. 部长会议的公报提到了军官和士官、某些类别的官员、法国荣誉勋位的第三等级获得者和某些战斗十字勋章的获得者。
94. *Le Populaire*，1937 年 1 月 7 日，星期四。关于 Viollette，参见 Fr.Gaspard, *Maurice Viollette. Homme politique, éditorialiste*, Pontoise, Édijac, 1986（被引用的演说未被收入这一汇编）。
95. 他通过指出："穆斯林的个人地位近似于 60 年前的犹太人的个人地位"，让穆斯林的情况更接近于犹太人的情况（*Le Populaire*，1937 年 1 月 7 日）。
96. 这已经是 V.Schoelcher 的态度。他通过指出："欧洲种族的人不再享有教育、财富和才能方面的特权"，为殖民地与母国的政治一体化的必要性，因而也就是土著的投票的必要性作了辩护（V.Schoelcher, *De la représentation directe des colonies au parlement*, Paris, 1875, p.4）。
97. 1944 年 3 月 7 日关于在阿尔及利亚的穆斯林法国人的法令。1944 年 3 月 18 日的《公报》（阿尔及尔）。
98. 1944 年 11 月 23 日的法令。
99. 1948 年 4 月 27 日的法令。V.Schoelcher 已经在其预备报告当中写道："获得再生的殖民地重新进入了大家庭。"他同样解释说，"共和国不打算再在人类家庭当中进行区别。"（V. Schoelcher, *Esclavage et colonisation*, ... É.Tersen, Paris, 1848, pp.145—152）另可参见 P.Dareste, "Le droit électoral des indigènes au Sénégal", *Recueil de législation, de doctrine et de jurisprudence colonials*，1910 年 5 月，以及 V.Chazelas, "Les droits électoraux des indigènes au Sénégal et la Révolution de 1848", *La Révolution de 1848*, t. XXV, 1928 年 12 月—1929 年 1 月。
100. 1884 年 4 月 5 日的法律明确指出，唯有居住在塞内加尔以下 4 个市镇，即圣路易、戈雷、达卡尔和鲁菲斯克的土著才是公民。立法机构的依据是以下事实，即君主制时代原有的权利只涉及这几个市镇。提交给行政法院的多项上诉将肯定这些被 1916 年 9 月 29 日的法律（这一法律的序言强调了曾为法国而战的土著居民对祖国的忠诚）重新确认的塞内加尔土著的这些权利。人们还要强调的是，多位重要的法学家对后一项对此予以肯定的法律"以令人遗憾的匆忙"被投票通过提出了批评。
101. 关于这一点可参见下述著作的详述：D.Amis, "La condition juridique des indigènes dans l'Afrique-Occidentale française", *Recueil de législation, de doctrine et de*

jurisprudence colonials，1910 年 6 月和 7 月。

102. 在 1913 年为了印度支那（但是，某些可能性以前就已存在），在 1912 年为了 l'A.-E.F 和 l'A.-O.F. 的侨民。

103. 参见 P.Lampué, "La citoyenneté de l'Union française", *Revue juridique et politique de l'Union française*，1950 年 7—9 月，以 及 Fr.Borella, *L'Évolution juridique et politique de l'Union française depuis 1946*，Paris，1958。

104. 人们在此可以将其与英国在 1848 年确定英联邦公民身份的法案进行了对比。人们注意到 1884 年的《英国国籍法案》始终对英国公民、英属领地公民、英国海外公民、英国臣民、英国的被保护者有所区别。参见 A. Dummett 和 A.Nicol, *Subjects, Citizen, Aliens and Others: Nationality and Immigration Law*, Londres, Weidenfeld and Nicolson, 1990, 以 及 Godinec, "L'évolution de la notion de citoyenneté dans la communauté des nations britanniques" 和 "Le statut commun et les citoyennetés locales dans l'Empire britannique, le British Nationality Bill de 1948", *Revue juridique et politique de l'Union française*，1947 和 1948。

105. 1956 年 6 月 23 日的法律。

106. *Journal officiel. Débats parlementaires. Chambre des députés*，session ordinaire de 1955—1956, 1956 年 3 月 16 日的会议，annexe n°1242, p.823。

107. 同上，1956 年 3 月 20 日的会议，p.1072。

108. P.-H. Teitgen, *Journal official. Débats parlementaires. Chambre des deputes*，1956 年 3 月 20 日的会议，p.1073。人们可强调的是，皮埃尔·孟戴斯-弗朗斯出于这一同样的经济方面的考虑，对在阿尔及利亚的最终一体化政策持强烈的保留态度（参见他 1956 年 2 月 7 日的信件，载 P.Mendès France, *Œuvres complètes*, Paris, Gallimard, 1987, t. IV, pp.162—163）。

109. 人们可以提及的是，美国的印第安人到 1924 年才拥有投票权，而澳大利亚的土著直到 20 世纪 60 年代才获得政治公民身份。

110. 参见 W.R.Brubaker, *Immigration and the Politics of Citizenship in Europe and North America*, New York, University Press of America, 1989, 以 及 Z.Layton-Henry 主编，*The Political Rights of Migrant Workers in Western Europe*, Londres, Sage, 1991（请特别参见 J.Rath 的一个章节，"Voting rights"）。

111. 关于这一点，请参见 P.A.Taguieff 和 P.Well 在下述著作中的出色评论："Immigration, fait national et citoyenneté"，*Esprit*, 1990 年 5 月，以及 J.Leca, *Nationalité et citoyenneté dans l'Europe des immigrations*，关于公民身份—国籍之间的关系，除了前面所引用的史学著作，人们主要还可参考下列论著：D.Schnapper, *La France de l'intégration*.

Sociologie de la nation en 1990, Paris, Gallimard, 1990; *Être Français aujourd'hui*, Paris, U.G.E. 10/18, 2 卷, 1988（由 Marceau Long 主持的国籍委员会提交给总统的报告）; D.Colas, É.Emeri, J.Zylberberg 主编, *Citoyenneté et nationalité. Perspectives en France et au Québec*, Paris, P.U.F., 1991。

112. 关于欧洲公民的设想，参阅 J.-M.Ferry, *Les Puissances de l'expérience, vol. II*: *Les Ordres de la connaissance*, Paris, Cerf, 1991。

113. 同样在马斯特里赫特协定中被决定，这一措施已经于 1989 年在原则上被 80% 的欧洲议会的议员所认可。

114. 同样，人们不该忘记马斯特里赫特协定同时为地方选举规定了一种欧洲公民，以及在加入国籍方面对每个国家进行了严格的控制。因而，这种"公民身份"并非与一种欧洲的国籍的前景联系在一起。

结论

1. 关于这一点，参看美国"深层生态学"（*deep ecology*）的倾向。

2. 除了已经引用的 Alexandre Pilenco 的取材于轶事的著作，可参见出版时间更晚的 Jean-Yves Coppolani 关于第一帝国的著作、Patrice Gueniffey 关于大革命的著作、Jean Rohr 关于第二帝国的著作。这些论著我们均已在本书当中提及。还应当参考 Calmann-Lévy 出版社宣布将在 1992 年出版的下列著作: Alain Garrigou, *Le Vote ou la vertu. Comment les Français sont devenus électeurs (1848—1914)*。

3. 在这方面，省长们的证词弥足珍贵。但是，他们仍然属于例外。不过，可参见下列近期出版的著作之一: Charles Rickard, *Vérités sur les élections*, Paris, Jean-Paul Gisserot, 1991。有待探究的基本史料是选举诉讼的史料，这类史料贯穿了早先由议会对权力进行查核的程序，或者是目前由行政法院和宪法委员会作出的干预。关于第一个方面的情况，参看: J.-P.Charnay, *Le Contrôle de la régularité des élections parlementaires*, Paris, L.G.D.J., 1964。

4. 参见 Jacques-Vincent Delacroix, *Le Spectateur français pendant le gouvernement révolutionnaire*, Paris, 共和三年: "每一位我们将交给其一张相同的（规范化的）选票的公民，将进入分成数个小房间的一间特定的房间之内，在那里，他将会不会被别人看到的情况下填写选票。"（p.237）关于法国秘密写票室的历史，可参阅 A.Garrigou, "Le secret de l'isoloir", *Actes de la recherche en sciences sociales*, 1988 年 3 月。

5. 参见 J.H.Wigmore, *The Australian Ballot as Embodied in the Legislation of Various Countries*, Boston, 1899（带有秘密写票室的投票制度在英语国家里亦被称为澳大利亚式投票，因为它于 1857 年首次在南澳州被采用）。也可参见 E. C. Evans, *A History*

of the Australian Ballot System in the United States, University of Chicago Press, 1917, 以 及 B.L.Kinzer, *The Ballot Question in Nineteenth Century English Politics*, New York, Garland Publishing, 1982。

6. Alain 1914 年 6 月 17 日 的 文 章, "Le suffrage universel et le bon sens", 重 刊 见 *Éléments d'une doctrine radicale*, Paris, 1925, p.130(同时也可参见其 1901 年 3 月 30 日的文章 "Suffrage universel", 同上书, pp.127—128)。

7. 下述著作在这种取向方面颇具代表性: J.Barthélemy, *Le Problème de la compétence dans la démocratie*, Paris, 1918; G.Deherme, *Les Forces à régler: le nombre et l'opinion publique*, Paris, 1919; H.Chardon, *L'Organisation de la République pour la paix*, Paris, 1927(他在该书当中区分了民主的两种力量: 其一为"建立在多数的选举之上的政治力量……其二为持久的行政力量或通过精英的选择构成的行政力量。" p.1)。

8. 阿纳托尔·法朗士通过指出"工人和学者倾向于相互接近, 相互融合", 定下了 1900 年 以 来 的 基 调(A.France, "Science et proletariat", *Le Mouvement socialiste*, t. IV, n°47, 1900 年 12 月 1 日, p.646)。这是勒南的主题之极左版本首次在法国得到表达。

9. 1849 年 2 月 17 日在就选举法进行第二次磋商时在国民议会发表的演说(*Compte rendu des séances de l'Assemblée nationale legislative*, t. VIII, p.137)。

10. 托克维尔在这方面极为公正地指出: "在我看来, 美国人所同意实行的陪审制度, 像普遍选举一样, 同是人民主权学说的直接结果, 而且是这种学说的最终结果……陪审团是国家的负责执法的机构。为了使社会回到稳定和统一的管理, 就必须使陪审员的名单随着选民的名单的扩大而扩大, 或者随其缩小而缩小。"(Tocqueville, *De la démocratie en Amérique*, Paris, Gallimard, 1961, t. I, pp.284—285)。

11. 1827 年 5 月 2 日关于审查委员会组织的法令。

12. 关于 19 世纪前半期中的这种批评, 人们可在下述论著当中获得不少相关材料: É.Claverie, "De la difficulté de faire un citoyen: les" acquittements scandaleux "du jury dans la France provinciale du début du XIX ᵉ siècle", *Études rurales*, n°95—96, 1984 年 7—12 月; Ch.Clauss, *Le Jury sous le Consulat et le premier Empire*, Paris, 1905; A.Esmein, *Histoire de la procédure criminelle en France*, Paris, 1882; J.-B. Selves, *Résultat de l'expérience contre le jury français*, Paris, 1808。

13. 由 1872 年 11 月 24 日的重要法律所确定的排斥与特许。

14. 在 1978 年 7 月 28 日关于刑罚程序改革的法律的框架之内。

15. 参见 R.De La Grasserie, *Des origines, de l'évolution et de l'avenir du Jury*, Paris, 1897, 以及 G.De Tarde, *La Philosophie pénale*, Paris, 1890("Le jugement" 章, 亦

可见其著作 *Études pénales et sociales* 中的章节"Le suffrage dit universel", Paris, 1892)。关于从陪审员转到专家的最出色的综合论述当推 Samuel Stern, *Le Jury technique*（*esquisse d'une justice pénale rationnelle*), Paris, 1925。

16. 不过，这些为"平衡"普遍选举的出现而对陪审团的干预范围进行的限制是自相矛盾的。从理性主义观点来看，陪审团实际上比普遍选举更"站得住脚"。公正的特性实际上是弄清楚臆测、模棱两可与不确定的状态。当任何事物均非"明白无误"时，意见的多样性是唯一的向导。勒梅尔西埃·德·拉里维埃尔出于这一原因，接受了陪审团制度，而他却丝毫没有赋予意志和舆论在政治和政府行为当中的任何地位。（他在《政治社会之基本与自然秩序》中在涉及公正的事实时指出："最大多数是我们在缺乏明证性时可为引导我们而使用的唯一办法。"载 E.Daire 主编, *Physiocrates*, Paris, 1846, t. II, p.622)。

17. 约翰·斯图亚特·密尔 1866 年 4 月 13 日在下院的演说。在 J.S.Mill, *Hansard's Parliamentary Debates*, 系列三, vol. CLXXXII, col. 1259。这是这一点解释了选举的扩大并非仅仅是来自底层的压力的结果，在某些精英眼里，它也具有某种合理性。关于这一点，参看下述非常能说明问题的文章：Gertrude Himmelfarb, "The politics of democracy: the english Reform Act of 1867", *The Journal of British Studies*, vol. VI, 1966 年 11 月。

18. 我们要强调的是，也正是这一点解释了合理选择理论为何在渗入法国的社会科学方面会如此困难和迟缓。就米歇尔·罗卡尔而言，当其在政治课堂上讲到选民"惊人的智慧"时颇具独创性（参见他于 1990 年 9 月 20 日在 Joué-lès-Tours 发表的演说)。

19. 我在这一点上诉诸于本人的拙著：*L'État en France, de 1789 à nos jours*, Paris, Éd. du Seuil, 1990。法兰西政治文化对把其地位和自主性赋予行政权概念，亦即对接受政治的决定性的维度的抵制，构成了法国宪政方面的不稳定性的一个多变的解释的要点。

20. 起初在 1817 年，继而是在 1831 年，自由派就这样为组织在省府投票而战斗。1849 年，共和派极为强烈地反对在市镇投票。蒙塔贝朗理直气壮地对他们喊道："在宪法中答应其进行普遍选举，而在选举法中却撤销普遍选举，这是在欺骗法国人民。"（1849 年 2 月 17 日的演说, *Compte rendu des séances de l'Assemblée nationale législative*, t. VIII, p.136)。

译后记

20世纪70年代以来,政治史的回归与复兴成为当代西方史学发展的一大趋势。就法国史学界而言,第二次世界大战结束后成为法国史坛霸主的年鉴学派逐渐丧失其独领风骚的地位,与此同时,曾因布罗代尔领衔的年鉴学派第二代刻意打压而长期倍受冷落的政治史研究重新焕发生机,佳作层出不穷。[*]在这一过程中,法国史学界新涌现了一批以政治史研究见长的名家。而在这些名家当中,最值得我们关注的史家之一应为本书作者皮埃尔·罗桑瓦龙(Pierre Rosanvallon 1948—)。

众所周知,1968年在法国爆发的"五月风暴"在法国社会文化史上具有分水岭的意义,包括知识分子在内的不少法国人的信念、

---

[*] 详细情况可参看吕一民、乐启良:《政治的回归:当代法国政治史的复兴探析》,原载《浙江学刊》2011年第4期,后被《中国社会科学文摘》以《抗衡年鉴学派:当代法国政治史的复兴》为题转载;以及克里斯蒂昂·德拉克鲁瓦、弗朗索瓦·多斯、帕特里克·加西亚著,顾杭、吕一民、高毅翻译的《19—20世纪法国史学思潮》,商务印书馆,2016年。无独有偶,美国史学界在这一时期也有类似倾向,相关情况可参看李剑鸣:《美国政治史的衰落与复兴》,原载《史学集刊》,2013年第6期,后收入该作者所著的《"克罗齐命题"的当代回响:中美两国美国史研究的趋向》,北京大学出版社,2016年。

心态等等,在"五月风暴"前后可谓判若两人。罗桑瓦龙,这位以研究近现代法国政治史,尤其是近现代法国政治思想史著称的历史学家同样也是如此。与当年的许多法国年轻学子或知识分子一样,罗桑瓦龙很早就有着强烈的"介入"(社会)意识。早在"五月风暴"爆发之际,当时就读于巴黎高等商学院(HEC Paris)的罗桑瓦龙就加入了法国第二大工会组织——法国民主劳工联合会(CFDT)的学生组织。毕业后,他担任了法国民主劳工联合会的专职顾问,同时出任由他创办的法国民主劳工联合会的机关刊物《今日法国民主劳工联合会》主编。此期的罗桑瓦龙在思考"后五月风暴"时期的左派政治理论方面用力甚勤,并在20世纪70年代成为他所倡导的自治管理运动的重要理论家。

始自1977年,罗桑瓦龙回归"书斋",先后执教于巴黎第九大学、法国社会科学高等研究院。在法国社会科学高等研究院任职期间,罗桑瓦龙深得时任社会科学高等研究院院长、以《思考法国大革命》一书声名远扬,并在1997年当选为法兰西学(士)院院士的弗朗索瓦·孚雷(Francois Furet,1927–1997)的赏识,很快就被委以社会科学高等研究院研究主任、政治学博士点负责人的重任。作为20世纪晚期法国史坛迅速崛起的一位名家,罗桑瓦龙在2001年入选法兰西公学院,执掌近现代政治史的教席。凡对法国知识体制稍有了解的人都知道,这一当选充分表明,罗氏已登上了当今法国知识界象牙之塔的塔顶。

罗桑瓦龙精力充沛,笔耕不辍,著述甚丰,择其要者有:《工人自治的时代》(1976)、《乌托邦的资本主义:市场观念的历史》(1979、1989、1999)、《福利国家的危机》(1981、1984、1992)、《基佐时代》(1985)、《1789年以来的法国国家》(1990)、《不可能的君主制——1814、1830年宪章史》(1994)、《新的社会问题——对福利国家的重新思考》(1998)、《新的不平等时代》(1998)、《为了一种政治概念史》(一译《捍卫政治概念史》,2003)、《法兰西政治模式:1789年至今公民社会与雅各宾主义的对立》(2004)、《反民主:不信任的时代的政治》(2006)、《民主的正当性：公正、自反性、相近性》(2008)、《平等社会》(2011)、《隐藏者的议会》(2014)、《好政府》(2016)。此外他还在许多著名的学术刊物以及著名的集体著作或论文集中，如乔治·杜比、米歇尔·佩罗主编的《妇女与历史》(1993)、基思·贝克等人主编的论文集《法国大革命与近代政治文化的创立》(1987、1989)中发表了不少论著。这些论著均以清晰、深刻、材料丰富的特点给人留下深刻的印象。

不过，给入选法兰西公学院之前的罗桑瓦龙带来最大声誉的还是本书与以下两部著作：《无法寻找的人民——法国民主代表制史》(1998)、《未完成的民主——法国人民主权史》(2000)构成的探讨法国近现代政治史的三部曲。尤其是作为这一"三部曲"开篇之作的本书，更是在问世后不久就被誉为"里程碑式的作品"。

罗氏的这本著作可谓立意高远，宏论迭出。值得一提的是，作者虽然在构思时力图从大处着眼，但在撰写过程中却每每谨慎地从小处着手。由此，理论架构与实证研究得到了较为完美的结合。此与时下某些因过度追求理论化而失之虚夸浅薄，或缺少理论、近乎为考证而考证的相关著作形成了鲜明的对照。更难能可贵的是，虽然罗桑瓦龙基本是从历史沿革角度来探讨法国普遍选举史当中一些重要观念的产生、发展及其影响，但他并没有满足于一般思想史的表述方式，而是娴熟地运用了社会学、人类学、政治学等学科的方法和概念来进行剖析。作者在论及精神病患者的选举权等问题时，甚至还显示了其在医学、法学方面的渊博知识。要而言之，此书不仅将使中国读者对国外学者在政治史研究方面的最新取向和研究方法等有直观的认识，而且还将在许多方面给我们提供有利的启迪。（关于这一点，本人曾在发表于《世界历史》2004年第5期的书评《近现代公民权利及其观念视野中的法国普遍选举史——评罗桑瓦龙〈成为公民——法国普选史〉》中有详细论述。）

本书中文版最早由上海世纪出版集团出版。在此，本人当对法国巴黎政治学院教授、清华大学中法人文社科研究中心首任主任杜明（Jean-Luc Domenach）先生当年的大力推荐，当时执掌上海世纪出版集团旗下的北京世纪文景文化传播公司的施宏俊先生以及渠敬东先生的热情约稿再次表示感谢。说实话，没有杜明先生这位我所尊敬的法国朋友的大力推荐和反复鼓励，以及施宏俊先生、渠敬东先生亲自约稿，难以想象本人当年会独自担负起此书的翻译工作。由于本书内容既深又广，其翻译难度可想而知。事实上，就连一些法国学者也认为此书内容甚为高深，读它就不是一件容易的事情，遑论翻译了。行文至此，我不由得想起多年前在与一位巴黎第一大学的历史学教授共进晚餐时，她在听说我正忙于翻译此书之际，竟然以略带夸张的表情对我报以同情。幸运的是，罗桑瓦龙先生本人始终很关心与支持本书的翻译工作，并在2003年12月在杜明先生和法国驻华使馆的精心安排和本人的邀请下前来浙江大学讲学期间，就一些难点问题给译者作了解答。与此同时，译者在翻译过程中，尤其是涉及其他学科的内容时，始终得到杭州以及京沪等地不少学友的指点与帮助。正是因为有了上述人士的热情帮助，本书的翻译才得以较为顺利地完成。此外，本书中文版第一版责任编辑出色的编辑加工，使拙译增色不少；而浙江大学历史系世界史专业的研究生张星星、杨曦、钱虹、陈子豪等在整理全书数目繁多的注释以及人名译名对照表方面所作的大量工作，使译者得以及时交稿。在此一并表示衷心的感谢。

本书中文版第一版推出后，承蒙不少学友、同行予以肯定。在此，谨对他们的抬爱表示感谢。尤其让我觉得欣慰的是，此书中文版不仅得到国内从事外国史研究的学者的关注，而且还被包括法学、政治学、社会学在内的相邻学科的不少学者所留意和引用。由于交稿时间紧迫，加之自己学力不逮，本书中文版第一版的译文尚存在一些不足，因而，本人一直希望能有机会对译文中存在的疏漏予以补正。也正因为如此，本人在这里要特别感谢新经典文化股份公司在新从法国伽利玛出版社获得此书中文版版权之后，邀请我承担相关译事，使我得偿所愿，亦即终于有机会再对译文好好进行推敲、修订。

此次修订工作,得到本人主持的国家社科基金项目《近现代法国公民权利及其实践的历史考察》(13BSS030)和本人担任首席专家的教育部哲学社会科学研究重大课题攻关项目"法国大革命历史档案整理与研究"(13JZD037)的部分资助,并且也是该课题的阶段性成果。特此申明。

由于本人学识有限,且书中的许多内容大大超出了本人的专业领域,尽管在翻译过程中始终谨慎从事,如履薄冰,译文中仍会有一些不妥之处。对于这些不妥之处,尤其是涉及其他学科的一些专业术语若有译得不到位的地方,敬祈专家与读者不吝赐教。

吕一民
2016年10月于浙江大学

图书在版编目（CIP）数据

成为公民：法国普选史/（法）皮埃尔·罗桑瓦龙著；吕一民译.-- 上海：文汇出版社，2017.6
ISBN 978-7-5496-2036-4

I.①成⋯ II.①皮⋯ ②吕⋯ III.①选举制度-历史-法国 IV.① D756.59

中国版本图书馆 CIP 数据核字（2017）第 089641 号

LE SACRE DU CITOYEN
Histoire du suffrage universel en France
© Éditions GALLIMARD, Paris, 1992
All rights reserved

图字 09-2017-230

成为公民：法国普选史

作　者／	〔法〕皮埃尔·罗桑瓦龙
译　者／	吕一民
策　划／	陈　丰
特约编辑／	王轶华
责任编辑／	何　璟
装帧设计／	李照祥
出　版／	文汇出版社
	上海市威海路 755 号
	（邮政编码 200041）
发　行／	新经典发行有限公司
电　话／	010-68423599　邮　箱／editor@readinglife.com
印刷装订／	山东鸿君杰文化发展有限公司
版　次／	2017 年 9 月第 1 版
印　次／	2017 年 9 月第 1 次印刷
开　本／	920×1270　1/32
印　张／	12.75

ISBN 978-7-5496-2036-4
定　价／　55.00 元

敬启读者，如发现本书有印装质量问题，请与发行方联系。